中铁隧道集团三处施工技术丛书

CHONGQING GUIDAO JIAOTONG GONGCHENG ANWA SHIGONG JISHU

重庆轨道交通工程暗挖施工技术

主　编◎李少利

副主编◎刘作荣　罗厚金　李丰果

人民交通出版社股份有限公司
China Communications Press Co.,Ltd.

内 容 提 要

全书分三篇，分别为暗挖车站施工、暗挖区间隧道钻爆法施工和车站附属结构施工，共十八章。本书结合施工过程中各自遇到的实际情况，论述了重庆轨道交通暗挖工程施工中的浅埋大跨暗挖隧道、紧临或穿越既有建（构）筑物、隧道重叠或立体斜交、隧道扩挖、带牛腿的大跨隧道全断面衬砌等关键技术，以及双连拱隧道、小净距隧道施工等内容。

本书可供我国隧道及地下工程修建中的设计、施工、科研技术人员以及广大师生使用和学习，亦可供国外同行参阅和交流。

图书在版编目（CIP）数据

重庆轨道交通工程暗挖施工技术/李少利主编. —北京：人民交通出版社股份有限公司，2015.3

ISBN 978-7-114-11990-3

Ⅰ.①重… Ⅱ.①李… Ⅲ.①城市铁路—铁路工程—暗挖法—工程施工 Ⅳ.①U239.5

中国版本图书馆 CIP 数据核字（2015）第 012264 号

中铁隧道集团三处施工技术丛书

书　　名：重庆轨道交通工程暗挖施工技术
著 作 者：李少利
责任编辑：温鹏飞
出版发行：人民交通出版社股份有限公司
地　　址：（100011）北京市朝阳区安定门外外馆斜街 3 号
网　　址：http://www.ccpress.com.cn
销售电话：（010）59757973
总 经 销：人民交通出版社股份有限公司发行部
经　　销：各地新华书店
印　　刷：北京鑫正大印刷有限公司
开　　本：787 × 1092　1/16
印　　张：17.75
字　　数：410 千
版　　次：2015 年 3 月　第 1 版
印　　次：2015 年 3 月　第 1 次印刷
书　　号：ISBN 978-7-114-11990-3
定　　价：68.00 元

编审委员会

序

随着中国经济的快速发展，各大城市交通压力越来越大，而重庆市作为中国内陆山城，其市内交通压力愈加突显，交通不堪重负。因此，发展城市轨道交通，缓解交通压力成为重庆市交通发展的首选。

重庆市位于两江交汇、千山万岭、峰峦叠嶂之中。其独特的地理位置，市内地形地貌和城市发展历史，导致在市内修建地下工程，不仅会遇到山区隧道修建时的不良地质问题，还会遇到市政工程施工时诸如环境保护、交通干扰、既有建(构)筑物影响等问题。另外，在重庆市内修建轨道交通暗挖地下车站，还遇到浅埋大跨暗挖、与既有地下洞室相交、小间距、隧道重叠或立体斜交等技术难题。

本书以中铁隧道集团三处有限公司在重庆轨道交通暗挖工程施工的基础上，大量工程建设中的数据、经验和教训为依托，全面客观地对重庆轨道交通暗挖工程修建关键技术进行梳理、总结和提升，并加以系统阐述。

本书全面展现了重庆轨道交通暗挖工程建设的水平，并引领中国山区城市轨道暗挖工程建设的技术进步，在当下对我国规模庞大的地下工程建设将有极大的指导意义。

2014年11月

前 言

城市轨道交通被誉为城市现代化的“名片”，修建过程是广大市民和社会各界关注的焦点。重庆市是中国典型的山区城市，其市内轨道交通工程的修建与我国其他城市有很大区别，不仅会遇到山区隧道修建时的不良地质问题，还会遇到市政工程施工时诸如环境保护、交通干扰、既有建(构)筑物影响等问题。另外，在重庆市内修建轨道交通暗挖地下车站，还遇到浅埋大跨暗挖、与既有地下洞室相交、小间距、隧道重叠或立体斜交等技术难题。

中铁隧道集团三处有限公司从2000年开始，先后参与建设了重庆轨道交通二号线，一号线，三号线，六号线一期、二期，会展支线等工程，积累了丰富的山区城市轨道交通暗挖工程的施工经验。

本书分暗挖车站施工、暗挖区间隧道钻爆法施工、车站附属结构施工三大篇共十八章，分别选择了重庆轨道交通建设历程中有代表性的工程进行总结、介绍，不仅展现了重庆轨道交通暗挖工程建设的水平，还反映了重庆轨道交通工程修建技术的发展过程，完整地再现了重庆轨道交通工程的发展历程，具有承前启后的意义，值得广大设计、施工、科研技术人员以及广大师生借鉴和学习。

本书在编写过程中得到了中铁隧道集团公司领导和三处公司领导的大力支持，也借鉴了其他标段工程的一些施工经验和资料，在此一并向他们致以诚挚的谢意！

由于时间仓促，参与人员较多，不可避免会有错漏，敬请提出批评并指正。

编者

2014年11月

目　　录

第一篇　暗挖车站施工

第二篇　暗挖区间隧道钻爆法施工

第三篇　车站附属结构施工

第一篇

暗挖车站施工

第一章 总体概述

中铁隧道集团三处有限公司从2000年开始，先后参与重庆轨道交通二号线临江门车站，一号线沙坪坝车站、大坪车站、鹅岭车站，六号线红土地车站、黄泥磅车站、光电园车站、北碚车站（在建）、曹家湾车站，会展支线平场车站、黄茅坪车站等暗挖车站的施工建设。这些暗挖车站具有一些相同的特点，同时，也各有独特之处。

一、共同点

1. 隧道断面大

暗挖车站隧道断面大，开挖宽度为21～26m、开挖高度为18～22m、开挖面积为346～430m^2，是典型的大断面隧道。施工风险较高，需根据不同地质情况，分步进行开挖支护。

2. 隧道埋深小

重庆虽然是山岭城市，但考虑到人流的疏散情况，车站的埋深一般都比较小，大部分车站的埋深都在10～30m之间，小于1.5倍洞宽，属于浅埋隧道。有些车站或隧道的埋深甚至小于10m，施工风险极高。

3. 地质条件差

暗挖车站的工程地质一般为砂质泥岩、泥质砂岩，或两者互层，但均属于软弱围岩，成洞性能较差。也有一些车站虽然是砂岩，但岩体较为破碎，或节理发育，或渗水严重，均不利于隧道的稳定。

4. 周边环境复杂

暗挖车站一般位于人流密集或建筑物较多的地段，周边环境相当复杂，且重庆人防洞室多、地表建筑物老化等情况比比皆是。因此，有些地下车站与人防洞室相交；有些地下车站位于既有建筑物下方；还有一些地下车站既上跨既有建筑物，同时还要下穿既有建筑物。复杂的环境，对地下车站的施工造成极大影响。

二、不同点

1. 环境不同

每个车站周边的环境各不相同，施工过程中需要关注的重点也不一样。有些车站需要重点关注爆破的影响，有些车站需要重点关注地表和既有建筑物的变形，还有些车站需要重点关注暗挖车站与既有环境的相互影响等。因此，在施工时，需要根据不同的条件，有针对性地选择施工组织和施工工艺。

2. 地质不同

每个车站所处位置不同，地质状况差异较大，因此使得车站的设计和施工参数不完全相同,需要有针对性地选择施工组织和施工工艺。

3. 合同要求及设计不同

每个标段都具有各自的特殊性,设计和合同要求不完全相同,因此每个标段的施工组织和施工方案也不完全相同。

总体来讲,重庆轨道交通暗挖车站具有断面大、埋深小、地质条件差、周边环境复杂、施工风险较高等特点。在施工实施过程中,需要根据各自工程的特殊性以及业主的履约目标,有针对性地进行工程的组织和施工。

第二章　总体施工组织

由于重庆轨道交通暗挖车站具有断面大、埋深小、地质条件差等特点，因此，车站开挖支护一般采用双侧壁导坑法施工。但是，由于车站断面高度都在 18 ~ 22m 之间，需要采用 3 ~ 4 个台阶才能完成侧壁导坑的开挖支护，因此，车站开挖支护施工一般需要 2 个以上不同标高的工作面，采用平行、顺序方式施工。

在重庆轨道交通暗挖车站工程施工过程中，采用以下四种施工组织方案。

一、第一种方案

第一种方案即一个施工斜井通道（坡度为 5% ~15%，能采用无轨运输，后同）+ 区间隧道的组织方案（图 1-1）。

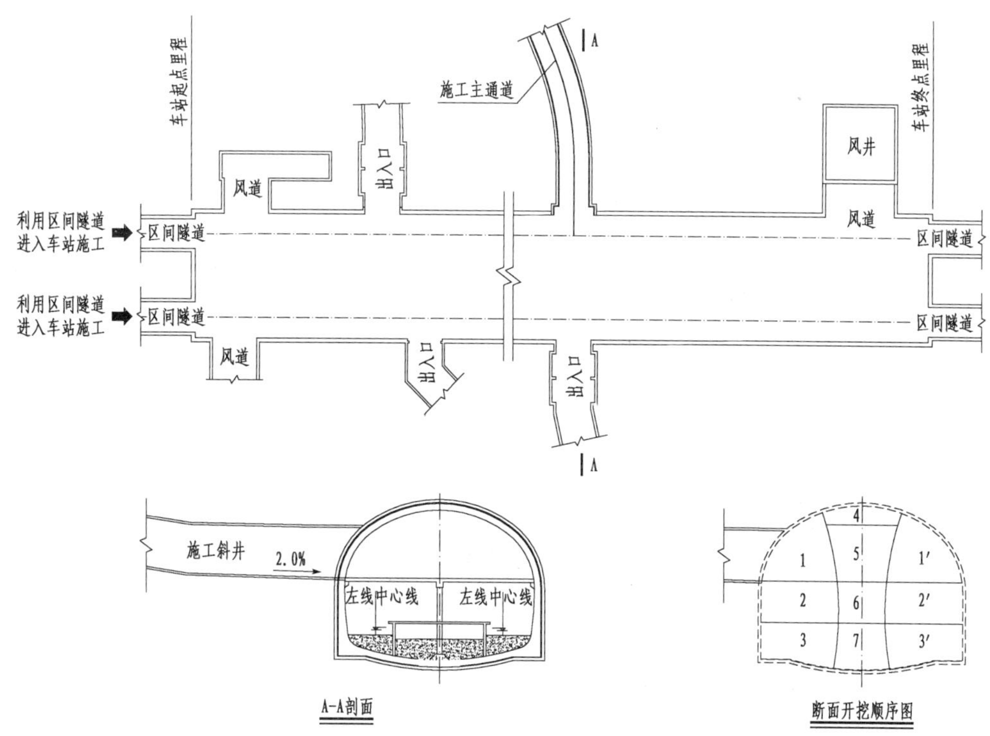

图 1-1　利用斜井 + 区间隧道施工组织方案示意图

利用斜井施工的工序主要有：车站上部 1 步（1′步）开挖支护，2 步（2′步）部分开挖支护，核心土 4 步和 5 步部分段落解除，附属结构部分开挖支护，中板钢筋混凝土施工，站内砌体施工，安装和装修等。

利用区间隧道施工的工序主要有:车站3步(3′步)开挖支护,2步(2′步)部分开挖支护,剩余核心土及仰拱开挖,车站仰拱和拱墙钢筋混凝土施工,站台层施工,中板支架模板施工等。

此组织方案对区间隧道长度有一定要求。正常情况下区间隧道长度不能超过施工斜井长度300~400m,且尽量小于800m,以便于利用斜井施工的工序和利用区间隧道施工的工序在施工时间上能顺接。另外,区间隧道断面不能太大,以便于区间隧道能采用台阶法或全断面法开挖支护,快速开挖到车站端头。

采用此组织方案具有代表性的工程是重庆轨道交通二号线临江门车站。其施工通道是利用既有人防洞室改建而成的,区间隧道直接利用临黄区间隧道,长度为523m。

二、第二种方案

第二种方案即一个施工斜井通道分成两个施工通道的组织方案(图1-2)。

一个施工斜井主通道,在接近车站时,分成两个施工斜井支通道,一个在车站中板标高附近与车站连接(简称“高支通道”),另一个在车站底板标高附近与车站连接(简称“低支通道”)。

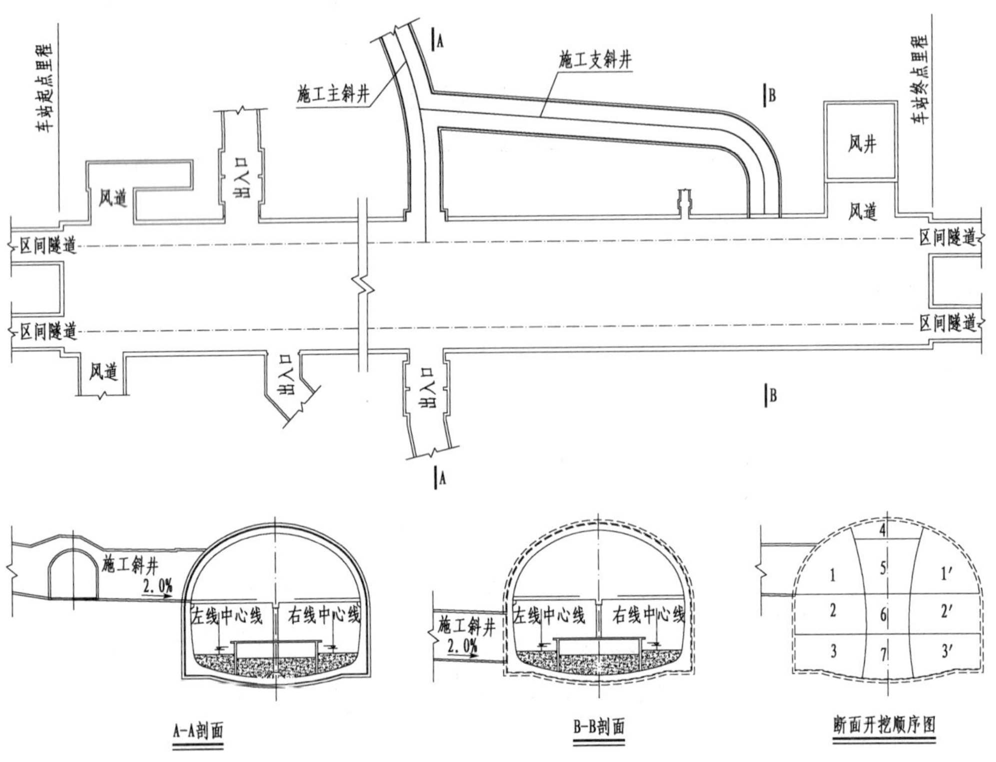

图1-2　利用斜井施工组织方案示意图

利用高支通道施工的工序与第一种方案中利用斜井施工的工序内容相同。利用低支通道施工的工序与第一种方案中利用区间隧道施工的工序内容相同。此组织方案在重庆轨道交通暗挖车站工程中最常使用。

三、第三种方案

第三种方案即利用车站的通风竖井＋一个施工斜井通道的组织方案(图1-3)。

该方案利用竖井施工车站上部,利用斜井通道施工车站下部。此方案使用较少,通常只使用竖井组织施工,不再增加斜井通道。只有当车站两端区间隧道较长时,再增加一个斜井通道,与第一种方案混合使用。

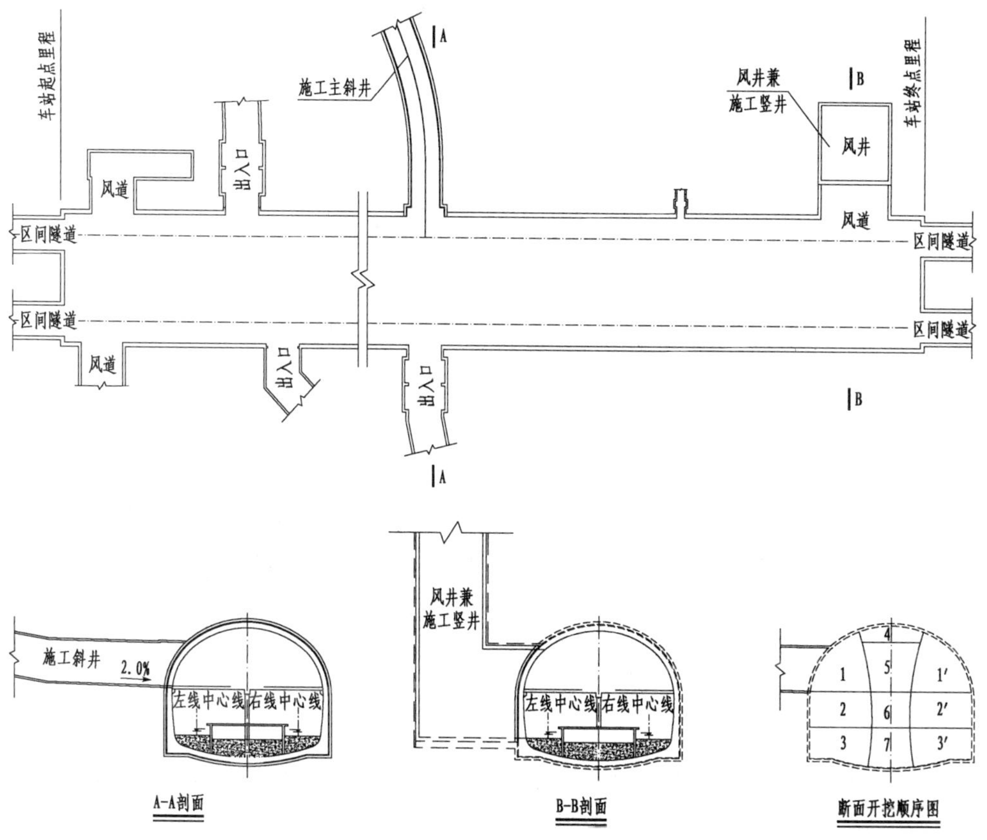

图1-3　通风竖井＋斜井施工组织方案示意图

重庆轨道交通一号线15标(沙坪坝车站),由于地理位置的原因,在工程开工时,没有斜井通道,只能利用竖井组织施工。由于施工与环境相互影响较大,后变更为将出入口改成施工通道进行施工,竖井不再作为车站施工通道。

四、第四种方案

第四种方案即利用区间隧道进入车站,循环爬坡后反挑顶,形成全断面后,再进行分步开挖(图1-4)。

在无法增设施工斜井支通道,通风竖井场地条件困难,且车站与区间相接处围岩整体性较好,埋深不太大,初期支护后能够具备自稳能力的情况下,一般采用此施工组织方案。

重庆轨道交通一号线6标（鹅岭车站），施工斜井与该标段区间隧道连接，再从区间隧道内进入车站下部组织施工。

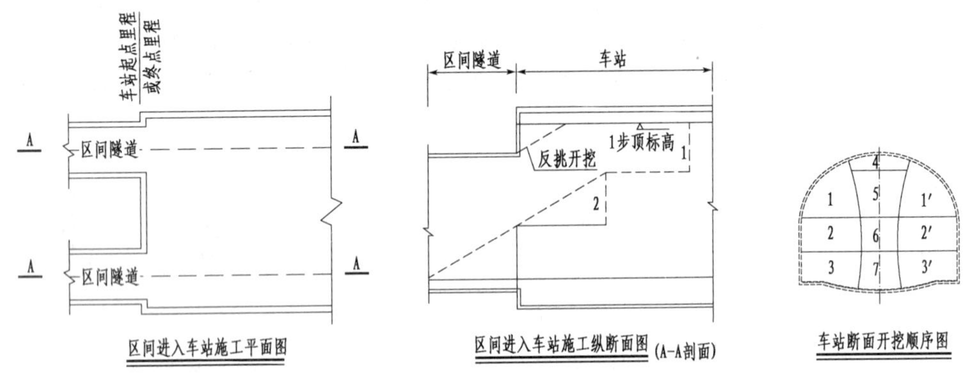

图1-4　从区间隧道进入车站施工组织方案示意图

重庆轨道交通三号线Ⅱ标建新坡区间隧道由小间距隧道进入三号线大跨断面施工，也采用此施工组织方案。

五、其他方案

除以上四种施工组织方案外，还有单独利用通风竖井做施工通道的方案；利用平导或斜井进入车站底部，循环爬坡后反挑顶，循环爬坡至顶部后反挑形成全断面的施工方案等。这些方案因劳动效率低、风险大等多种原因，只有在特殊情况下才采用，这里不再介绍。

以上四种施工组织方案是中铁隧道集团三处有限公司在重轨道交通工程中曾经采用的施工组织方案。

四种施工组织方案比较如下：

第一种方案，由于施工斜井通道短，也能利用区间隧道对车站进行施工，是最优的组织方案，但受线路设计和地形等客观条件限制，不经常采用。

第二种方案，是一种较优的组织方案。但由于需要增加一段低支通道，需要增加一定的费用，业主对斜井通道的断面大小、长度都有一定限制。

第三种方案，由于工期、安全和投入的原因，业主和施工单位都不主张采用此方案，只有在特殊情况下才采用。如果只有一个单独的车站或车站端头区间隧道较短，也是只采用竖井组织施工，不再增加斜井通道。只有当车站两端区间隧道较长时，才再增加一个斜井通道，通常与第一种方案结合使用。

第四种方案，投入最低，但由区间隧道进入车站时，需要扩挖，有较大安全风险。在车站开始二次衬砌后，由于是独头掘进，开挖与二次衬砌有干扰（如组装台车），影响施工速度。在无法设置施工斜井，以及通风竖井场地条件困难的情况下采用，是一种较常使用的施工组织方案。

四种施工组织方案优缺点见表1-1。

施工组织方案对比

表 1-1

序号	组 织 方 案	安全性	对工期的影响	经济性	使用频率	其他问题描述
1	斜井 + 区间隧道	安全性高	能快速施工	投入低	较少	受线路设计和地形的客观条件限制，使用频率少
2	斜井一分为二	安全性高	能快速施工	投入高	高	由于投入较高，业主对主通道断面有限制，一般采用单车道，一定距离设错车道，对洞内交通运输影响较大
3	竖井	安全性低	施工速度较慢	投入低	很少	安全风险高，施工速度慢
	斜井 + 竖井	安全性低	施工速度较慢	投入高	很少	安全风险高，当区间隧道较长时才增加斜井通道
4	由区间隧道进行车站施工	扩挖时风险大	独头掘进，速度慢	投入最低	较少	扩挖风险高，独头掘进，开挖与二次衬砌相互影响，对区间隧道施工有影响

第三章　施工方案、工艺和方法

第一节　车站开挖支护施工

重庆轨道交通暗挖车站开挖宽度为21～26m、开挖高度为18～22m、开挖面积为346～430m^2,隧道拱顶埋深为10～30m,属于大跨浅埋暗挖隧道。围岩多为砂质泥岩、泥质砂岩,或两者互层。围岩等级为Ⅲ、Ⅳ级,成洞性能较差。一般采用双侧壁导坑法施工。

暗挖车站施工组织多采用"一个施工斜井通道分成两个施工通道的组织方案",见图1-5。

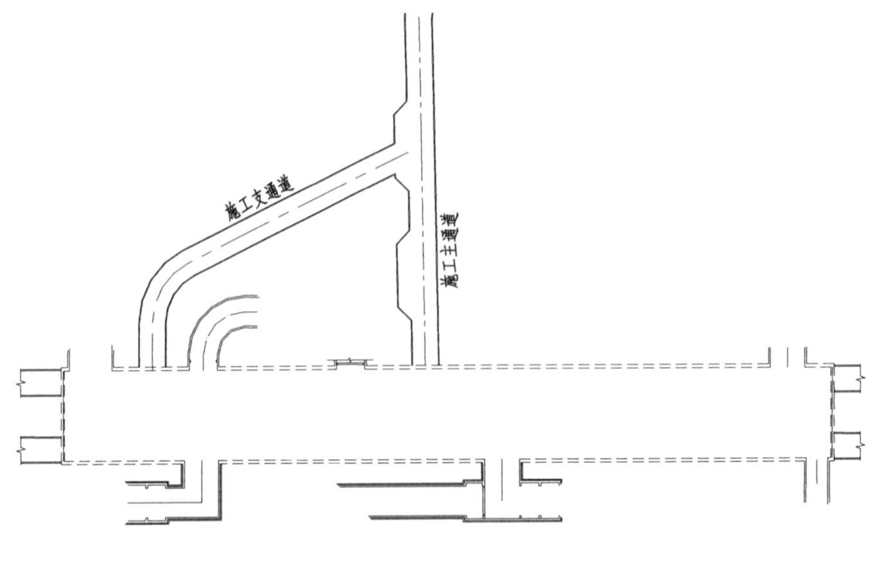

图1-5　车站施工平面图

一、断面划分及施工顺序

1. 断面划分

暗挖车站采用双侧壁导坑法施工,左右侧壁和核心土各分为多个台阶进行开挖支护施工,具体分步见图1-6。

(1)侧壁导坑1步开挖断面的选定,是开挖断面分步划分的关键,在地质条件和周边条件允许的情况下,应尽可能为无轨运输机械化作业提供便利条件,减小场内倒运的距离。

以重庆轨道交通六号线二期曹家湾车站为例,主要根据核心土保留厚度,TBM拱顶上方覆盖层厚度(为确保TBM洞室的安全,TBM先行掘进过站),装载机和土方运输车并排装渣这三个条件来确定1步开挖断面的尺寸。考虑到隧道围岩条件较好(为砂岩),上部核心土保留5m左右厚度即能保证核心土的稳定;TBM上方覆盖层确保2m以上,通过控制爆破,能保证TBM洞室的安全,最终确定1步开挖断面尺寸(图1-6)。这样做既能确保施工安全,也能达到机械化快速施工的目的。

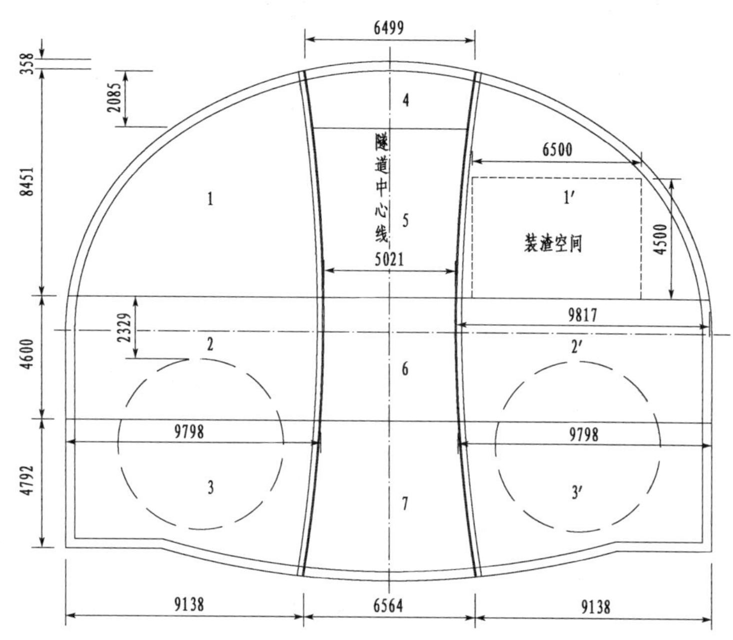

图1-6　车站开挖断面划分(尺寸单位:mm)

(2)核心土4步开挖,属于高空作业,不宜再搭设支架,4步的开挖高度一般控制在2m左右。

2. 施工顺序

施工主通道完成后,进入车站主体施工。先完成车站横向扩挖,然后分四个工作面先后进行车站侧壁导坑上台阶施工(1步),左右侧壁导坑错开距离在15m以上。

由于车站侧壁导坑开挖面较多,通常在侧壁导坑上台阶全部开挖完成后,再进行车站侧壁导坑中、下台阶(2、3步)的开挖支护,同时也要考虑附属结构暗挖部分尽可能开挖支护完成。侧壁导坑中、下台阶施工要考虑先接应下台阶的施工支通道,同时兼顾尽快开展首段拱墙衬砌施工。侧壁导坑中、下台阶开挖进度应注意围岩情况,若围岩较差,则不宜提前施工。

核心土开挖则根据拱墙衬砌的进度,在相应段落侧壁导坑开挖完成后逐段进行。

施工顺序如图1-7～图1-9所示。

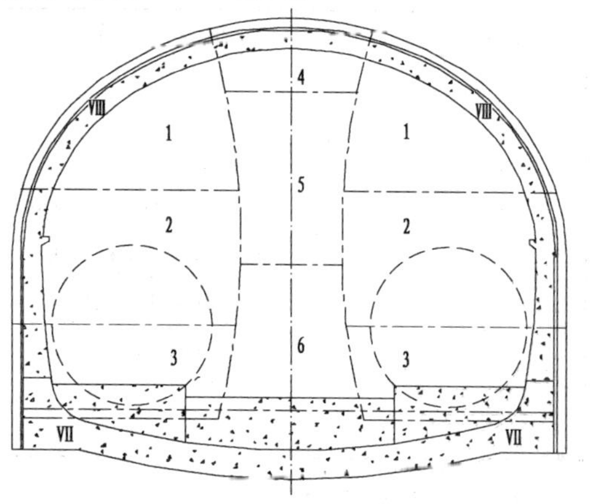

图1-7　车站施工顺序横断面图

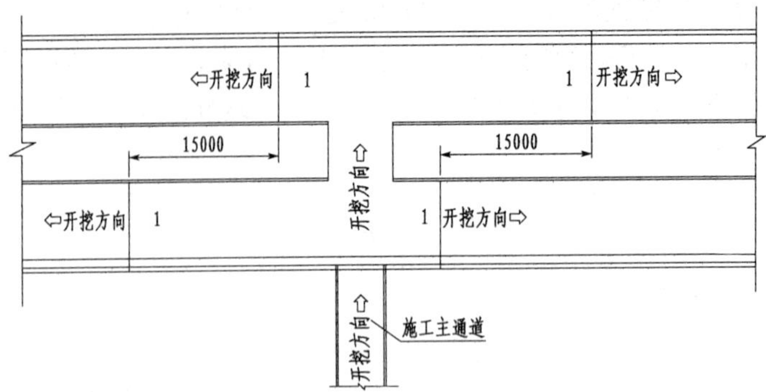

图 1-8 施工顺序平面图(一)(尺寸单位:mm)

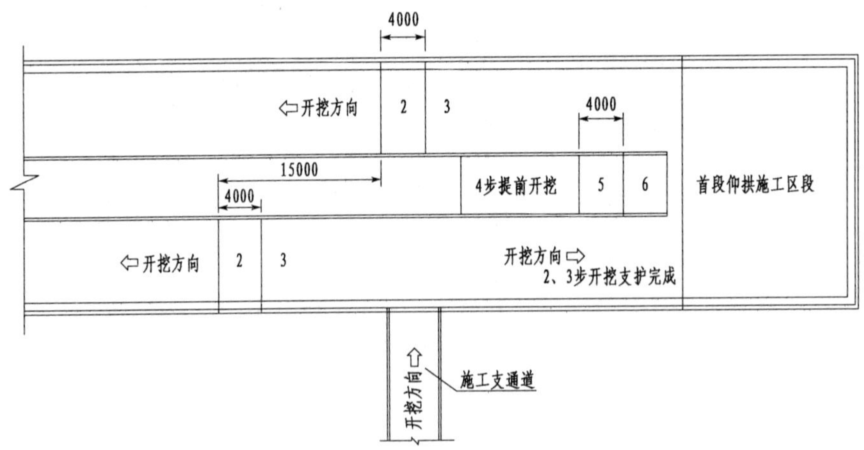

图 1-9 施工顺序平面图(二)(尺寸单位:mm)

二、开挖方法

车站开挖采用钻爆法。主要施工机械设备见表 1-2。

主要施工机械设备(每个车站配备) 表 1-2

序 号	机 械 或 设 备 名 称	型 号 规 格	数 量
1	挖掘机	PC220-8/1.2m^3	2
2	装载机	ZLC-50	3
3	风动凿岩钻机	YT-28	60
4	低噪声电动螺杆空压机	20m^3	2
5	低噪声电动螺杆空压机	26m^3	2
6	轴流式通风机	SDF-NO. 10	1
7	混凝土搅拌机	JS-750L	1
8	混凝土湿喷机	TK-961	6
9	载货汽车	10 ~ 15t	6

1. 车站 1 步开挖

车站 1 步开挖采用人工风钻打眼,开挖时需设置作业台架,每个作业台架配备 10 台YT-28

风动凿岩钻机，配备作业人员15人。1步开挖一般安排3个作业面同时进行，1个作业面作为调剂，以减小窝工现象。在工期特别紧张的情况下，也可同时安排4个作业面同时进行。1步开挖循环进尺控制在2.5m以内，超过2m，无法保证每天完成1个循环。由于市政工程爆破作业时间受限制，每个循环的作业时间应相对固定，1个开挖支护周期控制在24h左右为宜。

1步采用侧卸式装载机装渣，自卸汽车外运至渣场。

1步开挖时，需要配备4台26m^{3}电动空压机，3台ZLC-50型装载机，2台PC220型挖掘机。

2. 车站2、3步开挖

车站2、3步开挖采用人工风钻钻孔，搭设临时作业平台，每个作业面配备4台YT-28型风动凿岩钻机，8个作业人员。2、3步一般采用短台阶法施工。在地质条件较差的情况下，为确保核心土的稳定，2、3步不宜提前开挖。2、3步开挖循环进尺控制在2榀拱架以内。

2、3步采用挖掘机装渣，自卸汽车外运至渣场。

2、3步开挖时，需配备2台PC220型挖掘机。

3. 车站核心土4步开挖

核心土4步开挖采用人工风钻钻孔，作业人员直接站在核心土岩柱上，每个作业面配备2台YT-28型风动凿岩钻机，4个作业人员。4步开挖时，存在较大的围岩应力重分布，应严格控制循环进尺（控制在2榀拱架以内），初期支护完成，应及时架设临时钢支撑，并在5、6步开挖前拆除钢支撑。

核心土上的渣土采用人工清理，直接卸落在车站3步侧壁导坑内，再采用挖掘机装渣，自卸汽车外运至渣场。

4. 车站核心土5、6步开挖

核心土5、6步开挖采用人工风钻钻孔，在两个侧面钻孔，炮眼的密度根据围岩情况确定，一般只需在6步位置钻炮眼。每次爆破的核心土长度视情况确定，5～20m均可。

5、6步爆破后可能存在较大的石块，需要进行再次爆破，减小石块的体积，以便渣土外运。一般采用挖掘机装渣，自卸汽车外运至渣场。

三、爆破施工

车站爆破施工，控制重点是1步。其余部分爆破作业时，由于临空面较多，不存在掏槽眼，爆破时控制好单段装药量即可。

车站1步开挖，根据围岩情况和周边环境，需采用不同的爆破参数。以Ⅲ级和Ⅳ级围岩为例，Ⅲ级围岩爆破参数见图1-10和表1-3，Ⅳ级围岩爆破参数见图1-11和表1-4。

车站1步Ⅲ级围岩爆破参数 表1-3

炮眼名称	段位	孔数	孔深（m）	单眼装药量（kg）	单段装药量（kg）
掏槽眼	1	6	2.2	1.2	7.2
掏槽眼	3	8	2.2	1.2	9.6
扩槽眼	5	8	2.0	1.0	8.0
掘进眼	7	3	2.0	0.8	2.4
掘进眼	7	6	2.0	0.8	4.8

续上表

炮眼名称	段位	孔数	孔深（m）	单眼装药量(kg)	单段装药量(kg)
掘进眼	9	9	2.0	0.8	7.2
掘进眼	11	10	2.0	0.8	8.0
二圈眼	13	19	2.0	0.8	15.2
周边眼	15	40	2.0	0.8	32.0
底板眼	15	12	2.0	1.0	12.0
合计		121			106.4

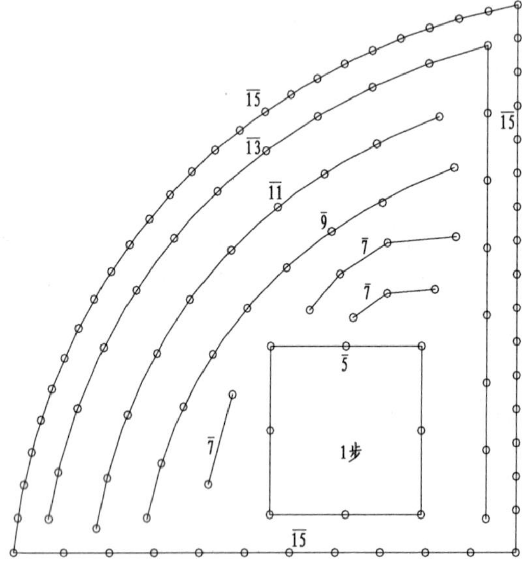

说明：

①1步导坑开挖面积约为52m²，每循环开挖进尺为2m，1步采用斜楔形掏槽。

②周边眼间距为0.5m，底板眼间距为0.75m，其余炮眼间距为0.8～1.2m，梅花形布置。

③采用非电毫秒雷管起爆，用胶乳炸药，周边眼采用ϕ25小药卷，其余炮眼用ϕ32标准药卷（乳化），集中装药。

④根据实际爆破效果修改爆破参数，优化爆破设计。

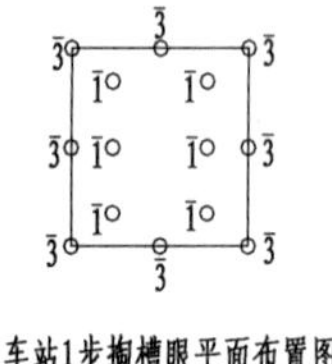

车站1步掏槽眼平面布置图

图 1-10　车站 1 步Ⅲ级围岩爆破设计图

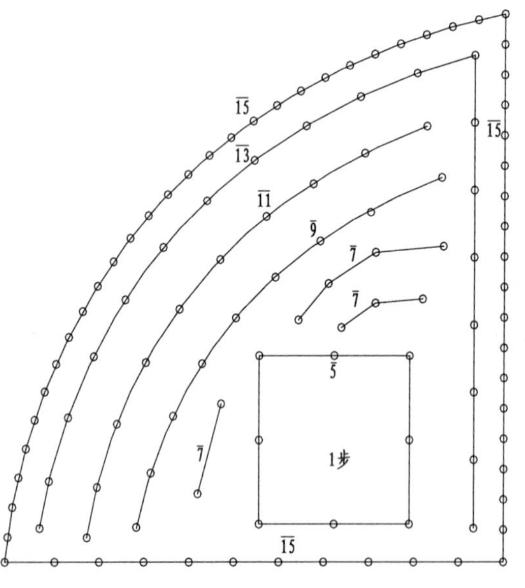

说明：

①1步导坑开挖面积约为52m²，每循环开挖进尺为1.5m，1步采用斜楔形掏槽。

②周边眼间距为0.45m，底板眼间距为0.75m，其余炮眼间距为0.8～1.2m，梅花形布置。

③采用非电毫秒雷管起爆，用胶乳炸药，周边眼采用ϕ25小药卷，其余炮眼用ϕ32标准药卷（乳化），集中装药。

④根据实际爆破效果修改爆破参数，优化爆破设计。

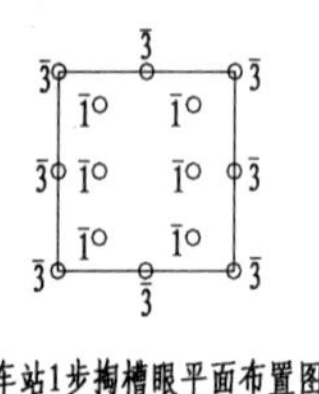

车站1步掏槽眼平面布置图

图 1-11　车站 1 步Ⅳ级围岩爆破设计图

车站1步Ⅳ级围岩爆破参数

表1-4

炮眼名称	段位	孔数	孔深(m)	单眼装药量(kg)	单段装药量(kg)
掏槽眼	1	6	1.7	0.9	5.4
掏槽眼	3	8	1.7	0.9	7.2
扩槽眼	5	8	1.5	0.7	5.6
掘进眼	7	3	1.5	0.6	1.8
掘进眼	7	6	1.5	0.6	3.6
掘进眼	9	9	1.5	0.6	5.4
掘进眼	11	10	1.5	0.6	6
二圈眼	13	19	1.5	0.6	11.4
周边眼	15	45	1.5	0.6	27
底板眼	15	12	1.5	0.7	8.4
合计		126			81.8

四、施工主通道进车站转换施工

施工斜井施工到交叉口部位后,转换成平顶隧道的转换通道进入车站的上部断面(站厅层)部位。转换通道开挖范围内主洞洞顶开挖轮廓线外扩25cm,随着转换通道的开挖,及时施作临时钢支撑和主洞的系统锚杆,待转换通道施工到车站另一侧后,立即施工车站的钢拱架并喷射混凝土,使车站的初期支护尽快封闭成环。转换通道部分车站初期支护完成后,开始按双侧壁导坑法进行侧壁导坑部分的上部开挖支护。施工顺序见图1-12。

五、初期支护

在不同的开挖方法下,虽然支护参数不同,但支护的主要施工方法却相同。初期支护施工工序流程为:开挖找顶找帮后初喷混凝土→系统支护(锚杆、钢筋网、格栅钢架)施工→复喷混凝土至设计厚度→辅助支护措施(超前大管棚、超前中空注浆锚杆、超前小导管注浆、预注浆、径向注浆)。

1.喷射混凝土

开挖后找顶、撬帮,之后立即初喷混凝土封闭围岩,充分发挥围岩的自稳能力。喷混凝土采用湿喷机作业。喷混凝土前采用高压水冲洗受喷面;遇水易泥化地段采用高压风吹净岩面。在不良地质地段,设专人随时观察围岩变化情况,当受喷面有淋水、集中出水点时,先进行引排水处理。

喷射混凝土的厚度和表面平整度应满足:平均厚度大于设计厚度;检查点数的80%及以上大于设计厚度;最小厚度不小于设计厚度的2/3;表面平整度的偏差不大于100mm。喷射混凝土终凝2h后,应采取有效措施进行养护,养护时间不少于14d。喷射混凝土表面要做到密实、平整,无裂缝、脱落、漏喷、露筋,空鼓和渗漏水,锚杆头钢筋无外露。

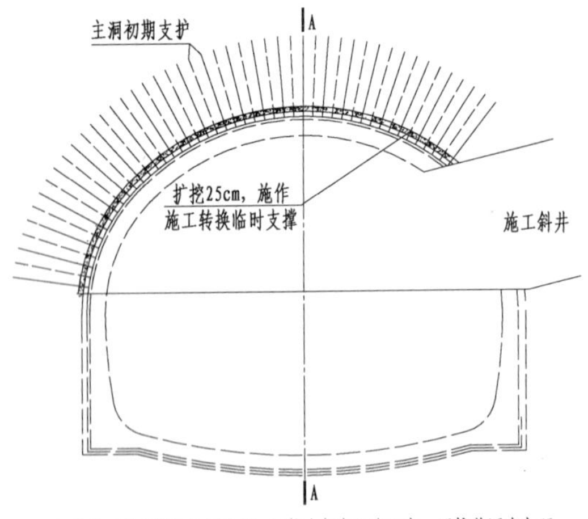

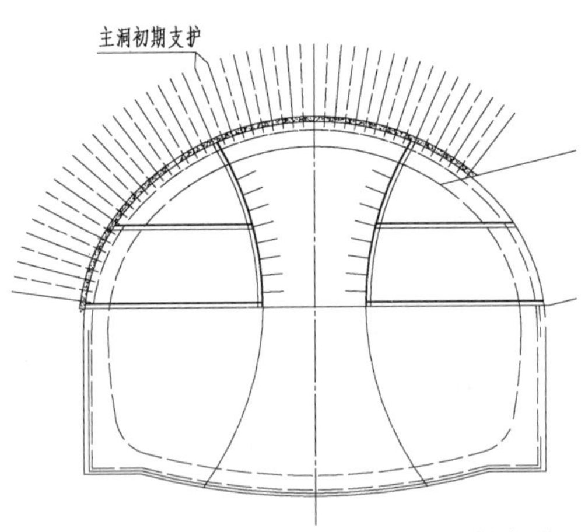

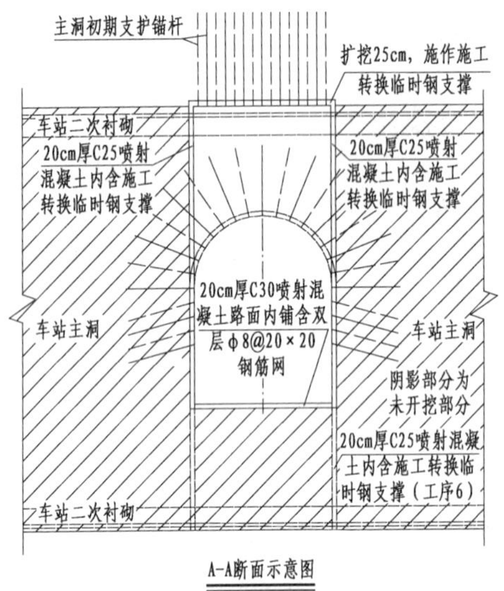

图 1-12　施工主通道进车站施工转换

2. 砂浆锚杆施工

砂浆锚杆主要设置在边墙部位，施工时采用风钻钻锚杆孔，人工安装锚杆，锚固剂终凝后安设孔口垫板。

锚杆安装要求：锚杆孔的深度应大于锚杆长度 10cm；孔距允许偏差为 ±15cm；锚杆插入长度不得小于设计长度的 95%，且应位于孔的中心。

3. 中空注浆锚杆施工

中空注浆锚杆主要设在围岩较差地段的拱墙，部分地段的超前支护也采用超前中空注浆锚杆，中空锚杆施工工艺流程见图 1-13。

中空注浆锚杆施工方法：首先按设计要求，布置锚杆孔位，用风钻钻孔。检查钻孔，达到标准后，安装锚杆并按设计比例配浆，用电动注浆机注浆，注浆压力要符合设计要求；一般将单管达到设计注浆量作为结束标志。当注浆压力达到设计终压不少于20min，进浆量仍达不到注浆终量时，也可结束注浆，并保证锚杆孔浆液注满。最后，综合检查判定注浆质量，合格后，用专用螺母将锚杆头封堵，以防浆液倒流管外。

中空注浆锚杆施工技术措施如下：

（1）锚杆原材料规格、长度、直径要符合设计要求，锚杆杆体要先进行除锈处理。

（2）锚杆孔位、孔深及布置形式应符合设计要求。

（3）锚杆用水泥浆或砂浆，水泥砂浆强度等级不低于M20。水泥采用普通硅酸盐水泥；砂采用细砂，粒径不大于2.5mm。

（4）按设计要求定出孔位，孔距允许误差为±15cm；保持锚孔顺直，并与岩面垂直；钻孔深度及直径要与杆体相匹配。

（5）杆体插入锚杆孔时，保持位置居中，砂浆水灰比应符合设计要求，锚杆杆体露出岩面长度不大于喷层厚度。

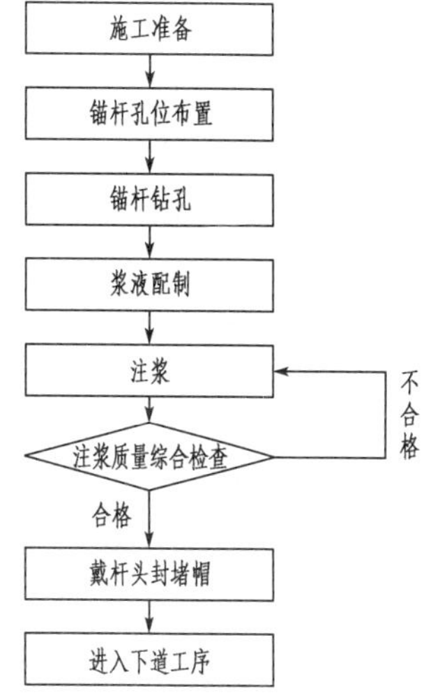

图1-13　中空锚杆施工工艺流程

（6）锚杆孔内砂浆或水泥浆要求饱满密实，砂浆或水泥浆内应添加适量的微膨胀剂和速凝剂。有水地段要先引出孔内的水，或在附近无水处另行钻孔，再安装锚杆。

（7）锚杆垫板与孔口混凝土应密贴。要随时检查锚杆头的变形情况，并紧固垫板螺母。

4. 钢筋网铺设

钢筋网铺设时要与锚杆和钢架绑扎连接（或点焊焊接）牢固。钢筋网和钢架绑扎时，要绑在靠近岩面一侧，确保整体结构受力平衡。

钢筋网铺设要求：钢筋网的混凝土保护层厚度不小于3cm，钢筋网搭接长度应为1～2个网孔，允许偏差为±5cm。

5. 钢架（格栅钢架、型钢钢架）施工

（1）制作。钢架按设计尺寸在洞外下料分节焊接制作，制作时严格按设计图纸要求进行，保证每节的弧度与尺寸均符合设计要求；每节两端均焊连接板，节点间通过连接板用螺栓连接牢靠；加工后必须进行试拼检查，严禁不合格品进场。

（2）安装。钢架按设计要求安装，安装尺寸允许偏差：横向和高程为±5cm，垂直度为±2°。钢架的下端用螺栓与25a槽钢连接，拱脚超挖时设混凝土垫块，安装后用锁脚锚杆定位。超挖较大时，拱背喷填同级混凝土，以使支护与围岩密贴，控制其变形的进一步发展。钢架间用ϕ22钢筋拉杆纵向连接牢固，环向间距为1m，以便形成整体受力结构。

（3）施工技术措施。钢架安装时，严格控制其内轮廓尺寸，且预留沉降量，防止侵限。钢架安装好后，用锚杆锁脚固定，防止其发生移位。钢架背后喷混凝土要密实，拱架全部被喷射混凝土覆盖，保护层厚度不小于4cm。

（4）钢架施工工艺流程。钢架施工工艺流程见图1-14。

6. 径向小导管注浆支护施工

对于开挖后仍呈面状渗水或围岩较破碎状况，开挖周边要进行径向小导管注浆加固，以达到止水和加固围岩的作用。根据注浆设计图纸并结合地层特点确定径向注浆，在现场施作过程中不断完善，其施工工艺流程见图1-15。

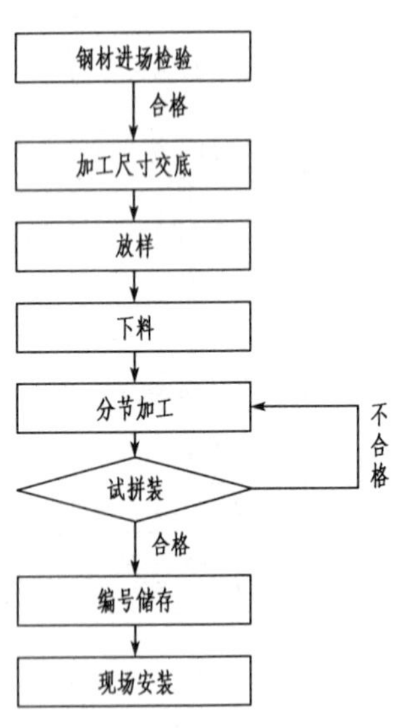

图 1-14　钢架(格栅钢架、型钢钢架)施工工艺流程

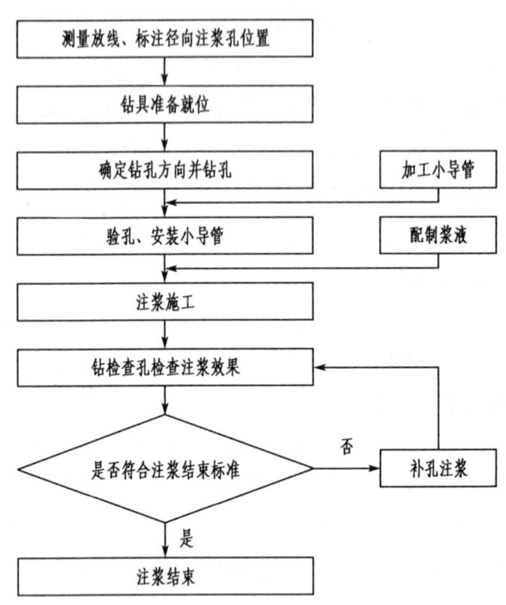

图 1-15　径向小导管注浆施工工艺流程

7. 超前小导管支护施工

重庆城区地铁暗挖车站,拱顶部位很多位于砂岩、泥岩结合部位,围岩软弱、破碎,易掉块,宜采用小导管超前支护。小导管的纵向搭接长度不小于 1m,外插角为 3°~5°,但不大于 10°,与线路中线方向大致平行;孔位偏差不超过 10cm,孔深大于小导管长 0~5cm,孔口距允许偏差为 ±50cm;超前小导管注浆压力应符合设计要求,浆液必须充满钢管及其周围的空隙,另外,与支撑结构连接牢固,起到整体加固作用。

第二节　车站衬砌施工

车站隧道衬砌混凝土强度等级为 C40,抗渗等级为 P12,设防水板。衬砌工序为先浇注仰拱混凝土和填充混凝土,后施工拱墙。仰拱采用全幅施工,特殊情况下采用半幅倒边施工,拱墙衬砌采用模板台车衬砌。仰拱、填充与拱墙衬砌混凝土均采用商品混凝土,无轨混凝土罐车运输,泵送混凝土入模。衬砌施工方法及工艺流程见图 1-16。

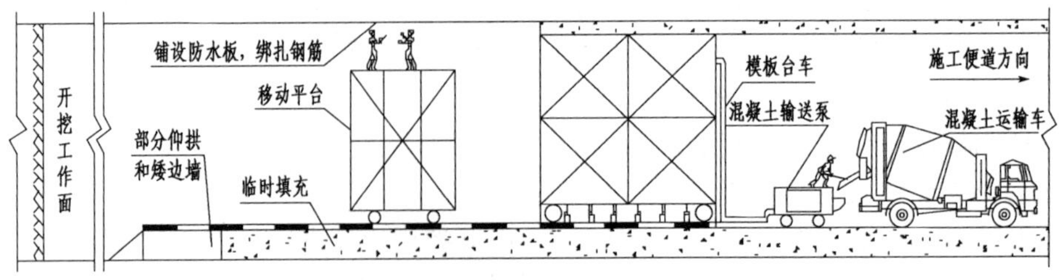

图 1-16　衬砌施工方法及工艺流程

一、仰拱及填充施工

仰拱、填充紧随开挖进行，采用全幅施工，特殊情况下，为减少其与出渣运输的干扰，采用半幅倒边施工或栈桥施工。仰拱和填充混凝土超前施工，为拱墙衬砌模板台车作业提供条件，并有利于文明施工。由于仰拱施工面积较大，容易出现施工冷缝，仰拱混凝土从已浇注端分段、分层浇注，逐渐向前延伸。混凝土采用高频插入式振捣器振捣密实。

施工工艺流程见图1-17。

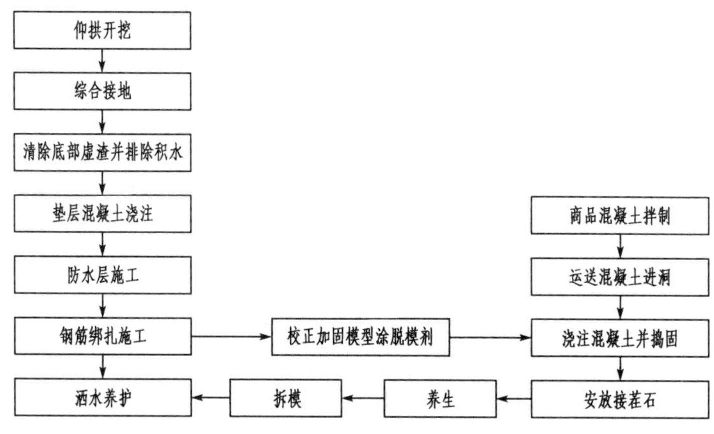

图1-17 车站仰拱施工工艺流程

二、拱墙衬砌施工

车站拱墙混凝土衬砌采用全断面液压台车一次成型，包括中板牛腿。施工工艺流程见图1-18。

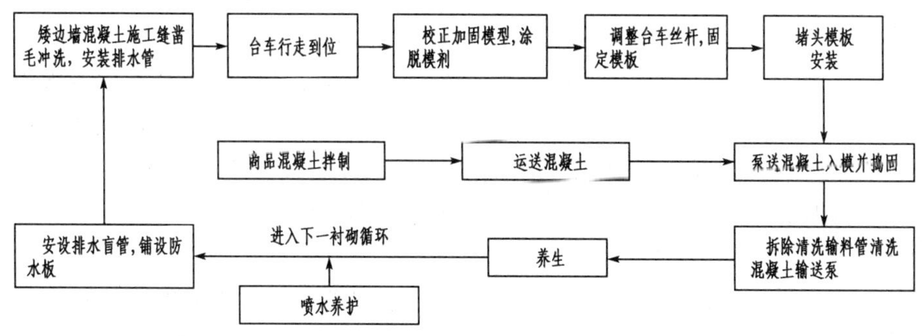

图1-18 车站拱墙衬砌施工工艺流程

1. 施工条件

正洞拱墙衬砌在围岩和初期支护变形基本稳定后根据量测情况施作，基本稳定的条件是：隧道周边变形率明显趋于收敛；拱脚水平收敛小于0.2mm/d，拱顶下沉收敛速度小于0.15mm/d；施作二次衬砌前的累计位移值已达极限相对位移值的80%以上；初期支护表面裂隙不再发展。一般地段衬砌距开挖面不超过120m，特殊条件下（如松散堆积体、浅埋地段），二次衬砌应在初期支护完成后及时施作。

2. 模板台车

车站隧道一般采用1台7.5～9m长全断面液压台车进行衬砌。台车的拱模、侧模、底模均采用液压缸伸缩整个模板。为保证台车面板和内支撑系统的强度和刚度，台车面板采用厚度为12mm的钢板。并在台车拱模纵梁及行走纵梁上设置活动钢支撑，以防止台车上浮及向内位移。衬砌模板台车断面示意图见图1-19、图1-20，台车行走钢轨采用24kg/m标准轨，行走速度为6～8m/min，电机电源为380V/50Hz，台车的制动设卡轨钳。

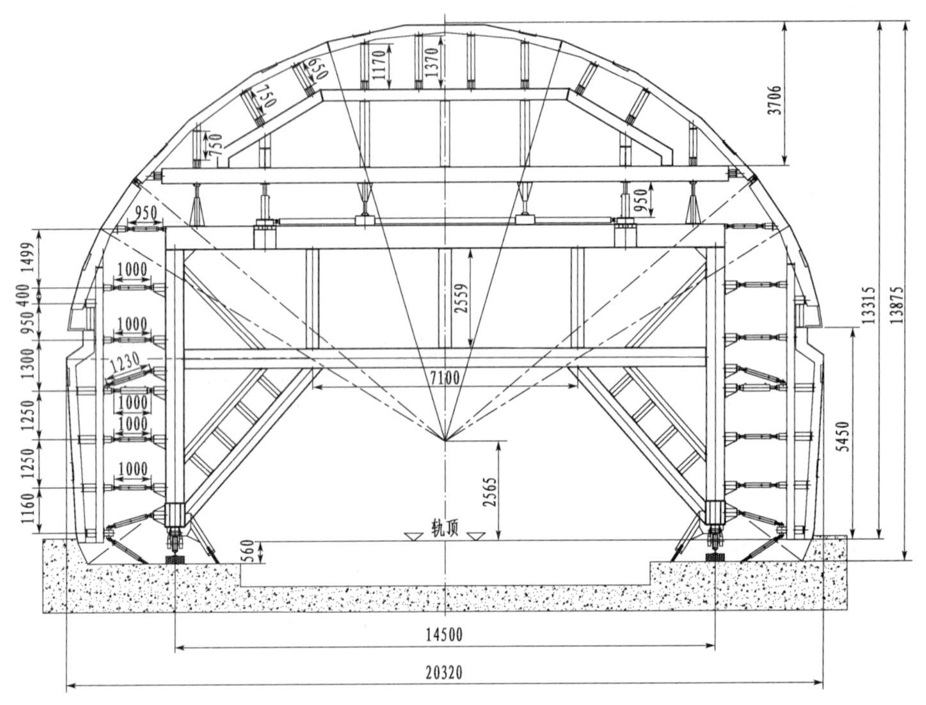

图1-19　模板台车断面示意图(一)(尺寸单位:mm)

两种模板台车的主要区别在于仰拱填充的施工。图1-19中的仰拱填充层一次性浇注完成，台车高度较低，适用于施工组织对交通要求不高的情况。图1-20中的仰拱填充层分两次浇注，拱墙衬砌施工，仰拱是个平板，交通组织便利，同时站台板预埋钢筋可在后期仰拱填充混凝土浇注时再预埋，预埋钢筋保护简单。所以一般采用第二种形式。

3. 台车就位调整

台车就位调整前，准确铺设走行钢轨；台车就位时，以全站仪所测中线为门架中心，已衬砌端上拱圈中心以模板缝为基准，首先调准前进端拱顶中心，然后固定台车主门架，已衬砌端要贴一环止水胶条以防漏浆。

用水平仪(或简易连通水管)测台车拱顶前后端高程，要求符合线路坡度设计值，对台车进行整体加固，然后加固拱部丝杠千斤顶，使其模板固定。

顶升双侧脱模油缸使边墙下拱圈与既有衬砌搭接。在既有衬砌端5cm处看模板缝是否吻合，可局部松紧模板连接螺栓来调整；同时，液压台车钢模搭接压衬砌不得大于5cm，以防漏浆或跑模，产生错台。

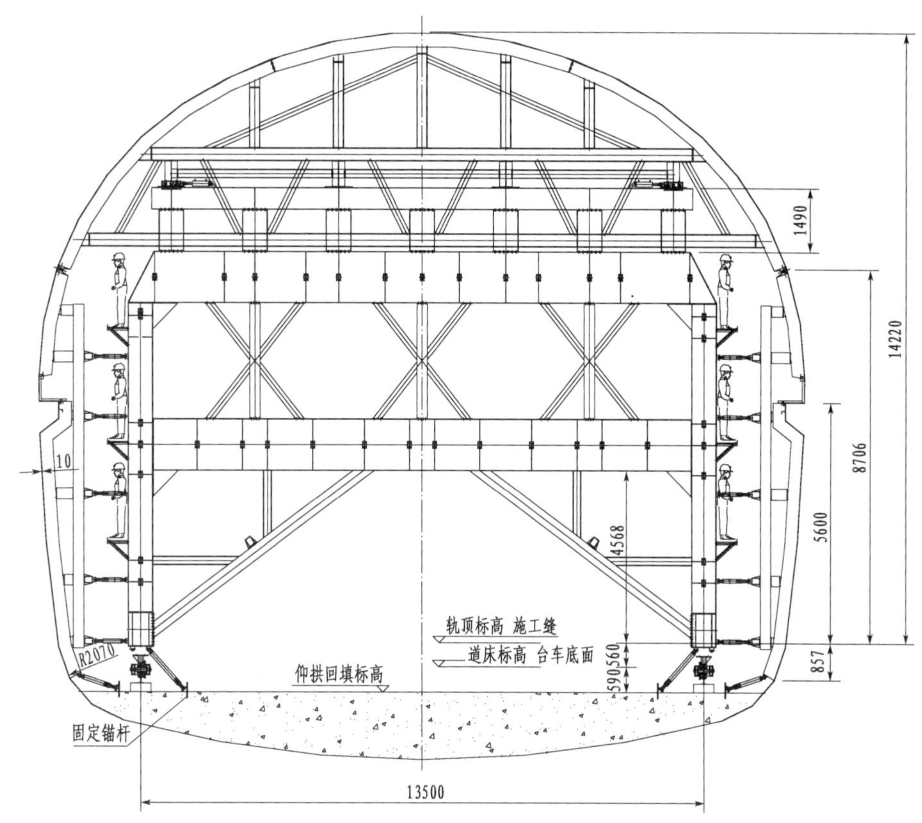

图 1-20　模板台车断面示意图（二）（尺寸单位：mm）

台车牛腿模板见图 1-21。

在液压衬砌台车调整就绪后，木工施作前进端堵头板，并在堵头板上安设下一环止水带。

台车就位后，要保证前后左右高程一致，以防台车扭动，使钢模浇注混凝土后产生错台漏浆，必要时在有衬砌端加设 20cm × 20cm 方木以加强支撑；台车另一端，以已浇注完衬砌端为标准，调节中心、高程、净空等，调整完毕后将台车所有丝杠千斤顶及模板螺栓拧紧。将油缸、丝杠千斤顶用塑料布包好，以防被混凝土渣弄脏，影响以后作业。台车就位后，要将纵梁底固定丝杠拧紧，并用铁鞋锁定钢轨上走行轮，以防台车受泵送混凝土管路冲击，或因浇注过程前后端混凝土质量不一致产生的偏压，使台车发生微小位移，从而影响衬砌混凝土外观质量，所以在台车前进端要加撑固定。

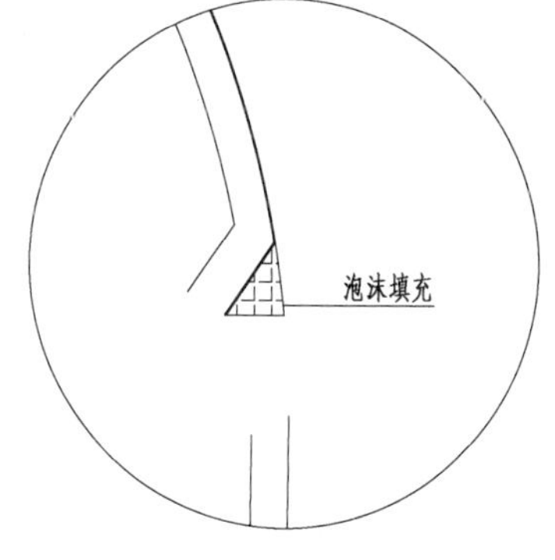

图 1-21　台车牛腿模板

4. 台车就位调整模板

钢模板本身的平整度，相互之间的模板缝、搭接等对混凝土外观质量产生决定性影响。为了保证混凝土外观质量，根据隧道内轮廓尺寸，特制 60cm × 15cm 企口曲面钢模，配合衬砌台车使用。使得隧道断面内轮廓外观控制非常容易，使模板之间呈一条细直线。当在变断面过程中需在拱圈上设异形木模时，要在两端拱圈上均匀环向布点，以控制其法平面在同一里程，使拼模有一定的标准。

每次进入下一环衬砌时，钢模表面将粘有一定的混凝土渣等杂物。因此，需用打磨机打磨清除。为了和上一环钢模缝顺接，需调节与上一环衬砌相接的端头钢模，可通过松紧螺栓、调换钢模等措施来实现。

台车钢模就位后的涂油（或脱模剂）质量，将直接影响脱模后混凝土外观。若涂油过多，由于机油（或脱模剂）过浓或分布不均将会影响混凝土外观。因此涂机油（或脱模剂）时，要待钢模清洗干净后，用抹布在油中浸泡后拧干再涂刷钢模，涂很薄一层即可。涂机油（或脱模剂）时，要注意已有衬砌或钢筋，严禁粘油。同时也不能漏涂，以免发生粘模现象。

5. 混凝土浇注

隧道边墙基底为拱墙衬砌与基础的连接部位，每次浇注混凝土前需将基础凿毛。凿毛标准为露出粗集料、无浮浆虚渣，凿毛处理时凿槽不宜过深，凿毛后去尽杂物，经检查合格后进入下一道工序。

拱部混凝土浇注是靠混凝土泵送压力入模，由于液压台车两侧临空，当混凝土两边高度不一致时，产生的侧压力不均将引起台车偏移，极易产生混凝土表面错台、漏浆跑模等影响混凝土外观质量的现象。因此混凝土浇注时，速度要均匀一致，两侧同时对称分层浇注。浇注口留在模板两端拱顶正中，用150泵管和模板焊接做成，尾部和泵管相接，泵管固定牢靠，接合严密。

混凝土坍落度要适当加大，控制在180～200mm；浇注前用1～2m^3同强度等级水泥砂浆润管；浇注过程中要严格控制停泵时间，避免混凝土凝固堵管。

混凝土振捣效果直接关系到衬砌外观质量，是能否产生蜂窝、麻面等混凝土工程通病的主要因素，因而浇注过程中，应注意采用内外结合的方式振捣。内部振捣从混凝土面一端向另一端逐段振捣或从中间向两端逐点逐面振捣；每次浇注、振捣混凝土厚度为30～40cm，每一振捣点间距为振捣半径的1.5倍（50cm），插入方向平行于钢模面；振捣时要快速插入、缓慢提出，每一振捣点振捣时间为20～30s，严防过振产生离析、漏捣产生麻面等现象。当不产生气泡时标志着振捣密实，振捣深度距下层5cm左右。拱顶振捣操作难度大，在混凝土浇注至拱顶位置时，用附着式振捣器在钢模板外振捣，达到避免产生蜂窝、麻面的效果。

每环在拱顶预留压浆管兼排气管，保证拱顶混凝土与围岩密贴。钢筋混凝土衬砌地段，钢筋在洞外下料加工、弯制成型，洞内绑扎或拼装。钢筋绑扎采用多功能作业台架。为确保防水板不被烧掉，洞内二次衬砌钢架应采用搭接，不采用焊接。

6. 拆模

根据洞内混凝土硬化时的强度增长规律和施工经验，混凝土拆模一般在24～36h后进行。拆模后混凝土应立即养护，安排专人洒水，养护时间不少于14d。台车脱模后，下一组就位前要对台车表面涂刷水溶性脱模剂，采用自制喷淋式设备沿台车表面均匀涂刷，以避免脱模剂污染钢筋和脱模时混凝土黏附在台车上。

拆模时要注意拆模次序，按装模及台车调整次序逆向进行：自上而下拆除堵头板→自上而下松开台车丝杠千斤顶（同时收缩侧向脱模油缸，下降门架上方四个顶升脱模油缸）→重新固定止水带→台车前进→清理模板表面并涂油保养钢模。

自制拱架拆模工序为：先拆抄手楔子，然后拆除钢模板，从上而下进行。施工中要注意安全，严禁抛投模板以防伤人。严格按照拆模操作程序作业，每道工序绝不能颠倒。拆除下来的堵头板、螺栓、插销、拱架等要有序放在指定位置，严禁乱丢乱放。拆模时应防止弄伤衬砌，防止损坏衬砌棱角线。

7. 衬砌背后回填压浆

衬砌前在拱顶设置 ϕ42 钢管，对二次衬砌背后进行回填注浆。衬砌背后根据地质雷达检测情况和出水情况，选择合理的注浆参数和注浆材料，对衬砌背后进行回填及压浆堵水。回填注浆应在衬砌混凝土强度达到设计强度的70%后进行，并达到设计标准。

8. 拱顶混凝土密实度和空洞解决措施

(1)分层分窗浇注。泵送混凝土入仓自下而上，从已灌注段接头处向未灌注方向进行。充分利用台架上、中、下三层窗口，分层对称浇注混凝土，在出料管前端加接 3 ~ 5m 同径软管，使管口向下泵送。混凝土浇注时的自由倾落高度不宜超过 2m，当超过 2m 时，通过模板上预留的孔口加串桶或梭槽浇注。

(2)安装排气管。为了保证空气能够顺利排除，确保封顶时不出现空洞，台车就位前要准确安装拱顶排气管，在堵头的最上端预留两个圆孔安装排气管(采用 ϕ50 焊管)，要避免其沉入混凝土之中。将排气管一端伸入仓内，且尽量靠上。

(3)采用封顶工艺。当混凝土浇注面已接近顶部(以高于模板台车顶部为界限)，进入封顶阶段，封顶时尽量从内向端模方向灌注混凝土，以排除空气。随着浇注继续进行，当发现有水(实为混凝土表层的离析水、稀浆)自排气管中流出时，即说明仓内已完全充满混凝土，应停止浇注混凝土，疏通排气管，撤出泵送软管，并将挡板的圆孔堵死。

(4)后期利用排气管。对拱顶因混凝土收缩产生的空隙进行压浆填实，使衬砌背后充填密实。

(5)浇注过程中应派专人负责振捣，保证混凝土的密实。

三、防水混凝土施工

(1)防水混凝土结构内部设置的各种钢筋或绑扎铁丝，不得接触模板。固定模板用的螺栓必须穿过混凝土结构时，必须采用止水钢板和穿止水条等止水措施。

(2)加强现场商品混凝土质量监控，试验人员对每批混凝土现场取样，进行坍落度、和易性检测，并按要求制作试件，按规定送至具有相应资质的试验室检测。

(3)在浇注混凝土过程中，要避免外来水渗到混凝土中。运输混凝土时，要采取遮蔽防雨的措施，运输和浇灌过程中严禁往混凝土中加水。

(4)在混凝土浇注过程中，要加强振捣，防止出现蜂窝、麻面、孔洞等现象，杜绝露筋现象，使混凝土达到外光内实。混凝土采用分层浇注，插入式振捣器振捣；每层厚度不大于 0.3m，且不大于插入式振捣器作用部分长度的 1.25 倍，使用平面振捣器时，分层厚度不超过 200mm；振捣时应设专人定位、定岗负责，插入点间距不大于振捣器有效半径的 1.5 倍，呈梅花形布置。上一层振捣时，插入下一层的深度应不小于 50mm。振捣时不得碰撞钢筋、模板、预埋件和止水带等。

(5)防水混凝土终凝后要立即进行养护，这是保证混凝土不开裂的一个重要因素，养生时间不得小于 14d，在养护期间，要求混凝土表面保持湿润。

(6)混凝土应从低处向高处分层连续灌注,如必须间歇,其间歇时间应尽量缩短,并应在前层混凝土初凝前,将次层混凝土浇注完毕;间歇的最长时间,应按水泥品种及混凝土凝结条件确定,为确保混凝土施工质量,混凝土中掺加的减水剂宜选用有缓凝功能的品种。

四、特殊部位混凝土浇注要求

1. 施工缝处混凝土浇注要求

结构施工缝留置在受剪力或弯矩最小处,并符合下列规定:

(1)施工缝处已浇注的混凝土表面,必须认真进行凿毛处理,并清洗干净,不留杂物和尘土。

(2)浇注前施工缝按设计安置好止水设施,并固定牢固。

(3)混凝土浇注前,施工缝处已浇注混凝土必须进行充分的润湿,确保该处新混凝土不会失水过多。

(4)施工缝处混凝土浇注时,必须认真振捣,使新旧混凝土结合紧密。

2. 变形缝处混凝土浇注要求

(1)浇注前应校正止水带位置,并将止水带表面清理干净,修补好止水带破损处。

(2)拱顶止水带下侧混凝土应振实,将止水带在其表面压紧后,方可继续浇注混凝土。

(3)边墙处止水带必须固定牢固,内外侧混凝土应均匀、水平灌注,保持止水带位置正确、平直,无卷曲现象。

五、钢筋施工

现场设置钢筋加工场进行钢筋加工。设计采用 HPB235 和 HRB335 普通钢筋,无特殊要求。

车站主体结构断面大,衬砌钢筋在绑扎过程中的稳定性是施工控制的重点,尤其第一模至关重要。为了确保拱墙钢筋在模板台车就位前的稳定,主要采取以下三种方法:

(1)采用I25 型钢制作拱架,将拱架架设在外层钢筋的内侧,采用纵向连接筋将拱架连接成整体,利用拱架支撑衬砌钢筋。这种方法涉及拱架的拆除,便于施工,安全可靠。

(2)在拱墙衬砌钢筋施工时,将衬砌钢筋内外层焊接成骨架,纵向分布筋与骨架焊接在一起,可以保证拱部钢筋的稳定。这种方法施工周期长,焊接工作量大。

(3)场地受限时,首先确定第一模衬砌里程,模板台车就位后,直接在模板台车上绑扎衬砌钢筋,通过垫混凝土垫块,钢筋绑扎完成后直接安装端头模并进行混凝土浇注施工。这种方法施工质量有保障,但施工人员的作业空间狭窄,施工难度大,在工期压力不大的情况下是首选。

1. 原材料进场和材质检查

(1)进场的钢筋原材料,必须具备出厂合格证或材质试验报告,经确认无误后,方可收货进场。

(2)钢筋按批检查验收,每批由同牌号、同炉号、同加工方法、同交货状态的钢筋组成,每批质量不大于60t。现场取样做力学性能试验和化学分析试验,经检验合格后方可用于施工。

(3)钢筋堆放场地布置在现场空地处,下部用方木垫高,用标志牌标明钢筋规格、产地、使用部位、检验状态,并设专人管理。

2. 钢筋加工

(1)钢筋加工前,由土建工程师编制钢筋制作方案和钢筋配料表,并向作业班组进行技术交底。

(2)按照设计图纸编制钢筋下料单。钢筋加工的形状、尺寸必须符合设计要求;钢筋表面洁净、无损伤,油渍、漆污和铁锈等在使用前应清除干净;带有粒状和片状锈的钢筋不得使用。

(3)采用钢筋弯曲机将钢筋弯曲成型,钢筋的弯制和末端弯钩均严格按设计加工,弯曲后平面上没有翘曲不平的现象,但不能对钢筋反复弯曲。

(4)钢筋切断和弯曲时,要注意长度的准确,钢筋加工的偏差,需符合相关规范的规定。

(5)钢筋加工成半成品后,经质检人员检查合格,要按类别、直径、使用部位挂好标志牌,并分类堆放整齐,由专人管理,放置在方便运送至使用部位的地方;对检查不合格的产品要进行返工、返修或报废处理。

3. 钢筋的焊接和连接

(1)钢筋连接可采用绑扎搭接、机械连接或焊接。机械连接接头及焊接接头的类型及质量应符合国家现行有关标准的规定。混凝土结构中受力钢筋的连接接头宜设置在受力较小处。在同一根受力钢筋上宜少设接头。在结构的重要构件和关键传力部位,纵向受力钢筋不宜设置连接接头。

(2)当纵向受力钢筋采用机械连接接头或焊接接头时,同一构件内的接头宜分批错开。接头连接区段的长度为35d,且不应小于500mm,凡接头中点位于该连接区段长度内的接头均应属于同一连接区段;其中 d 为相互连接两根钢筋中较小直径。同一连接区段内,纵向受力钢筋接头面积百分率是指该区段内有接头的纵向受力钢筋截面面积与全部纵向受力钢筋截面面积的比值。纵向受力钢筋的接头面积百分率应符合下列规定:

①受力接头,不宜大于50%;受压接头,可不受限制。

②板、墙、柱中受拉机械连接接头,装配式混凝土结构构件连接处受拉接头,可根据实际情况放宽。

③直接承受动力荷载的结构构件中,不宜采用焊接;当采用机械连接时,不宜超过50%。

4. 钢筋安装

1)底板钢筋绑扎

(1)底板钢筋加工采用现场焊接连接,相邻施工段纵向筋采用电弧焊连接。焊接时要注意保护防水板,连接时要注意接头位置符合相关规范要求。

(2)绑扎时要求四周钢筋交叉点每点扎牢,中间部位交叉点可相隔交错扎牢,以受力钢筋不位移为主要控制手段,并要注意相邻绑扎点的铁丝扣要成八字形,以免钢筋歪斜变形。

(3)根据底板的厚度,采用 ϕ20 的钢筋作为马凳筋,来固定上层钢筋,保证两层钢筋间的间距符合相关要求。马凳筋呈梅花形设置,间距为1m×1m。

(4)在钢筋和模板之间应设置足够数量与强度的垫块,以保证钢筋的保护层达到设计要求,且采用自制砂浆垫块。

2)墙钢筋绑扎

墙水平钢筋采用搭接,水平钢筋每段长度不超过12m,以便于钢筋的绑扎。上下及两端二排钢筋交叉点每点扎牢,中间部分每隔一根呈梅花形扎牢。

3)拱部钢筋绑扎

(1)顶板钢筋绑扎时,在拱部两端设钢筋支撑平台,先在钢筋支撑平台上架设顶板顶层钢筋,顶板下层钢筋采用后退式,边立顶模边进行顶板下层钢筋的绑扎。

(2)上层钢筋网片必须垫以足够的撑脚,间距为1m,梅花形布置,以保证钢筋网标高的准确;钢筋网片绑扎前必须弹好线,以保证钢筋顺直,间距均匀。

(3)顶板钢筋绑扎时,配置的钢筋级别、直径、根数和间距要符合设计要求,绑扎的钢筋网不得有变形、松脱现象。

5. 钢筋施工注意事项

(1)绑扎或焊接接头与钢筋弯曲处相距不应小于10倍主筋直径,也不宜位于最大弯矩处。

(2)根据防迷流要求,严格按设计要求采用焊接贯通。

(3)钢筋与模板间应设置足够数量与强度的垫块,确保钢筋的保护层达到设计要求。

(4)在绑扎双层钢筋网时,应设置足够强度的钢筋撑脚,以保证钢筋网定位准确。

六、二次衬砌施工

1. 液压及电气操作系统

检查电动机、油泵状况是否良好,转动方向是否正确。

接通电源时控制台应显示绿灯。立、拆模时,台车上除液压及照明电源外,其他电源都应关闭。严禁在台车行进中启动油泵,升降或收放模板。

操作台上的全部手柄、按钮、开关等需要用金属盖加以保护,并派专人操作及保管。

液压系统发生故障及渗、漏油时,立即排除,不准带故障作业。

2. 模板台车走行

走行前,检查台车轨道是否符合铺设要求。轮对、卡轨器及轨道上黏结的混凝土和杂物要清除掉,排除走行时的阻力,模板上所有作业窗要关闭。

走行中,必须有专人指挥。认真观察是否有可能发生撞击模板的物体。除通风管外,其余管路都设在台车轨面下(走行地段),钢轨下采用15cm×15cm的方木做枕木。

台车走行时,洞内和台车上的电缆派专人负责看管和收放,严防台车轮子碾压。

3. 立模

立模时,底脚模板与仰拱必须密贴,漏浆地段用橡胶条密封,并锁紧底脚千斤顶。

模板就位后,在混凝土浇注前,要对立模作业中的每一道工序做一次全面检查,例如中线和标高。

4. 浇注混凝土

(1)编制混凝土浇注方案,制订详细的混凝土供应方式、现场质量控制措施、混凝土浇注工艺流程、混凝土施工路线、混凝土灌注及养护措施、防止混凝土质量通病的措施等。

(2)混凝土浇注前,应对台车、钢筋、预埋件、预留孔洞、施工缝、变形缝、止水带等进行检查,清除模板内杂物,隐蔽工程验收合格后,方可浇注混凝土。

（3）混凝土浇注过程中，应随时观察堵头模板和台车、支撑、防水板、钢筋、预埋件、预留孔洞等情况，发现问题及时处理。

（4）在台车拱部离两端头各100cm处以及台车中部，制造时预留ϕ50锥形检查孔3个（兼作排气孔）。当混凝土浇注时，用锥形铁棒堵塞此孔，并在混凝土初凝前将此棒拔出，以检查混凝土浇注是否密实，此孔在二次衬砌背后回填注浆时，作为注浆孔。

（5）在浇注混凝土的过程中，应注意控制混凝土的均匀性和密实性，混凝土拌和物运至浇注地点后，应立即浇注入模。浇注过程中，如发现混凝土拌和物的均匀性与稠度发生变化，应及时处理。

（6）浇注墙混凝土之前，应在底部先浇50～100mm厚与混凝土成分相同的水泥砂浆。混凝土的水灰比和坍落度，应随浇注高度的上升，酌予递减。

（7）浇注混凝土时，应经常检查模板、支架、钢筋、预埋件和预留孔洞的情况，当发现有变形或位移时，应立即停止浇注，并应在已浇注的混凝土初凝前修整完好。

七、混凝土拆模与养护

1. 最早脱模时间的确定

混凝土强度达到8MPa时方可脱模，确认混凝土脱模时间的方法是：在浇注拱顶混凝土时取3组试块，在混凝土浇注12h、24h、36h后分别试压一次，绘制混凝土强度增长曲线。以试块强度达到2.5MPa所用时间确定脱模时间，如36h后强度仍达不到要求，延长养护时间后再试验，直到试验结果满足要求，此时间即为最早脱模时间。

2. 混凝土养护

混凝土养护在脱模后立即进行。养护采用高压水雾养护方式，派专人负责，保证在14d内保持结构的湿润。因车站隧道内温度较平均，温差小，相对湿度大，夏、秋两季养护一般每天两次，冬、春两季养护一般每天一次。养护的原则是：确保混凝土表面湿润，防止泛白。施工操作时，要根据具体情况实时调整。

覆盖浇水养护应符合下列规定：

（1）覆盖浇水养护在混凝土浇注完成后12h内进行。

（2）混凝土的浇水养护时间不得小于14d。

（3）浇注次数应根据能保持混凝土处于湿润的状态来确定。

（4）混凝土的养护用水应符合相关规定。

八、车站与附属结构交叉部位施工

1. 开挖支护施工

车站主体结构与附属结构接口部位待主体结构开挖通过后再进行施工，开挖支护前沿附属结构开挖轮廓线打两层超前小导管进行超前支护，ϕ42超前小导管长4.5m，间距为45～50cm。车站主体结构喷射混凝土的强度达到100%后，破除附属结构接口部位的喷射混凝土，切割接口部位钢架，再进行交叉口施工，采用CD法或CRD法施工。交叉口受力复杂，用小炮开挖或机械开挖，严格控制炸药量。必须严格控制施工步距及爆破震动，开挖后及时支护，严格控制锚杆的施工质量。

2. 衬砌施工

车站与附属结构交叉，属于球面交叉，空间曲线线形复杂，若施工方式选取不当，极易造成渗漏水现象，通常有同时施工、先施工和后施工三种方式。交叉口衬砌施工与整体施工进度要求有关，在工期不紧张的情况下，一般采取同时施工。

(1) 接口部位与主体结构同时施工，车站主体结构衬砌到接口部位时，附属结构的防水、钢筋及混凝土工程同时施工。接口部位的工作面狭窄，模板安装必须待主体结构台车就位后方可进行。因接口部位线形复杂，只有根据附属结构的接口断面在模板台车上焊接撑子，才能保证接口部位的模板安装质量。混凝土浇注完成后线形圆顺，防水质量有保障，但施工周期长。

(2) 车站主体结构开挖断面大，接口部位受力复杂，故在地质情况较差地段，接口部位开挖支护完成后，应及时进行衬砌施工，确保接口部位整体封闭成环，后期再进行拱墙施工。

(3) 主体结构先施工，待车站中板施工完成后，再进行接口部位施工。主体结构衬砌时，将接口部位的防水和钢筋预留，后期再进行接口部位施工。

接口部位的防水质量非常重要，采用先施工或后施工时，施工缝处的防水施工必须采取多道防线，首先是严格控制防水板的焊接质量，可增加一道外贴式止水带和中埋式钢边止水带。

第三节　车站防水施工

一、防水板施工

1. 施工顺序

防水板施工顺序为：洞外和洞内准备→施作暗钉和吊带→防水粘接→质量检查。

2. 施工方法及要点

(1) 铺挂前应对显著凹凸的初期支护表面分层喷混凝土找平，找平后凹凸处的矢跨比应小于 1/6，要截除外露的锚杆头和钢筋网头，以保证防水层与喷层能基本密贴。

(2) 防水板材之间搭接宽度不小于 10cm，预留甩头的卷材应保留隔离膜，并采取无纺布包裹的方式进行保护。在后续搭接时，揭除隔离膜后，进行卷材黏结。

(3) 防水卷材采用无钉孔铺设施工工艺。

二、施工缝和变形缝施工

(1) 在变形缝部位的模筑混凝土外侧设置背贴式止水带，利用背贴式止水带表面凸起的齿条与模筑防水混凝土之间的密实咬合原理进行密封止水，背贴式止水带同时起在隧道内形成防水封闭区的作用。在变形缝中部设置中埋式注浆止水带，在变形缝内侧采用密封膏进行嵌缝密封止水，密封膏要求沿变形缝环向封闭，任何部位均不得出现断点，以免出现窜水现象。

结构施工时，在顶拱和侧墙变形缝两侧的混凝土表面要预留凹槽，凹槽内设置镀锌钢板接水盒，便于及时引排渗漏水。

(2)纵向施工缝采用钢边橡胶止水带进行防水,环向施工缝采有两道缓膨胀止水条加预埋注浆管进行防水,当施工缝部位出现渗漏水时,可利用预埋注浆管进行注浆堵漏。采用带注浆管的止水条防水,变形缝采用钢边止水带,并在缝内填充双组分聚硫密封膏,缝口设四油两布双组分聚氨酯及防水砂浆封口等措施防水。

(3)安装止水带时应确保居中、平顺、牢固、无裂口脱胶,并在浇注混凝土过程中注意随时检查,防止止水带移位、卷曲。为确保止水带位置准确居中,要用间距150mm的特制钢筋箍夹紧止水带,在变形缝拐角处,止水带安装成直径15cm以上的圆角。

(4)各种贯通的施工缝、变形缝的止水条、止水带安装时,应确保形成全封闭的防水网。

(5)浇注混凝土前,先将混凝土基面充分凿毛,清洗干净,要用钢刷刷净;混凝土浇注时,为确保新老混凝土结合良好,应在混凝土界面上涂一层界面剂。

接地电极穿过防水板的位置采用止水法兰紧固,止水法兰与接地电极的材质相同,便于进行不透水焊接,法兰盘交防水层处夹紧,防水层上下表面密贴双面黏带进行密封处理。

三、变断面位置防水施工

隧道断面变化位置防水比较困难,防水卷材经常会出现非人为性破坏,主要原因在于:由于断面变化,出现阴角或阳角,隧道出现双向弧度,导致不同方向防水卷材半径不一样,防水卷材接口开裂或接口不严密。而且该位置防水卷材铺设的质量缺陷不易被发现,在混凝土浇注时卷材容易开裂。

主要解决措施有以下几种。

(1)设置缓冲带。在阴角位置,用砂浆抹角或在喷混凝土时预喷缓冲带;在阳角位置凿除既有喷射混凝土形成缓冲带或在喷混凝土时预喷缓冲带,如图1-22所示。

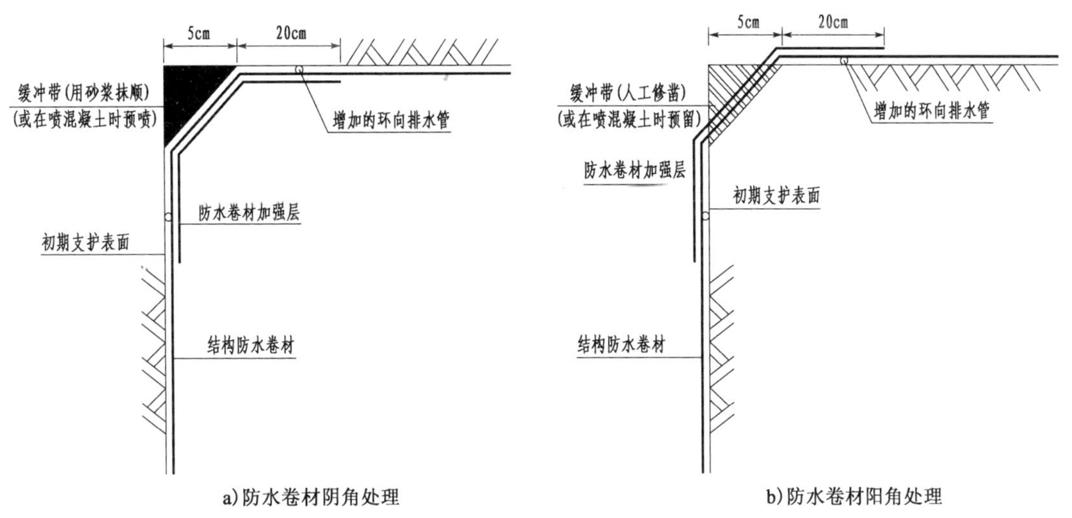

图1-22 隧道变断面处防水卷材处理

(2)设置加强层。在阴角或阳角位置设置加强层,以加强变断面位置两侧防水卷材的连接、修补裂口,如图1-22所示。

(3)增设环向排水管。在阴角或阳角两侧设置环向排水管,以防止渗水集中,增加排水管后，提前将渗水排走，如图 1-22 所示。

(4)预留变形量。在该位置铺挂防水卷材时，一定要预留防水卷材变形量，防止在混凝土浇注时，将防水卷材撑破。

当三岔口拱部出现双向弧度，导致不同方向的防水卷材半径不一样，防水卷材接口开裂或不严密，其处理方法与阳角的处理方法相同。

第四节　车站内部结构施工

车站站内为地下两层单柱双跨、双柱三跨结构，岛式站台。站厅板厚 400mm，站台板宽度为 10 ~ 12m，板厚 200mm。轨顶风道宽度为 3.6m，底板厚 150mm。站内结构如图 1-23 所示。

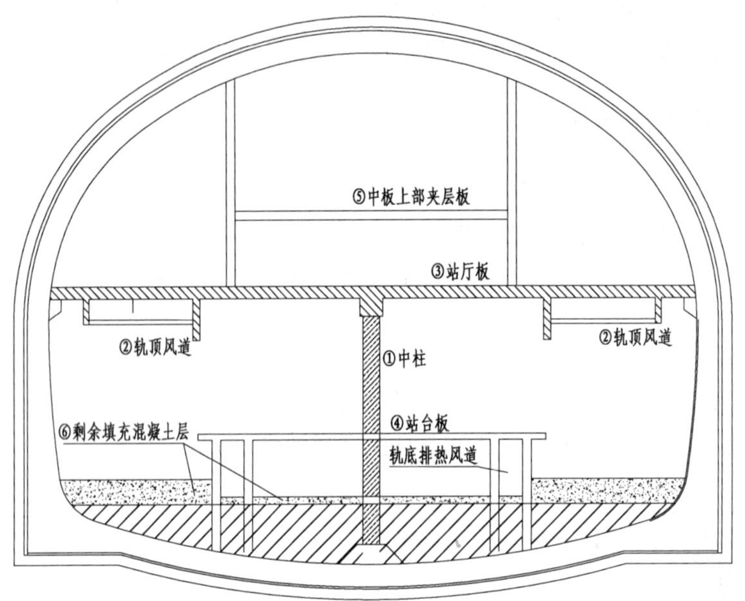

图 1-23　车站站内结构断面

一、总体施工组织顺序

车站内部结构采用“纵向分段、竖向分层”的施工方法，综合考虑各种施工干扰因素，先施工中柱、站台板及其以下结构，再施工轨顶风道底板，然后施工中板及轨顶风道侧墙，最后施工夹层板及楼梯等内部结构。工期较紧的也可先施工中板和轨顶风道，再施工站台层的站内结构，这样可提前交付铺轨作业。中板、站台板施工区段长度控制在 22m 以内，施工缝设于结构受力最小处，一般设在 1/4 ~ 1/3 跨位置范围内。

1. 站内结构施工组织顺序

车站站内结构施工组织顺序为(图 1-24)：

①中柱下部钢筋混凝土、站台板下部墙体及轨底热风道施工→②站台板钢筋混凝土施工→③轨顶风道底板、中柱上部钢筋混凝土施工→④中板及轨顶风道两侧墙钢筋混凝土施工→⑤夹层板钢筋混凝土施工→⑥填充层混凝土回填至设计标高

站内结构原则上按“纵向分段，由下往上”的顺序进行施工，施工缝及变形缝布置在纵向柱1/4～1/3跨附近。

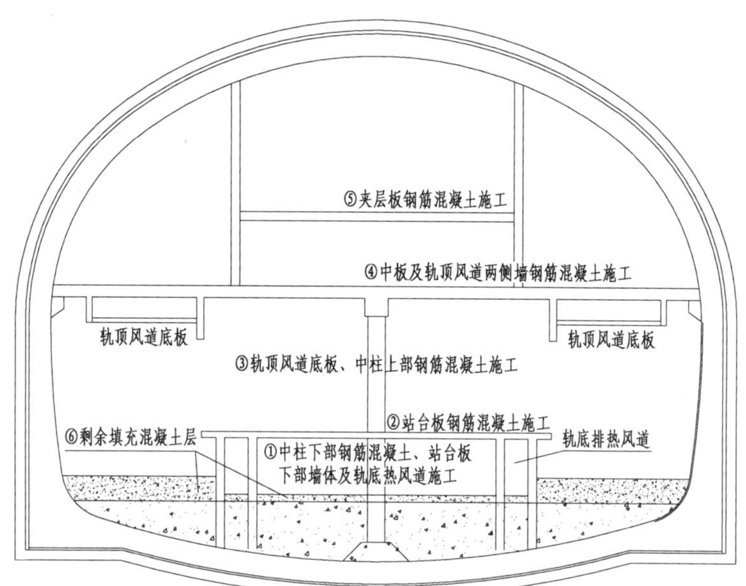

图1-24　车站站内结构施工组织顺序

2. 站内结构施工交通组织

站内结构施工时，以斜井支通道作为主要运输通道，并在搭设站厅板脚手架时，预留脚手架门型框架作为小里程区间开挖支护运输通道。待站厅板施工至斜井主通道时，便于将部分站内结构及附属结构材料，从主通道搬运至工作面。

二、车站站内结构施工

1. 施工分段原则

站内结构以后浇带、施工缝（一般在1/4～1/3跨范围内）、附属结构接口及预留孔洞作为分段依据。站内结构按“水平分段，由下往上依次浇汴混凝土”进行施工，拟投入两套模板及管架（分段长度控制在22m以内）。

2. 施工顺序

车站站内结构施工顺序为：

测量定位→脚手架搭设及安装→中柱钢筋绑扎→柱模板安装→测量检查及模板定位→脚手架顶满铺10cm×10cm方木→测量放线→梁板底部模板安装→梁板钢筋绑扎、预留孔洞设置、预埋件安装→关梁、模板及支撑加固→梁板混凝土浇注→混凝土养护及模板管架拆除→下一段站厅层梁板施工

站台层施工顺序同站厅层。为确保施工安全，在施工完站台层后，不拆除站台层支撑脚手架，以作为施工站厅层时的荷载承载体系。

3. 脚手架施工

采用壁厚3.5mm的ϕ48无缝钢管搭设满堂脚手架。主体脚手架横向间距×纵向间距×步高＝800mm×800mm×1000mm。在边墙两侧及轨顶风道脚手架门架采用2m长的钢管对

纵、横向支撑加密,加密钢管间距为:横向间距×纵向间距=600mm×500mm。不管立杆还是水平管,所有架管同一截面的接头率不能大于50%。纵横向剪刀撑以45°的角度搭设,横向剪刀撑间距为1.8m,纵向剪刀撑间距为2.5m。脚手架顶部采用顶托调整中板底面标高,侧墙模板侧向也采用顶托支撑,脚手架搭设见图1-25、图1-26。

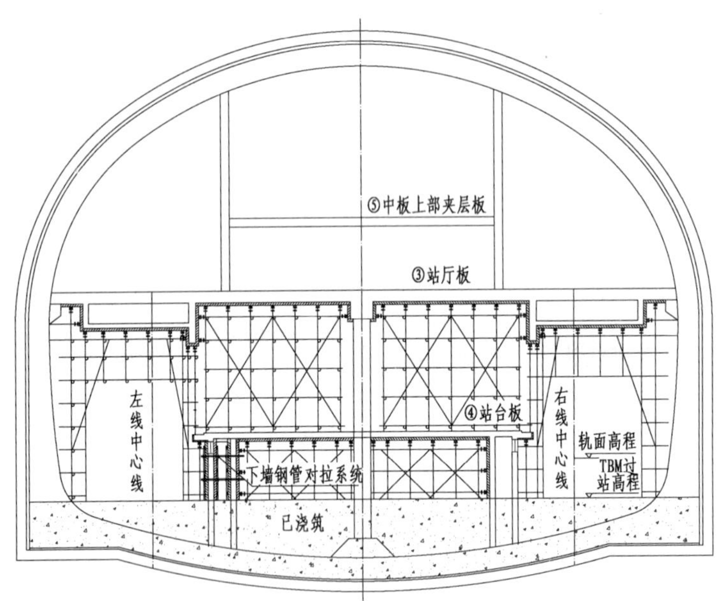

图1-25　中柱处脚手架支撑

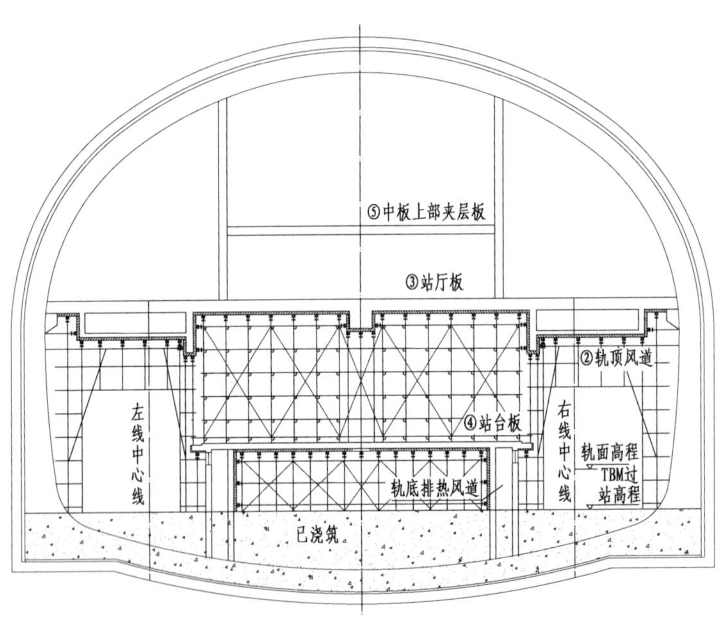

图1-26　无中柱处脚手架支撑

4. 模板安装

脚手架顶端设置U形支撑头,并在支撑头上纵横向放置10cm×10cm方木,方木上铺设

18mm 厚竹胶板作为站厅板底模，模板标高采用顶托调整。立柱采用竹胶板关模，钢管支架加固。

1）中板及站台板模板施工

所有脚手架顶均设置 U 形支撑头，并在支撑头上横向放置第一层 100cm × 100cm 方木。第一层横向方木纵向间距为 0.8m。再在第一层横向方木上铺设第二层纵向方木，纵向方木横向间距为 0.40m。中板及站台板模板底面标高采用顶托调整。

2）柱模板施工

框柱采用木模板。方柱采用钢管井字支撑，对拉螺杆加固。井字支撑层高 0.5m，对拉螺杆层高 0.5m。柱子一侧应设两根对拉螺杆，立柱模板设计见图 1-27。

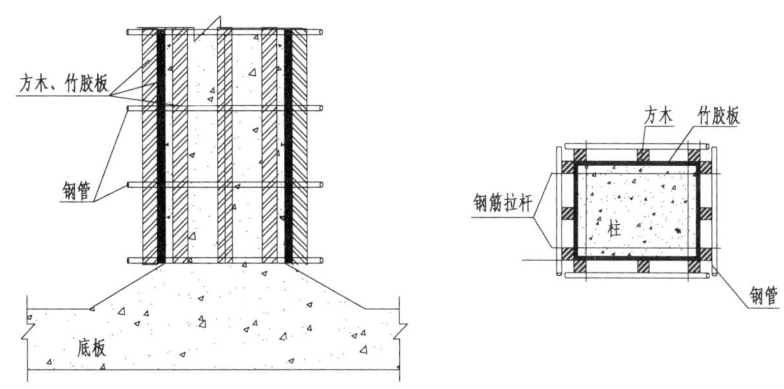

图 1-27　立柱模板设计图

3）梁模板施工

梁模板采用木模板。在所有胶竹板背后背方木。底模用十字扣件固定在水平钢管上，侧模在方木后面用钢管做三角形支撑，支撑间距为 0.5m。当梁高大于 700mm 时，在距梁底 2/3 高度处加一根 $\phi 12$ 的对拉螺栓，梁模板支撑体系见图 1-28。

4）站台板下墙模板施工

站台板下墙采用木模板外背方木。在墙体预埋 PVC 管，采用钢管对拉模板加固。钢管间距按 0.8m 布置。

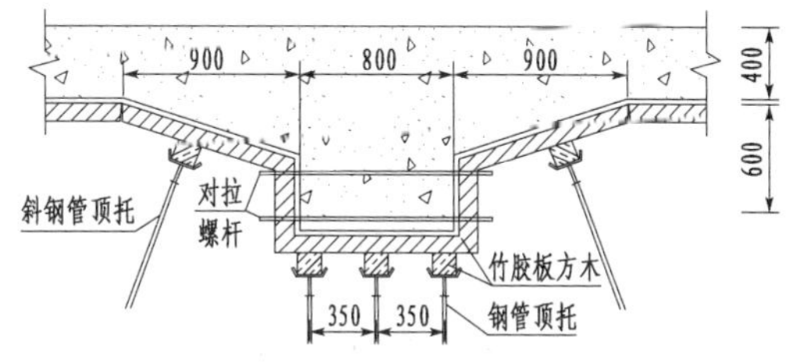

图 1-28　梁模板支撑体系（尺寸单位：mm）

5）支、拆模工艺流程

支、拆模工艺流程为：

设计模板图→模板拼装→刷脱模剂→弹模板位置控制线（距模板500mm）→模内杂物清理→墙体复线→找平或铺胶条→钢筋、管线、盒、洞预埋隐检完毕→支外侧模板→安装穿墙螺栓→支内侧模板→支钢管斜支撑→调整加固模板→预检模板并签字→混凝土浇注→养护→检验混凝土强度→拆模申请→审批申请→拆模→修整模板→刷脱模剂→码放模板→进入下一循环

6）支模质量要求

所有模板在拼缝处必须用海绵塞缝，并用透明胶带贴严，防止漏浆。所有模板拼装或安装完成后，要求大面平整，表面干净，塞缝紧密，模板边缘顺直。

模板工程验收重点是：控制刚度、垂直度、平整度。特别要注意外围模板、电梯井模板、楼梯间模板等处轴线位置的正确性。

模板拆除时，结构混凝土强度应符合设计要求或相关规范规定。侧模板拆除时，以混凝土强度能保证其表面及棱角不因拆模而受损坏，即可拆除。底模板拆除时，混凝土强度必须达到100%。抗渗混凝土侧模拆除时，混凝土强度应达到70%以上。拆模顺序为：后支先拆，先支后拆，先拆非承重模板，后拆承重模板。拆模时用力不要过猛、过急，拆下来的木料要及时运走、整理，大模板配件要集中堆放在指定地点，以防丢失。

三、屏蔽门及轨排风道

1. 屏蔽门预埋件

屏蔽门区段预埋件，由于安装精度与准确度要求比一般部位高，以前均由施工方进行预埋，后期为便于施工，统一由安装单位预埋。

2. 轨排风道施工

轨排风道作为站内结构的一部分，分先做法及后做法两种。目前，重庆已施工的几个暗挖车站均采用先做法，与站厅板一同搭设脚手架，先铺设轨排风道的模板，绑扎钢筋，浇注混凝土。待混凝土达到强度要求后，再铺设站厅板模板。先做法可使轨排风道一次成型，既保证了施工质量，也加快了施工进度。

四、安全质量技术措施

1. 模架施工保证措施

(1)严禁不按设计方案搭设支架，不得随意加大木楞、横杆、立杆、螺栓拉杆等的间距。

(2)工作前应先检查使用的工具是否牢固，必须用绳链将扳手等工具系在身上，钉子必须放在工具袋内，以免掉落伤人。工作时要思想集中，防止钉子扎脚和从空中滑落。

(3)对位置固定的、活动的模板、支撑应妥善堆放，防止踏空、扶空而跌倒坠落，临边的断枋、短枋、短料及螺栓应及时清入构筑物内，严防坠落伤人。

(4)脚手架搭设完成后，需在两端设置防护栏杆及防护网。并在搭设时设置上下楼梯。

(5)模板支架安装完毕，应按《混凝土结构工程施工质量验收规范》(GB 50204—2002)的有关规定，进行全面检查，验收合格后方能进行下一道工序的施工。

(6)组装的模板必须符合施工设计要求。

(7)要保证混凝土结构、构件的位置、形状、尺寸符合设计要求，保证工程结构和构件各部分形状尺寸和相互位置正确。

(8)模板体系必须具有足够的承载能力、刚度和稳定性，能可靠地承受混凝土的质量和侧压力，鉴于建筑限界的要求严格，应该充分考虑浇注混凝土时模板加固体系因受力而发生的变形以及施工误差，从而确保各种净空尺寸符合规定。

(9)各种连接件、支承件、加固配件要安装牢固，无松动现象。模板拼缝要严密。

(10)拆模时，按次序分批段拆除支顶，不得一次将顶撑全部拆除，以免模板一次性大面积脱落。

(11)二人抬运模板时,要互相配合,协同工作。传递模板、工具,应使用运输工具或绳子系牢后升降,不得乱抛。装拆组合钢模板时,上下应有人接应。钢模板及配件应随装拆随运送,严禁从高处掷下,高空拆模时,应有专人指挥。并在下面标出工作区,用绳子和红白旗加以围拦,暂停人员过往。

(12)模板上有预留洞者,应在安装后将洞口盖好;混凝土板上的预留洞,应在模板拆除后即将洞口盖好。

2. 现浇梁、柱、墙的密实度、平整度、垂直度、轴线的控制措施

(1)严格控制商品混凝土质量,加强混凝土的振捣密实。

(2)严格控制模板质量及立模尺寸,以保证模板及混凝土的平整度。

(3)严格按测量放线定位,并建立健全尺寸检查制度。

(4)安排专人值班,实行分区管理,做到责任明确。

3. 安全保证措施

(1)各种施工机械进场需经过安全检查,合格后方能使用。制订并详细交底各类机械的操作规程。施工机械应由专人按照操作规程合理操作,禁止无证、无关人员操作。

(2)钢筋断料、配料、弯料等工作应在地面进行,不准在高空作业,场地内材料应堆放整齐,堆放高度不得超过要求,以免材料倒塌伤人。

(3)搬运钢筋时,要注意附近有无障碍物、架空电线和其他临时电气设备,防止钢筋在回转时碰撞电线或发生触电事故。

(4)绑扎基础钢筋时,要按规定摆放支架或马镫,架起上部钢筋,不得任意减少钢筋数量,操作前应检查基坑土壁支护和支撑是否牢固。

(5)绑扎主柱、墙体钢筋时,不得站在钢筋前架上操作,不得攀登骨架上下,柱筋在4m以上时,应搭设工作台,柱、墙梁、骨架应使用临时支撑拉牢,以防倾倒。

(6)现场绑扎悬空大梁钢筋时,不得站在模板上操作,必须要站在脚手架上操作,绑扎独立柱头钢筋时,不准站在钢筋上绑扎,也不准将木料、管子、钢模板穿在钢箍内作为立人板使用。

(7)钢筋头应及时清理,成品堆放要整齐,工作台要稳,钢筋工作棚照明灯必须加网罩。

(8)高空作业时,不得将钢筋集中堆放在模板和脚手板上,也不要把工具、钢箍、短钢筋随意放在脚手板上,以免滑下伤人,必须操作时,应配戴安全带。

(9)钢筋骨架不论是否固定,不得在其上行走,禁止从柱子上的箍筋上下。

(10)施焊作业必须办理动火审批手续,遇雷雨天气必须停止露天施焊,作业结束时,应切断焊机电源,锁好开关箱,并检查作业地点,确认无起火危险时,方可离开。

(11)钢筋切断机、弯曲机使用前应空转,正常后才能使用,冷拉机作业区应有警示标志,确保防护栏杆、地锚、钢丝绳处于有效状态下才可动作。

(12)用电设施应按安全规定要求配置,施工接电等操作应由专业电工负责。

(13)作业人员要正确使用劳动保护用品,进入工地要戴好安全帽,电工、电焊工应穿绝缘鞋,其他如面罩、防眩镜、绝缘手套、特殊口罩、绝缘雨靴等要按照要求配置和穿戴。

(14)作业后或遇停电时,应先拉闸切断电源,锁好开关箱。无关人员不得进入钢筋加工场地。

4. 车辆通行组织、安保措施

站内结构施工时，车辆由斜井支通道进入，以保证材料设备的供应及开挖出渣需求。为保证车辆的通行安全，采取的相关措施如下。

(1)严格限制车速，防止车辆冲撞脚手架门架。

(2)在门架外侧增加冲撞防护，并悬挂醒目的警示标志。

(3)限制车辆装载质量及高度。

(4)车辆进入车站，应由专人统一指挥、调派。

第五节　车站内部砌体施工

车站站内砌体工程，一般采用非黏土烧结实心砖和加气混凝土砌块两种材料。车站的厕所、消防泵房、污水泵房、废水泵房、冷冻站等有水房间和需挂重物的电缆间、配电室以及站台板下承重墙等采用非黏土烧结实心砖；其他建筑墙体采用 A5.0 加气混凝土砌块。

墙体转角、交接处以及墙长大于 4500mm 和大于 1500mm 的门窗洞口两侧设构造柱，构造柱宽度不小于 250mm(厚同墙厚)。后砌墙体高度大于 4000mm 时，在墙中 1/2 高度处或结合门窗洞口设置一道与墙柱相连的圈梁，高度为 200mm、厚度同墙厚。

对于加气混凝土墙，除设置圈梁外，还应沿墙高每 850 ~ 1000mm 设置 60mm 厚 C20 混凝土配筋带，配筋带纵筋为 3ϕ6，分布筋为 ϕ6@200。加气混凝土墙与墙、柱、梁不同材料的界面、接缝处，应用聚合物水泥砂浆增强玻纤耐碱网格布加强，对于加气混凝土墙体根部，应做成 C15 混凝土条带，高出建筑面层 100mm，站厅层条带高 250mm，站台层条带高 200mm。

一、施工准备

1. 材料及主要机具

(1)砌块。非黏土烧结实心砖，规格为 240mm × 115mm × 53mm，强度等级不小于 MU10.0。蒸压加气混凝土砌块，规格为 300mm × 250mm × 200mm(需定制新模具)，其强度等级为 A5.0，干体积密度为 B06(一等品)。其他干密度和强度等级的蒸压加气混凝土砌块，质量应符合交通运输部颁发标准及《蒸压加气混凝土砌块》(GB 11968—2006)的各项指标要求。

(2)构造柱、圈梁宜采用自拌混凝土，砂浆也采用自拌混凝土，水泥品种及强度等级应根据砌体部位及所处环境条件选择，一般宜采用 32.5 级普通硅酸盐水泥。

(3)砂。采用中砂，配制 M5 以下砂浆所用砂的含泥量不超过 10%，M5 及其以上砂浆的砂含泥量不超过 5%，使用前应用 5mm 孔径的筛子过筛。

(4)施工脚手架宜采用侧面双排式脚手架，用两排 ϕ48mm × 3.0mm 钢管 + 扣件搭设。

(5)其他材料。墙体拉结筋及预埋件、木砖应刷防腐剂等。

(6)主要机具。包括：搅拌机，后台计量设备，5mm 筛子，双轮手推车或机动翻斗车，铁锹，刀具，镂漕工具，带齿刃，手摇钻，皮数杆，靠尺，线锤，托线板，小白线，灰桶，铺灰铲，小锤，小水桶，水平尺，砂浆吊斗及垂直运输工具等。

2. 作业条件

(1)现场存放场地应夯实，平整，不积水，码放应整齐。装运过程应轻拿轻放，避免损坏，并尽量减少二次倒运。

(2)根据墙体尺寸和砌块规格，妥善安排砌筑平面排块设计，尽可能减少现场切割量。根据砌块厚度与结构净空高度及门窗洞口尺寸切实安排好立面、剖面的排块设计，避免浪费。

(3)砌墙前，应将砖提前1～2d洒水润湿，保证砌体黏结牢固。

(4)遇有穿墙管线，应预先核实其位置、尺寸。以预留为主，减少事后剔凿，损害墙体。

二、施工顺序及施工方法

1. 总体施工流程

砌体结构施工中所用的砌筑砂浆应现场配制，砂浆采用自拌，拌和场设在建筑物内部。施工工艺流程见图1-29。

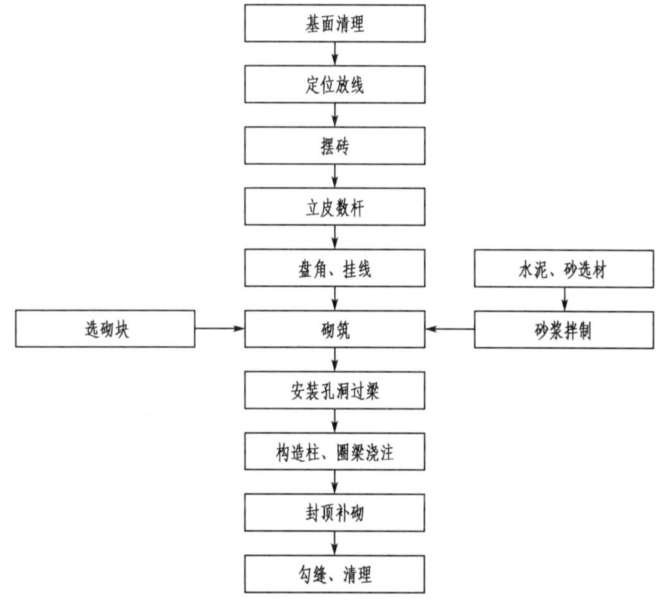

图1-29　砌体隔墙总体施工流程

2. 脚手架搭设

1)搭设要求

因本项目墙体较高，超过7m，为保证安全，小于3.5m的墙体采用单侧面双排式脚手架，大于3.5m的墙体采用双侧面双排式脚手架。立杆离墙距离为0.5m，横向间距1.5m，纵向间距2m；操作层小横杆间距1.0m，大横杆步高1.2～1.4m；小横杆挑向墙面的悬挑长度为0.45m，脚手架与结构墙体之间设置连墙杆加固，脚手架搭设如图1-30所示。

2)搭设程序

脚手架搭设程序为：

底座检查、放线定位→立第一节立杆→安装扫地大横杆(贴地大横杆)→安装扫地小横杆→安装第二步大横杆→安装第二步小横杆→设临时抛撑(每隔6个立杆设一道，待安装连墙杆后拆除)→安装第三步大横杆→安装第二步小横杆→设临时连墙杆→拆除临时抛撑，接立杆→接续安装大横杆、小横杆等→架高七步以上时，加设剪刀撑→在操作层设脚手板

3)拆除程序

拆除时,地面应留1人负责指挥、捡料分类和管理安全,上面不小于2人进行拆除工作,整个拆除工作应不少于3人,拆除程序与安装程序相反,一般先拆除栏杆、脚手板、剪刀撑,再拆除小横杆、大横杆和立杆。先递下作业层的大部分脚手板,将一块脚手板转到下步内,以便操作者站立其上。拆除杆件的人站在这块脚手板上,将上部可拆杆件全部拆除掉。再下移一步,自上而下逐步拆除。除抛撑留在最后拆除外,其余各杆件,如小横杆、连墙杆、大横杆、立杆、剪刀撑、横向斜撑等均一并拆除。

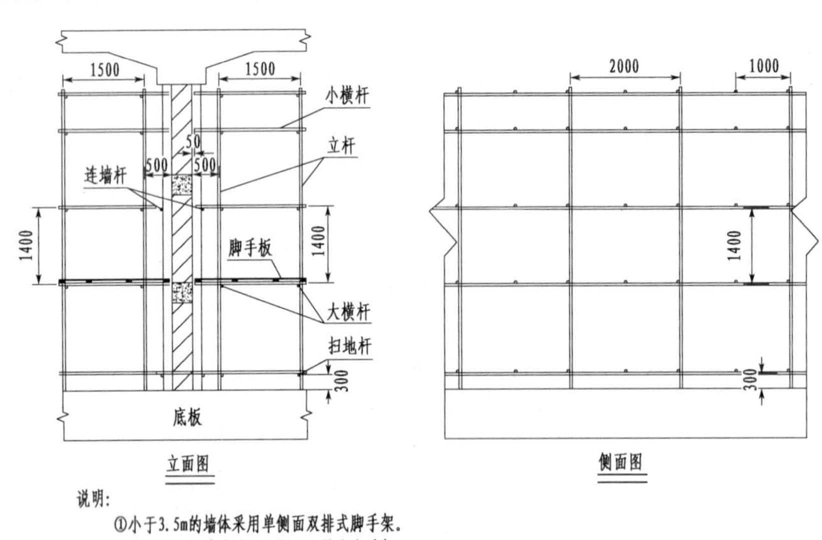

图1-30 脚手架搭设(尺寸单位:mm)

3. 梁、柱施工

构造柱、圈梁模板采用15mm厚竹胶板,50mm×100mm方木,ϕ48mm×3.0mm钢管+ϕ12对拉螺杆加固;墙体转角和交接处以及墙长大于4500mm和大于1500mm的门窗洞口两侧设构造柱,构造柱宽不小于250mm(厚同墙厚),纵筋配4ϕ12钢筋上下锚入楼板内,箍筋采用ϕ6@200。墙体砌筑前,应先绑扎构造柱钢筋,砖墙应砌成马牙槎(五退五进,先退后进),墙与柱应沿高度方向每500mm设2ϕ6@500水平拉结筋,每边伸入墙内不应少于1m。

当后砌墙体高度大于4000mm时,在墙中1/2高度处或结合门窗洞口设置一道与墙柱相连的圈梁,高度为200mm、厚度同墙厚,纵向配4ϕ12钢筋,箍筋采用ϕ6@200。当圈梁不能在同一水平面上闭合时,应增设附加圈梁,其搭接长度不应小于两倍圈梁的垂直距离,且不小于1000mm。每层墙体砌筑到圈梁标高后,进行圈梁钢筋的绑扎,最后支模浇注混凝土。

构造柱、圈梁混凝土强度等级为C20,浇注构造柱时,人工按照30cm高度分层入模,ϕ30mm插入式振捣器振捣,插入式振捣器须与模板保持一定距离,防止振跑模板。

4. 砖砌体施工

1)材料运输

由于施工场地限制,所有砖块、水泥、砂等均需二次转运。从车站与大跨区间端头处,车辆不能直接进入车站站厅板,施工材料需经人工转运至站厅板及站台板,平均运距约150m,因墙体高达 7m,需人工通过脚手架搬运至设计高度。

2)砌筑形式

墙体砌块材料:对于防水要求及承重结构的墙体采用 240mm × 115mm × 53mm 非黏土烧结实心砖,其余分隔墙体采用 300mm × 250mm × 200mm 加气混凝土砌块砌筑。对非黏土烧结实心砖应按“一顺一丁”的方式排列,上、下皮丁顺砖颠倒砌筑,皮间竖缝相互错开 1/4 砖长。对于加气混凝土砌块墙,应按照墙体厚度选择砌块摆放方向,上下缝互相错开,搭接长度不宜小于砌块长度的 1/3。

3)砖砌结构施工工艺

(1)砌筑方法。砖砌体的砌筑通常采用“三一”砌砖法,即一块砖、一铲灰、一揉压,并随手将挤出的砂浆刮去的砌筑方法。

(2)砌筑工艺。砖墙砌筑的施工过程有:抄平、放线、摆砖、立皮数杆、盘角、挂线、砌砖、勾缝、清理等。

①抄平:砌墙前应在基础防潮层或底板上定出各层标高,并用 MU10 水泥砂浆或 C15 细石混凝土条带基础找平,使各段砖墙底部标高符合设计要求。

②放线:根据图纸上标注的墙体尺寸,在基础顶面上用墨线弹出墙的轴线、边线及门窗洞口位置,并定出构造柱位置线。

③摆砖:摆砖是指在放线的基面上按选定的组砌方式用干砖试摆。摆砖的目的是为了核对所放的墨线在门窗洞口、附墙垛、构造柱、结构柱等处是否符合砖的模数,以尽可能减少砍砖,并使砌体灰缝均匀,组砌得当。

④立皮数杆:皮数杆是指在其上画有每皮砖和砖缝厚度,以及门窗洞口、过梁、圈梁等标高位置的一种木制标杆,用 30mm × 40mm 木料制作。砌筑时用来控制墙体竖向尺寸及各部位构件的竖向标高,并保证灰缝厚度的均匀性。一般设置在转角处距墙皮或墙角 50mm,墙身过长时,应每隔 10 ~ 15m 立一根,设置皮数杆应按标高立好。皮数杆应垂直、牢固、标高一致,经复核合格后,办理验收手续。

⑤盘角、挂线:墙角是控制墙面横平竖直的主要依据,砌墙时应先砌墙角,墙角砖层数必须与皮数杆相符合。为保证砌体垂直平整,砌筑时必须挂线,一般一砖墙可单面挂线,一砖半墙及以上的墙则应双面挂线。

⑥砌砖:砌砖的操作方法很多,常用的是“三一”砌砖法和挤浆法。砌砖时,先挂上通线,按所排的干砖位置把第一皮砖砌好,然后盘角。盘角又称立头角,指在砌墙时先砌墙角,然后从墙角处拉准线,再按准线砌中间的墙。砌筑过程中,应三皮一吊、五皮一靠,保证墙面垂直平整。

⑦勾缝、清理:勾缝是砌筑清水墙的最后一道工序,可以用砂浆随砌随勾缝,叫作原浆勾缝。也可砌完墙后,再用 1:1.5 水泥砂浆或加色砂浆勾缝。墙体砌筑完成后,进行墙面、柱面和落地灰的清理。

5. 后砌隔墙施工

由于现有预留的门洞过小,部分大型设备进不了场,因而需设置后砌隔墙。待设备到位后再砌墙。后砌隔墙施工要求如下:

(1)后砌隔墙与结构墙、柱交界处应设拉结筋,非黏土烧结实心砖沿墙高每 0.5m 设 2 根拉结筋伸入墙内 1m。

(2)当后砌隔墙高度大于 4m 时,应在墙中高处或结合门窗设一道与墙柱相连的圈梁,当圈梁不能在同一水平面上闭合时,应增设附加圈梁,其搭接长度不应小于 2 倍圈梁的垂直距离,且不小于 1000mm。当圈梁代替过梁时,应符合过梁的要求。

(3)构造柱、圈梁混凝土强度等级应不小于 C20。

(4)所有门窗洞口的顶标高不在梁底标高时,均应设置钢筋混凝土过梁,不得采用钢筋砖过梁或直接在门框上砌砖。

(5)砌块砌筑时,应上下错缝,搭接长度不宜小于砌块长度的 1/3。

第四章　工程实例及评价

第一节　临江门车站施工技术总结

一、工程概况

重庆轨道交通二号线临江门车站修建于2000～2003年。车站隧道全长198m，一端位于曲线上，另一端位于直线上，车站隧道按不同跨度、高度设计有A、B、B1、C四种断面。A型断面为曲线加宽设备区加高段，长39m，衬砌净宽20.093m，净高16.528m，开挖面积420.96m^2。B型断面为曲线加宽段，长33.4m，衬砌净宽20.093m，净高16.035m，开挖面积407.49m^2。B1型断面为缓和曲线加宽段，长16.8m，衬砌净宽19.473m，净高16.035m，开挖面积397.45m^2。C型断面为普通段，长108.8m，衬砌净宽18.853m，净高16.035m，开挖面积387.97m^2。

1.主要工程内容

临江门车站的主要工程内容有：车站开挖支护、车站主体衬砌、车站结构、与车站接口段的附属结构施工（风道、出入口）、人洞处理等。

2.工程位置及周边环境情况

重庆轻轨临江门车站位于重庆市渝中区最繁华的解放碑商业街下，该地区受流经重庆的长江、嘉陵江的控制，所处地形属平缓开阔向斜台地，地形平坦，一般地面标高249m。

1）车站隧道周边建筑物

车站隧道位于解放碑步行街下，沿线两侧主要建筑物有：解放碑酒楼、时代广场、和平电影院、新世纪百货大楼、世贸大厦以及都市广场。对车站隧道影响较大的有：

（1）时代广场。正在建设之中，工程开工时主体结构已经完成，地下室底标高231.2m，地下层开挖边界距车站开挖边界净距10.25～14.9m，距时代广场通风竖井内壁7.0～9.5m，有人防洞与车站隧道连接。车站纵向影响长度15m（DK0+768～DK0+783）。时代广场风道及竖井与车站主洞室之间分布有4m宽的旧人防洞，与主洞大致平行。时代广场地下层底标高低于车站洞室拱顶4.9m。

（2）世贸大厦。车站隧道开工时已完成结构工程，地下5层，地上33层，基坑底标高228.07m，桩基底标高222.90m，地下室开挖边界距车站开挖边线水平距离4.5m，车站纵向影响长度65m（DK0+909～DK0+957），基坑上部作锚杆挡墙，下部为钢筋混凝土护壁，底层标高低于车站隧道拱顶标高7.53m。

（3）新世纪百货大楼。地下3层，局部4层，地上主楼29层。地下4层标高231.40m，基底标高299.80m，基坑开挖边界距车站隧道外边缘水平距离7.5～9.2m，车站纵向影响长度42m（DK0+828～DK0+870），底层标高低于车站隧道拱顶4.73m。

(4)都市广场。地下 3 层,地上 22 层,平面为圆形布置,地下 3 层地坪标高 236.10m,柱基、基底标高 220.0m,已下伸至轨面标高以下,地下层开挖边界距车站隧道水平距离 6.6 ~ 9m,影响车站隧道纵向范围 32m,底层标高低于拱顶标高 0.75m。

2)车站隧道范围内既有人防洞室

临江门车站隧道穿过临梯干道既有人防洞室群,车站洞室与人防洞斜交、平行和重叠,车站洞室站厅层标高为 228.17 ~ 227.57m,而拱顶标高为 236.11 ~ 237.15m,人防洞底标高为 230.1 ~ 234.3m,人防洞跨度为 3.5 ~ 5m,高 2.5 ~ 5m,在空间上分布于车站洞室拱部,距车站洞室中线 0 ~ 18m。车站洞室范围内共有 27 条人防洞与之平行、相交或重叠,对施工干扰大,如图 1-31 所示。

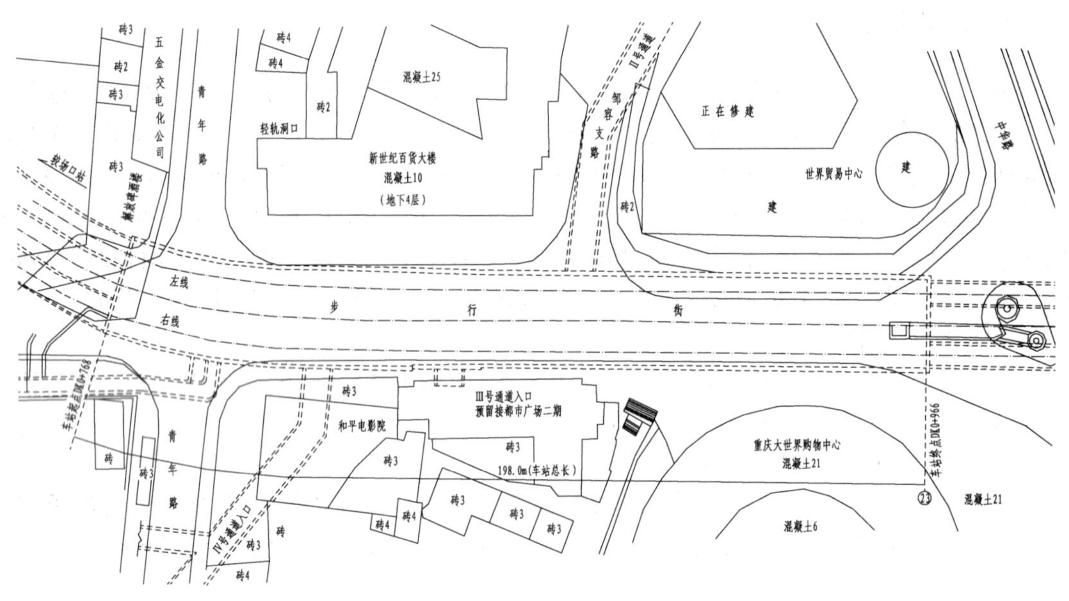

图 1-31 临江门车站与周边建筑关系

3. 工程地质和水文地质

1)地形地貌

重庆轻轨临江门车站位于重庆市渝中区最繁华的解放碑商业街下,该地区受流经重庆的长江、嘉陵江的控制,所处地形属平缓开阔向斜台地,地形平坦,一般地面标高 249m。

2)地层岩性

临江门车站地段出露地层自上而下分别为第四系全新统人工填土,局部见砂黏土,下伏基岩为侏罗系中统上沙溪庙组砂岩和砂质泥岩。

临江门车站隧道洞室拱顶为砂岩,侧墙和底板大部分为砂质泥岩。

3)地质构造

工程所在区域构造上属于解放碑向斜轴部地段,岩层产状平缓,岩层走向北北东,倾角变化范围 5° ~ 16°,无断层构造发育。岩层走向与车站轴线大体一致或以小角度斜交。根据相邻工程地质资料及实地调查,砂岩和砂质泥岩裂隙不发育。

4)水文地质条件

临江门车站洞室段水文地质条件简单,该隧道通过地段,由于地处河间坪状丘陵分水岭,且街道市政排水设施完备,因此,仅少量地表水沿着破裂的地下管道渗透于砂岩中,形成基岩裂隙水。岩层透水性较差,为弱透水含水层。但由于本区域工商业发达,自来水用水量大,若隧道或站厅施工过程中伤及或震坏了地下排水系统,造成地表废水的泄漏,其渗透水量可以成倍增加。地下水总量不大,表层填土层含少量上层滞水,无统一的地下水位。

5)工程地质评价

临江门隧道土体层厚 2.8 ~ 4.6m,围岩为 J2S 的中微风化厚层砂岩、砂质泥岩夹薄层砂岩,岩体节理裂隙不发育,呈巨块状砌体结构,洞顶岩体覆盖层厚 6 ~ 8m,埋深 10.5 ~ 14.5m,地下水贫乏,围岩稳定,围岩类别为 V 类。爆破工程地质参数为 $J_v=5$,$R_b=30\sim60$,$V_{mp}=4\sim5$。

4. 设计概况

车站隧道洞室采用曲墙拱形断面、等截面封闭、复合式衬砌结构。初期支护为 300mm 厚 C25 钢纤维喷射混凝土、*R*25 中空注浆锚杆和钢筋网加钢格栅拱,二次衬砌采用整体式模注钢筋混凝土结构。支护结构参数见表 1-5。

车站隧道支护结构参数 表 1-5

支护名称衬砌类型		C25 钢纤维喷射混凝土厚(mm)	锚杆			ϕ6.5 钢筋网间距(mm)	C30 钢筋混凝土厚(mm)	格栅拱间距(m/榀)
			直径	长度(m)	间距(m)			
A	拱	300	*R*25	3.5	0.8×0.5	250×250	800	0.5
	墙	300	*R*25	3.5	0.8×1	250×250		
	仰拱	—	—	—	—	—		—
B	拱	300	*R*25	3.5	0.8×0.5	250×250	800	0.5
	墙	300	*R*25	3.5	0.8×1	250×250		
	仰拱	—	—	—	—	—		—
B1	拱	300	*R*25	3.5	0.8×0.5	250×250	800	0.5

5. 工程特点

(1)周边环境复杂。隧道地处重庆市最繁华的商业中心区——解放碑商业街下,地面高层建筑林立,基础距隧道距离近,要求严格控制隧道施工特别是爆破振动对环境的影响。有 27 条地下人防洞与车站隧道近距离平行、相交或叠交,对施工影响较大。

(2)隧道断面超大。隧道开挖高度、宽度分别达到 22m 和 19m,开挖面积达到 421m^2,这样大的开挖断面在隧道工程中实属少见,其开挖支护、衬砌施工有难度。

(3)浅埋岩石隧道。围岩较好对施工是有利的,但隧道埋深小,则对施工不利,甚至可能引起地表的过大沉降或围岩坍塌。

二、施工总体组织

临江门车站采用施工斜井通道 + 区间隧道进洞施工的组织方案进洞施工。其中施工斜井利用既有人防洞室改建,在区间隧道开挖到车站端头,进行车站下导坑施工后,将人防洞室

(施工斜井)封堵,只利用区间隧道一个工作面施工剩余工程。

1. 施工组织机构

1)机构设置

根据合同内容,设置临江门车站项目经理部,负责管理临江门及附近区间隧道的所有工程施工任务。设项目经理1名,副经理2名,总工程师、总经济师各1名,下设三部一室(工程部、设备物资部、经营部、办公室)和两个工区(临江门车站工区、临黄工区隧道工区),对项目实行目标管理。现场组织机构见图1-32。

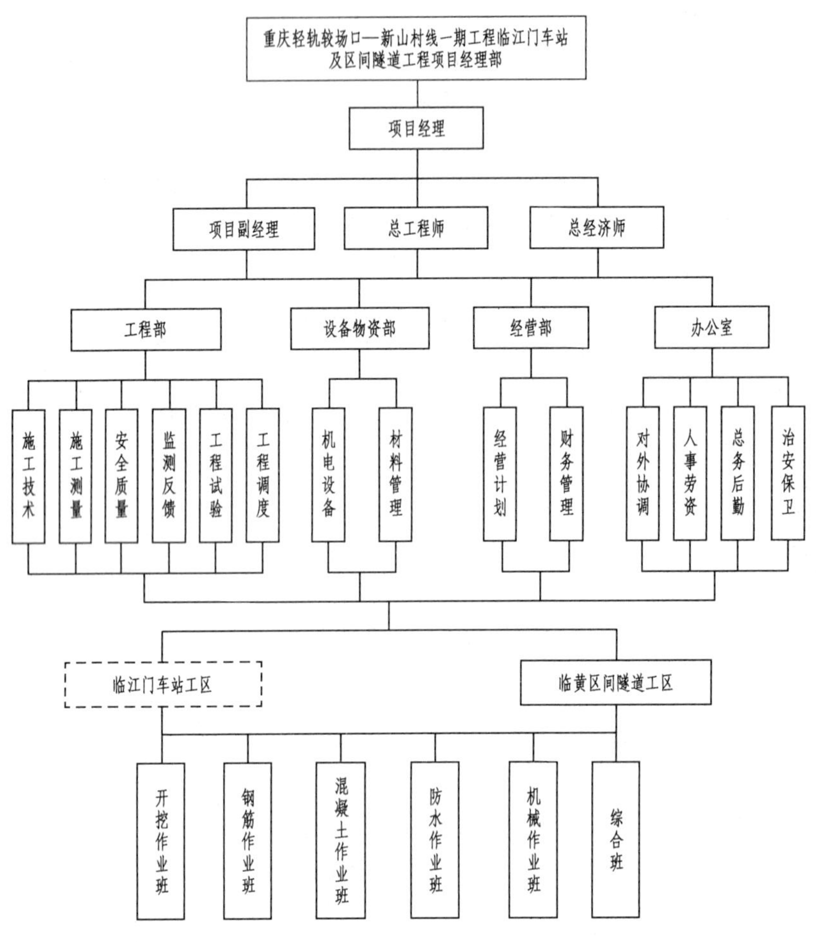

图1-32 现场组织机构

在项目经理部下面,前期设临江门车站和临黄区间隧道两个作业工区,分别负责施工临江门车站上部导坑开挖支护和车站与附属工程接口段的开挖支护、临黄区间隧道开挖支护和临江门车站下部导坑的开挖支护。开挖支护完成后,取消作业工区,由项目经理部直管,从临黄区间隧道内进入车站,施工后期剩余的工程内容。

2)任务划分

两个工区的任务分工见表1-6。

工区任务分工

表 1-6

序号	工区名称	任务内容	备注
1	临江门车站工区	车站上部导坑1步的开挖支护、部分段落2步扩挖、部分段落4步核心土开挖,与车站接口段附属工程的开挖支护	
2	临黄工区隧道工区	临黄区间隧道开挖支护、衬砌。临江门车站下部导坑2步、3步、核心土开挖支护,车站仰拱、拱墙衬砌、车站内结构	

注:在车站上部导坑开挖支护完成后,拆消工区,由项目部直管,从临黄区间隧道内进入车站,施工后期剩余的工程内容。

2. 资源配置

(1)班组设置。设置的班组主要有开挖班、钢筋班、混凝土班、防水班、机械班及综合班。各个工班的主要工作内容见表1-7。

班组设置

表 1-7

序号	班组名称	任务内容	备注
1	开挖班	隧道开挖,立拱,锚杆钻设、安装和注浆,钢筋网铺挂,喷射混凝土	
2	钢筋班	拱架、锚杆制作,拱墙、内部结构钢筋制作、安装	
3	混凝土班	台车就位关模,结构脚手架搭设,结构模板制作安装,混凝土浇注和养护	
4	防水班	防水板铺设,排水管安装,施工工缝、变形缝处理	
5	机械班	隧道开挖后的出渣外运,施工过程中机械设备的管理和保养	
6	综合班	现场文明施工,零星工程,材料转运,管路,配合其他班组施工	

(2)劳动力配置。劳动力配置见表1-8。

劳动力配置

表 1-8

班组名称	临江门车站工区			临黄区间隧道工区		
	班组数	每班组人数	备注	班组数	每班组人数	备注
开挖班	2	28		2	28	
钢筋班	1	8	只进行拱架制作	3	24	拱架,结构钢筋
混凝土班	0			3	16	
防水班	0			2	6	
机械班	1	24		1	24	
综合班	1	12		1	12	

(3)主要机械设备配置。主要机械设备配置见表1-9。

主要机械设备配置　　表1-9

序号	设备名称	型号	数量	序号	设备名称	型号	数量
1	变压器	630kV·A	2	7	自卸汽车	18t	12
2	空压机	$24m^3/min$	6	8	钢筋加工设备		4
3	通风机	55kW	4	9	风动凿岩钻机	YT-28	72
4	挖掘机	$1.2m^3$/斗	2	10	电焊机		14
5	装载机	ZLC-40	6	11	发电机	250kW	2
6	混凝土搅拌机	JS-500L	2	12	注浆泵	2TGZ-120	4

3.分包管理

临江门车站采用分包形式管理班组。其中机械班、综合班、3个钢筋班为自有职工组成的班组,采用内部承包方式。其余班组利用社会劳动力组成,采用劳务+部分零星材料的分包模式。班组长及以上的管理人员全部为公司自有职工。

三、总体方案及施工方法

(一)总体施工方案

临江门车站采用钻爆法施工,自卸汽车运输,压入式通风,商品混凝土,全断面模板台车浇注混凝土。

车站开挖支护采用双侧壁导坑法,预留核心岩柱全断面模板台车衬砌,如图1-33所示。

车站断面具体施工顺序如下:

(1)上部导洞1步开挖,施工该部初期支护及临时支护。

(2)中部导洞2步开挖,施工该部初期支护及临时支护。

(3)下部导洞3步开挖,施工该部初期支护及临时支护。

(4)施工3步边墙基础仰拱钢筋混凝土。

(5)拆除临时中隔墙及其支护。

(6)隧道拱部4步开挖,施工该部初期支护,以及临时钢桁柱支撑。

(7)拆除钢桁柱支撑,隧道核心土5步开挖。

(8)采用模板台车施工隧道拱墙全断面二次衬砌6(距隧道拱部4步开挖面2倍台车长度)。

(9)隧道核心土7步开挖。

(10)隧道仰拱8步开挖。

(11)隧道9步仰拱钢筋混凝土及仰拱填充。

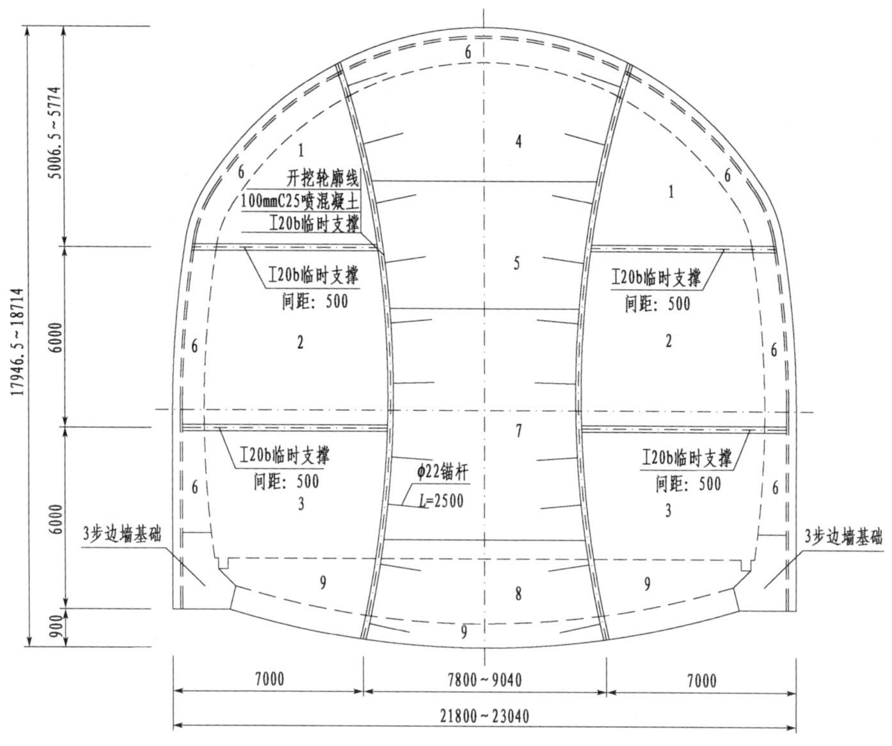

图 1-33　车站施工顺序(尺寸单位:mm)

(二)车站的施工总体顺序

车站的施工总体顺序为:车站侧壁导坑开挖支护→车站两侧墙脚矮边墙钢筋混凝土施工→核心岩柱拱顶开挖支护→车站全断面拱墙衬砌→预留核心岩柱开挖→车站中间仰拱开挖及综合接地→仰拱钢筋混凝土施工→车站站内结构施工。

(三)爆破施工

由于车站隧道位于市中心繁华商业区,隧道埋深小(10.5 ~ 14.5m),地表高层建筑物林立,地下室开挖边界距车站开挖边线水平距离只有 4.5 ~ 7.8m,基础底部标高在隧道起拱线部位。地面街道行人车辆密度大。地下人防洞室错综复杂。隧道爆破施工必须在确保高质量的隧道开挖断面和进尺的同时,将爆破震动控制在尽可能小范围,以保证地表及建筑物的安全并少扰民。为此,车站隧道开挖采用微震爆破。

(1)以地面建筑物基础底部(或地面)至爆源中心距离 R 为安全控制半径,借助于经验公式:$Q_m = R^3(V_{kp}/K)^{3/a}$,并以质点振动波速度限值 2cm/s 作为控制标准,进行反算各部分所允许的单段用药量,并进行试爆试验,取得合理的爆破参数。

(2)根据现场的地质及施工条件,采用微台阶分部开挖,以创造多临空面条件,每部分又分多次爆破,普通段循环进尺控制在 2m 以内,过世贸大厦段循环进尺控制在 1m 以内,控制爆破规模,以达到控制质点振动速度的目的。

(3)炮眼按浅密原则布置,控制单眼装药量,使有限的装药量均匀地分布在被爆破体中,可采用非电毫秒不对称起爆网路来降低隧道爆破的地震动的强度。

(4)上导洞1步掏槽眼位尽量布置在开挖部位的底部靠核心土一侧,以加大掏槽部爆源至地面建筑物基础底部(或地面)的距离,减小掏槽爆破对周围建筑物的振动影响。

(5)上导洞1步及拱部4步开挖断面周边眼间均设直径为50mm的减振空眼,以作为减振和光爆导向眼。中导洞2、3步开挖时在两侧各预留1m光爆层,增加爆源至周围地面建筑物基础底部(或地面)的距离,同时降低爆破震动对核心土的破坏和对临时支撑的破坏,保证上部支撑基础的稳定。

(6)核心5、7步、仰拱8步的爆破以松动爆破为主,控制爆破飞石对衬砌台车及衬砌混凝土表面的破坏。

(7)地面洞内均需配合爆破振动监测,及时调整钻爆参数,满足环境及施工要求。

1.爆破参数的选择

采用理论计算方法、工程类比法与现场试爆相结合确定爆破参数,在保证爆破振动速度符合安全规定的前提下,可提高隧道开挖成型质量和施工进度。

1)炮眼深度 L

炮眼深度主要受爆破地震动强度控制,并根据爆破部位不同进行调整,一般为1~2.0m。

2)炮眼数目 N

炮眼直径采用 ϕ42mm,每次开挖面积为36~50m^2,单位面积钻眼数为1.5个(未包括光面爆破炮眼)。

3)炮眼布置

(1)周边炮眼。采用经验公式和工程类比法确定。

间距:$E=(8\sim12)d$(d 为炮眼直径),隔孔装药,炮眼间距250mm,炮眼直径42mm,能满足 E 值要求。

抵抗线:$W=(1.0\sim1.5)E$。

类似工程地质的装药集中度:$q=0.1\sim0.15$kg/m,由于本设计炮眼间距250mm且为隔孔装药,装药集中度取小值 $q=0.1$kg/m。

(2)掏槽眼。掏槽眼布置主要应用于侧壁导洞1步,侧壁导洞1步开挖只有1个临空面,爆破施工的关键是减小爆破振动速度,保证开挖面与周围建筑物之间岩柱的稳定。因此采用空眼双层复式楔形混合掏槽。

(3)掘进炮眼。为降低爆破地震动强度,循环进尺根据开挖部位不同确定,掘进炮眼深度 L 根据循环进尺确定。

4)单眼装药量的计算

隧道爆破,由于炮眼所在部位不同,所起的作用也是不同的。掏槽眼要求抛掷;掘进眼只要求松动。而在掏槽部位的两侧及其上、下部位,各部分炮眼的要求又不一样。侧部要求松动;上部要求弱松动;下部要求加强松动;周边炮眼要求光面爆破;底板眼则要求所用药量与抛掷爆破的药量相同,否则底板可能爆破失败。由此可见,各部位炮眼的装药量是不同的。

周边炮眼装药参数在上面已确定,其他炮眼的装药量可按以下公式计算:

$$q=kawL\lambda$$

式中：q——单眼装药量，kg；

k——炸药单耗，kg/m^3；

a——炮眼间距，m；

w——炮眼爆破方向的抵抗线，m；

L——炮眼深度，m；

λ——炮眼部位系数（参照表1-10选取）。

中硬岩隧道炮眼部位系数 表1-10

炮眼部位	掏槽眼炮	扩槽炮眼	掘进槽下	掘进槽侧	掘进槽上	内圈炮眼	二台炮眼	底板炮眼
λ 值	1.5～2	1.0～1.2	1.0～1.2	1	0.8～1.0	0.5～0.8	1.2～1.5	1.5～2.0

5）炮眼堵塞

堵塞作用使炸药在受约束条件下爆炸应力充分，能提高能量利用率，因此堵塞长度不小于20cm，堵塞材料采用炮泥（组分：砂：黏土：水＝3：1：1）。堵塞质量要求密实，不能有空隙和间断。

6）爆破器材的选择

根据微震爆破的特点及爆破部位不同，选用不同的爆破器材。

炸药：在无水地段，采用二号岩石硝铵炸药；在有水地段，采用乳化炸药，周边炮眼采用小药卷，直径 ϕ25，其他炮眼采用标准药卷 ϕ32（乳化）、ϕ35（硝铵）。

雷管：孔外采用火雷管起爆，连接件及孔内均采用非电毫秒微差雷管（1～15段）。

导火索及导爆索：火管雷采用导火索引爆，周边炮眼间隔装药采用传爆线传爆。

7）装药结构

隧道爆破炮眼中的炸药采用正向或反向起爆，实验结果表明，仅装瞬发雷管的炮眼应该采用正向起爆，其他炮眼采用反向起爆。即掏槽眼的首段采用正向起爆，这样可得到较好的岩渣块度。

周边眼采用间隔不偶合装药形式，为保证每个周边眼内炸药同时起爆，必须使用导爆索联结各药卷。

炮眼结构见图1-34。

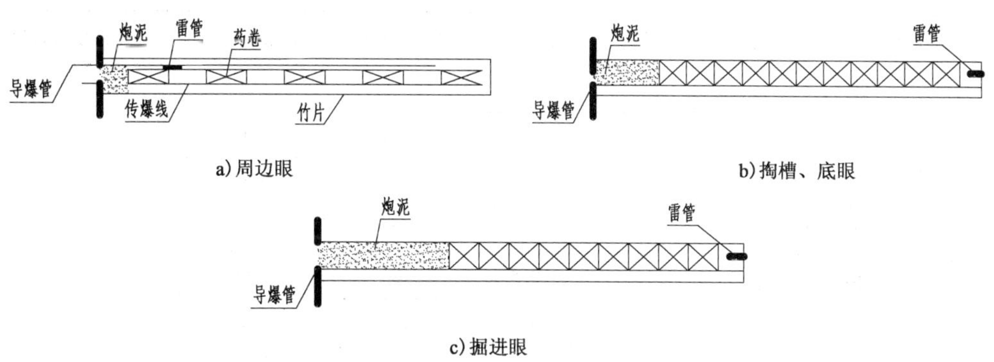

图1-34 中硬岩隧道炮眼部位系数

2. 炮眼布置及装药量

1)侧壁上导洞1步爆破布置及装药

1步爆破布置见图1-35,装药参数见表1-11、表1-12。

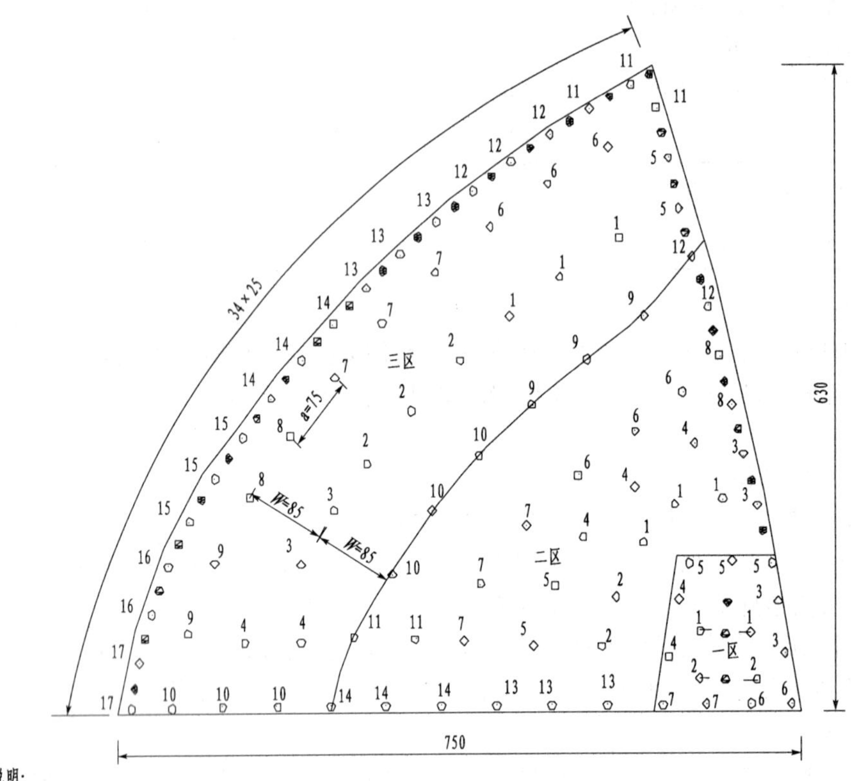

说明:

①图中尺寸以厘米计。

②1步分三个区,分三次爆破成型:一区导洞掏槽、二区扩槽、三区扩槽成型。

③由于非电毫秒只有15段,三区的16段、17段分别采用孔内与孔外延时相结合,即16段=孔内15段串连孔外1段,17段=孔内15段串连孔外2段。

④图中涂黑孔为减振孔。

⑤开挖断面面积为30.1m²。

图1-35 1步爆破布置

1步装药参数(过时代广场和世贸大厦段) 表1-11

开挖部位	炮眼名称	段别	数量	孔深(m)	单眼装药量(g)	单段装药量(g)	爆破安全验算
一区掏槽	空眼		3	0.8			
	掏槽	1	2	0.6	150	300	
	掏槽	2	2	0.6	150	300	
	扩槽	3	2	0.5	100	200	
	扩槽	4	2	0.5	100	200	
	扩槽	5	3	0.5	100	300	
	扩槽	6	2	0.5	100	200	
	扩槽	7	2	0.5	100	200	

续上表

<table>
<tr><th>开挖部位</th><th>炮眼名称</th><th>段别</th><th>数量</th><th>孔深(m)</th><th>单眼装药量(g)</th><th>单段装药量(g)</th><th>爆破安全验算</th></tr>
<tr><td rowspan="15">二区</td><td>掘进</td><td>1</td><td>3</td><td>0.5</td><td>100</td><td>300</td><td rowspan="33">1 步开挖边界距最近的世贸大厦地下基坑边界水平距离为4.5m，距 1 步爆源中心的距离为 8.25m。根据 1 步爆破设计图得知，单段最大起爆药量为 0.345kg。根据爆破安全验算公式：$Q_m = K'R^3(V_{kp}/K)^{3/a}$，可得 $K'=1.5$，$R=8.25m$，$V_{kp}=1.5cm/s$，$K=160$，$a=1.8$，$Q_m=0.351kg$，满足安全要求</td></tr>
<tr><td>掘进</td><td>2</td><td>2</td><td>0.5</td><td>100</td><td>200</td></tr>
<tr><td>周边</td><td>3</td><td>2</td><td>0.5</td><td>85</td><td>170</td></tr>
<tr><td>掘进</td><td>4</td><td>3</td><td>0.5</td><td>100</td><td>300</td></tr>
<tr><td>掘进</td><td>5</td><td>2</td><td>0.5</td><td>100</td><td>200</td></tr>
<tr><td>掘进</td><td>6</td><td>3</td><td>0.5</td><td>100</td><td>300</td></tr>
<tr><td>掘进</td><td>7</td><td>3</td><td>0.5</td><td>100</td><td>300</td></tr>
<tr><td>周边</td><td>8</td><td>2</td><td>0.5</td><td>85</td><td>170</td></tr>
<tr><td>周边空眼</td><td></td><td>9</td><td>0.5</td><td></td><td></td></tr>
<tr><td>掘进</td><td>9</td><td>3</td><td>0.5</td><td>100</td><td>300</td></tr>
<tr><td>掘进</td><td>10</td><td>3</td><td>0.5</td><td>100</td><td>300</td></tr>
<tr><td>掘进</td><td>11</td><td>2</td><td>0.5</td><td>100</td><td>200</td></tr>
<tr><td>周边</td><td>12</td><td>2</td><td>0.5</td><td>85</td><td>170</td></tr>
<tr><td>底板</td><td>13</td><td>3</td><td>0.5</td><td>115</td><td>345</td></tr>
<tr><td>底板</td><td>14</td><td>3</td><td>0.6</td><td>115</td><td>345</td></tr>
<tr><td rowspan="18">三区</td><td>掘进</td><td>1</td><td>3</td><td>0.5</td><td>100</td><td>300</td></tr>
<tr><td>掘进</td><td>2</td><td>3</td><td>0.5</td><td>100</td><td>300</td></tr>
<tr><td>掘进</td><td>3</td><td>2</td><td>0.5</td><td>100</td><td>200</td></tr>
<tr><td>掘进</td><td>4</td><td>2</td><td>0.5</td><td>100</td><td>200</td></tr>
<tr><td>周边</td><td>5</td><td>2</td><td>0.5</td><td>85</td><td>170</td></tr>
<tr><td>掘进</td><td>6</td><td>3</td><td>0.5</td><td>100</td><td>300</td></tr>
<tr><td>掘进</td><td>7</td><td>3</td><td>0.5</td><td>100</td><td>300</td></tr>
<tr><td>掘进</td><td>8</td><td>2</td><td>0.5</td><td>100</td><td>200</td></tr>
<tr><td>掘进</td><td>9</td><td>2</td><td>0.5</td><td>100</td><td>200</td></tr>
<tr><td>底板</td><td>10</td><td>3</td><td>0.6</td><td>115</td><td>345</td></tr>
<tr><td>周边</td><td>11</td><td>3</td><td>0.5</td><td>85</td><td>225</td></tr>
<tr><td>周边</td><td>12</td><td>3</td><td>0.5</td><td>85</td><td>225</td></tr>
<tr><td>周边</td><td>13</td><td>3</td><td>0.5</td><td>85</td><td>225</td></tr>
<tr><td>周边</td><td>14</td><td>3</td><td>0.5</td><td>85</td><td>225</td></tr>
<tr><td>周边</td><td>14</td><td>3</td><td>0.5</td><td>85</td><td>225</td></tr>
<tr><td>周边</td><td>16</td><td>2</td><td>0.5</td><td>85</td><td>225</td></tr>
<tr><td>周边</td><td>17</td><td>2</td><td>0.5</td><td>85</td><td>170</td></tr>
<tr><td>周边空眼</td><td></td><td>18</td><td>0.5</td><td></td><td></td></tr>
<tr><td>合计</td><td></td><td></td><td>125</td><td></td><td></td><td>9335</td><td></td></tr>
</table>

1 步装药参数(普通段)　　表 1-12

开挖部位	炮眼名称	段别	数量	孔深(m)	单眼装药量(g)	单段装药量(g)	爆破安全验算
一区掏槽	空眼		3	1.2			1 步开挖边界距最近的地表距离为10.4m,距1步爆源中心的距离为13.7m,根据1步爆破设计图得知,单段最大起爆药量为0.675kg,根据爆破安全验算公式:$Q_m = K'R^3(V_{kp}/K)^{3/a}$,可得$K'=1.5$,$R=13.7$m,$V_{kp}=1.5$cm/s,$K=160$,$a=1.8$,$Q_m=1.608$kg,满足安全要求
	掏槽	1	2	1.2	275	550	
	掏槽	2	2	1.2	275	825	
	扩槽	3	2	1.0	200	400	
	扩槽	4	2	1.0	200	400	
	扩槽	5	3	1.0	200	600	
	扩槽	6	2	1.0	200	600	
	扩槽	7	2	1.0	200	600	
二区	掘进	1	3	1.0	200	600	
	掘进	2	2	1.0	200	600	
	周边	3	2	1.0	150	300	
	掘进	4	3	1.0	200	600	
	掘进	5	2	1.0	200	400	
	掘进	6	3	1.0	200	600	
	掘进	7	3	1.0	200	600	
	周边	8	2	1.0	150	300	
	周边空眼		9	1.0			
	掘进	9	3	1.0	200	600	
	掘进	10	3	1.0	200	600	
	掘进	11	2	1.0	200	400	
	周边	12	2	1.0	150	300	
	底板	13	3	1.2	225	675	
	底板	14	3	1.2	225	675	
三区	掘进	1	3	1.0	200	600	
	掘进	2	3	1.0	200	600	
	掘进	3	2	1.0	200	400	
	掘进	4	2	1.0	200	400	
	周边	5	2	1.0	150	300	
	掘进	6	3	1.0	200	600	
	掘进	7	3	1.0	200	400	
	掘进	8	2	1.0	200	400	
	掘进	9	2	1.0	200	400	
	底板	10	3	1.2	225	675	
	周边	11	3	1.0	150	450	

续上表

开挖部位	炮眼名称	段别	数量	孔深(m)	单眼装药量(g)	单段装药量(g)	爆破安全验算
三区	周边	12	3	1.0	150	450	
	周边	13	3	1.0	150	450	
	周边	14	3	1.0	150	450	
	周边	14	3	1.0	150	450	
	周边	16	2	1.0	150	300	
	周边	17	2	1.0	150	300	
	周边空眼		18	1.0			
合　计			125			18850	

2）侧壁中导洞2步爆破布置及装药

2步爆破布置见图1-36，装药参数见表1-13、表1-14。

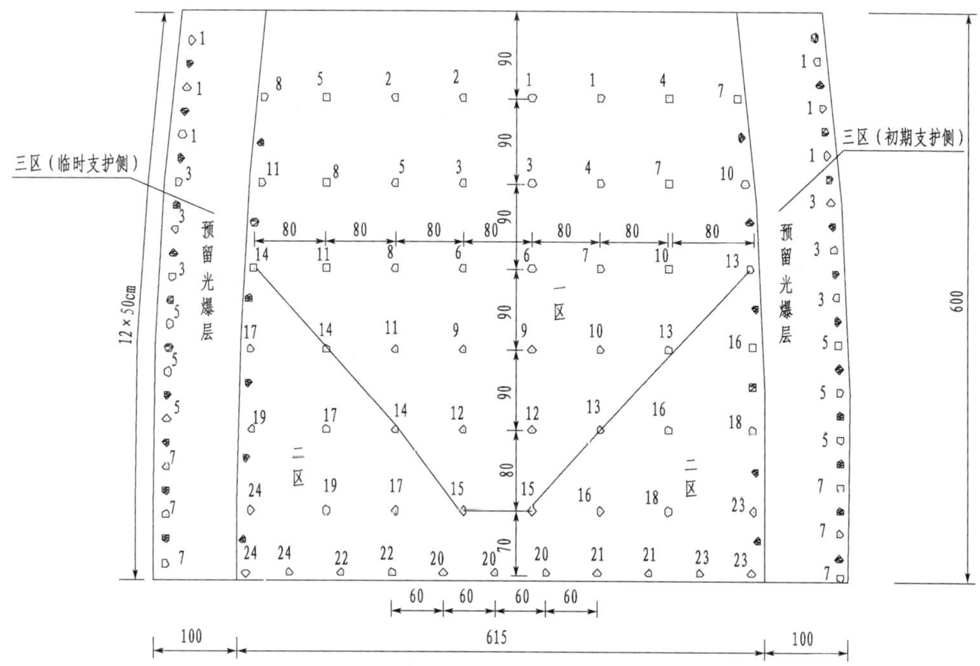

说明：

①图中尺寸以厘米计。

②2步分三个区，分三次爆破成型，开挖顺序为：一区、二区不对称起爆网路爆破→三区初期支护侧光爆层爆破→三区临时支护侧光爆层爆破。

③由于非电毫秒只有15段，二区的16～24段分别采用孔内与孔外延时相结合，即孔外15段串连孔内1～9段。

④图中涂黑孔为减振孔。

⑤开挖断面面积为47.86m²。

图1-36　2步爆破布置

2 步装药参数(过时代广场和世贸大厦段)　　表 1-13

开挖部位	炮眼名称	段别	数量	孔深(m)	单眼装药量(g)	单段装药量(g)	爆破安全验算
一区掏槽	周边空眼		4	1.2			2 步顶面开挖边界距最近的世贸大厦地下基坑边界水平距离为 4.5m,距 2 步爆源中心的距离为 12.56m。根据 2 步爆破设计图得知,单段最大起爆药量为 1500g。根据爆破安全验算公式:$Q_m = K' R^3 (V_{kp}/K)^{3/a}$ $K'=2.5$(两排减振孔、两个以上临空面),$R=9$m,$V_{kp}=1.5$cm/s,$K=160$,$a=1.8$;$Q_m=2.06$kg,满足建筑物安全要求
	掘进	1	2	1.1	275	550	
	掘进	2	2	1.1	275	550	
	掘进	3	2	1.1	275	550	
	掘进	4	2	1.0	250	500	
	掘进	5	2	1.0	250	500	
	掘进	6	2	1.1	275	550	
	掘进	7	3	1.0	250	750	
	掘进	8	3	1.0	250	750	
	掘进	9	2	1.1	275	550	
	掘进	10	3	1.0	250	750	
	掘进	11	3	1.0	250	750	
	掘进	12	2	1.1	275	550	
	掘进	13	3	1.0	250	750	
	掘进	14	3	1.0	250	750	
	掘进	15	2	1.1	275	550	
二区	周边空眼		8	1.2			
	掘进	16	3	1.0	250	750	
	掘进	17	3	1.0	250	750	
	掘进	18	2	1.0	250	500	
	掘进	19	2	1.0	250	500	
	底板	20	3	1.1	250	750	
	底板	21	2	1.1	250	500	
	底板	22	2	1.1	250	500	
	底板	23	2	1.1	250	500	
	底板	24	2	1.1	250	500	
三区光爆层初期支护侧	周边空眼		12	1.0			
	周边	1	3	1.0	150	450	
	周边	3	3	1.0	150	450	
	周边	5	3	1.0	150	450	
	周边	7	3	1.0	150	450	
三区光爆层初期支护侧	周边空眼		11	1.0			
	周边	1	3	1.0	150	450	
	周边	3	3	1.0	150	450	
	周边	5	3	1.0	150	450	
	周边	7	3	1.0	150	450	
合　计			116			18200	

2 步装药参数(普通段) 表 1-14

开挖部位	炮眼名称	段别	数量	孔深(m)	单眼装药量(g)	单段装药量(g)	爆破安全验算
一区掏槽	周边空眼		4	2.2			2 步顶面开挖边界距地表的垂直距离为16.7m,距 2 步爆源中心的距离为 19.7m。根据 2 步爆破设计图得知,单段最大起爆药量为 1500g。根据爆破安全验算公式$Q_m = K'R^3(V_{kp}/K)^{3/a}$可得,$K'=2.5$(两排减振孔、两个以上临空面),$R=9m$,$V_{kp}=1.5cm/s$,$K=160$,$a=1.8$;$Q_m=7.96kg$,满足建筑物安全要求
	掘进	1	2	2.2	550	1100	
	掘进	2	2	2.2	550	1100	
	掘进	3	2	2.2	550	1100	
	掘进	4	2	2.0	500	1000	
	掘进	5	2	2.0	500	1000	
	掘进	6	2	2.0	550	1100	
	掘进	7	3	2.0	500	1500	
	掘进	8	3	2.0	500	1500	
	掘进	9	2	2.2	550	1100	
	掘进	10	3	2.0	500	1500	
	掘进	11	3	2.0	500	1500	
	掘进	12	2	2.2	550	1100	
	掘进	13	3	2.0	500	1000	
	掘进	14	3	2.0	500	1500	
	掘进	15	2	2.2	550	1100	
二区	周边空眼		8	2.2			
	掘进	16	3	2.0	500	1500	
	掘进	17	3	2.0	500	1500	
	掘进	18	2	2.0	500	1000	
	掘进	19	2	2.0	500	1000	
	底板	20	3	2.2	550	1500	
	底板	21	2	2.2	500	1000	
	底板	22	2	2.2	500	1000	
	底板	23	2	2.2	500	1000	
	底板	24	2	2.2	500	1000	
三区光爆层初期支护侧	周边空眼		12	2.0			
	周边	1	3	2.0	275	550	
	周边	3	3	2.0	275	550	
	周边	5	3	2.0	275	550	
	周边	7	3	2.0	275	550	
三区光爆层初期支护侧	周边空眼		11	2.0			
	周边	1	3	2.0	275	550	
	周边	3	3	2.0	275	550	
	周边	5	3	2.0	275	550	
	周边	7	3	2.0	275	550	
合 计			116			33100	

3）侧壁下导洞 3 步爆破布置及装药

3 步爆破布置见图 1-37，装药参数见表 1-15、表 1-16。

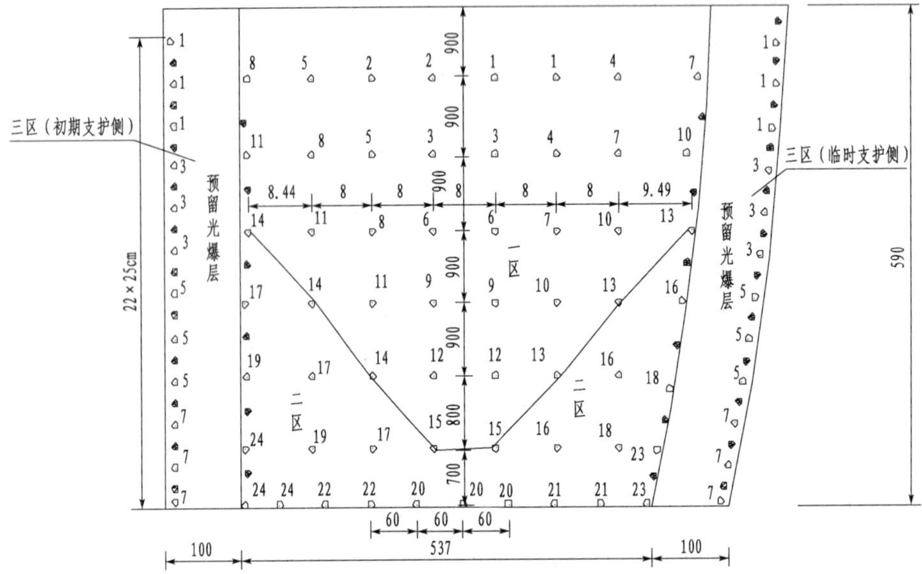

说明：

①图中尺寸以厘米计。

②3步分三个区，分三次爆破成型，开挖顺序为：一区、二区不对称起爆网路爆破→三区初期支护侧光爆层爆破→三区临时支护侧光爆层爆破。

③由于非电毫秒只有15段，二区的16～24段分别采用孔内与孔外延时相结合，即孔外15段串连孔内1～9段。

④图中涂黑孔为减振孔。

⑤开挖断面面积为42.26m²。

图 1-37　3 步爆破布置

3 步装药参数（过时代广场和世贸大厦段）　　表 1-15

开挖部位	炮眼名称	段别	数量	孔深(m)	单眼装药量(g)	单段装药量(g)	爆破安全验算
一区掏槽	周边空眼		4	1.2			
	掘进	1	2	1.1	275	550	
	掘进	2	2	1.1	275	550	
	掘进	3	2	1.1	275	550	
	掘进	4	2	1.0	250	500	
	掘进	5	2	1.0	250	500	
	掘进	6	2	1.1	275	550	
	掘进	7	3	1.0	250	750	
	掘进	8	3	1.0	250	750	
	掘进	9	2	1.1	275	550	
	掘进	10	3	1.0	250	750	
	掘进	11	3	1.0	250	750	

续上表

开挖部位	炮眼名称	段别	数量	孔深(m)	单眼装药量(g)	单段装药量(g)	爆破安全验算
一区掏槽	掘进	12	2	1.1	275	550	3 步顶面开挖边界距最近的世贸大厦地下基坑边界水平距离为 4.5m,距 3 步爆源中心的距离为 9.0m。根据 3 步爆破设计图得知,单段最大起爆药量 750g。根据爆破安全验算公式 $Q_m = K'R^3(V_{kp}/K)^{3/a}$ 可得:$K' = 2.5$(两排减振孔、两个以上临空面),$R = 9$m,$V_{kp} = 1.5$cm/s,$K = 160$,$a = 1.8$;$Q_m = 0.760$kg,满足建筑物安全要求
	掘进	13	3	1.0	250	750	
	掘进	14	3	1.0	250	750	
	掘进	15	2	1.1	275	550	
二区	周边空眼		8	1.2			
	掘进	16	3	1.0	250	750	
	掘进	17	3	1.0	250	750	
	掘进	18	2	1.0	250	500	
	掘进	19	2	1.0	250	500	
	底板	20	3	1.1	250	750	
	底板	21	2	1.1	250	500	
	底板	22	2	1.1	250	500	
	底板	23	2	1.1	250	500	
	底板	24	3	1.1	250	1500	
三区光爆层初期支护侧	周边空眼		11	1.0			
	周边	1	3	1.0	150	450	
	周边	3	3	1.0	150	450	
	周边	5	3	1.0	150	450	
	周边	7	3	1.0	150	450	
三区光爆层初期支护侧	周边空眼		12	1.0			
	周边	1	3	1.0	150	450	
	周边	3	3	1.0	150	450	
	周边	5	3	1.0	150	450	
	周边	7	3	1.0	150	450	
合计			117			19200	

3 步装药参数(普通段)　　表 1-16

开挖部位	炮眼名称	段别	数量	孔深(m)	单眼装药量(g)	单段装药量(g)	爆破安全验算
一区掏槽	周边空眼		4	2.2			
	掘进	1	2	2.2	550	1100	
	掘进	2	2	2.2	550	1100	
	掘进	3	2	2.2	550	1100	
	掘进	4	2	2.0	500	1000	
	掘进	5	2	2.0	500	1000	

续上表

开挖部位	炮眼名称	段别	数量	孔深(m)	单眼装药量(g)	单段装药量(g)	爆破安全验算
一区掏槽	掘进	6	2	2.0	550	1100	3 步顶面开挖边界距地表的垂直距离为 22.7m,距 3 步爆源中心的距离为 25.65m。根据3 步爆破设计图得知,单段最大起爆药量为1500g。根据爆破安全验算公式 $Q_m = K'R^3(V_{kp}/K)^{3/a}$ 可得:K' = 2.5(两排减振孔、两个以上临空面),R = 9m,V_{kp} = 1.5cm/s,K = 160,a = 1.8;Q_m = 12.1kg,满足地表建筑物安全要求
	掘进	7	3	2.0	500	1500	
	掘进	8	3	2.0	500	1500	
	掘进	9	2	2.2	550	1100	
	掘进	10	3	2.0	500	1500	
	掘进	11	3	2.0	500	1500	
	掘进	12	2	2.2	550	1100	
	掘进	13	3	2.0	500	1000	
	掘进	14	3	2.0	500	1500	
	掘进	15	2	2.2	550	1100	
二区	周边空眼		8	2.2			
	掘进	16	3	2.0	500	1500	
	掘进	17	3	2.0	500	1500	
	掘进	18	2	2.0	500	1000	
	掘进	19	2	2.0	500	1000	
	底板	20	3	2.2	550	1500	
	底板	21	2	2.2	500	1000	
	底板	22	2	2.2	500	1000	
	底板	23	2	2.2	500	1000	
	底板	24	3	2.2	500	1500	
三区光爆层初期支护侧	周边空眼		11	2.0			
	周边	1	3	2.0	275	550	
	周边	3	3	2.0	275	550	
	周边	5	3	2.0	275	550	
	周边	7	3	2.0	275	550	
三区光爆层初期支护侧	周边空眼		12	2.0			
	周边	1	3	2.0	275	550	
	周边	3	3	2.0	275	550	
	周边	5	3	2.0	275	550	
	周边	7	3	2.0	275	550	
合 计			117			33600	

4)拱顶 4 步爆破设计

4 步爆破布置见图 1-38,装药见表 1-17。

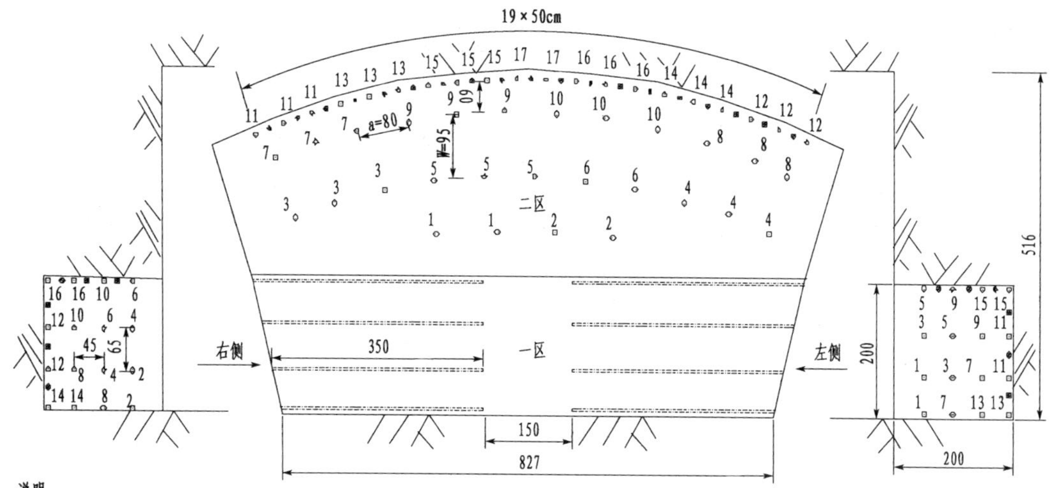

说明:

①图中尺寸以厘米计。

②4步分两个区，分两次爆破成型，开挖顺序为：一区不对称起爆网路爆破、二区弱松动爆破（周边眼光面爆破）。

③由于非电毫秒只有15段，一区右侧16段采用孔外1段串连孔内15段、二区的16～17段分别采用孔外2段串连孔内14、15段。

④图中涂黑孔为减振孔。

⑤开挖断面面积为45.7m²。

图1-38　4步爆破布置图

4 步 装 药 参 数

表1-17

开挖部位	炮眼名称	段别	数量	孔深(m)	单眼装药量(g)	单段装药量(g)	爆破安全验算
一区左侧水平掏槽	周边空眼		6	3.5			
	掘进	1	2	3.5	520	1040	
	掘进	3	2	3.5	520	1040	
	掘进	5	2	3.5	520	1040	
	掘进	7	2	3.5	520	1040	
	掘进	9	2	3.5	520	1040	
	掘进	11	2	3.5	500	1000	
	掘进	13	3	3.5	520	1040	
	掘进	15	3	3.5	500	1000	
一区右侧水平掏槽	周边空眼		6	3.5			
	掘进	2	2	3.5	520	1040	
	掘进	4	2	3.5	520	1040	
	掘进	6	2	3.5	520	1040	
	掘进	8	2	3.5	520	1040	
	掘进	10	2	3.5	520	1040	
	掘进	12	2	3.5	500	1000	
	掘进	14	3	3.5	520	1040	
	掘进	16	3	3.5	500	1000	

续上表

开挖部位	炮眼名称	段别	数量	孔深(m)	单眼装药量(g)	单段装药量(g)	爆破安全验算
二区	掘进	1	2	2.0	450	900	4 步开挖面两个侧面均为临空面，爆破振动影响较大为拱顶地表建筑物。4 步顶面开挖边界距最近的地表距离为 10.4m，距 4 步爆源中心的距离为 13m。根据 4 步爆破设计图得知，单段最大起爆药量 1350g。根据爆破安全验算公式 $Q_m = K'R^3(V_{kp}/K)^{3/a}$ 可得；$K'=2.5$（减振孔、两个以上临空面），$R=13m$，$V_{kp}=1.5cm/s$，$K=160$，$a=1.8$；$Q_m=2.29kg$，满足建筑物安全要求
	掘进	2	2	2.0	450	900	
	掘进	3	3	2.0	450	1350	
	掘进	4	3	2.0	450	1350	
	掘进	5	3	2.0	450	1350	
	掘进	6	2	2.0	450	900	
	掘进	7	3	2.0	450	1350	
	掘进	8	3	2.0	450	1350	
	掘进	9	3	2.0	450	1350	
	掘进	10	3	2.0	450	1350	
	周边眼	11	3	2.0	240	720	
	周边眼	12	3	2.0	240	720	
	周边眼	14	3	2.0	240	720	
	周边眼	15	3	2.0	240	720	
	周边眼	16	3	2.0	240	720	
	周边眼	17	2	2.0	240	480	
	周边空眼		19	2.0			
合　计		111			32710		

（四）隧道支护

临江门车站初期支护采用 300mm 厚 C25 钢纤维喷射混凝土、R25 中空注浆锚杆和钢筋网加钢格栅拱。其施工方法和工艺见第一篇第三章。

（五）施工通风及出渣

1. 施工通风

1）车站 1 步开挖时通风

车站 1 步开挖支护，由于是从车站中间往两端头开挖，距离短，因此，虽然有 4 个开挖工作面，仍可以采用压入式通风，将掌子面污浊空气压到施工斜井内，利用斜井的“烟囱”效应，将洞内污浊空气排放到洞外，如图 1-39 所示。

2）车站其他分部施工时通风

车站其他分部施工时，由于 1 步已经开挖完成、附属结构的竖井开挖也已完成，因此，可以采用自然通风。

2. 施工出渣

车站各步开挖时，采用侧倾式装载机装渣、自卸汽车出渣，挖掘机配合。

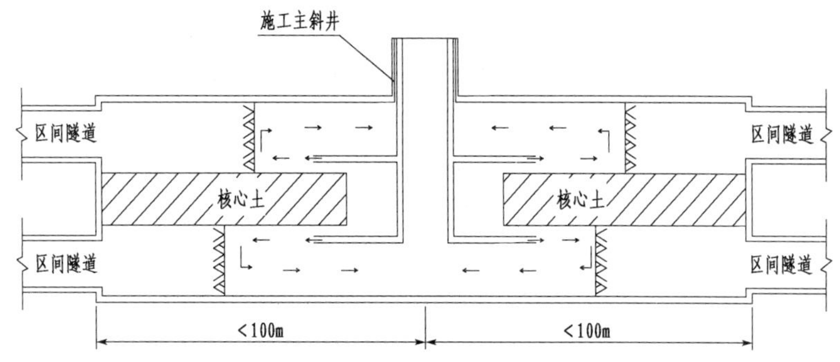

图 1-39　车站 1 步开挖通风

（六）防排水施工

临江门车站采用“防排结合”的防排水方案，拱墙采用 1.5mm 厚 PVC 防水板，仰拱不设防水板。在拱墙防水板背后，纵向每 10m 设一道环向排水盲管，墙脚设一道 ϕ100 透水盲管，每 5m 设一道横向排水管。环向排水管、纵向排水管、横向排水管用三通连接，将防水板后的渗水排到车站内两侧纵向排水沟内。

防水板连接采用自爬行焊机焊接，充气检查。

主要施工步骤为：

拱墙基面处理→纵横向排水盲管铺设→无纺布铺设→防水板铺设

防水板采用无钉铺设工艺施工，施工方法如下：

（1）基面处理。检查开挖断面，整修初期支护表面，处理外露锚杆及尖锐物，在铺设基面标出拱顶中线。

（2）安装排水盲管。按设计尺寸、位置在喷混凝土面上安装。

（3）固定无纺布。用射钉枪固定，射钉套上与防水板同材质的塑料垫圈，射钉布置间距按 1m×1m 梅花形布置。

（4）铺设防水板。从拱部向下展铺，边铺边用电热压焊器将防水板与垫片加热黏合。固定防水板时，不要绷得太紧，根据基面凹凸情况留有足够富余量，以防二次衬砌时将固定点拉脱，同时要防止防水板与围岩面间出现不密贴的空洞。

无纺布及防水板铺设方法见图 1-40。

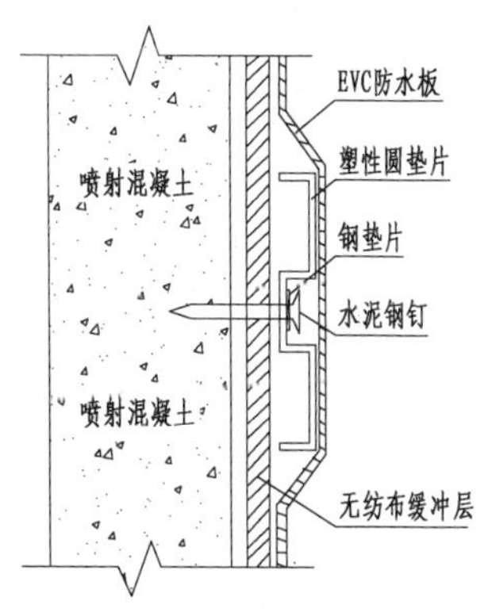

图 1-40　无纺布防水板铺设施工

（5）焊接防水板搭接缝。采用爬行式热合器焊接，双焊缝。将热合器预热，把预热后的热合器放在两层防水板之间，边移动融化防水板，边顶托加压，直至接缝黏结牢固。

（6）质量检查。检查防水层质量，要求无波纹、斑点、刀痕、撕裂、孔洞缺陷。检查防水板与基面的密贴情况，检查焊缝有无假焊、漏焊、烧焦、烧穿现象。

（七）车站衬砌

临江门车站采用全断面液压模板台车预留核心岩柱全断面衬砌，其施工方法如图 1-41 所示。

钢筋和防水板采用自制作业台架施工。台架长度为9m,用I20～I25工字钢制作,台架上面铺设钢筋网目和防护栏杆,人员站在台架上进行钢筋和防水板施工。

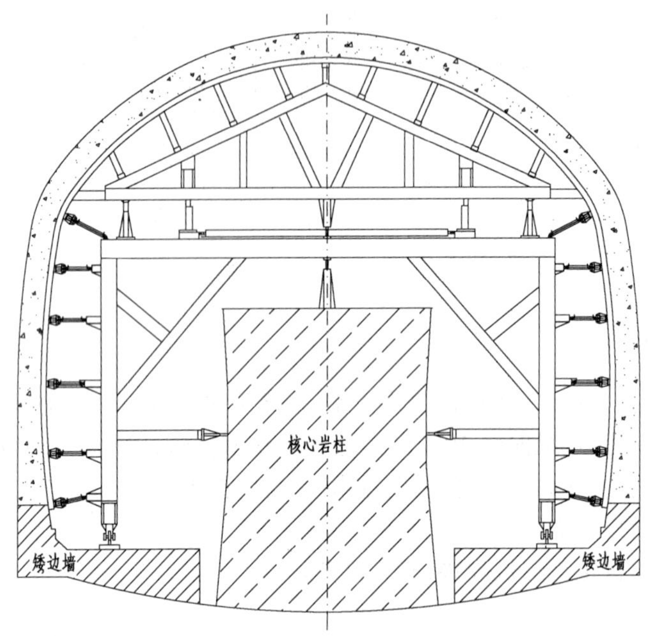

图1-41　车站拱墙衬砌横断面

临江门车站,由于有3个断面,为节约资金投入,衬砌模板台车采用定型门架+定型拱架+C型模板(宽600mm×长1500mm)方式(门架和大部分C型模板可重复利用),台车长度为7.5m。

1. 钢筋施工

临江门车站隧道拱墙钢筋采用自制作业台架施工,钢筋采用焊接连接。由于车站断面跨度大,断面高,因此,钢筋绑扎完成后,钢筋在自重作用下容易下沉,使模板台车无法就位。因此,首段钢筋用I18工字钢按外层钢筋弧度制作三榀拱架,架立在衬砌钢筋内,对拱墙二次衬砌钢筋进行定位和固定。其他段落衬砌钢筋利用纵向分布钢筋分段锚固在初期支护内进行定位。

拱墙二次衬砌钢筋每次绑扎长度为8.5～9m。

2. 拱墙混凝土施工

临江门车站拱墙混凝土采用组合式液压模板台车施工,台车长度为7.5m。

混凝土采用商品混凝土,泵送入模,插入式捣固棒振捣。

由于临江门车站断面大,每次混凝土浇注均为大体积混凝土施工。为保证拱墙混凝土施工质量,必须在混凝土浇注过程中,保证台车稳定和牢固,控制好脱模时间。主要措施有:

(1)预留车站内核心岩柱,将台车支撑在核心岩柱上,见图1-41。

(2)采用2台输送泵左右侧同时泵送混凝土浇注,混凝土分层对称浇灌,分层厚度为30～50cm,两侧对称浇灌,分层振捣密实,左右两侧混凝土面高度差不大于0.5m。混凝土面高度通过测量与相应浇混凝土仓口的位置确定,模板台车左右两侧仓口相对隧道中线完全对称。

(3)控制混凝土泵送速度:

混凝土浇注过程中,为确保混凝土浇灌的连续性以及模板的安全和稳定,要严格控制混凝土泵送速度。混凝土泵送速度应根据混凝土运输时间、模板变形、初凝时间等因素确定。①混凝土罐车运输混凝土一个来回时间:白天为 40 ~ 50min,夜晚为 30 ~ 45min,上下班高峰时段为 60 ~ 70min。每一罐车混凝土方量为 $7m^3$,取最大时间段,混凝土泵送最小速度为 $7 \div 70 \times 60 = 6m^3/h$。②临江门车站大断面混凝土衬砌试验段模板变形观测资料显示:模内混凝土连续升高不超过 1.1m时,模板变形能保证相关规范要求的值,且模板处于安全状态。按此方量计算,混凝土泵送速度为 $6 \times 0.8 \times 1.1 < 5.28m^3/h$。③当混凝土坍落度小于 14cm 时,混凝土泵送性能变差。受天气和温度影响,混凝土坍落度每小时会减小 2 ~ 4cm,并且混凝土和易性变差。因此,混凝土从拌料场出来到浇灌完毕,时间必须控制在 2h 内。以此计算混凝土泵送速度为 $7 \div 120 \times 60 > 3.5m^3/h$。因此,混凝土泵送速度不能大于 $5.28m^3/h$,同时不得小于 $3.5m^3/h$。

(4)加强对混凝土浇注过程中模板台车变形的观测。

(5)控制混凝土脱模时间:在混凝土浇注过程中,抽取试样,分别在 12h、24h、36h 后试压,绘制混凝土强度增长曲线。以试块强度达到 2.5MPa 所用时间确定最早脱模时间。同时加强现场观察,与试件试压强度进行对比,以确定最佳脱模时间。

(八)站内结构施工

临江门车站站内结构采用满堂脚手架 + 双面竹胶模板施工。站台和中板施工顺序为先站台、后中板。其施工方法见第一篇第三章。

四、施工进度管理

1. 进度计划和完成情况对比

临江门车站合同工期目标:2001 年 2 月 15 日开工,2002 年 5 月 10 日竣工。

临江门车站工程实际于 2001 年 8 月 10 日开工,2003 年 3 月 31 日主体工程完工。比合同工期晚了约 9 个月。

新增工程:站内结构于 2003 年 7 月 31 日完工,砌体工程于 2003 年 11 月 7 日完工。

2. 影响施工进度的因素

(1)受临江门车站建设方案比选和进场条件的影响,实际开工时间比合同滞后约 6 个月。

(2)临江门车站 1 步开挖从既有人防洞室内进入施工。人防洞室弯道多、洞室长,通风条件差,使临江门车站 1 步开挖时,隧道内通风较差,影响了施工进度。

(3)周边环境复杂　临江门车站与既有洞室交叉;车站隧道断面大,埋深小;车站地表为解放碑步行街,周边建筑物多。复杂的环境对施工进度影响较大。

(4)在临江门复杂环境条件下修建超大断面暗挖车站隧道,当时在全国尚属首次,参建各方的经验不足,对施工过程中将会遇到的问题预计不够,导致各项准备不充分,影响了施工进度。

五、质量管理得失及体会

1. 质量专职机构

经理部成立全面质量管理领导小组,由项目经理、总工程师任正副组长,成员由项目经理部副经理、质检工程师、各工区主任、主管工程师、工区各部门的主管、质检员、试验员、领工员、作业分队长与分队质检员等组成。质量管理机构见图1-42。

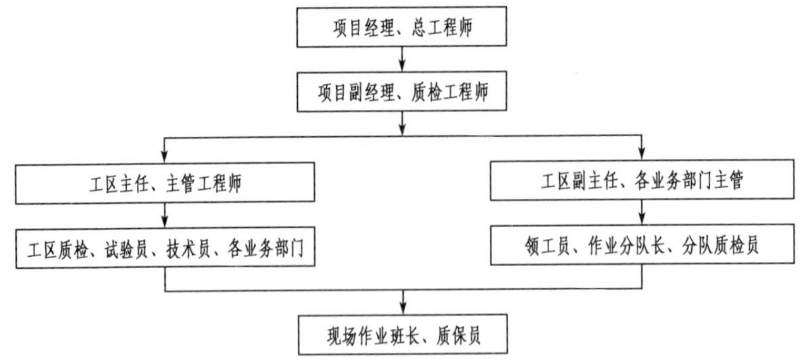

图1-42　临江门车站质量管理机构

临江门车站工序质量实行多级检查制度:首先班组自检和交叉检查,其次是现场技术人员检查,然后是专职质量工程师检查,最后报监理工程检查。通过多级检查,很好地控制了现场施工质量。

2. 存在的问题

临江门车站在运营三年后,由于解放碑步行街地下商场修建、周边房屋建筑改建,导致临江门车站周边的水文地质改变。2007年现场查看,发现临江门车站内的环向排水管被泥浆堵塞,地表水、地表管网水和地下水从车站隧道的施工缝内渗入。由此判断,临江门车站的施工缝和防水板存在一定问题,可能的原因有:

(1)施工缝防水板在拆完挡头模板后没有完全修补好,有孔隙。

(2)防水板可能有老化现象。

(3)施工缝止水带老化。

(4)施工缝凿毛不到位。

(5)排水系统被堵塞。

六、安全管理得失及体会

1. 安全管理专职机构

项目经理部成立安全生产委员会,各工区分别成立安全生产管理小组,工区主管任管理小组组长,副主管任副组长,负责主持日常驻工区安全工作的开展;成员由安监、公安、劳资、技术、人事等部门工作人员组成,负责对生产安全工作的日常管理、检查、监督、评比、奖罚、事故处理及整改措施的审核检查落实。安全管理组织机构见图1-43。

2. 安全管理

(1)配备专职安全工程师,加强日常安全管理和巡查。

(2)完善各项安全管理制度及应急预案。

(3)由项目经理组织,定期进行安全大检查和安全考核。

(4)严格进行安全技术交底并落实到位。

(5)加强技术管理,通过技术攻关,克服临江门车站复杂环境下的各项施工难关,确保施工过程安全。

(6)配备专业的临测队伍,实施运态施工管理,控制隧道变形,保证隧道、地表建筑物稳定。

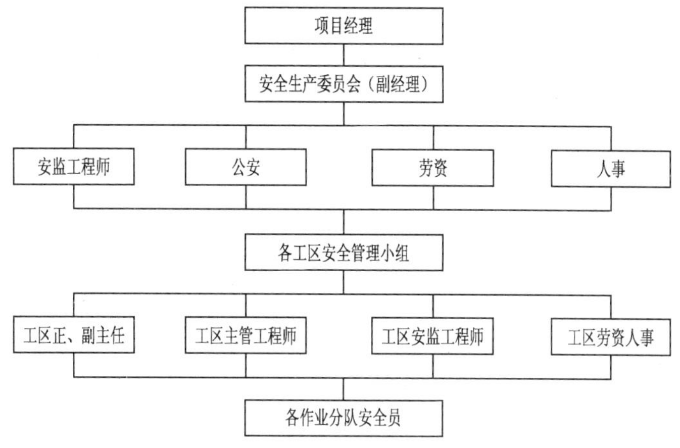

图 1-43 安全管理组织机构

七、文明施工及环境保护

(1)设立综合班,负责进行工程的文明施工。

(2)临江门车站施工过程中,对环境的影响有施工噪声扰民、施工污水污染环境两大项。主要解决措施有:

①加强宣传,取得周边居民谅解。

②采用低噪声施工设备,减小噪声音量。

③尽量错时施工,减少对周边居民的影响。

④修建污水沟,并利用地形,在洞口外设立三级污水处理池,将洞内污水处理后排放到江中。

第二节 红土地车站施工技术总结

一、工程概况

1. 工程位置及周边环境情况

红土地车站位于重庆市主干道五红路正下方,隧道两侧均为高层商住楼。重庆市轨道交通六号线一期工程红土地车站全长 211m,为地下双层岛式车站,采用曲墙 + 仰拱的五心圆马蹄型断面。车站最大开挖宽度为 25.9m,高 18.34m,开挖断面面积为 375.8m^2,属于特大断面暗挖隧道,TBM 掘进过站,采用“先拱后墙”法施工。

2. 工程地质和水文地质

红土地车站隧道地质构造上属龙王洞背斜轴部,岩层倾向 110° ~ 130°,一般为 120°,倾角 9° ~ 18°。主要发育两组构造裂缝:J1,320°∠60° ~ 80°,裂隙面比较平直、光滑,部分黏性土充填,裂隙间距约 1m,硬性结构面,结合一般;J2,220° ~ 230°∠70° ~ 80°,裂隙面波状起伏,间距 1 ~ 1.5m,无充填,硬性结构面,结合一般。

隧道围岩顶板中等风化岩石厚度为34.1～38.2m,大于2.5倍压力拱高度(24.41m),为深埋隧道。围岩为中等风化的砂质泥岩夹薄层砂岩,岩体完整性指数K_v=0.62,岩体较完整。砂质泥岩单轴饱和抗压强度为15.7MPa,较软岩。围岩基本分级为Ⅳ级。

地下水类型以呈脉状分布的基岩裂隙水为主,水量较小,呈滴状或珠串状。围岩开挖后,拱部无支护时,可产生较大坍塌,侧壁有时会失去稳定。由于隧道沿线岩层倾角平缓,岩层倾向1°左右,隧道开挖过程中易塌顶。

3.设计概况

红土地车站起讫里程DK18+473.186～DK18+684.186,为地下双层岛式车站,采用曲墙+仰拱的五心圆马蹄形断面。车站顶部覆土42.5～46.5m,矿山法施工,围岩级别为Ⅳ级,车站主体最大开挖23.160m,高18.340m,属于特大断面暗挖隧道,采用“先拱后墙法”施工。本站采用TBM掘进过站,大里程端区间为折返线断面,采用矿山法施工。红土地车站附属洞室较多,有风道、出入口、换乘通道、紧急疏散通道等,红土地车站断面支护参数见表1-18。

红土地车站断面施工参数 表1-18

支护类型	施工范围	支护			二次衬砌
		喷混凝土及钢筋网	锚杆	钢拱架及超前小导管	
标准断面	DK18+473.186～DK18+486.986 DK18+507.986～DK18+514.986 DK18+602.986～DK18+656.986	C25混凝土35cm厚,φ8@20×20cm钢筋网,双层	φ25中空锚杆,L=3.5m@75×80cm,梅花形布置	格栅拱架0.75m/榀,局部破碎地带设置φ42超前小导管,环距35cm,纵向间距200cm,拱部120°范围内	75cm厚C40,P12模筑钢筋混凝土
加强断面	DK18+486.986～DK18+507.986 DK18+514.986～DK18+602.986 DK18+656.986～DK18+684.186	C25混凝土35cm厚,φ8@20×20cm钢筋网,双层	φ25中空锚杆L=3.5m@50×80cm,梅花形布置	格栅拱架0.50m/榀,局部破碎地带设置φ42超前小导管,环距35cm,纵向间距200cm,拱部120°范围内	75cm厚C40,P12模筑钢筋混凝土

由于红土地车站采用“先拱后墙法”施工,如何确保拱部与直墙交界部位的防水及衬砌钢筋的连接也是本工程的施工难点。

二、施工总体组织

1.施工组织机构

红土地车站进洞采用一个斜井主通道,在接近车站时,分成主通道和支通道两个施工通道,主通道直接通往车站站厅板,施工主通道主要用作车站1、3、4、5步开挖支护,出入口、风道开挖支护及车站拱部衬砌的进出通道,支通道通往车站大里程端的大跨存车线区间隧道,通过大跨区间隧道再进入车站站台层。支通道主要用于红土地车站7、8步开挖支护,车站仰拱及边墙衬砌施工,同时也作为大跨区间隧道的施工通道。红土地车站施工通道布置如图1-44所示。

2.资源配置

1)劳动力配置

为便于组织管理,项目部的施工作业人员主要采用班组形式进行管理,项目部设置的班组有开挖支护班、钢筋班、混凝土班、防水班、模板班、机电班及综合班(图1-45)。

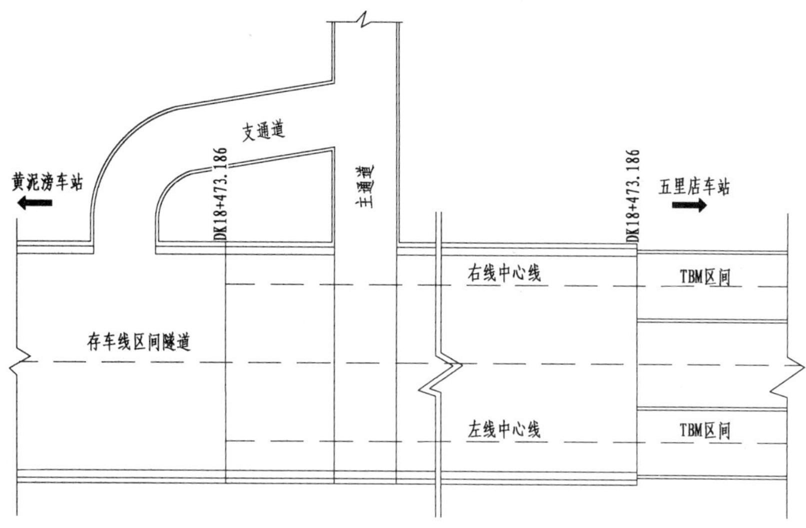

图1-44　红土地车站施工通道布置

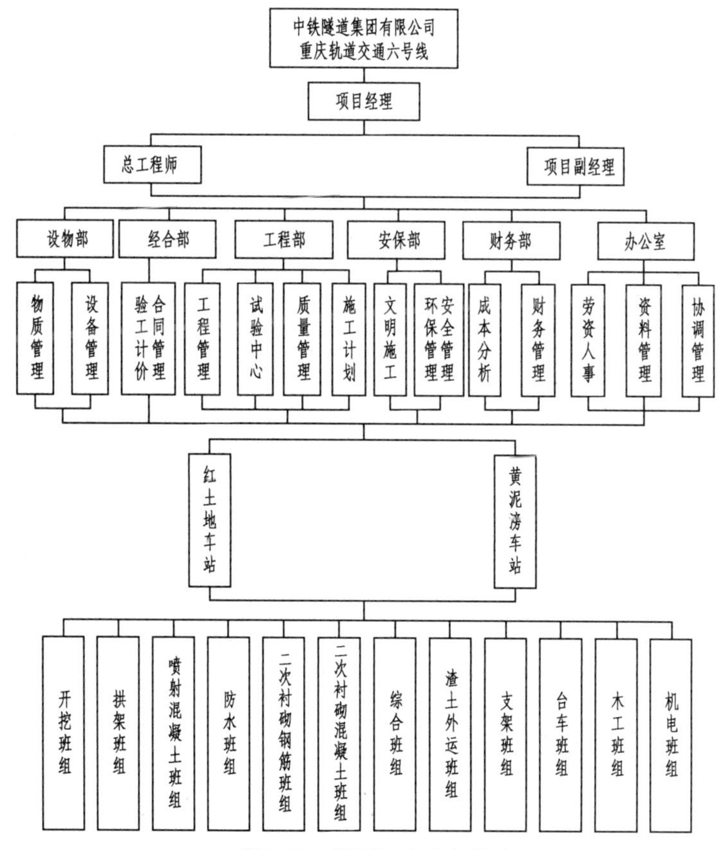

图1-45　现场施工组织机构

项目部根据现场实际施工情况及施工工期要求配备施工人员,既避免窝工,又不出现缺人现象,合理划分施工段,实行流水施工,使得现有劳动力得以充分利用,劳动力配置见表1-19。

劳动力配置 表1-19

班组名称	红土地车站及大跨区间隧道工区			黄泥滂车站隧道工区		
	班组数	每班组人数	备注	班组数	每班组人数	备注
开挖班	4	56		2	28	
钢筋班	2	12	拱架制作及结构钢筋	3	24	拱架制作及结构钢筋
混凝土班	4	24		2	12	
防水班	4	12		2	6	
机械班	1	20		1	16	
综合班	1	16		1	12	

2)机械设备配置

机械设备配置见表1-20。

施工机械设备配置 表1-20

序号	机械或设备名称	型号规格	单位	数量
1	挖掘机	PC200-6	台	1
2	挖掘机	PC220-6	台	1
3	农用车	FC-10	台	2
4	装载机	ZLC-50	台	2
5	风动凿岩钻机	YT-28	台	80
6	风镐	G-10	台	10
7	轴流式通风机	SDF-No11	台	2
8	低噪声电动螺杆空压机	LS20S-200H	台	4
9	移动式内燃空压机	VY-12/7	台	1
10	注浆泵	2TGZ-120/105	台	2
11	混凝土搅拌机	JS-500L	台	2
12	混凝土湿喷机	TK-961	台	6
13	自卸汽车	XC4260B6×6	台	10
14	发电机	SZD-250KW	台	1
15	钢筋切断机	QJ5-40-1	台	3
16	钢筋弯曲机	WJ40-1	台	2
17	钢筋调直机	SG-40	台	2
18	电焊机	BX600	台	15
19	多功能作业台架		台	5
20	模板台车		台	2

三、总体方案及施工方法

红土地车站主体结构采用锚喷支护,钢筋混凝土二次衬砌,车站采用“先拱后墙法”施工。

施工准备完成后,首先施工斜井,完成斜井开挖支护后,开始进行车站侧壁导坑1步施工,为减少后期爆破作业,TBM到达前,车站1步开挖必须完成,然后停止正线施工,等待TBM掘进过站,TBM掘进过站后,立即开始施工车站侧壁导坑3步,逐段开挖核心土4、5步和施工中部临时仰拱，车站拱部二次衬砌紧跟核心土开挖。TBM 过站后，在区间范围内设置道岔段，左右线合并成一条线用于运输，拱部二次衬砌施工 60m 以后，开始分边施工车站下部工程。车站施工顺序如图 1-46 所示。

1. 车站洞身开挖

车站洞身按照先拱后墙法施工，车站拱部开挖时，采用双侧壁导坑法施工，先开挖左右两侧的侧壁导坑，拱部二次衬砌开挖时采用开挖核心土。车站下部开挖时采用左右侧倒边施工的方法组织施工，边墙二次衬砌等紧跟开挖作业。洞身开挖上台阶爆破作业采用光面爆破，由于隧道进入车站主体，地表建筑物林立，爆破施工必须在确保高质量的隧道开挖断面和进尺的同时，将爆破振动速度控制在 1.5cm/s 以内，以保证地表及建筑物的安全，并减少扰民。

TBM 洞室顶部 2m 范围以下，采用静态破碎和人工机械开挖配合。由于 TBM 洞身不能破坏，且 TBM 运输阶段，车站下部采取倒边施工，不能阻断 TBM 运输线，为此，车站下部采取静态破碎法。

为了保证 TBM 在车站范围内掘进时不发生隆起、坍塌等事故，确保 TBM 顺利施工，同时在 1 步开挖时充分利用机械化施工，1 步开挖底部至 TBM 掘进洞室顶部控制在 3m 以上。在局部因为施工通道、车站附属结构施工，TBM 洞室上方覆盖层达不到 3m 的部位(最小仅有 1m)，开挖后及时浇注 30cm 混凝土板，并设置I 20a 工字钢，间距 1m。TBM 在车站范围内掘进过程中，未发生坍塌、隆起等事故，也未对已施工的车站上部初期支护产生大的影响，监测数据反映，变化均在正常范围内。

红土地车站范围内的 TBM 掘进洞室，虽然是个临时设施，用于 TBM 施工时出渣、进料，但是使用的时间较长，且不做二次衬砌，只做初期支护，施工过程必须加强初期支护的施工质量控制。红土地范围内的 TBM 掘进洞室初期支护采用I 14 工字钢 + 钢筋网片 + 连接钢筋 + 15cm 厚 C25 喷射混凝土，支护断面如图 1-47 所示。

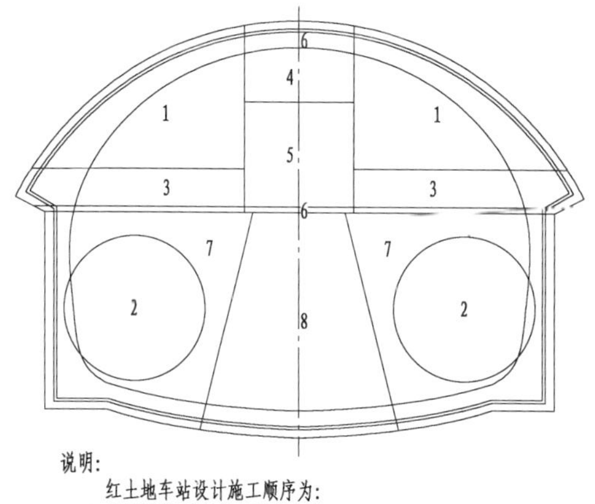

图 1-46　车站施工顺序

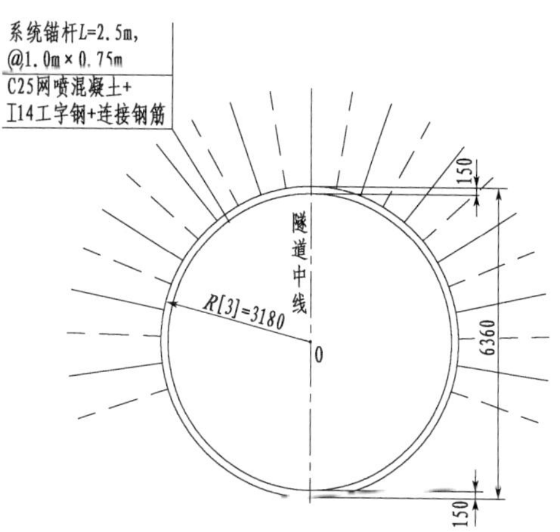

图 1-47　TBM 洞室支护断面(尺寸单位:mm)

TBM掘进过站后，立即进行车站2步及核心土3、4步的开挖，由于2步开挖底部距离TBM洞室较近，只有1m，车站2步开挖时，必须采取有效措施，确保车站2步正常施工及TBM洞室的正常运营通道，保证TBM洞室的安全。因车站2步开挖时，已有1步底及TBM洞室两个临空面，分层按周边眼布置进行光面爆破，炮眼采用空气柱间隔装药，以减小对下部围岩的扰动，为减小外插角的影响，严格控制每循环的钻孔深度，经过认真分析及现场试验，最终每循环进尺控制在1.5m以内，爆破设计如图1-48所示。

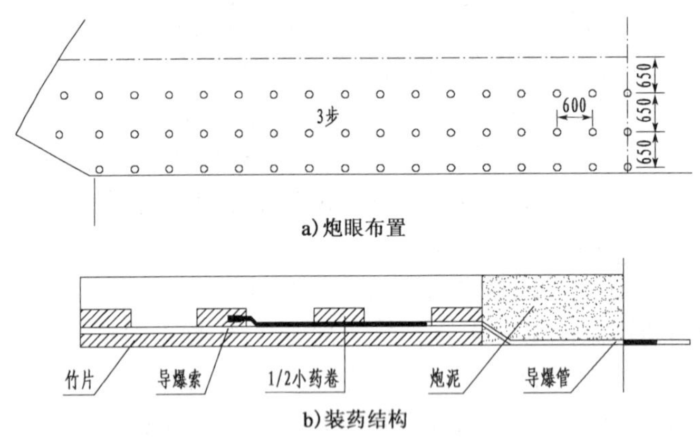

图1-48　爆破设计图（尺寸单位：mm）

两侧大拱脚是拱部的主要受力支撑点，为了保证大拱脚在开挖过程中不被破坏，在实际施工中，大拱脚处采用人工配合机械开挖，考虑到拱部与边墙连接处的钢筋及防水板的连接，在大拱脚下面开挖一个预留槽，在衬砌施工时作为拱部钢筋及防水的预埋槽。

2. 初期支护

红土地车站隧道锚喷支护类型，根据围岩类别不同，有喷射混凝土、中空注浆锚杆、格栅钢架、挂网、工字钢架（临时支撑）、超前小导管几种组成结构。

锚喷支护施工程序为：

清理掌子面危石、清洗岩面初喷→3～5cm厚混凝土并补平超挖→挂网架→立格栅拱架或型钢拱架→施工锚杆→喷射混凝土到设计厚度

3. 洞身防排水

红土地车站主体及机电设备集中区段的防水等级为一级，不允许渗水，结构表面无湿渍。要充分利用自流排水的条件，在拱墙防水板背后纵向每8m设一道环向排水盲管，墙脚设一道ϕ100透水盲管，每5m设一道横向排水管。环向排水管、纵向排水管、横向排水管用三通连接，将防水板后的渗水排到车站内两侧纵向排水沟内。

车站主体结构采用全包防水。主要靠结构自防水，在初期支护与二次衬砌之间设置防水层，防水层采用一层2.0mm厚ECB防水板，铺设防水层前，需在喷射混凝土初衬表面铺设400g/m^{2}的无纺布缓冲层。防水板之间的搭接不得小于100mm，且必须采用热风焊枪进行焊接。焊缝采用充气法检查，充气压力为0.25MPa，保持15min，压力下降≤10%，为合格。若出现漏气，则需重新补焊，直到合格。

变形缝处设置外贴式止水带＋中埋式钢边止水带＋接水盒，施工缝处设置两道15mm×8mm遇水膨胀止水胶＋可重复注浆管注浆。

4. 二次衬砌施工

红土地车站隧道衬砌混凝土为C40钢筋混凝土，抗渗等级为S12，设防水板。仰拱、填充与拱墙衬砌混凝土均采用商品混凝土，无轨混凝土罐车运输，泵送混凝土入模。

1）拱墙结合部位施工

车站2、4步开挖完成后，及时进行临时型钢支撑的铺设，钢架间采用纵向钢筋连接，最后进行现浇混凝土施工。左右侧临时仰拱的端头各预留一个深0.56m，宽为衬砌厚度的凹槽，将拱部衬砌防水板藏在凹槽内，留够接茬长度。拱部与直墙部位的衬砌钢筋直接伸入凹槽内，在钢筋端头处，将接驳器安装好，预埋在凹槽内，以确保直墙部位二次衬砌钢筋与拱部衬砌钢筋的有效连接。预留凹槽用细砂回填密实，为了减小拱部衬砌混凝土水分流失，再在上面抹2cm厚的水泥砂浆。同时为了避免矮边墙发生侧移和沉降，确保矮边墙的稳定，每隔5m浇注一个0.5m宽柱子，使矮边墙的受力直接传递到基岩和初期支护上，具体做法如图1-49所示。

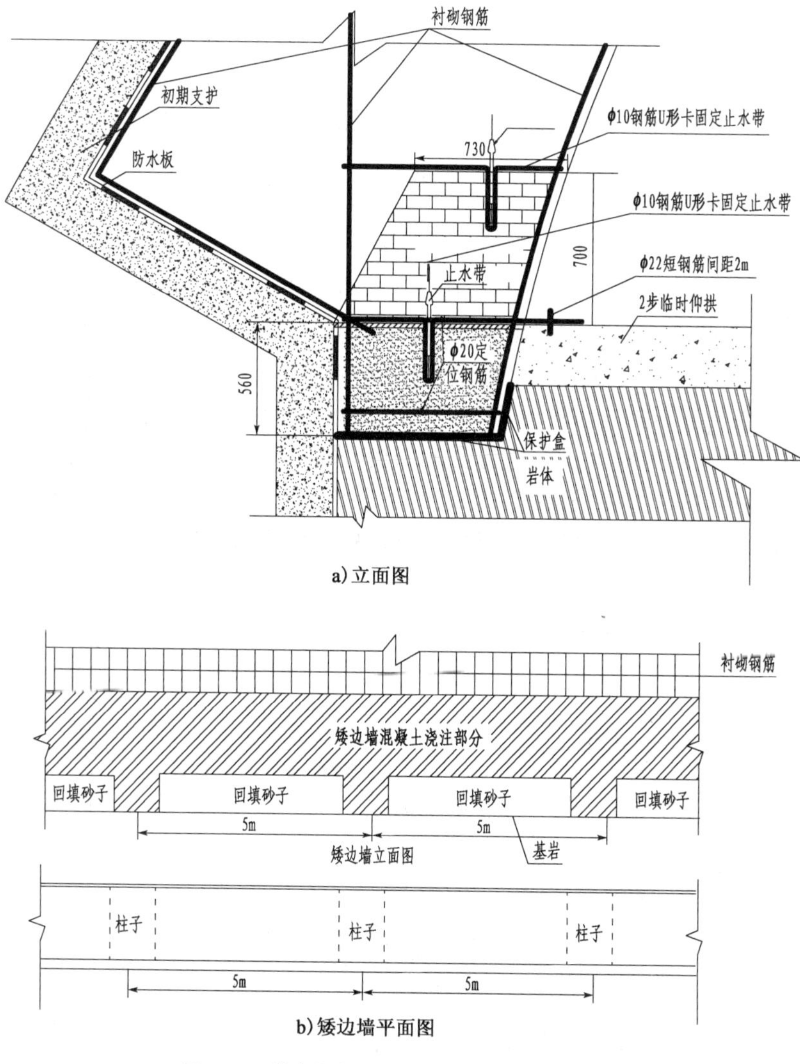

图1-49 拱墙结合部位处理措施（尺寸单位：mm）

2）车站衬砌模板台车设计

红土地车站拱部先施工车站拱墙衬砌，然后再进行车站仰拱衬砌，最后进行车站边墙衬砌施工，拱部衬砌台车设计见图1-50。

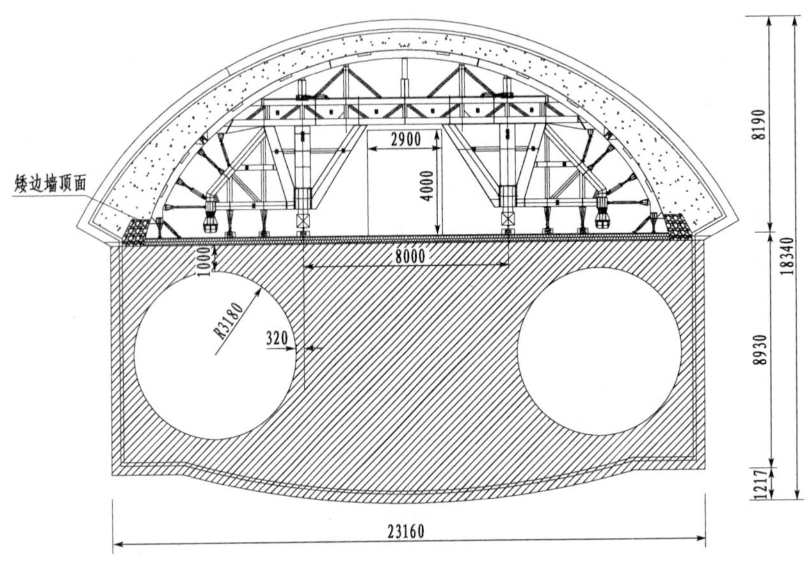

图1-50 拱部衬砌台车设计（尺寸单位：mm）

因红土地车站涉及TBM，要进行倒边施工，车站下半断面仰拱分左、右幅及中间部分施工，左右侧边墙采用两套支架组织衬砌施工，衬砌台车设计见图1-51。这种施工方法的缺点是施工缝比较多，施工缝往往是隧道防水的薄弱环节，为了尽量减少施工缝，同时因场地狭窄，衬砌施工与车站侧壁开挖不能同时进行，干扰很大。通过对红土地车站的工期倒排，收集现场监测数据，再采用有限元软件对大拱脚进行受力分析，发现车站拱部衬砌在大拱脚的支撑下相对稳定。于是对车站仰拱及边墙的衬砌方案进行了调整，仰拱衬砌在原设计方案上进行了更改，仰拱分左右幅施工，边墙采用整体式台车衬砌，边墙衬砌台车设计见图1-52。

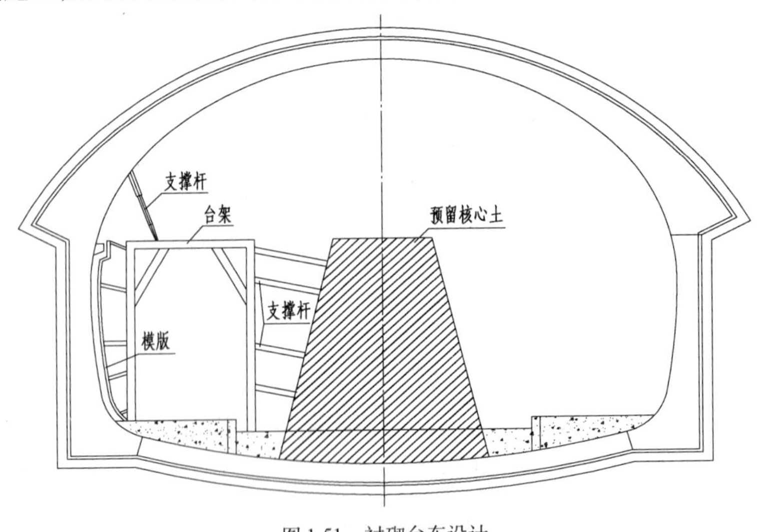

图1-51 衬砌台车设计

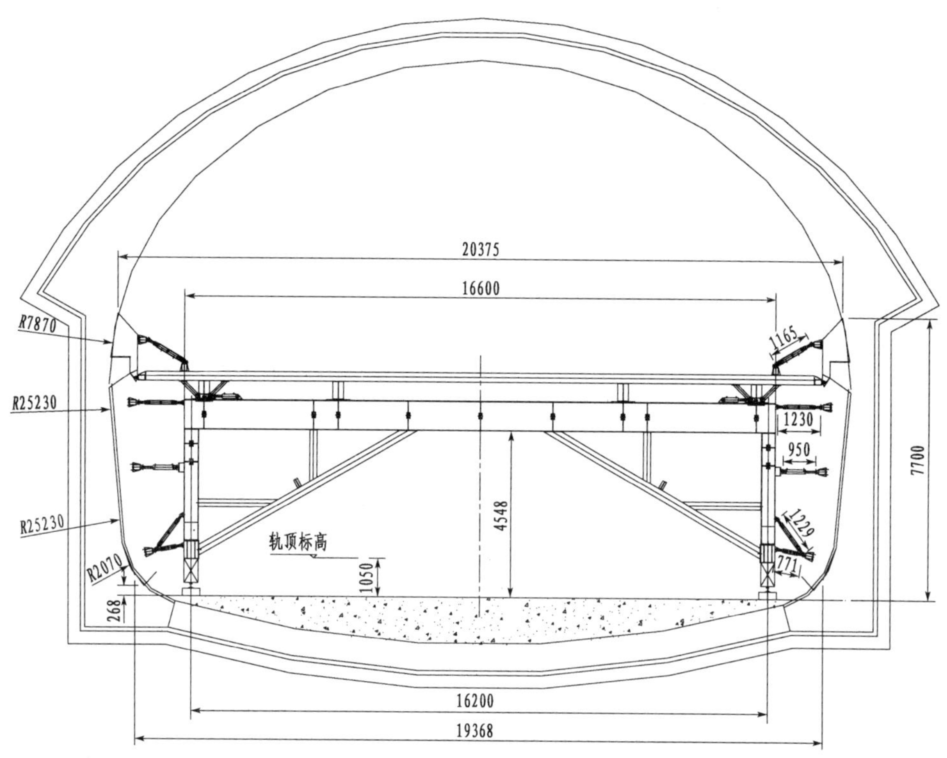

图 1-52　边墙衬砌台车设计(尺寸单位:mm,高程单位:m)

3)衬砌背后回填压浆

衬砌前应在拱顶设置 $\phi42$ 钢管,对二次衬砌背后进行回填注浆。回填注浆在衬砌混凝土强度达到设计强度的 70% 后进行。

4)特殊部位混凝土灌注要求

(1)施工缝处混凝土灌注要求。

①墙体施工缝留置位置:水平施工缝宜留在底板、中板及顶板交界处约 30cm 处。

②灌注前施工缝应按设计安置好止水设施,并固定牢固。

③施工缝混凝土灌注及其拆模强度要求:水平施工缝处不低于 1.2MPa,垂直施工缝处不低于 2.5MPa。

④施工缝处混凝土浇注时必须认真振捣,使新旧混凝土结合紧密。

(2)变形缝处混凝土灌注要求。

①灌注前校正止水带位置,将止水带表面清理干净,止水带破损处要修补好。

②拱顶止水带下侧混凝土振实,将止水带压紧其表面后,方可继续灌注混凝土。

③边墙处止水带必须固定牢固,内外侧混凝土均匀、水平灌注,保持止水带位置正确,平直,无卷曲现象。

5)钢筋施工

根据设计要求,直径大于或等于 22mm 主筋采用机械连接,机械接头采用 I 级接头,其余采用单面焊 $10d$,且位于同一连接区段内的纵向受力钢筋焊接接头面积百分率不应大于 50%。

接头位置结合施工工序可做适当调整,尽可能在内力较小处。

红土地车站结构钢筋制安,采用在现场设置钢筋加工场,主要用于钢筋下料、制作及攻丝加工,为了保证丝口不被破坏,已攻丝的采用塑料保护套将其丝口部位套上,现场连接时将保护套取掉。

四、施工进度管理

1. 进度计划和完成情况对比

红土地车站合同工期目标:2009 年 5 月 20 日开工,2012 年 5 月 10 日竣工。

红土地车站主体结构:2009 年 8 月 20 日开始进行车站主体双侧壁 1 步施工,2010 年 12 月 17 日完成双侧壁 1 步开挖施工,日进尺 3.55m。红土地车站完成双侧壁 1 步开挖支护后,等待 TBM 掘进过站,其中右线 TBM 于 2010 年 3 月 25 日从红土地车站掘进贯通,左线 TBM 于 2010 年 4 月 11 日从红土地车站掘进贯通。红土地车站于 2010 年 5 月 3 日恢复车站主体 2 步及核心土开挖支护施工,2011 年 1 月 1 日开始进行车站下部左侧 6 步开挖,2011 年 4 月 15 日完成车站隧道开挖支护工作。

红土地车站隧道二次衬砌于 2010 年 7 月 13 日开始,2011 年 5 月 17 日全部完成。

红土地车站站内结构于 2011 年 4 月 7 日开始施工,2011 年 10 月 18 日完成。

2. 实际进度指标

采用双侧壁导坑法施工,施工时两侧导坑错开 15m 以上,各导坑采用台阶法开挖,每次开挖不超过 1.5m,各施工工序的循环时间见表 1-21 ~ 表 1-24。

车站 1 步隧道施工作业循环时间 表 1-21

序号	项目	时间(h)	备注
1	测量放样	0.5	
2	钻眼	3.0	
3	装炸药	1	
4	隧道通风、洒水	0.5	
5	运输出渣	4	
6	立拱架	3	
7	喷射混凝土	6	
合计		18.0	

车站 2 步隧道施工作业循环时间 表 1-22

序号	项目	时间(h)	备注
1	测量放样	0.5	
2	钻眼	2.0	
3	装炸药	1	
4	隧道通风、洒水	0.5	
5	运输出渣	4	
6	立拱架	2	
7	喷射混凝土	5	
合计		15.0	

车站3步隧道施工作业循环时间 表1-23

序 号	项 目	时 间(h)	备 注
1	测量放样	0.5	
2	钻眼	2.0	
3	装炸药	1	
4	隧道通风、洒水	0.5	
5	运输出渣	4	
6	立拱架	2	
7	喷射混凝土	5	
合 计		15.0	

车站4步隧道施工作业循环时间 表1-24

序 号	项 目	时 间(h)	备 注
1	测量放样	0.5	
2	钻眼	2.0	
3	装炸药	1	
4	隧道通风、洒水	0.5	
5	运输出渣	4	
合 计		8.0	

二次衬砌：车站隧道采用模板台架衬砌，施工进度指标见表1-25。

模板台架衬砌施工循环作业时间 表1-25

序 号	项 目	时 间(h)	备 注
1	防水层及钢筋		提前施工
2	刷脱模剂	4	
3	模板安装	36	
4	封堵头模	24	
5	混凝土灌注	36	
6	养护	36	
7	拆模、清理	10	
合 计		146	

注：作业进度指标：720 ÷ 144 × 9m/循环 = 45m/月，考虑不可避免的损耗时间，取36m/月。

3. 影响施工进度的因素

(1)因红土地车站采用TBM掘进过站，双侧壁1步施工完成后，等待TBM掘进过站及专场，停工半年，严重影响了红土地车站的施工进度。

(2)红土地车站采用“先拱后墙法”施工，车站临时仰拱采用型钢混凝土，破除困难，影响红土地车的施工进度。

(3)因TBM采取倒边施工,车站右线进行开挖支护施工,左线为TBM掘进机进出料通道,TBM高压电缆悬挂在大拱脚处,对车站主体的施工进度有一定的影响。

(4)红土地车站埋深达42.5~46.5m,车站出入口及风道施工材料及渣土运输难度大,施工进展缓慢,制约了车站总体工期。

五、质量管理得失及体会

(1)红土地车站采用"先拱后墙法"施工,车站3步在开挖过程中严格控制装药量,分层按周边眼布置,进行光面爆破,炮眼采用空气柱间隔装药,以减小对下部围岩的扰动,为减小外插角的影响,严格控制每循环的钻孔深度,确保了大拱脚基岩的完整性,下台阶开挖未发生拱部衬砌开裂及垮塌现象。

(2)拱墙结合处的施工质量非常重要,严格按照施工方案组织施工,拱部与边墙结合处的质量得到了保证,尚未出现渗漏水情况。

(3)站内结构的柱子主筋预埋采取外露方式,为了满足通车要求,将钢筋弯曲,柱子施工时将主筋校正,降低了钢筋的强度。通过总结,最终发现应该采用预留凹槽的方式将主筋埋在凹槽内,在凹槽上方铺设钢板比较合适,能确保钢筋的质量,同时也能保证通车要求。

六、安全管理得失及体会

(1)项目部设置了安保部,主要负责项目部安全监管工作,同时还设置了群众安全监督员,对所有进场人员进行了安全培训。告之作业人员在施工过程中需要注意的安全事项,如何去保护自己,如何去确保他人的安全,在整个施工过程中未发生大的安全事故。

(2)项目部制订了各项安全管理制度以及应急预案,并做了应急演练。

(3)由项目经理带队,每周六定期对施工现场及办公区、住宿区进行安全大检查,发现问题及时整改,每月进行安全考核。

(4)红土地车站TBM掘进过站,先拱后墙法施工,在施工过程中加强技术管理,狠抓过程控制,安全、顺利地完成了红土地车站的施工任务。

(5)红土地拱部二次衬砌采用液压台车一次成型,因TBM洞室顶部覆盖层厚度不一,为保护下方TBM掘进洞室的安全,设计台车时要优先考虑确定模板台车的主要受力点,台车的主要受力点不能直接放置在TBM洞室的正上方,台车支撑点必须偏离TBM洞室正上方,为避免模板台车施工、汽车运输等过程中产生集中荷载,需在车站2步开挖完成后浇筑一层30cm厚的混凝土板,板内布设I 20a工字钢,工字钢间距为1m,纵向采用ϕ20钢筋连接,横向间距为1m。

七、文明施工及环境保护

(1)项目部设立文明施工班,主要进行施工现场场地清扫、冲洗及零星材料的堆码等工作。

(2)红土地车站施工过程中,对环境的影响有施工噪声扰民、施工扬尘污染环境两大项。主要解决措施有:

①在施工期间安排专人与周边居民协调，在居民小区附近张贴施工告示牌，取得周边居民谅解。

②合理安排施工时间，尽量做到大型机械设备及爆破作业不在夜间施工，减少对周边居民的影响。

③修建集水坑，将污水沉淀后再排放到市政管网，施工道路要经常清扫及洒水，保证不扬尘。

④在隧道口设置洗车槽，出入口铺棕垫，保证车辆进出车站不带泥。

第三节　大坪车站施工技术总结

一、工程概况

重庆轨道交通一号线7标段大坪车站起点里程K7+708.800m，终点里程K7+907.200m，总长198.4m。车站主体隧道拱顶覆盖层厚度为16.4m，建筑规模为20.4m×198.4m，地下两层。车站采用12m岛式站台，单拱双层结构，车站主体最大开挖跨度为23.0m，最大开挖高度为18.15m，最大开挖面积为354.18m^2，结构净宽20.4m，净高度15.3m，断面形状为曲墙圆拱形，高跨比为0.79，覆跨比0.65。

1.主要工程内容

大坪车站的主要工程内容有：车站开挖支护、车站主体衬砌、车站站内结构、车站附属结构施工、施工通道等。

2.工程位置及周边环境情况

一号线7标段大坪车站位于大坪正街与长江二路交叉口处，大坪循环道北侧道路正下方，车站基本呈东西向设置，站台中心里程为K7+778.500。

1）车站隧道范围内既有隧道及洞室

（1）人行通道兼地下商场。大坪车站拟从现人行通道（地下商场、平战结合工程）正下方通过。地下通道高3.56m，宽17m，顶板厚（商场顶至地面）3.3m，通道已衬砌装修封闭。地下商场为独立柱基，基础尺寸1.5m×1.5m×0.9m，基底标高327.46～328.36m，如图1-53所示。

涉及车站有关的基础包括ZJ1～ZJ10，共8根柱基，地基持力层为砂岩（厚2.5～11.8m），其下为砂质泥岩（厚2.2～12.6m）。地下商场基底至车站顶的岩石厚度约8.2m，为0.37l（l为洞跨），按照地区建筑经验，两者间顶板厚度小于2倍塌落拱高度，成洞条件较差。

（2）二号线大坪隧道。二号线大坪隧道从拟建大坪车站下方通过，垂直相距0.8m；大坪隧道顶标高300.7m左右，宽约5m，高约6m，如图1-54所示。车站修建对下伏隧道有严重影响，需采取特殊施工措施，切实避免或减轻两者的相互影响。

2）车站隧道周边建筑物

车站隧道沿线两侧存在大量建筑物，对车站施工影响较大的有：

（1）大坪百货公司。里程K7+745左右，涉及车站主体和3号出口通道。大坪百货公司下为车站主体和3号出口通道，大坪百货公司为框架结构，独立基础，基底标高327～328m，与车站顶岩石厚度8m，拟建车站宽约22m，围岩厚度为0.36l（l为洞跨），两者关系如图1-54所示。

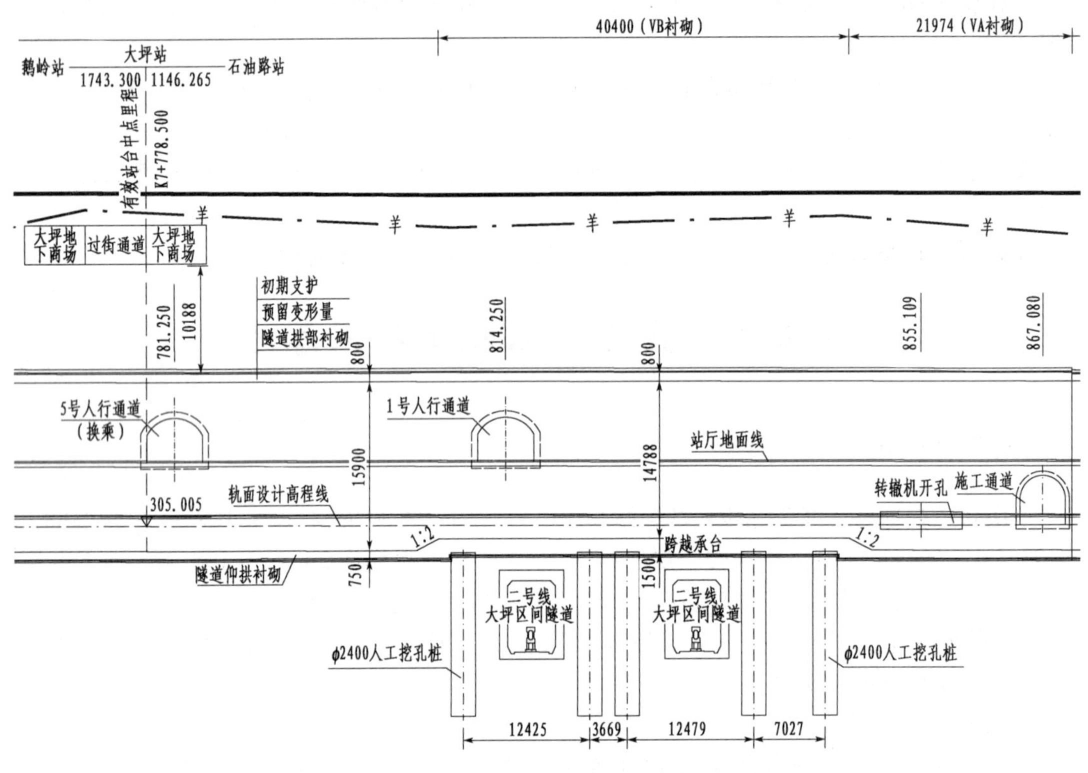

图 1-53　车站隧道与大坪地下商场、二号线隧道关系（尺寸单位：mm）

（2）市邮电大楼 1（原重庆长途枢纽工程主楼即微波大楼主楼）。里程 K7 +818。该大楼于 20 世纪 70 年代后期修建，原名“重庆长途枢纽工程主楼”，框架结构，一层地下室，地下室地坪 333.10m，2 号出口通道在其下方通过，平面上距邮电大楼主楼约 3m，通道顶距主楼基底约 4m。该通道距主楼最近的为南北向通道。岩层和 J1 走向与南北向通道的走向近于直交，J2 与通道走向斜交。隧道西壁离邮电大楼最近，仅3.16m，也是最危险的地段；J2 与洞壁走向小角度斜交，在西壁形成外倾结构面。

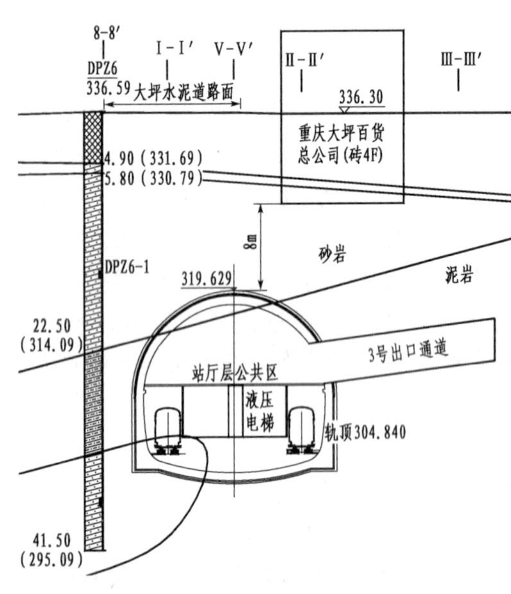

图 1-54　大坪车站与大坪百货公司位置关系

（3）市邮电大楼 2。里程 K7 +839 ~ K7 +914。地面标高 336.70m，该建筑距车站 A 端排风亭水平距离约 5.76m。

（4）大坪正街 16 号（8 砖）。里程 K7 +850 左右，与 1 号出口通道边线相距 3.3 ~4.7m，1 号出口通道岩石顶板厚度大于 16m，通道宽 7m，围岩厚度为 2.28l（l 为洞跨）。由于大坪正街 16 号（8 砖）已被鉴定为危房，爆破施工对其安全性存在严重的影响，宜采取人工开挖以避免振动对其产生不利影响。

(5)重庆医药集团联合工业公司(18砖)。里程K7+800左右,与较新线的换乘通道位于正下方。本段土层浅薄,按设计换乘通道顶上余28~33m岩石,换乘通道宽7m,高4m,医药公司大楼基础嵌岩10m,顶板厚尚余18~23m,洞跨比2.57~3.28,换乘通道施工振动对上部医药公司大楼的影响较大,宜采取人工开挖。

(6)重庆电信大楼。该建筑为5层楼,室底标高336.70m,距离拟建大石区间隧道左线约7.70m,拟建区间隧道埋深约26m,基底至隧道顶岩石厚度为19.80m。虽从隧道左下角至基础右下角连线倾角大于岩体破裂角($45°+\phi/2$),拟建区间隧道位于地面建筑基础应力扩散区,但基底高程为329.48m,隧道顶板岩层厚度为$3.46l$(l为洞跨),根据重庆地区建筑经验,隧道施工对重庆电信大楼并无影响,但由于拟建隧道地处闹市,交通繁忙,人流量大,施工过程中应严格控制爆破药量,并做好减振措施,且及时做好衬砌工作。

(7)大坪正街37-3居民楼。该建筑为6层居民楼,涉及其独立基础共25个,截面尺寸1000mm×2000mm~1500mm×2000mm,C25混凝土,垫层采用C10素混凝土100mm厚。室底标高327.68m,距离拟建轻轨左线0.0~18.8m,拟建区间隧道埋深约15m,基底至隧道顶岩石厚度约12.77m,约为$2l$(l为洞跨),隧道建设中不会影响房屋地基稳定,但由于拟建隧道地处闹市,交通繁忙,人流量大,施工过程中应严格控制爆破药量,并做好减振措施,且及时做好衬砌工作。

3. 工程地质和水文地质

1)地形地貌

重庆轨道交通一号线7标大坪车站位于重庆市渝中区大坪正街与长江二路交叉口处、大坪循环道北侧道路正下方,该地区受流经重庆的长江、嘉陵江的控制,所处地貌形态构造剥蚀浅丘区,海拔高程325~336m,相对高差11m,地形平缓,起伏小,坡度小于5°。

2)地层岩性

大坪车站隧道地段自上而下分别为第四系全新统人工填土层、残坡积层,侏罗系中统上沙溪庙组砂岩和砂质泥岩。隧道洞顶围岩基本为砂岩,洞身为砂质泥岩夹薄层砂岩,拱顶附近多为砂质泥岩。

车站里程桩号YK7+708.8~YK7+861段,隧道上覆土层主要为素填土,厚度普遍为0.3~3.5m,下伏岩性洞顶为厚层状砂岩,洞身为砂质泥岩。隧道埋深为16~17m,洞顶围岩厚度为10~17m,围岩级别Ⅴ级。

里程桩号YK7+861~YK7+907.2段,隧道上覆土层主要为素填土,厚度普遍为0.3~3.5m,下伏岩性洞顶为厚层状砂岩,洞身为砂质泥岩。隧道埋深为16~17m,围岩级别Ⅲ级。

3)水文地质条件

大坪车站洞室段水文地质条件简单,仅少量地表水沿着破裂的地下管道渗透于砂岩中,形成基岩裂隙水。岩层透水性较差,为弱透水含水层。局部由于地下管道陈旧、破损,造成地表废水的泄漏,其渗透水量较大。表层填土层含少量上层滞水,无统一的地下水位,地下水对混凝土无侵蚀性。

4. 设计概况

车站隧道洞室采用曲墙拱形断面、等截面封闭、复合式衬砌结构。初期支护为300mm厚C25钢纤维喷射混凝土、R25中空注浆锚杆和钢筋网加钢格栅拱支护,二次衬砌采用整体式模筑钢筋混凝土结构。下面主要介绍车站上跨既有线、下穿构物段设计概况。

大坪车站主体隧道K7 +766.450 ~ K7 +784.450段从大坪地下商场及过街通道正下方穿过,K7 + 719.923 ~ K7 + 760.875段右线从重庆大坪百货公司大楼一侧下方穿过,K7 + 807.626 ~ K7 +848.026段从既有二号线轻轨区间隧道上方通过。考虑跨越段的影响范围及里程延续性,跨越段里程为K7 +720 ~ K7 +853,其中K7 +720 ~ K7 +803段为下穿既有构造物段、K7 +803 ~ K7 +853段为上跨既有线段。

1)跨越段车站隧道与既有线隧道的断面形式

一号线车站上跨既有线段隧道围岩为Ⅴ级,采用复合式衬砌结构,初期支护为钢筋网、喷射混凝土和格栅钢架,厚度为300mm;二次衬砌为模筑钢筋混凝土,拱圈厚度850mm,底板厚度1500m。开挖跨度为23m,开挖高度为17.8m,拱顶覆土为15m,属于浅埋隧道。

根据一号线设计线路资料,该段若采用常规的带仰拱的隧道支护断面,则仰拱势必已经侵入二号线结构内,所以该段采用带仰拱的隧道支护断面是不可行的。为不侵入二号线衬砌内,一号线隧道断面必须采用平板形式,同时如果把一号线底板直接搁置在围岩上,会对二号线侧墙产生不利的侧压力。为消除这种不利因素,设计时在一号线跨越的底板下增加了桩基础,同时在二号线侧墙高度范围内使桩与围岩隔开,这样就把一号线的荷载直接传到二号线隧道的底板下,如图1-55 ~图1-59所示。即该段采用桩 + 承台的跨越模式,这样就保证了二号线衬砌结构在一号线施工过程中内力变化较小,不影响二号线结构的安全使用。

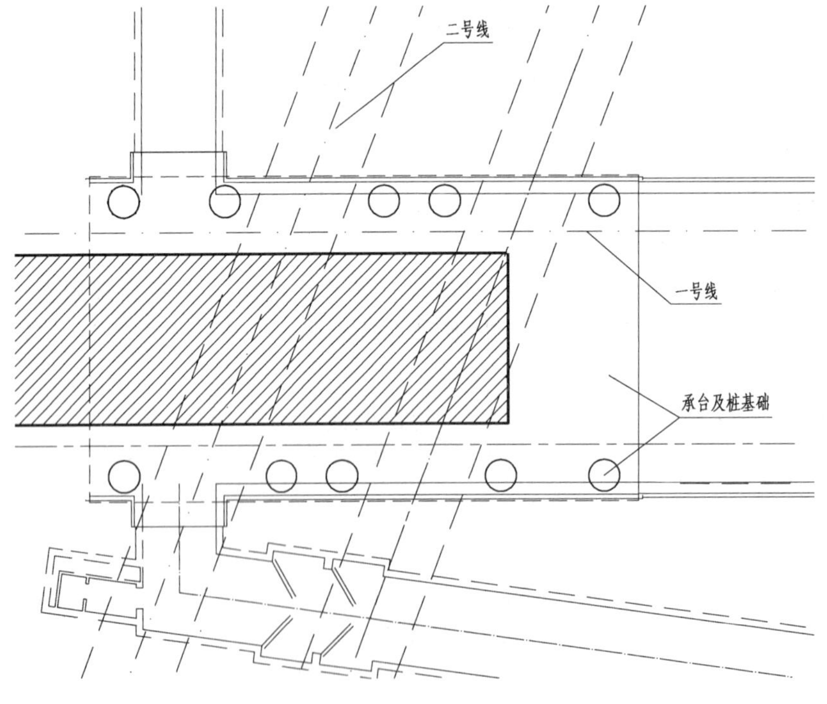

图1-55　设计总平面图

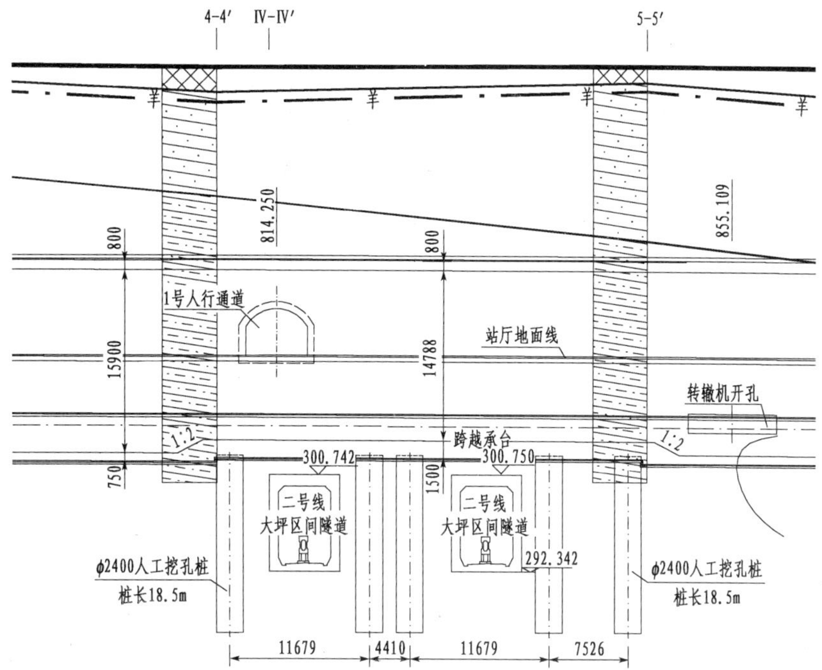

图 1-56 设计地质纵断面图(尺寸单位:mm)

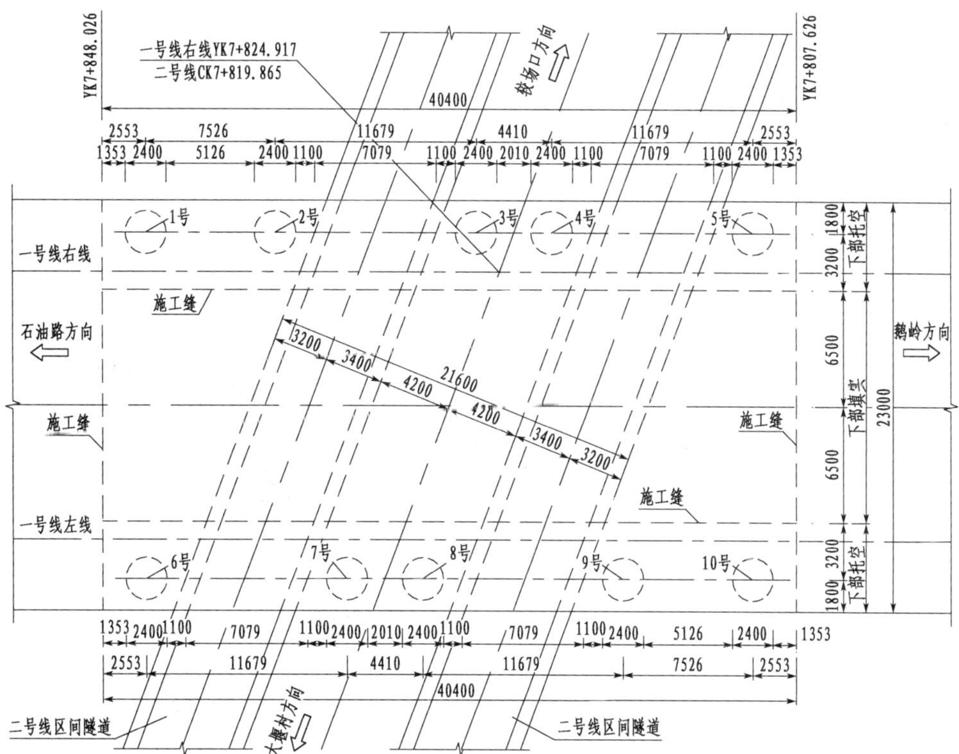

图 1-57 结构平面布置(尺寸单位:mm)

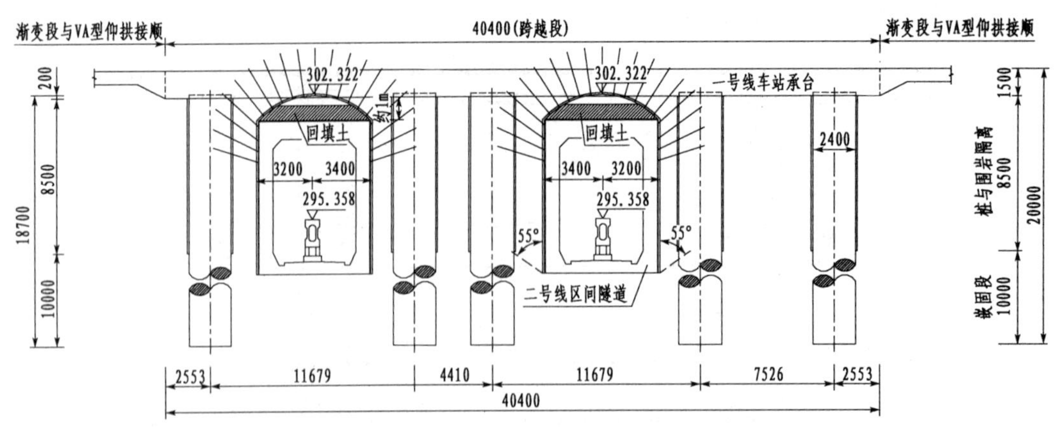

图 1-58　结构纵剖面布置(尺寸单位:mm)

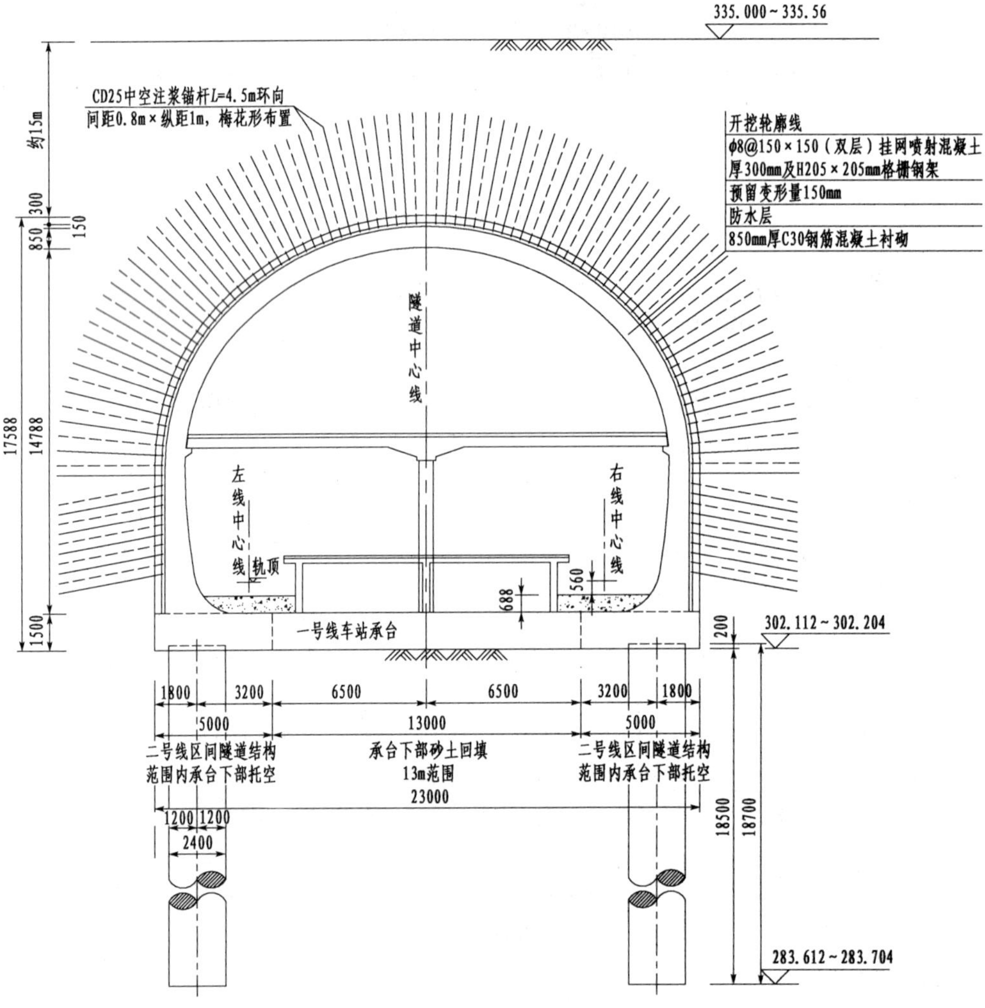

图 1-59　结构横剖面布置(尺寸单位:mm)

根据资料,既有二号线区间隧道采用框架方式通过,框架顶梁高 h_1 = 1000mm。框架加强段为拱形开挖,以使围岩自身形成承载拱,并在衬砌与承载拱相间的空间里设置 85cm 的回填土缓冲层,以减少一号线车站开挖时与二号线区间隧道衬砌的影响。框架顶梁顶面至一号线设计承台底面距离 h_2 = 1178mm,供敷设缓冲垫层及施工操作的空间,以减小施工及运营时对既有隧道结构的冲击。

二号线出口区间隧道围衬砌框架结构宽 6.6m,高 8.4m,侧墙厚 80cm,顶板厚 1m。如图 1-60 所示。

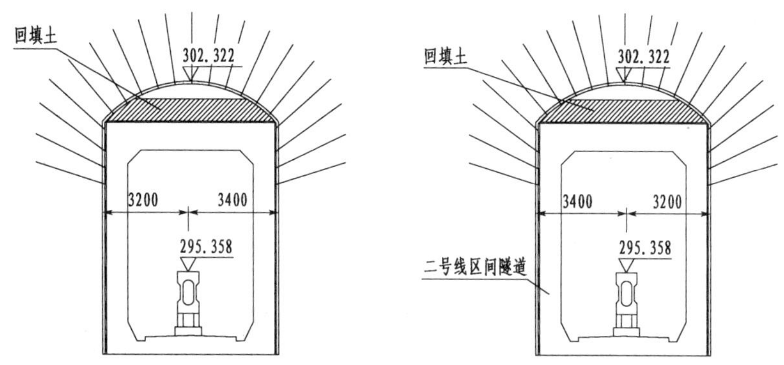

图 1-60　既有二号线衬砌断面图(尺寸单位:mm,高程单位:m)

2)下穿既有构造物段车站隧道断面形式

一号线车站下穿既有通道及高层建筑段隧道围岩为Ⅴ级,采用复合式衬砌结构,初期支护为钢筋网、喷射混凝土和格栅钢架,厚度为 300mm;二次衬砌为模筑钢筋混凝土,拱圈厚度 800mm,仰拱厚度 750mm。车站隧道开挖跨度为 22.9m,开挖高度为 18.15m。

地下通道高 3.56m,宽 17m,顶板厚(商场顶至地面)3.3m,通道已衬砌装修封闭。地下通道为独立柱基,基础尺寸 1.5m×1.5m×0.9m,基底标高 327.46~328.36m。涉及车站有关的基础包括 ZJ1~ZJ10 共 8 根柱基,地基持力层为砂岩(厚 2.5~11.8m),其下为砂质泥岩(厚 2.2~12.6m)。地下通道基底至车站顶的岩石厚度约 8.2m,为 0.37l(l 为洞跨)。

车站隧道与既有地下通道立面关系见图 1-61。

3)跨越段支护结构参数

大坪地铁车站穿过Ⅲ、Ⅴ级围岩地区,跨越段隧道围岩为Ⅴ级围岩。设计遵循安全、经济、合理的原则,隧道衬砌结构按新奥法原理设计,采用复合式衬砌结构。

跨越段车站主体隧道结构支护参数见表 1-26,隧道辅助工程及临时支护参数见表 1-27。

跨越段车站隧道主体结构支护参数　　表 1-26

项　目	支护参数
湿射混凝土	C25 喷射混凝土 25cm 厚,ϕ8 钢筋网@150cm×150mm
锚杆	CD25 中空注浆锚杆 L=4.0m,@100cm×100cm,梅花形布置
格栅拱架	H205×205 格栅钢架@0.5m
二次衬砌	拱墙 85cm 厚、底板 150cm 厚的 C30 防水钢筋混凝土
桩基础	C30 混凝土,桩径 2.4m

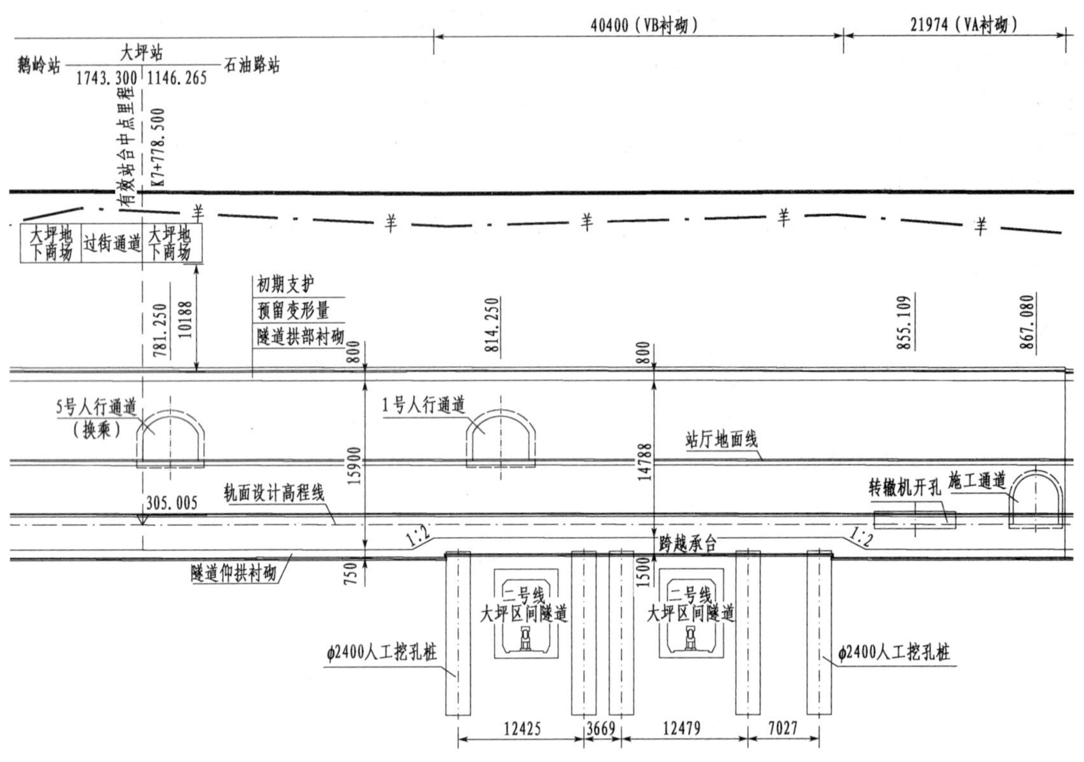

图1-61　结构纵剖面布置（尺寸单位：mm）

跨越段车站隧道辅助工程及临时支护参数　　表1-27

项　目		支护参数
超前支护		φ42 小导管注浆，小导管长度 $L=4.2\text{m}$，环向间距 40cm，纵向间距 3m
导洞支护	湿射混凝土	C25 喷射混凝土 15cm 厚，φ6 钢筋网@200×200mm
	拱顶超前锚杆	φ22 药卷锚杆 $L=4.5\text{m}$，环向间距 80cm，纵向间距 300cm
	侧墙锚杆	φ22 药卷锚杆 $L=3.0\text{m}$，@100×100cm
中隔墙临时支护	湿射混凝土	C25 喷射混凝土 10cm 厚，φ6 钢筋网@200×200mm
	锚杆	φ22 药卷锚杆 $L=1.5\text{m}$，@80×100cm，梅花形布置
	临时拱架	I18 型钢支撑@0.5m
	连接筋	φ22 钢筋，间距 1.0m

车站隧道在跨越二号线区间隧道段断面采用承台平板＋桩基础形式，为了减弱对周围结构的影响，同时要求车站施工时严格控制爆破烈度，局部采用机械或静态爆破作业，桩基础采用人工挖孔桩。考虑桩传递的荷载不能影响二号线侧向，将桩基础在 8.5m 的范围内与围岩隔离，嵌固段为 10m。

5. 工程特点

(1)隧道跨度大、受力条件差。因受既有建筑物及场地限制，采用暗挖车站形式，隧道开挖断面大（354.18m^2），单拱双层结构，最大开挖跨度为 23.0m，最大开挖高度为 18.15m，断面形状曲墙圆拱形，高跨比为 0.79，覆跨比为 0.65，施工中浅埋隧道拱顶岩层及两侧泥岩受松驰地压影响易发生坍塌。

(2)隧道施工周边环境极其复杂,爆破振速控制要求高。隧道经过繁华市区,周边地面建筑物林立,公用设施密集、陈旧,隧道施工中,对周边环境保护标准为要求地表沉降控制在20mm以内,爆破地面振速控制在15mm/s以内。

(3)隧道下穿构造物、上跨既有线。大跨隧道需穿越既有线和地下过街商场、大坪百货公司及通过紧邻的装配式板房(危房)等构造物,要避免爆破震动以及地表沉降对构筑物的影响。

(4)隧道两两相交接口多,施工组织极为关键。浅埋大跨车站隧道分别与施工通道、风道、出入口在站厅、站台标高位置相交,施工中多次交叉重叠作业或转换作业,施工顺序、施工方案的选择是确保施工安全、施工工期的关键因素。

二、施工总体组织

大坪车站采用施工通道进洞施工的组织方案。施工通道利用既有的二号线施工通道改建,在施工通道开挖到与车站隧道正洞交接位置后,采用转换通道逐渐爬高至主洞拱顶,再反向扩挖挑顶,并施工转换临时支护,同时紧跟挑顶开挖施作该部分车站主体隧道初期支护与转换临时支护,形成双层支护结构,挑顶完成后,进行车站侧壁导坑开挖及支护。车站侧壁上导坑开挖支护完成后,立即进行相应位置的附属工程开挖及支护。

1. 施工组织机构

根据合同内容,设重庆轨道交通一号线7标项目经理部,负责管理大坪车站及大石区间隧道的所有工程施工任务。设项目经理1名,副经理1名,总工程师、副总工程师各1名,下设三部一室(工程部、设备物资部、经营部、办公室),对项目实行目标管理。现场组织机构如图1-62所示。

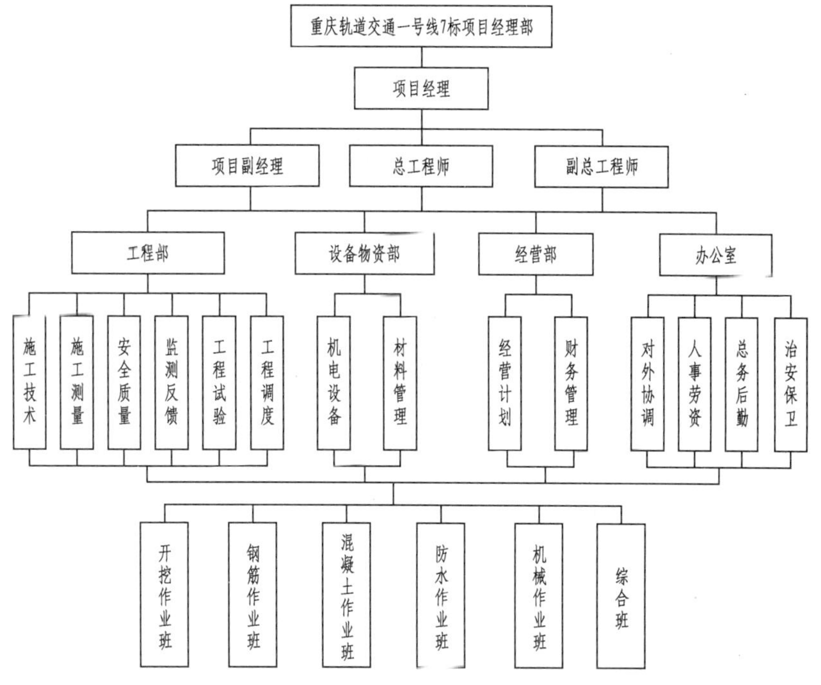

图1-62 现场组织机构

2. 资源配置

(1)班组设置。设置的班组主要有开挖班、钢筋班、混凝土班、防水班、机械班及综合班。各个工班的主要工作内容见表1-28。

班组设置 表1-28

序号	班组名称	任务内容
1	开挖班	隧道开挖,立拱,锚杆钻设、安装和注浆,钢筋网铺挂,喷射混凝土
2	钢筋班	拱架、锚杆制作,拱墙、内部结构钢筋制作、安装
3	混凝土班	台车就位关模,结构脚手架搭设,结构模板制作安装,混凝土浇筑和养护
4	防水班	防水板铺设,排水管安装,施工工缝、变形缝处理
5	机械班	隧道开挖后的出渣外运,施工过程中机械设备的管理和保养
6	综合班	现场文明施工,零星工程,材料转运,管路,配合其他班组施工

(2)劳动力配置。劳动力配置见表1-29。

劳动力配置 表1-29

班组名称	车站		班组名称	车站	
	班组数	每班组人数		班组数	每班组人数
开挖班	2	24	防水班	1	5
钢筋班	2	8	机械班	1	20
混凝土班	1	8	综合班	1	15

(3)主要机械设备配置。主要机械设备配置见表1-30。

主要机械设备配置 表1-30

序号	设备名称	型号	数量	序号	设备名称	型号	数量
1	变压器	630kV·A	1	7	自卸汽车	18t	6
2	空压机	$26m^3/min$	2	8	钢筋加工设备		2
3	通风机	37kW	2	9	风动凿岩钻机	YT-28	40
4	挖掘机	$1.2m^3$/斗	2	10	电焊机		12
5	装载机	ZLC-50	2	11	发电机	250kW	1
6	混凝土搅拌机	JS-500L	1	12	注浆泵		2

3. 分包管理

大坪车站采用分包形式管理班组。其中机械班、综合班为自有职工组成的班组,采用内部承包方式。其余班组利用社会劳动力组成,采用劳务+部分零星材料的分包模式。班组长及以上的管理人员全部为公司自有职工。

三、总体方案及施工方法

（一）总体施工方案

大坪车站普通段采用钻爆法施工，跨越段采用非爆破法结合钻爆法施工，自卸汽车运输，压入式通风，商品混凝土，全断面模板台车浇注混凝土。

车站开挖支护采用双侧壁导坑法，预留核心岩柱全断面模板台车衬砌。

车站普通段与临江门车站施工方法及工艺相同，下文主要介绍跨越段施工。

（二）跨越段施工方案

1.跨越段隧道施工方案确定

大坪车站隧道下穿构造物段侧壁导坑上部采用非爆破方法开挖，每循环进尺不大于1m；中、下台阶采用控制爆破开挖，循环进尺不大于2m；为控制地表沉降和构造物变形，缩短核心土，加强该段支护参数，拱顶增加超前注浆小管棚，初期支护格栅钢架加密到3榀/m。施工中严格控制开挖进尺，及时施作初期支护，并严密进行地面和洞内监测以及构造物的倾斜、沉降监测，及时反馈施工。

上跨既有隧道段施工的主要问题在于：控制爆破震动对上方构造物的影响，以及消除或减小因施工原因造成下部既有线受力、变形过大，产生破坏性影响。因此，上跨既有线段侧壁导坑上、中部采用控制爆破方法开挖，每循环进尺不大于1m；下部留2m厚岩层，采用机械切割开挖；为控制沉降和防止构造物变形，加强该段支护参数，拱顶增加超前注浆小管棚。施工中严格控制开挖进尺，及时施作初期支护，并严密进行洞内监测以及既有线路的变形监测，及时反馈施工。

基于上述，本工程采用双侧壁导坑留核心岩柱方法开挖，全断面衬砌方法，而不宜采用先拱后墙法和先墙后拱法。结合隧道跨越段下穿、上跨段围岩及结构的受力、变形等影响，分别采用不同方法及工艺。下穿段采用核心岩柱解除后，先施作仰拱及矮边墙，后全断面模板台车施工边墙及拱顶二次衬砌混凝土；上跨段采用侧壁导坑开挖后两侧承台底板先做，核心岩柱解除后，全断面模板台车施作拱墙混凝土，最后施作底板中部。

2.下穿既有构造物段施工方法及顺序

采用双侧壁导坑预留核心土，局部非爆破法开挖、全断面二次衬砌紧跟初期支护的施工方法。侧壁导坑上部采用静态破碎剂预裂、HB30G液压岩石破碎机破碎，循环进尺100cm；中、下部采用控制后爆破开挖，循环进尺200cm。下穿既有构造物段车站隧道开挖顺序如图1-63所示。

3.上跨既有线段施工方法及施工顺序

采用双侧壁导坑法预留核心土分部开挖、底部预留非爆开挖层、两侧底板承台先做、全断面二次衬砌紧跟核心土开挖的施工方法，上跨既有线段车站隧道开挖顺序如图1-64所示。

4.跨越段隧道施工技术

1）侧壁上导坑1步开挖方法及技术

（1）下穿既有构造物段1步开挖方法及技术。下穿既有构造物段采用静态破碎预裂、

HB30G 液压岩石破碎机破碎，循环进尺不超过 1m，左、右侧导坑开挖支护作业面错开距离不小于 10m。

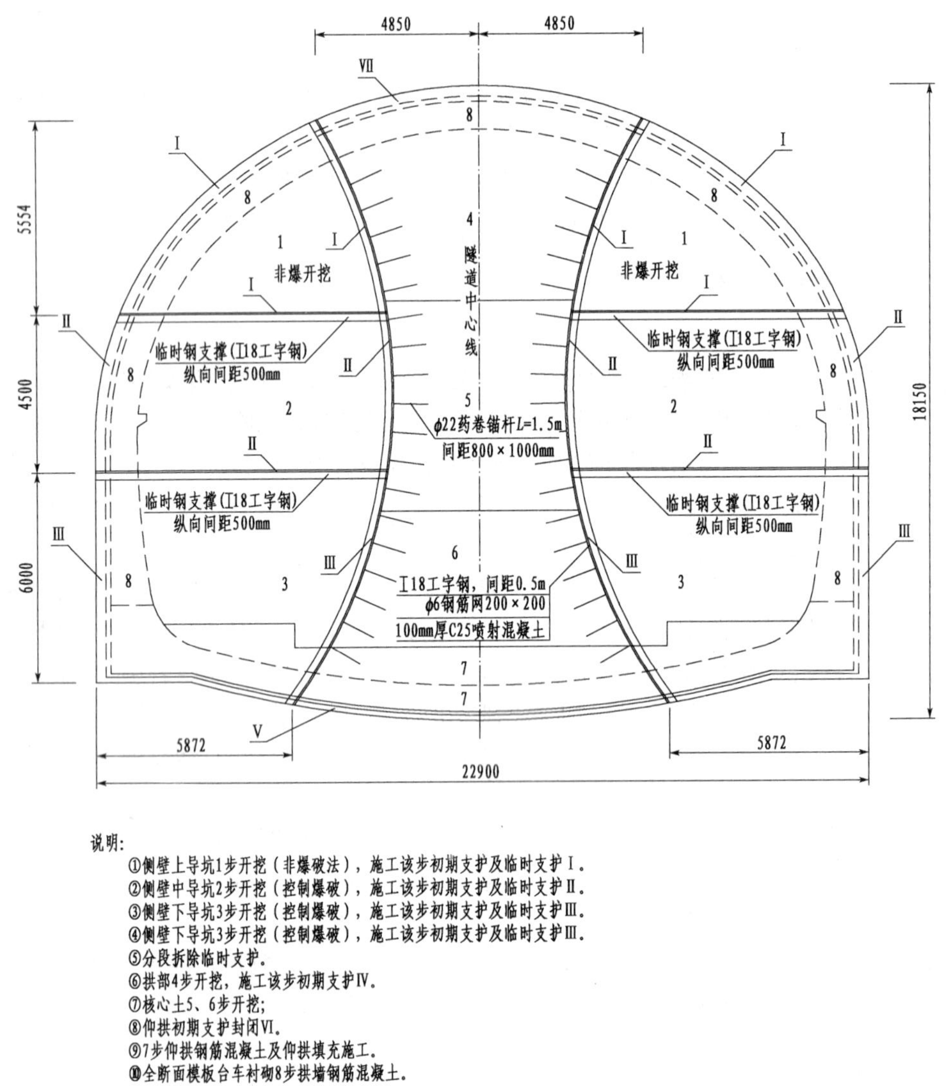

图 1-63 大坪车站隧道下穿既有构造物段施工方法及顺序（尺寸单位：mm）

利用静态破碎药剂破坏岩石，也具有爆破炸药除产生高速气体以外的所有特性，只是药剂在孔中的化学反应和加在孔壁上的气体压力上升速度较慢。

静态爆破采用风钻钻孔，钻孔深度为 100cm，装药深度为孔深 100%。钻孔过程中，同一排钻孔应尽可能保持在一个平面上。孔距与排距的大小与岩石硬度有关，硬度越大，孔距与排距越小；反之，则大。为保证破碎质量，周边钻孔但不装药。布孔相关参数见表 1-31。

岩石经过静态爆破破碎产生很多贯通裂缝后，利用岩石破碎机强力分裂成块状，装车运输，对于隧道周边欠挖地方，人工利用风镐修整。

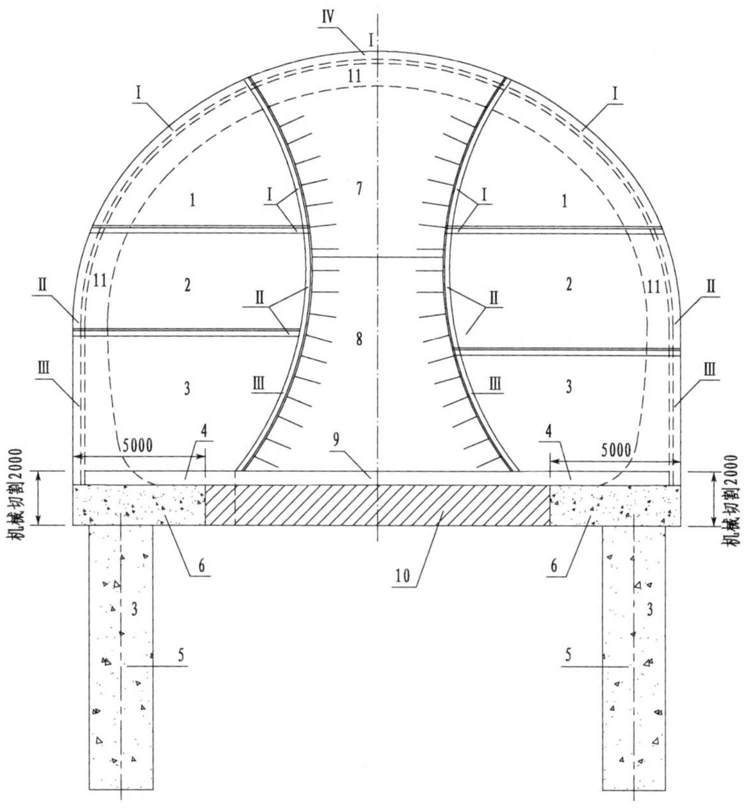

说明:

①侧壁上导坑1步开挖，施工该步初期支护及临时支护Ⅰ。
②侧壁中导坑2步开挖，施工该步初期支护及临时支护Ⅱ。
③侧壁下导坑3步开挖，施工该步初期支护及临时支护Ⅲ。
④侧壁导坑底部预留非爆层4步开挖。
⑤跨越段承台桩基5步施工。
⑥跨越段两侧承台底板6步钢筋混凝土施工。
⑦分段拆除临时支护。
⑧核心土拱部7步开挖，施工该步初期支护。
⑨核心土8步开挖。
⑩中间底部预留非爆层9步开挖。
⑪中间承台底板10步钢筋混凝土施工。
⑫全断面模板台车衬砌11步拱墙钢筋混凝土。

图1-64 大坪车站隧道上跨既有线段施工方法及顺序(尺寸单位:mm)

静态破碎剂布孔设计参数

表1-31

破碎目标	孔深 L	相邻孔距 a (cm)	排距 b	孔径 d (mm)	使用量(kg/m^3)
低硬度岩石	1.0H	40～100	(0.6～0.9)a	38～50	5～10
中硬度岩石	1.05H	30～40	(0.6～0.9)a	38～50	12～22
坚硬岩石	1.05H	25～40	30～80	38～50	18～25

(2)上跨既有线1步开挖方法及参数。上跨既有线段采用控制爆破法开挖，循环进尺100cm，左、右侧导坑开挖支护作业面错开距离为15m，爆破振速控制在1.5cm/s以内，施工中要加强洞内监测和爆速监测。

2)侧壁中导坑2步控制爆破开挖方法及参数

跨越段侧壁中导坑2步均采用控制爆破开挖，下穿段循环进尺1～2m（超过1m采用拉中槽预留光爆层，光爆层两侧交错开挖，避免拱脚同时悬空），上跨段循环进尺1m，左、右侧导坑开挖支护作业面错开距离为15m，爆破振速控制在1.5cm/s以内。

3）侧壁下导坑3步控制爆破开挖方法及参数

跨越段侧壁下导坑3步均采用控制爆破法开挖。下穿段循环进尺2m，拉中槽预留光爆层，光爆层两侧交错开挖；上跨段循环进尺1m，左、右侧导坑开挖支护作业面错开距离为15m，爆破振速控制在1.5cm/s以内。

4）上跨既有线段底部机械切割开挖组织及方法

上跨既有线段底部2m厚岩层采用机械切割方法开挖，避免爆破施工损坏既有线上方周边岩体，造成局部应力集中，将一定范围内的围岩位移、松弛，恶化围岩的物体力学性质，造成对既有线衬砌结构破坏。

因机械切割和桩基及后续承台施工将影响隧道侧壁导坑上、中部的施工，因此，为避免跨越段施工时前方作业面停工，在跨越既有线段前方开挖一段3～5m的核心岩柱，将左、右侧壁导坑贯通，为防止该段各类变形超限，在贯通导坑两侧，各设置一根由工字钢制作的格构柱作为拱顶竖向支撑柱。

跨既有线段机械切割开挖、桩基施工、承台施工均按左、右侧依次组织施工，组织顺序为：

左侧导坑底部机械切割开挖→左侧桩基开挖，浇注混凝土→左侧防水及承台施工→左侧承台结构达到设计强度→封闭右侧导坑，机械设备及人员自左侧导坑通行→右侧导坑底部机械切割开挖→右侧桩基开挖，浇注混凝土→右侧防水及承台施工→分段开挖核心土，分段施作衬砌

5）洞内承台桩基"水钻法"施工技术

本工程承台桩基因临近二号线区间隧道，采用"水钻法"进行开挖施工。水钻施工开挖出的桩基断面规则，保证开挖按设计截面尺寸施工，并避免因松动爆破造成桩基岩层破坏，影响桩基承载力，以及不必要的桩基扩孔造成的施工成本增加。

水钻施工，即采用工程水钻钻芯机在桩孔周边开挖线钻孔取芯，规则形成桩基开挖轮廓线，每循环理论钻深500mm。现就水钻施工区别于其他开挖方式的主要施工工艺流程介绍如下：

（1）钻机就位。钻机支架必须安全地固定在孔桩侧壁上，其高差应满足每循环钻进尺寸要求，并随本循环不同位置或下一循环不同高度重新加固。

（2）钻孔。

①必须保证钻机取芯套筒的斜率，取芯套筒直径为150mm，套筒支架外延较之宽出100mm，套筒支架总高度为1400mm，则$(100+150\div2)\div1400=1/8$，故此，应保证套筒向孔桩侧壁外倾角度不小于7.5°，这样，在下一循环才可以保证钻机就位后，套筒起钻点能够置于设计孔桩边线而不致造成缩孔，此措施将使桩孔呈节段式倒台体，从而增加少量开挖掘进量和桩体混凝土浇注量，但是可以保证成孔截面尺寸。

②桩体垂直度必须保证最少2个循环进行一次孔中心、直径等偏心率检查，确保成孔后桩体垂直偏差不超过设计规范要求。

③水钻操作过程中，必须保证钻头处于冷却水中，同时冷却水流保有一定压力对钻头直接

进行冲洗,使之不淤钻、卡钻,能够保持钻头在清洁状态下正常稳定地工作,故此每台钻机配置一台 500W 水泵对钻头供水。

(3)泥浆及污水排放。经施工现场实际测算,利用水钻掘进时,每延米孔桩大约需要 2 ~ 4m^3 自来水,保证孔内积水保持至最小量而不致影响掘进操作。其用量与孔截面换算直径的平方成正比,产生的泥浆和污水是自来水使用量的 1.3 倍,故此,钻进期间必须保证水供应及污水抽排至泥浆沉淀池、循环池,并定期集中运弃。

水钻施工的优越性:

(1)加快施工进度。水钻施工解决了城市建筑物桩基持力层施工中不能爆破施工,且采用风镐不能满足工期的要求的问题,大大提高了工作效率,加快施工进程。

(2)保证桩基断面尺寸,确保了桩身质量和桩的承载力,为建筑物安全提供了基础保证。

(3)避免因爆破作业或其他开挖造成不必要的扩孔,降低了工程造价。

6)洞内承台施工技术

跨越段两侧承台依次组织施工,一侧承台施工完成,待混凝土强度达到设计强度后,方进行另一侧承台施工。

人工挖孔桩施工完成后,用风镐凿除挖孔桩混凝土浮浆层,调节人工挖孔桩外露钢筋,对外露长度不够的钢筋进行接长处理。承台钢筋采用人工绑扎,绑扎前严格按照设计要求对挖孔桩基础进行防水处理,直径 $D \geq 16$mm 的钢筋采用剥肋滚轧螺纹连接,其余钢筋采用单面或双面搭接焊接;承台模板采用组合钢模板,混凝土浇注一次成型。

(三)隧道支护

大坪车站初期支护采用 300mm 厚 C25 钢纤维喷射混凝土、*R*25 中空注浆锚杆和钢筋网加钢格栅拱。其施工方法和工艺见第一篇第三章。

(四)施工通风及出渣

1. 施工通风

由于施工便道隧道断面较小,无法安装通风设备,应在车站的 A 风道处先开挖小导洞,做通风用,待小导洞开挖完成后,在洞口位置设置一组 37 × 2kW 通风机进行压入式通风。

2. 施工出渣

车站各步开挖时,采用侧倾式装载机装渣、自卸汽车出渣,挖掘机配合。

(五)防排水施工

大坪车站采用全封闭防水设计,采用 2.0mm 厚 PVC 防水板。在拱墙防水板背后纵向每 10m 设一道环向排水盲管,墙脚设一道纵向 ϕ100mm 透水盲管,在车站两端与区间隧道相连附近设横向排水管。环向排水管、纵向排水管、横向排水管用三通连接,将防水板后的渗水排到车站内两侧纵向排水沟内。

防水板采用 6m 自制轨行式工作台车辅助施工,自爬行焊机焊接,充气检查。

(六)车站衬砌

车站暗挖隧道利用施工通道自交叉口处往东、西两头实施掘进,由于特大断面(开挖断面

$300m^2$)浅埋隧道受力条件差,在开挖到二次衬砌的施工过程中,主要通过初期支护、临时支撑及二次衬砌等支护体系的构建与拆替,来完成各支护结构间荷载的转换及再分配,保证车站隧道围岩支护体系的稳定性,隧道结构形式的复杂性决定了施工组织的复杂性。在隧道受限的作业空间内,恶劣的施工环境及相互交叉、密集的施工活动将给隧道施工的安全、工程质量和进度带来较大的不利影响。鉴于此,经对该项目各主要控制要素进行综合权衡,为尽可能简化隧道的施工组织管理,更有利地确保工程施工质量,择定隧道的二次衬砌结构在隧道双侧壁导坑上、中部开挖完成以后组织施工。相应地,隧道二次衬砌施工与侧壁导坑下部、核心土、仰拱的开挖平行作业,核心岩柱及仰拱开挖面距二次衬砌作业面控制在25m(约3个台车长度,跨越段控制在20m以内)左右,二次衬砌作业钢筋施工与混凝土浇注工序平行作业以确保工程进度。

因二次衬砌施工台车组装、防排水及钢筋提前施工需要,隧道无核心岩柱、临时支护支撑段长度最大可达到25m以上,纵向空间效应大,容易出现结构失稳,所以,在隧道掘进施工阶段,需充分体现"强支护"原则,对隧道尤其是台车组装段、平面相交三叉口段初期支护及辅助支护措施进行优化加强,保证隧道体及周边环境提早进入安全稳定状态,为适当较晚组织模筑混凝土二次衬砌的施工创造条件。

根据前述车站隧道开挖支护方法,适合本车站隧道衬砌的方法只有全断面衬砌方法,该方法衬砌结构完整,整体性及防水效果好,施工操作简单,衬砌施工进度快,经济效益也比较显著。

二次衬砌结构施工采用仰拱、边墙基础超前,拱墙全断面液压台车分段依次浇注成型,隧道两侧各设置一台地泵泵送混凝土浇注,附着式振捣器结合插入式振捣器振捣。施工中需考虑避免拆除核心土、临时支撑的距离过长,导致隧道产生较大的纵向空间效应而出现结构失稳现象。因此前期衬砌施工主要采用防水、钢筋、混凝土各工序流水作业的方法,后期主要采用根据监测信息的反馈确定合理的衬砌滞后距离,在前段结构防水及钢筋施工与后段结构混凝土施工平行作业的方法,以达到混凝土施工顺接推进、快速施工的要求。

1. 防排水施工

防排水施工主要步骤为:

拱墙基面处理→纵横向排水盲管铺设→复合式防水板铺设

防水板采用无钉铺设工艺施工,施工方法如下:

(1)基面处理。检查开挖断面,整修初期支护表面,处理外露锚杆及尖锐物,在铺设基面标出拱顶中线。

(2)安装排水盲管。按设计尺寸、位置,在喷混凝土面上安装。

(3)固定钉布设。采用专用固定钉固定防水板,钉距与复合式防水板上的挂带间距一致。

(4)铺设防水板。从拱部向下展铺,防水板上的挂带挂在固定钉上,铺设工程中,防水板不要绷得太紧,根据基面凹凸情况留有足够富余量,以防二次衬砌时将固定点拉脱,同时要防止防水板与围岩面间出现不密贴的空洞。

(5)焊接防水板搭接缝。采用爬行式热合器焊接,双焊缝。将热合器预热,把预热后的热合器放在两层防水板之间,边移动融化防水板,边顶托加压,直至接缝黏结牢固。

(6)质量检查。检查防水层质量,要求无波纹、斑点、刀痕、撕裂、孔洞缺陷。检查防水板与基面的密贴情况，检查焊缝有无假焊、漏焊、烧焦、烧穿现象。

2. 钢筋施工

车站隧道钢筋采用6m自制轨行式工作台车辅助施工，洞内加工，人工绑扎成型，钢筋采用机械连接或焊接，每段绑扎长度7.5m。

车站隧道衬砌钢筋主筋采用ϕ25或ϕ28两种，施工过程中，因隧道断面跨度大、钢筋自重大易出现钢筋安装好的网片沉降变形大的现象，造成侵限，无法就位模板台车，严重的甚至出现钢筋网片松散、垮塌，进而引发重大安全质量事故。为增加钢筋网片的刚度和强度，采用每3m设计一榀简易的"拱架"结构，具体做法是：利用ϕ25钢筋作为支撑筋，将拱墙相邻两环上、下层主筋连接成两榀独立的钢桁架，再通过交叉八字筋将两片钢桁架连接成一个整体，这样一来，就相当于利用若干榀拱架抬起整个钢筋网片，有效限制了网片的下沉和侧向变形，增加了钢筋网片的强度和刚度。

3. 拱墙混凝土施工

1）大断面隧道泵送混凝土主要技术要求

（1）泵送混凝土坍落度要求。侧墙部主要采用插入式振捣器振捣，采用16～18cm；拱部无法采用插入式振捣器振捣，采用18～20cm。

（2）混凝土流动性要求。测混凝土坍落度时，混凝土跌落成一个散状的圆盘，在坍落度符合要求的前提下，测量圆盘直径。直径小于35cm、大于45cm的一般不适用于特大断面拱墙衬砌。

（3）石子粒径。管径采用125mm管径，石子最大粒径等于或小于40mm，以25mm为优。

2）混凝土入仓及振捣

（1）混凝土浇注组织及顺序

①因特大断面混凝土每模浇注量达到240m^3左右，浇注时间一般为18～20h，施工中应做好各项准备工作，并加强交接班管理，做到混凝土浇注的连续性。

②施工中采用2台输送泵分左、右侧同时浇注，现场不能少于2台运送灌车。

③输送泵距台车距离控制在10m以内，浇注顺序一般自最远端开始，逆向进行，以逐渐缩短混凝土的输送距离，浇注时先低处后高处，逐层进行。

（2）混凝土泵送速度控制。混凝土浇注过程中，为确保混凝土浇注的连续性以及台车的安全和稳定，应严格控制混凝土泵送速度。混凝土泵送速度应根据混凝土运输时间、模板变形、混凝土初凝时间等因素综合确定。

经过对大坪车站特大断面混凝土衬砌过程中台车模板变形观测资料、台车稳定性情况、每循环浇注总量及浇注总时间的综合分析，可以得出以下结论：混凝土浇注速度单侧平均控制在5.5～6.5m^3/h，墙部控制在6.0～8.0m^3/h，拱部控制在4.0～6.0m^3/h是合理、安全的。

（3）混凝土浇注及捣固。

①混凝土分层左右对称浇注，分层厚度为30～50cm，两侧对称浇注，分层振捣密实，两侧混凝土面高差一般不大于0.5m，最大不大于1.0m。

②侧墙部浇注时，操作人员自预留仓口插管浇注及振捣，混凝土入仓出料落差控制在2m以内，防止发生混凝土离析或因钢筋密集造成粗骨料和细骨料分离。

③拱部浇注自刹尖孔插管往模内浇注，密切观察浇注情况，浇至饱满时立即封闭刹尖孔。

拱部混凝土振捣主要靠附着式振捣器进行。

④施工中采取混凝土浇注时间和浇注高度两个指标进行双控，混凝土浇注连续进行，间歇时间不超过混凝土初凝时间，间歇时间超过1.5h按施工缝进行处理。

3）混凝土封顶

采用顶模封顶，刹尖孔接输送管，逐渐压注封顶。为确保封顶密实，在挡头模顶部预留出一15cm×30cm的观察口，封顶时注意观察混凝土浇注情况。

采用20~21cm坍落度的高流态、免振捣、自密实的混凝土。适当减少粗骨料的用量（减少10%为宜），以增加混凝土的流动性。

浇注过程中，应尽量从作业窗泵送混凝土，缩小封顶范围，缩短封顶时间。利用好拱部预留的各个刹尖孔，减少混凝土的流动范围。

4）整体模板台车稳固

（1）加强台车模板与地面的联结。在台车模板弧线下将模板加长20~30cm，作为与矮边墙基础的搭接模板，可起到台车模板的定位和搭接新旧浇注混凝土接缝的作用；此外，增加横向固定，防止整体台车模板错位，在门架立柱上增加一排拉杆，一端固定在门架立柱上，一端拉接在仰拱预埋钢筋上，以加强与地面的联结。

（2）台车端头与喷射混凝土间设置固定支承。在台车前进方向的台车端与喷射混凝土间设置固定支承，可以固定整体台车模板的位置，增加台车模板的横向、竖向受力，避免台车模板在新浇注混凝土的挤压、冲击下产生移位、上浮。另外，还可作为端模板的固定支承。固定支承用方木（竖向采用千斤顶）做成，可以根据台车模板与喷射混凝土之间的距离随时调整，固定台座由焊接在台车上的固定槽钢构成，拆装方便。

（3）控制混凝土的分层浇注厚度。混凝土分层浇注的厚度一般取30~50cm，而实际操作时，分层浇注厚度比规定值大，使整体台车模板两侧的压力差增加，导致台车模板产生移位。所以，一定要限制分层浇注混凝土的厚度，减小整体台车模板两侧的压力差，避免台车模板在新浇注混凝土的挤压下产生移位。

5）脱模及养护

当混凝土强度达到8MPa时方可脱模，脱模时间由工地实验室确定。施工中一般浇注完成后24h脱模。

混凝土养护要在脱模后立即进行，采用喷水养护方式。

（七）站内结构施工

大坪车站站内结构采用满堂脚手架+光面胶合模板施工。站台和中板施工顺序为先中板、后站台板。其施工方法详见第一篇第三章，在此不再赘述。

四、施工进度管理

1.进度计划和完成情况对比

大坪车站合同工期目标：2009年9月15日开工，2009年5月15日竣工，大坪车站实际于2007年12月3日开工，2010年10月18日主体工程完工。比合同工期晚了约17个月。

2. 影响施工进度的因素

(1)为确保既有隧道的正常通行和既有地下商场的正常营业以及结构安全,跨越段采用非爆法开挖施工,影响了施工进度。

(2)施工中只有一个施工通道作为出渣进料通道,车站主体开挖衬砌完成后,不能及时施作站内结构,待大石区间开挖完成后,方进行站内结构的施工。

(3)施工中工序转换频繁,跨越段承台及桩基只能左右倒边,影响了开挖进度。

(4)跨越段、车站及风道交叉口段施工风险大、技术含量高,施工过程中多次发现应力监测数据过大,为确保施工安全,开挖推进过程中,预留核心土开挖一直与二衬平行进行,在一定程度上制约了施工进度。

五、质量管理得失及体会

1. 质量控制有效措施

大坪车站近距离下穿构造物,上跨既有线,施工风险极大。施工中未出现任何质量事故,这不仅得益于管理机构、管理制度的健全和管理人员的高度责任心,也得益于施工中以下几个方面的措施。

(1)高度认识到工程的难度,施工前详细分析了工程的重点控制部位,并制订了详细、科学可行的施工方案,成立科研小组开展科研攻关,促进了工程质量的整体提升。

(2)施工过程中,监控量测工作切实到位,对重点部位的沉降、收敛监测以及爆破振速监测数据做到百分之百的真实,并认真分析数据变化趋势,对数据突变部位采取了有效控制措施。

(3)跨越段超大断面隧道施工,采用双侧壁导坑法,预留核心土,先做承台及桩基,接着开挖核心岩柱,紧接着进行二次衬砌。施工中严格按照既定方案进行,确保了跨越的支护结构的受力体系的完整,也确保了工程的高质量。

(4)严格控制爆破振速,不仅有益于保护既有地面建筑和地下隧道结构,也有利于保护隧道二次衬砌。

2. 存在的问题

经过一年正式运营的效果验证和施工过程中的总结,可以看出:大坪车站施工过程中质量管理有效,未出现任何质量事故,但存在以下引起质量缺陷的问题。

(1)B 风道施工过程中,出现围岩垮塌现象,造成初期支护拱架破坏,分析原因主要有:

①风道周边既有二号线风井风道,属二次扰动围岩,围岩稳定性相对较差。

②风道开挖过程中,循环进尺稍大,爆破震动效应影响显著,周边围岩损害圈大,不利于围岩自稳。

③施工过程中,监控量测未发挥有效作用,未及时发现围岩及支护变形,也就未能及时采取有效控制措施。

④超前支护体系及锚杆体系未发挥应有作用,主要是超前支护未按设计要求施作,系统锚杆施工未垂直于围岩节理面施作。

(2)通过爆破监测显示,开挖过程中爆破震动存在超限现象,原因如下:

①爆破施工人员责任心不强,有时不按既定的爆破方案进行施工,造成单段装药量过大,

引起爆破振速超限。

②现场管理人员未统一认识，施工员认为循环进尺大就是进度，而未通过工序衔接紧凑、优化资源配置等措施来加快进度。

③施工过程中，虽然根据现场条件及时调整了爆破方案，但仍然不能完全达到最佳效果。

(3)车站二次衬砌施工缝有渗漏现象，虽然后期通过整治已基本得到根治，但说明施工过程中质量管理及控制存在以下问题：

①车站主体设计为全包防水，未设置卸水孔。

②防水板施工过程中可能存在破损现象，在模板安装混凝土浇注前，未及时发现并予以修补。

③防水板施工人员是非专业技术人员，施工熟练程度和技术水平有限，造成防水板焊接和铺设质量不高。

④施工缝采用防水胶止水，止水效果不如膨胀止水条，施工操作也不方便，引起质量缺陷。

六、安全管理得失及体会

1. 安全管理有效措施

大坪车站施工过程中，未对上、下方既有隧道结构产生任何破坏性影响，确保了既有线的正常运营和地下商场的正常营业，也未对隧道周边的大量陈旧民房，尤其是两栋被鉴定为危房的装配式结构板房，产生破坏性影响，为业主节约了大笔拆迁资金，得到业主及各方的高度评价。施工中主要采取以下安全管理控制措施。

(1)安全系统管理措施有效。安全管理制度健全并严格贯彻执行；安全教育培训常抓不懈，作用显著；危险源辨识及危险源控制有效，对重大危险源做到严防死守；全员、全过程、全方位进行安全日常管理；重点盯防协作队伍或劳务队伍的安全管理，对人员、机械设备、资金进行全方面监控；安全管理内业和现场同样重要，内业资料全面完善。

(2)成立科研小组进行科研攻关，通过模拟分析计算及风险预测的方法，对在下穿构造物、上跨既有线的周边环境下选定的大跨暗挖车站隧道施工方案进行了模拟研究，分析了两种不同方式(下穿、上跨)近临构造物的隧道结构方案在不同工况条件下的力学特点及对周围环境的影响程度等，预测下穿段、上跨段隧道施工中的重大风险，并提前制订预防措施。

(3)通过采用减少单段装药量、控制单眼装药量、选择合理的掏槽形式和段间隔时差、增设减振空眼、优化炮眼布置等措施，严格控制临近构造物及既有线大断面隧道爆破施工的振速。

2. 存在的问题

(1)系统部门及少数管理人员认识不到位、履职或配合不到位，造成少数新进场人员不能及时登记建档，教育培训效果不佳，不能做到人员的动态化管理。

(2)现场危险源管理方面，少数管理人员系统管控意识、自觉性和主动性不够，相互协作配合不够。

(3)日常安全管理有时候流于形式。

(4)协作队伍或劳务队伍人员流动频繁，造成管控难度大。

七、文明施工及环境保护

（1）设立综合班，负责工程的文明施工。

（2）施工过程中，对环境的影响主要为施工噪声扰民。主要解决措施有：

①加强宣传，取得周边居民谅解。

②采用低噪声施工设备，减小噪声音量。尽量错时施工，减少对周边居民的影响。

第四节　平场车站施工技术总结

一、工程概况

1. 概述

六号线支线第一期工程从礼嘉站到会展中心北站，线路总长 12.2km，设 6 座车站，平场车站为六号线支线靠线路起点的第二座车站，地理位置处于重庆市北部新区礼嘉街道范围内。

平场车站，大致成东西向布置，暗埋于主干道金渝大道下方，车站顶到公路路面覆盖层为 30～36m，车站南侧地表为“特星连锁”的厂房，北侧地表为一斜坡地形，属政府待开发地块，无人居住。

2. 工程地质与水文地质

地貌总体属于构造剥蚀丘陵区。地形波状起伏，呈现一沟一丘相间分布的特征。地面高程 320～376m，相对高差 10～33m。地形总体地形坡角一般为 10°～20°，局部呈陡砍状。围岩级别为Ⅳ级。

车站范围内出露的地层由上而下依次为第四系全新统人工填土层、残破积层及侏罗系中统上沙溪庙组沉积岩。表层人工填土层主要为素填土，厚度为 3～5m；车站埋深范围内为侏罗系中统上沙溪庙组沉积岩，主要为砂质泥岩和砂岩，围岩级别Ⅳ级。

平场站位于嘉陵江南侧，地形倾向嘉陵江，总体上属于水文地质条件简单的区域。根据场区地下水的分布和隧道工程特性，与工程相关的主要影响因素是基岩脉状裂隙水，水量动态大，旱季水量小，甚至贫乏，雨季水量可能成倍增加。

3. 气候条件

重庆市属于亚热带气候，温暖湿润，雨量充沛，具有春早夏长、秋雨延绵、冬暖多雾、夏季炎热的特点。多年平均气温为 18.3℃，极端最高气温为 43℃，极端最低气温为 −3.1℃，多年平均降雨量为 1082.6㎜，雨量主要集中在 5～9 月，年平均风速为 1.3m/s，最大风速为 26.7m/s，多年平均相对湿度为 79%。

4. 设计概况

平场车站起讫里程 K2 +391.700～K2 +588.700，为地下双层岛式车站，曲墙 + 仰拱的五心圆马蹄形断面。车站顶部覆土约 34.5m，采用矿山法施工，围岩级别为Ⅳ级，车站主体最大开挖 20.740m，高 17.244m，属于特大断面暗挖隧道，采用双侧壁导坑法施工。车站断面支护参数见表 1-32，车站断面见图 1-65。

平场车站断面施工参数　表 1-32

支护类型	施工范围	支护			二次衬砌
		喷混凝土及钢筋网	锚杆	钢拱架及超前小导管	
A 型断面	标准断面	C25 混凝土 30cm 厚，$\phi8$@20×20cm 钢筋网，双层	$\phi28$ 中空锚杆 $L=4.0$m @80×100cm，梅花形布置	Ⅰ20b 钢拱架 0.8m/榀，$\phi42$ 超前小导管，环距 35cm，纵向间距 200cm，拱部 120°范围内	70cm 厚 C40，P12 模筑钢筋混凝土
B 型断面	出入口进车站	C25 混凝土 30cm 厚，$\phi8$@20×20cm 钢筋网，双层	$\phi28$ 中空锚杆 $L=4.0$m @60×100cm，梅花形布置	Ⅰ20b 钢拱架 0.60m/榀，$\phi42$ 超前小导管，环距 35cm，纵向间距 200cm，拱部 120°范围内	70cm 厚 C40，P12 模筑钢筋混凝土
C 型断面	风道进车站	C25 混凝土 35cm 厚，$\phi8$@20×20cm 钢筋网，双层	$\phi28$ 中空锚杆 $L=5.0$m @50×80cm，梅花形布置	Ⅰ25b 钢拱架 0.50m/榀，$\phi42$ 超前小导管，环距 35cm，纵向间距 200cm，拱部 120°范围内	70cm 厚 C40，P12 模筑钢筋混凝土

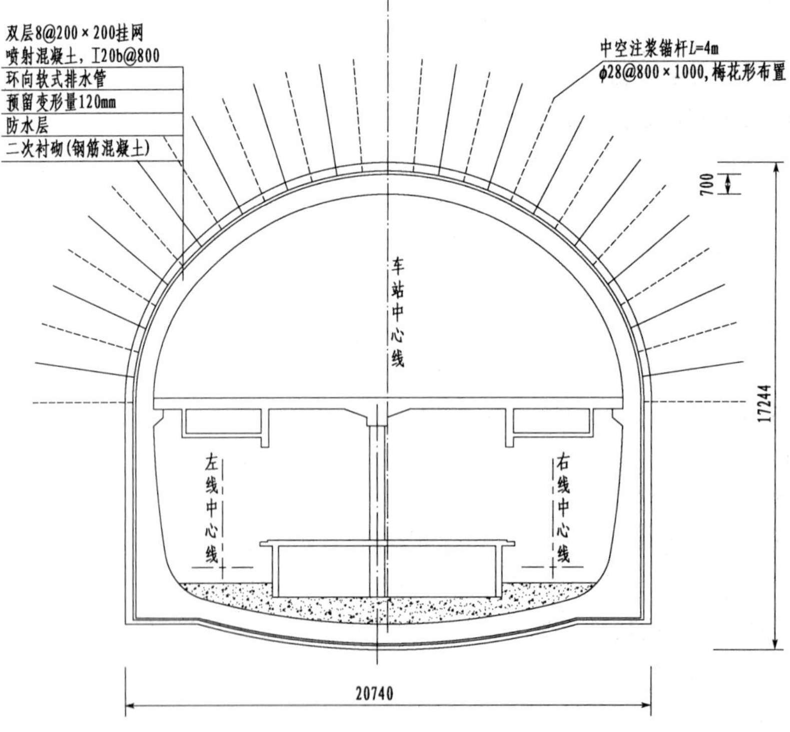

图 1-65　车站标准断面图

5. 工程特点

1）工期紧，任务重

本工程合同工期为 15 个月，包括车站及附属结构必须在合同工期内全部完工，且在第 12

个月末全线达到铺轨条件。在如此短的时间内完成一条地铁土建工程施工,需加大各种资源的投入,科学合理地组织,加快施工进度。

2)采用BT模式

六号线支线全长12.2km为一个标段,采用BT合同模式,即"建设—移交"模式,整个标段合同总价约22亿元,施工方需在短时间内投入大量的资金,存在一定的融资风险和资金回购风险。

3)前期筹备仓促

施工队伍进场之初,勘探单位无详细的勘察资料,设计单位没有提供详细的施工图纸,属于典型的"三边"工程;同时,平场车站位于城市郊区,属于无人居住的政府待开发地块,生活、生产设施均需临时修建,无任何可租借的民房,前期筹备工作艰难且仓促。

4)周边环境相对复杂

平场车站地表南侧为一工业厂房,水平距离车站不到20m;车站的出入口位于金渝大道的人行道内,需改迁和保护的地下管线众多,包括污水、雨水、给水、燃气、通信、电力等多种管线;车站正上方为金渝大道,车辆流量大,施工交通干扰大;车站北侧水平距离不到5m处,有两座通信信号发射塔,隧道爆破的振动将对其产生影响。

5)隧道断面大

平场车站隧道为浅埋特大跨隧道,隧道开挖跨度为20.74m,开挖高度为17.744m,开挖断面面积为309.30m^2,围岩级别为Ⅳ级,为软弱围岩,隧道拱顶覆盖层厚度约34.5m。

二、施工总体组织

平场车站采用一个施工通道分成两个施工通道的组织方案,即利用一个施工主通道,在接近车站时,分成两个施工通道,一个在车站中板标高附近与车站连接,另一个在车站底板标高附近与车站连接。

平场车站北侧200m处为一山谷,在山谷中找一处与车站标高相近的坡面,修建施工主通道,通道洞口略低于车站中板标高,以利于排水。洞口山谷直接作为弃渣场地和临时生产场地。

1. 施工组织机构

平场车站为整个合同段内的一个车站,整个合同设立一个项目经理部,平场车站的组织管理属于项目经理部,具体见图1-66。

项目经理部下设五部一室,再将施工任务划分为三个工区,其中平场车站属于一工区的施工任务。

工区下设各相应班组,班组采用工费承包模式,班组由自有职工和劳务公司派遣的劳务工组成。

2. 资源配置

为充分发挥大项目可以统一调度、资源共享的优势,平场车站在服从整个项目资源配置的前提下,充分发挥资源的利用率,尽量做到能共享的资源共同配置、共同调度使用,满足整个工期要求。

(1)劳动力配置。本车站施工高峰期投入人力256人,其中管理和服务人员10人,生产一线人员246人。整个施工过程中,劳动力实行动态管理。本工程劳动力安排见表1-33。

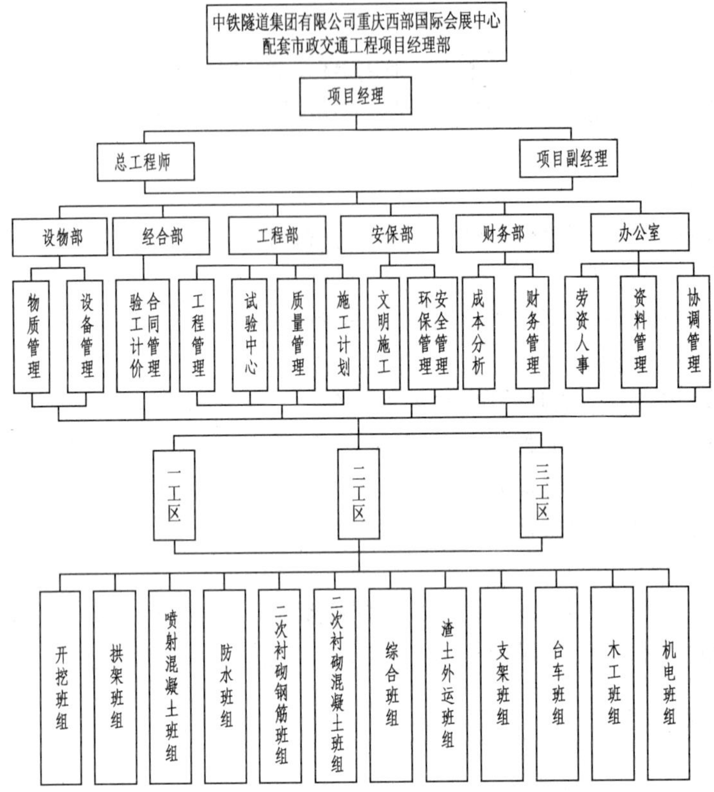

图1-66　现场组织机构

劳动力配置　　表1-33

工　种	按工程施工阶段投入劳动情况					
	2010　年		2011　年			
	三季度	四季度	一季度	二季度	三季度	四季度
管理人员	3	3	3	3	3	3
技术人员	7	7	7	7	7	7
测工	8	8	8	8	8	8
试验工	2	2	2	2	2	2
开挖工	56	56	56	56	36	25
爆破工	15	15	15	15	10	5
混凝土工	20	20	40	40	40	30
模板工	10	20	20	20	20	20
防水工	0	0	0	0	0	0
电工	4	4	4	4	4	4
电焊工	10	10	10	10	10	10

续上表

工　种	按工程施工阶段投入劳动情况					
	2010　年		2011　年			
	三季度	四季度	一季度	二季度	三季度	四季度
各种司机	15	15	15	15	15	15
钢筋工	15	20	30	40	20	20
车工	2	2	2	2	2	2
机修工	4	4	4	4	4	4
普工	10	20	20	20	20	10
后勤	10	10	10	10	10	10
合计(人)	191	216	246	256	211	175

(2)主要材料配置。本工程所需材料中水泥、钢材、商品混凝土、防水板为甲控材料,其余材料自行采购,主要材料采购数量见表1-34。

主要材料配置　　表1-34

序　号	材料名称	单　位	数　量
1	雷管	个	106886
2	乳化炸药	kg	68886
3	合金钻头	个	6470
4	钻杆	kg	29
5	42.5R级水泥	t	4022
6	钢筋	t	1778
7	工字钢	t	2687
8	ϕ42无缝钢管	T	60
9	锚杆铁件	kg	159848
10	ϕ28中空锚杆	m	3613.5
11	各型号商品混凝土	m^3	15353
12	钢板	T	53
13	5~10mm碎石	t	9147
14	砂	t	7472
15	速凝剂	t	124
16	防水卷材	m^2	25853
17	无纺布	m^2	25853
18	背贴式止水带	m	3360
19	注浆止水带	m	678
20	缓膨胀止水条	m	5561
21	药卷锚杆	m	35526

(3)主要机械设备配置。施工机械大部分为平场车站与相邻区间共同使用,配置时充分考虑了共同使用,以及施工时间的前后顺序,以车站为重点使用配置的机械设备如表1-35所示。

主要机械设备配置　　表1-35

序号	机械或设备名称	型号规格	单位	数量	生产能力
1	挖掘机	PC200-6	台	2	$1.2m^3$/斗
2	装载机	ZLC-50	台	2	$3m^3$/斗
3	电动螺杆空压机	LS20S-200H	台	3	$26m^3$/min
4	风动凿岩钻机	YT-28	台	50	$3m^3$/min
5	风镐	G-10	台	10	$1.2m^3$/min
6	流式通风机	SDF-No11	台	2	800 ~ $1300m^3$/min
7	混凝土搅拌机	JS-500L	台	2	500L
8	自卸汽车	XC4260B6 ×6	台	4	铁马18t
9	载货汽车	EQ1114G7D	台	2	5t
10	电焊机	BX600	台	8	
11	注浆泵	2TGZ-120/105	台	2	120L/min
12	灰浆搅拌机	RM-100	台	1	
13	模板台车	9M	台	1	

三、总体方案及施工方法

1. 总体施工方案

平场车站主体结构采用双侧壁导坑法开挖,钻爆法施工,装载机和挖掘机装渣,自卸式重载汽车运渣,全断面模板台车浇注商品混凝土,压入式通风。

2. 车站的施工总体顺序

车站隧道采用双侧壁导坑法分步开挖。人工手持风钻钻眼爆破,小型挖掘机配合翻斗车出渣。隧道采用非电毫秒雷管控制爆破,严格控制装药量和每循环进尺,减小对围岩扰动,控制地面沉降,每步开挖完成后,及时施作初期支护和临时支护。施工时,先施工两侧的先行上导洞,左右两导洞齐头错开不小于20m,后行下导洞按正台阶法施工,中间岩柱上台阶采用预留核心土开挖,层层支护,每循环进尺为相邻两榀钢拱架间距。

双侧壁导坑法施工方法如图1-67所示。

3. 双侧壁导坑法开挖支护顺序

1)1步侧壁上导坑开挖方法及参数

1步采用核心掏槽逐层剥离光面爆破施工。为降低爆破振动速度,核心掏槽部位设在1步下部中部或靠核心土侧。左、右开挖支护作业面错距为20m,分两个面开挖施工,施工每循环进尺为相邻两榀钢拱架间距。每一循环的开挖出渣完成后，立即施工该部位的初期支护Ⅰ（包括锚杆、喷射混凝土、钢拱架）、临时中隔墙及其支护Ⅰ、临时型钢支撑Ⅰ。

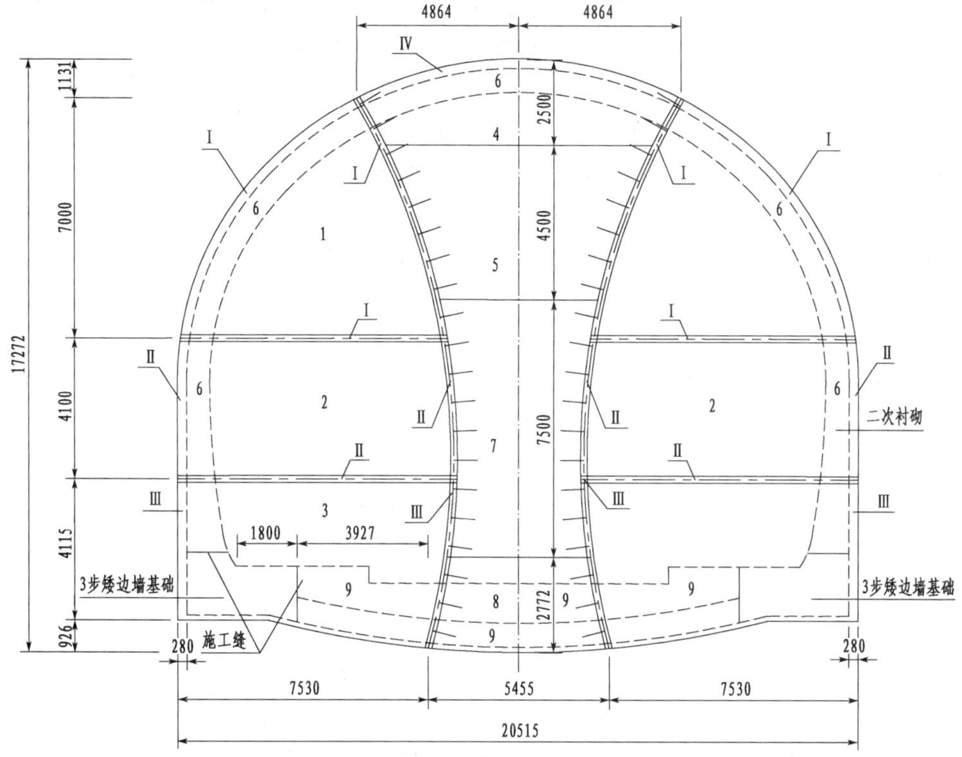

说明：

双侧壁导坑预留核心土分步开挖、全断面二次衬砌紧跟初期支护的施工方法如下：

①上部导洞1的开挖，施工该步初期支护（包括锚杆、喷射混凝土及钢支撑）Ⅰ、临时中隔墙及其支护Ⅰ、临时型钢支撑Ⅰ。

②中部导坑2的开挖，施工该步初期支护Ⅱ、临时中隔墙及其支护Ⅱ、临时型钢支撑Ⅱ。

③下部导坑3的开挖，施工该步初期支护Ⅲ，临时中隔墙及其支护Ⅲ。

④施工3步边墙基础仰拱及找平层钢筋混凝土。

⑤拆除临时中隔墙及其支护Ⅰ、Ⅱ、Ⅲ。

⑥隧道拱部4步的开挖，施工该部初期支护Ⅳ，在核心土中部架立钢桁柱支撑Ⅳ步。

⑦拆除钢桁柱支撑，隧道核心土5步开挖。

⑧采用模板台车施工隧道拱墙全断面二次衬砌6（距隧道拱部开挖面4步距离不大于16m）。

⑨隧道核心土7步开挖。

⑩隧道仰拱8步开挖。

⑪隧道9步仰拱及找平层钢筋混凝土施工。

图1-67　车站隧道双侧壁导坑施工方法（尺寸单位：mm）

2）2步侧壁中导坑及3步侧壁下导坑开挖方法及参数

2步、3步开挖支护在1步开挖和初期支护完成约30m后进行，为保证隧道开挖成型质量，降低爆破振动速度，2步、3步采用微台阶（台阶长度3～5m）拉中槽、两侧预留光爆层光面爆破开挖，每循环进尺不超过2.0m。在2步开挖前应拆除1步临时横向支撑，一次拆除长度不能超过5m，在2步核心土开挖完成后，立即恢复1步临时横向支撑。

开挖施工步骤如下：

（1）在2步（3步）上部布眼拉槽开挖，预留1.0m厚光爆层，拉槽开挖超前预留光爆层2m。人工配合反铲出渣。出渣结束后，立即在2步（3步）顶部架设临时横向钢支撑，控制侧墙收敛变形。

(2)在2步(3步)横向钢支撑安装确保安全后,进行下部拉槽开挖,在边墙及临时钢支撑侧各预留1.0m厚光爆层。两侧光爆层应交错施工,先开挖初期支护侧光爆层并施作初期支护,再开挖核心土侧光爆层,并施工临时支撑及中隔墙。光爆层交错施工距离控制在2.0m以内;为保证开挖作业施工安全,在施工中,2步(3步)左右侧导洞的开挖支护作业面错开的距离不小于20m,根据施工经验密切配合监控量测,并根据地质情况对工程安全进行超前分析,及时调整及修正施工爆破参数,确保施工安全及地面建筑物的安全。

2步、3步开挖及支护整个工艺流程为:

拆除横向临时型钢支撑Ⅰ5m→测量2、3步开挖线→打炮眼→装药→清帮→恢复临时型钢支撑Ⅰ→架设型钢支撑Ⅱ→施作中空锚杆Ⅱ→挂钢筋网Ⅱ→进行Ⅱ喷射混凝土施工→进入下一循环施工

3)拱部4步开挖方法及参数

拱部4步在下导洞3步开挖并及时施工边墙基础后施工,采用预裂爆破开挖。进行1步正面上部掘进眼及周边眼的钻孔及装药、连接起爆网路后,拆除1步临时型钢支撑,进行起爆。4步开挖爆破有三个临空面,炸药单耗低,有利于爆破减振施工,但由于爆破后岩石自由下落高差达14m以上,且4步开挖面距衬砌台车的距离不超过20m,控制爆破飞石距离是爆破控制的关键,每循环进尺要控制在2.0m。

4)核心5步、7步,仰拱8步开挖方法及参数

核心5步、7步,仰拱8步均有4个爆破临空面,炸药单耗低,爆破振动速度对周围建筑物影响较小。5步爆破后,岩石自由下落高差达10m以上,飞石抛掷距离较远,对衬砌台车(5步距衬砌台车距离在20m以内)安全不利;因此5步采用松动爆破,人工翻渣开挖,每循环进尺控制在2.0m以内。若7步、8步在爆破时装药量过大,爆破飞石容易对二次衬砌表面构成破坏,控制一次起爆药量、降低炸药单耗是关键,因此7步、8步采用松动爆破、机械装渣的开挖方法,个别比较大的不利于机械装渣大型石块,利用改炮二次破碎。每循环进尺控制在5.0m以内。

施工中全断面最大悬空长度为10m,跨度为20~22m。方案要点:

(1)每步开挖时,应及时支护,并按设计要求做好型钢临时支撑。

(2)开挖时严格控制各步开挖超前距离,不允许5步开挖超前衬砌面2m以上。

(3)应及时恢复5步开挖拆除的型钢支撑。

(4)加强施工中的监控量测,并及时根据监测结果调整支护参数,必要时调整施工方案。

4. 隧道支护

其施工方法和工艺详见其他车站,基本相同。

5. 施工通风及出渣

其施工方法和工艺详见其他车站,基本相同。

6. 防排水施工

其施工方法和工艺详见其他车站,基本相同。

7. 车站衬砌

1)施工流程

车站二次衬砌分节浇注,根据9m长的全断面模板台车,将平场车站主体结构分为DP1~

DP22共22个区段,分22模进行浇注。

二次衬砌采用整体式液压衬砌模板台车,混凝土为集中拌和,混凝土输送车运输,泵送入模,插入式及附着式振捣器振捣。隧道二次衬砌施工见图1-68。

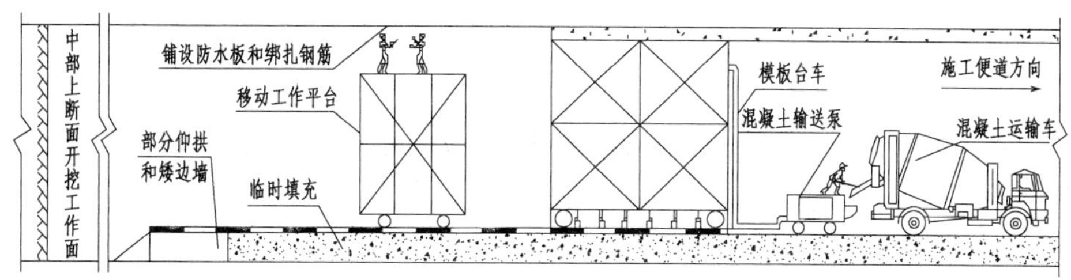

图1-68　隧道二次衬砌施工

2)隧底、仰拱及填充

二次衬砌施工时,先施工隧道底部的仰拱和矮边墙,然后再施工回填层,施工部位和尺寸见图1-69。

隧道侧壁导坑施工至20m左右时,开始施工该段的仰拱及矮边墙,以及开挖核心土,至该段的仰拱施工完毕后,开始组装模板台车,并按前方的侧壁导坑开挖后进行二次衬砌,为减少其与出渣运输的干扰,采用仰拱栈桥跨过施工地段,以保证隧道底部的施工质量,从根本上消除隧底质量隐患,确保结构稳定。

仰拱和填充层施工超前,为拱墙衬砌模板台车作业提供条件,并有利于文明施工。在仰拱混凝土强度达到70%以上时,才可进行填充层混凝土施工,混凝土达到设计强度后方可直接在其上行车。

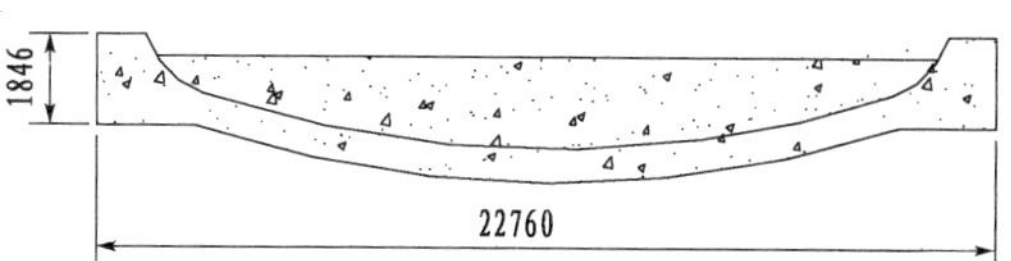

图1-69　导坑部分仰拱和矮边墙立面图(尺寸单位:mm)

施工中采用定型钢模板,插入式振捣器捣固,洒水养护,养护期不少于14d。

3)隧道拱墙衬砌施工

隧道拱墙衬砌根据量测情况在围岩和初期支护变形基本稳定后施作,基本稳定的条件是:隧道周边变形率明显趋于收敛;拱脚水平收敛小于0.2mm/d,拱顶下沉收敛速度小于0.15mm/d;施作二次衬砌前的累计位移值,已达极限相对位移值的80%以上;初期支护表面裂隙不再发展。一般地段衬砌距开挖面不超过120m,特殊条件下(如松散堆积体、浅埋地段)的二次衬砌应在初期支护完成后及时施作。

车站大跨隧道采用大型组合式衬砌台架作为模板支架体系,如图1-70所示。

模板台架,由于使用组合大模板,因此在拼装模板时,拱架必须准确定位后,再将模板牢固焊接在拱架上,模板从拱底往拱顶逐层拼装,对称进行,同时要注意模板接头平顺,接缝要严密。

施工中严格控制混凝土浇注速度。浇注速度由混凝土运输时间、模板变形、混凝土初凝时间等因素确定,同时在混凝土浇注过程中,进行模板台车或台架的变形观测,以确保混凝土浇注安全。

8.站内结构施工

其施工方法详见第一篇第三章。

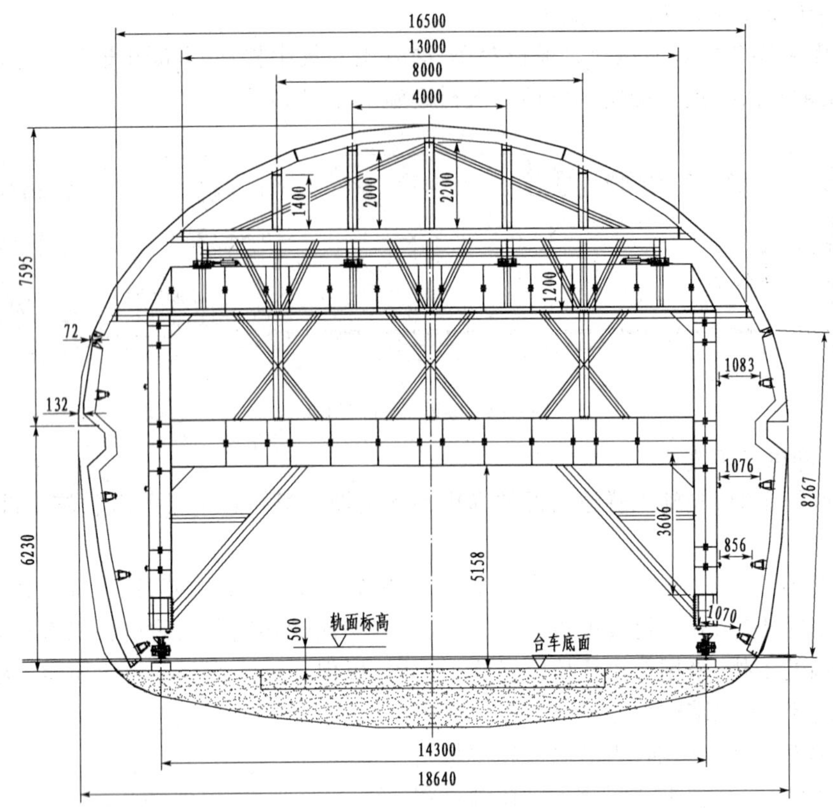

图1-70 车站隧道拱墙衬砌(尺寸单位:mm)

四、施工进度管理

1.进度计划和完成情况对比

合同工期要求:2010年7月5日开工,2011年9月30日全线必须达到铺轨要求,2011年12月31日土建部分全部完工。

实际工期:2010年7月1日平场车站车站主体工程施工,2011年12月25日土建部分全部完成,提前完成合同工期。

各分项工程实际进度与计划进度对比见表1-36。

各分项工程实际进度与计划进度对比　表1-36

项　目	开挖及初期支护		二次衬砌		备　注
	实际月进度	计划月进度	实际月进度	计划月进度	
车站主体	30m/月	30m/月	30/月	30m/月	
风道	30m/月	30m/月	30m/月	30m/月	
出入口	60m/月	80m/月	80m/月	80m/月	滞后
竖井	15m/月	15m/月	20m/月	15m/月	提前
站内结构			40d/段	45d/段	提前

2. 进度滞后或超前的主要原因分析

(1)本工程为“三边”工程，车站附属结构图纸严重滞后，延迟附属工程的前期组织施工；附属明挖工程受市政道路管线改迁影响，无法多点同时施工，进而影响部分附属明挖开工日期和施工进度。

(2)竖井二次衬砌和站内结构施工时，优化了施工方案，加大了施工人员和施工材料投入，进行多段多点同时施工，加快了施工进度。

五、质量管理得失及体会

(1)本项目点多面广，多个工作面同时开工，因为，如何控制钻爆区间、车站的超欠挖、后期二次衬砌混凝土消耗量，是项目的难点，项目测量组每循环都要进行断面测量和超欠挖控制，根据项目质量管理措施，断面平均超挖超过 5cm 将进行经济处罚，按照混凝土单价及方量赔款，在很大程度上促进了全面工作的积极性，很好地控制了超欠挖，为项目成本控制奠定了基础，值得学习推广。

(2)车站出入口浅埋段过街通道埋深仅 1.3 ~2.1m，上面为金山大道，交通量大，若在施工中造成金山大道交通受限，将对施工单位造成很大负面影响，项目组为此编制了专项施工方案，采取 CRD 法施工，超前预支护，优化支护参数，做到路面行车压力分散，加强监控量测，在确保质量、安全的条件下完成了过街通道施工，从而确保了项目工期，这与很好地执行质量管理是分不开的。

(3)车站安全出入口、无障碍电梯井、电缆井等小断面竖井，二次衬砌采用组合模板施工，模板安装、加固、振捣质量严重影响混凝土外观质量，通过模板错台控制，加固顶托方木加密，竖直度控制，确保了结构净空尺寸。

(4)对于车站及普通钻爆区间，做到内外保护层满足设计要求是无损检测中的一项重要指标，这被技术人员忽视了，如果不能很好地理解设计理念及钢筋混凝土受力机理，很容易造成混凝土表面龟裂，从而对钢筋混凝土抗氧化产生严重影响。

(5)车站及钻爆区间防排水不通畅是隧道的通病，尤其在富水隧道更为明显，要保证纵横排水管畅通，防水层焊接质量是防水的根本。采取排堵结合原则，以“排为主，堵为辅”是杜绝水害的有效措施，但往往在施工断面变化、交叉口等位置，无法保证防水板的焊接质量，而且抗渗混凝土在浇注过程中如振捣不密实，造成局部点渗漏水，进行堵漏是需要花费较大时间的，也浪费了物力、财力，且造成不良影响。

六、安全管理得失及体会

1. 安全管理措施

1)安全生产管理体系

本项目在开工后制订了安全生产管理目标、安全生产管理体系、安全生产管理制度、安全生产奖罚制度、安全责任目标阶段考核制度等。积极推行及落实“一岗双责”的管理模式，使每个员工参与安全管理，达到安全落实到人，分工明确，杜绝推诿现象。

2)员工培训教育

高度重视安全教育工作，对新进员工进行三级安全教育、安全交底，实行以老带新，在实际安全生产过程中，根据人员结构、工作内容，采取集中发放安全培训资料，集中讲解，播放安全视频，现场随机抽查询问等方式，由综合办公室进行登记建档，签订劳动合同，办理工作卡；同时对老员工、特种操作工进行思想教育，严格执行操作规程，并将各项资料分类、集中管理。

3）日常管理

专职安全员每天进行巡查，并做好相应的跟踪落实和记录，对检查中发现的问题隐患，通过现场口头、书面通知整改，对收到整改通知未落实整改或屡次违规违章的相关班组作业人员进行经济处罚或予以调离工作岗位。在安全生产过程中，仅仅依靠几个专职安全员是不够的，要真正做到全员参与安全生产管理任重而道远。

4）危险源管理

根据工作内容，组织进行危险源辨识，合理确定重大危险源，针对重大危险源和特点制订不同的预防和控制措施，对重大危险源编制应急预案，根据预案内容，备足应急物资、设备。现场施工危险区域或部位悬挂危险源等级标志牌、安全警示标志牌，现场由生产经理及专职安全人员进行过程监督管理控制。

2. 安全管理得失及体会

通过本项目安全管理，在执行规章制度时一定要严格，铁面无私，否则就是流血、流泪的教训。现场安全生产管理系统存在的不足是：管控意识、自觉性、主动性不够，相互协调配合不足。要记住安全管理是手段，落实是关键。时刻注重员工思想教育，做到警钟长鸣。

七、文明施工及环境保护

在轨道交通建设中，线路方向往往是与主交通干道平行或很近，在车站出入口、风井等位置不同程度存在管线改迁，应建立适当的安全区域，最好能在车站附属开工前全部改迁完毕；而本项目管线（电力、排污、雨水、电信、天然气）改迁工作严重滞后，是边施工边管线改迁，一旦出现管线破裂或断裂等突发事件，抢修困难，协调难度大，存在较大安全风险；同时也造成交叉施工，文明施工难度极大，投入人员较多。

第五章　施 工 总 结

重庆市城区具有坡高路陡、地形变化大、道路较窄,交通拥挤的特点。并且相比全国其他城市,重庆市的地质条件相对较好,因此,地铁车站一般采用暗挖法施工。

1. 施工组织及方案

(1)由于采用斜井通道或区间隧道组织施工具有施工速度快,安全可靠的特点,暗挖车站一般采用施工斜井通道组织施工或从区间隧道内进入车站组织施工。而竖井施工由于具有施工风险高、劳动效率低、投入大的特点,一般不采用。

(2)由于暗挖车站断面较大,均采用双侧壁导坑法施工。

(3)车站采用爆破法施工,无轨运输。爆破多采用控制弱爆破,在环境受限的情况下,还需要进一步采取减振措施。

(4)车站衬砌多采用全断面整体模板台车施工。由于技术进步,现在车站衬砌时,已经不再预留核心岩柱,仰拱在拱墙衬砌前,采用全断面或左右半幅施工。

2. 施工要点

(1)双侧导坑法开挖时的步距。双侧壁导坑左右导洞之间需要错开一定距离,不能小于15m。上导坑1步开挖完成后,才能开挖下导坑2、3步。

中部核心岩柱拱顶4步开挖可以在上导坑1步开挖时,跳段施工。挖一段、留一段,为后期拱顶4步开挖创造施工全面,减少安全风险。

(2)开挖与拱墙二衬之间的步距。开挖与拱墙二衬之间的距离控制在3~4倍台车长度为宜,不能大于40m,在地质条件较差时或在台车组装段,不宜大于25m。

(3)台车长度。暗挖车站台车长度以7.5m或9m为最佳。

(4)施工通风,一般采用大功率通风机、压入式通风。

(5)施工过程中,加强监控量测和围岩观察是动态施工过程中的重中之重,是保证施工安全的一项最重要工作,必须设专人负责。

3. 容易出现的质量问题

(1)开挖过程中,由于超挖,管理不严,喷射混凝土拱背有空洞,容易造成安全隐患。

(2)锚杆漏打或少打。

(3)初期支护拱架连接不牢,容易出现初期支护变形。

(4)防水板有漏洞,或容易被破坏,造成后期隧道内漏水,这是最常见的质量问题。

(5)拱墙衬砌时拱顶混凝土不满。

(6)施工缝不按设计和规范处理,造成后期隧道内漏水。

(7)预埋件少埋或漏埋。

4. 重大安全风险

(1)围岩不稳定,造成隧道内支护变形或地表沉陷。

(2)初期支护拱背有空洞,锚杆、临时支撑不按要求施工,导致初期支护变形。

(3)初期支护不及时,拱部掉块伤人或坍塌。

(4)开挖支护作业台架无防护栏杆,容易造成高空坠物伤人。

(5)施工用电不规范造成的伤害。

5. 对施工进度的影响因素

(1)因环境或社会条件影响,导致施工进度缓慢。

(2)出现安全或质量问题,导致误工。

(3)技术方案不足或管理有问题。

(4)隧道通风不良,影响施工进度。

6. 对工程成本影响较大的主要因素

(1)隧道超欠挖的控制。

(2)喷射混凝土的配合比、喷射混凝土回弹。

(3)临时支撑的倒用。

(4)站内结构施工用的钢管架脚、扣件、模板等周转材料的损耗。

(5)施工组织顺序不合理。

(6)施工进度太慢。

第六章　施 工 照 片

施工照片如图 1-71 ~ 图 1-93 所示。

图 1-71　临江门车站侧壁下导坑及临时支撑

图 1-72　临江门车站预留核心岩柱全断面衬砌

a)

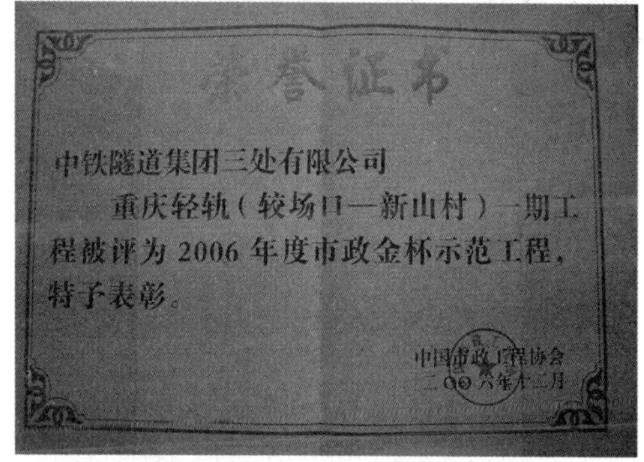

b)

图 1-73　临江门车站获得的荣誉

图 1-74　红土地施工加工场

图 1-75　红土地 TBM 过站

图 1-76　红土地拱墙衬砌施工

图 1-77　红土地双侧壁导坑开挖

图 1-78　大坪车站 1 步导坑初期支护

图 1-79　大坪车站会断面衬砌

图 1-80　沙坪坝车站 3 步导坑初期支护

图 1-81　沙坪坝车站超前大管棚施工

图 1-82 沙坪坝车站全断面衬砌

图 1-83 沙坪坝车站全断面衬砌效果

图 1-84 光电园车站拱墙牛腿钢筋施工

图 1-85 光电园车站拱墙防水檫施工

图 1-86 光电园车站全断面衬砌

图 1-87 光电园车站全断面衬砌效果

图 1-88　仰拱钢筋检查验收

图 1-89　中板端墙钢筋施工

图 1-90　中板轨顶风道施工

图 1-91　中板钢筋施工

图 1-92　方案专家评审

图 1-93　安全教育

第二篇 暗挖区间隧道钻爆法施工

第一章　总 体 概 述

中铁隧道集团三处有限公司从2000年开始,先后参与重庆轨道交通一号线、二号线、三号线、六号线、六号线支线等线路施工,每个标段均设有暗挖区间隧道,其中最短的区间隧道仅200m(部分,其余为其他标段施工),最长的为1 600m。这些暗挖区间隧道具有一些相同的特点,同时,也各有独特之处。

一、共同点

(1)工程量大,辅助导坑少。各标段区间隧道,除少数区间隧道外,其他区间隧道长度均较长,但施工中受场地条件限制,施工辅助导坑均只设置一个,利用施工通道或竖井进行开挖衬砌作业,施工进度指标相对较高,工期压力大。

(2)隧道埋深小,地质条件差。重庆暗挖隧道的工程地质一般为砂质泥岩、泥质砂岩,或两者互层,但均属于软弱围岩,成洞性能较差,少数浅埋隧道穿越土层,围岩基本无自稳能力。隧道的埋深不一,部分属于浅埋隧道。

(3)周边环境复杂,外部条件对施工影响大。暗挖区间隧道正线沿线地面大部分分布有居民楼、商住楼、厂房等建(构)筑物,少数跨越或临近既有隧道施工,而且多数隧道属浅埋隧道,施工对周边建(构)筑物影响较大,施工风险较大。

(4)隧道断面形式多,断面转换频繁。暗挖区间隧道有的属单洞单线隧道,有的属单洞多线隧道,设计断面形式多样,最多的单个区间隧道达到8种断面,根据断面形式的不同,采用不同的施工方法,施工中工序转换频繁,施工过程中严重影响施工进度。

二、不同点

(1)环境不同。周边环境复杂,每个区间周边的环境又都各不相同,需要在施工过程中关注的重点也不一样。有些要重点关注爆破的影响,有些要重点关注地表和既有筑物的变形,还有一些要重点关注区间隧道与既有环境的相互影响等。因此,在施工时,需要根据不同的环境,有针对性地选择施工组织和施工工艺。

(2)地质不同。每个区间所处位置不一样,使得每个车站的地质状况差异较大,因此,就造成了设计和施工也不一样。需要有针对性地选择施工组织和施工工艺。

(3)合同要求及设计不同。每个标段都具有各自的特殊性,因此每个标段的设计和合同要求均不完全相同,这也决定了每个标段施工的组织、方案不能全部相同。

总体来讲,重庆地区暗挖区间隧道具有断面多、埋深小、地质条件差、周边环境复杂等特点。在施工过程中,需要根据各自工程的特殊性以及业主的履约目标,有针对性地进行工程的组织和施工。

第二章　总体施工组织

由于重庆地区暗挖钻爆法区间隧道具有断面形式多、埋深大小不一、地质条件差等特点，因此，钻爆法区间隧道开挖支护大断面选用CRD法、双侧壁导坑法，小断面选用台阶法或全断面法。但是，由于区间隧道断面高度在6～16m，而双侧壁导坑法同车站开挖支护施工一般都需要2个以上标高的工作面，因此采用平行、顺序施工。

在重庆地区，常用的施工组织方案有以下三种：

(1)第一种方案。利用明暗交界位置，通过隧道洞口进入区间隧道的组织方案。

利用该组织方案进行施工有代表性的是重庆轨道交通二号线临江门站至黄花园站区间隧道，区间隧道利用黄花园站端高架桥与隧道连接段路基进入施工，三号线建新坡隧道同样采用隧道与高架桥段路基进入区间隧道施工。

(2)第二种方案。利用一个施工斜井通道进入区间隧道的组织方案。

利用一个施工斜井通道，进入区间隧道底板标高。这种组织方案在重庆片区暗挖车站的组织方案中最常使用。

(3)第三种方案。利用车站的端头进入隧道施工的组织方案。

区间隧道无有利施工条件，通过车站隧道底部进入区间隧道施工。

重庆轨道交通一号线7标大坪站先施工，通过车站的快速施工，车站施工到车站端头底部进入区间隧道组织施工。

以上三种施工组织方案是中铁隧道集团三处有限公司在重庆片区曾经采用过的施工组织方式。

三种施工组织方案比较见表2-1。

施工组织方案对比　　表2-1

序号	组织方案	安全性	对工期的影响	经济性	使用频率	其他问题描述
1	区间隧道洞口	安全性高	能快速施工	投入低	较少	受线路设计和地形的客观条件限制，使用频率少
2	斜井进入区间隧道	安全性高	能快速施工	投入高	高	由于投入较高，业主对主通道断面有限制，一般采用单车道，一定距离设错车道，对洞内交通运输影响较大
3	车站端头进入区间	安全性低	施工速度较慢	投入高	较少	安全风险高，施工速度慢

第一种方案，直接进入正线施工，是最优的一种施工组织方案，但受线路设计和地形等客观条件限制，不常采用，有高架桥的区间才有条件使用。

第二种方案，是一种较优的施工组织方案。但由于需要增加一个斜井通道，业主对斜井通道的断面大小、长度等都有一定限制，对洞内交通运输影响较大。

第三种方案，由于工期、安全和投入的原因，业主和施工单位都不主张采用，只有在特殊情况或在车站端头具备进入区间隧道，且区间隧道较短时才采用。

第三章　施工方案、工艺和方法

第一节　区间隧道开挖支护施工

一、隧道开挖

根据开挖断面大小、围岩情况，区间隧道、施工通道开挖支护分别采用全断面法、上下台阶法、CRD法、双侧壁导坑法。开挖方式采用钻爆法、非爆破开挖法。钻爆法采用手持风动凿钻岩钻机钻眼，非电毫秒雷管控制爆破技术，严格控制爆破装药量和每循环进尺，挖掘机配合自卸汽车出渣。非爆破开挖法采用水磨钻机周边全环钻孔取芯、核心静态破碎剂预裂法施工。CRD法、双侧壁导坑法施工顺序如图2-1、图2-2所示。

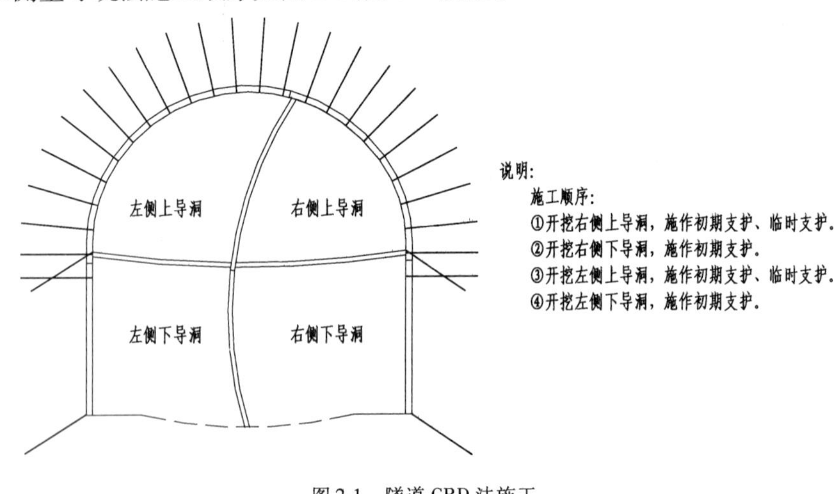

图2-1　隧道CRD法施工

二、初期支护

(一)超前小导管施工

区间Ⅳ级围岩破碎地段采用$\phi42$超前小导管加固地层，以确保周边建筑物、地下管线的安全。

1.施工步骤

超前小导管施工步骤为：

画出小导管位置→钻眼→插入小导管→掌子面封闭→连接注浆管→堵塞孔口空隙→注浆→关闭导管口、拆除注浆系统

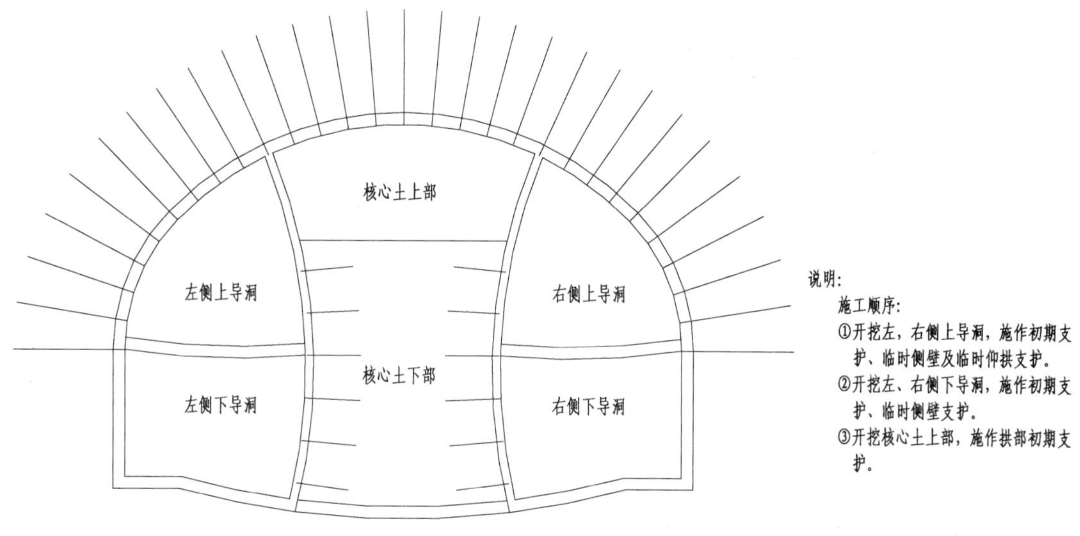

图 2-2 隧道双侧壁导坑法施工

2. 施工工艺

超前小导管采用外径 42mm、壁厚 4mm 的热轧无缝钢管制作，单根长度 4. 0m，管口段 0. 5m不开孔，其余部分按 15cm 间距交错设置注浆孔，孔径 6mm，管头应做一加筋箍，如图 2-3 所示。

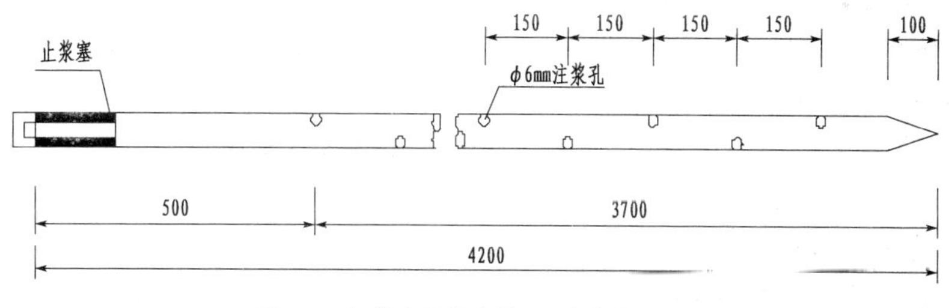

图 2-3 超前小导管大样(尺寸单位:mm)

超前小导管环向间距 40cm，纵向间距 2. 0m，纵向搭接长度不小于 1m，支护范围为拱顶 120°之内。注浆材料采用 M30 水泥砂浆，水灰比为 1 ∶ 1，注浆压力初压为 0. 5 ~ 1MPa，终压适当加大。超前小导管施工工艺流程如图 2-4 所示。

3. 施工方法

采用风钻钻孔，钻孔直径为 48mm，深度比导管插入长度大 2 ~ 3cm。用人工锤击的方法将导管打入，个别不能打入的用风钻采用特制钻杆将小导管顶入，注浆泵注浆。

(1)施工准备。每一循环初期支护完成后，喷 4cm 厚素混凝土将开挖面进行封闭，作为小导管注浆的止浆墙。

(2)测量放线。按照设计要求，在掌子面上准确画出需施作的小导管的孔位，用红油漆

标示。

(3)钻孔。利用多功能台架,用风动凿岩钻机钻孔,钻孔位置、深度要准确。

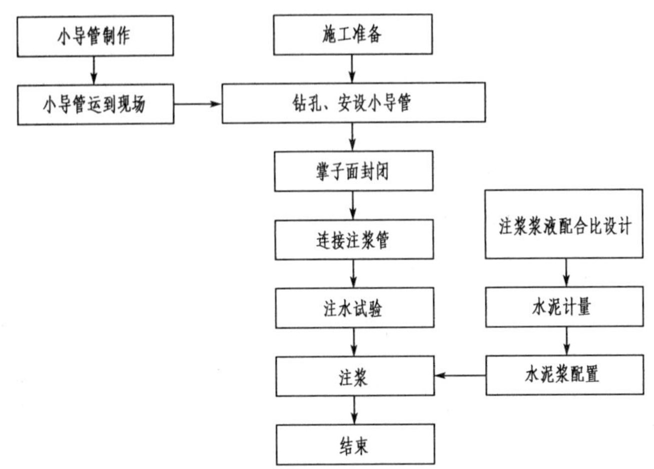

图2-4　超前小导管施工工艺流程

(4)小导管制作及安装。小导管采用 ϕ42 热轧无缝钢管,钢管管壁上钻小孔,以便于浆液向围岩注入。钢管末端部焊设挡圈,并用胶泥麻筋缠箍成楔形,以便钢管顶进孔后,其外壁与孔岩壁间隙堵塞严密。

钢管由专用顶头顶进,顶进长度大于或等于 90% 管长。钢管尾部外露足够长度,并与钢拱架焊接在一起。钢管顶进时,应使管口不受损变形,以便与注浆管路连接。

(5)孔口处理。孔口用胶泥麻筋堵塞严密,防止注浆时浆液外溢。

(6)注浆。根据设计配合比配制 M30 水泥砂浆。注浆初压控制在 0.3 ~ 0.8MPa,终压控制在 0.6 ~ 1.0MPa。在注浆过程中,浆液应严格按配合比配制并不断搅动。注浆前导管孔口应达到密闭标准,以防漏浆。注浆结束后,将管口封堵,以防浆液倒流管外。

(7)注浆效果检查。注浆结束后,进行注浆效果检查,对于不合格孔位,应重新埋设钢管补充注浆。

4. 施工主要技术措施

(1)按设计图要求,在掌子面上准确画出小导管的孔位位置,孔位应在钢拱架的外侧。

(2)钻孔。采用风动凿岩钻机钻孔,成孔直径为 ϕ48。

(3)钢管插入及孔口密封处理。钢管由专用顶头顶进,顶进钻孔长度大于或等于 90% 管长。管壁上钻小孔,以便浆液向围岩内压浆。钢管末端焊设加强钢圈,并用胶泥麻筋缠箍成楔形,以便钢管顶进孔后,其外壁与孔岩壁间隙堵塞严密。钢管尾部外露足够长度,并与格栅钢拱架焊接在一起。钢管顶进时,注意保护管口不受损、变形,以便与注浆管路连接。

(4)注浆按设计的水泥浆实施,施工中通过试验,并参考单液浆注浆的控制范围,适当调整单液浆的稠度、注浆的实际配比。

(5)注浆。每根钢插管均需注浆,注浆压力控制在 0.5 ~ 1.0MPa。在注浆过程中,浆液应严格按配合比控制并不断搅动。

(6)注浆时应做好记录,并根据压力状况和跑浆情况确定终孔时间。

(二)格栅钢拱架施作

1. 制作安装方法

(1)格栅钢拱架在工地加工场内加工,将场地平整后,平铺钢板,制成固定模具。

(2)焊制好的格栅钢拱架使用前,应在加工场内将整个隧道轮廓各节拱架进行整体试拼,以检查连接部位是否吻合,加工误差符合相关规范要求的才运到工地安装。钢拱架加工与安设误差要求见表2-2。

钢拱架加工与安设误差要求 表2-2

加工允许误差	矢　高	弧　长	—
	+20mm, -0mm	+20mm, -0mm	—
拼装允许误差	宽度	高度	扭曲度
	±20mm	±30mm	20mm
安设允许误差	与线路中线位置	两榀钢拱架间距	垂直度
	±30mm	±100mm	5‰

(3)每榀钢拱架安装前,要准确定出拱架安装的中线、标高及拱脚设计位置。

(4)拱架安装时,由人工借助机具进行架立就位,拱脚必须架立在坚固的基座上,用短钢筋将拱架在锚杆上焊牢。

(5)焊接纵向连接筋:用 $\phi25$ 螺纹钢筋按设计间距将各榀格栅焊接成整体。

2. 主要技术措施

(1)初喷混凝土时,施作系统锚杆后,应立即安设格栅钢拱架。

(2)钢材质量和接头位置必须符合相关规范和设计要求。

(3)加工好的格栅钢拱架必须经过检查、验收,确保每榀钢拱架无漏焊、假焊。验收合格的格栅应分类堆码,并做好标示。

(4)为保证钢拱架的稳定和整体受力,要设置纵向连接钢筋。连接钢筋为 $\phi25$ 钢筋,环向间距1.0m,与钢拱架的连接点及已施工相邻拱架连接钢筋应焊接牢固。

(5)在初期支护形成"闭合"结构前,为减少初期支护下沉量,每个台阶安装钢拱架时,均应在其基底设一块"托板",形成牢固基座,以增大受力面积,减少下沉量。

(6)格栅钢拱架应与岩面楔紧,在初喷混凝土2~3cm后进行,并与壁面楔紧,每榀格栅节点及相邻格栅纵向,必须分别连接牢固。

(7)应由两侧拱脚向上对称喷射混凝土,并将钢拱架覆盖。

(三)锚杆施工

系统锚杆一般分为 $\phi25$ 普通中空注浆锚杆、$\phi22$ 砂浆锚杆等几种类型。

1. 中空注浆锚杆施工

1)施工工艺

$\phi25$ 中空注浆锚杆施工工艺流程如图2-5所示。

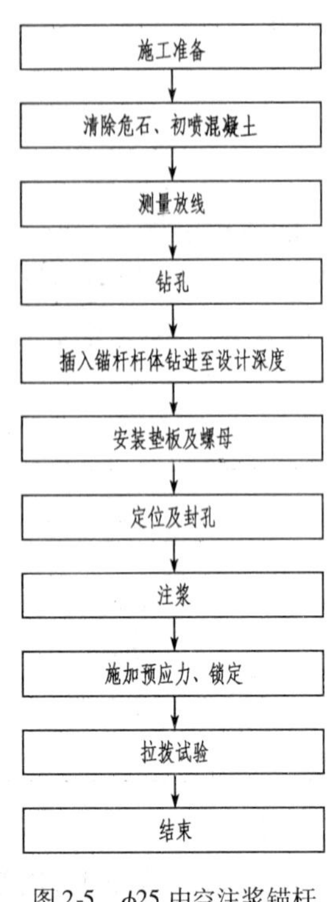

图 2-5　ϕ25 中空注浆锚杆施工工艺流程

2)施工方法及措施

(1)施工方法。

①施工准备及测量放线。开挖断面检查合格后,测量组按设计要求在岩面上画出本循环锚杆孔位,用红油漆标示。

②风钻钻孔。利用多功能台架,采用人工手持风钻造孔。钻孔技术要求:开口偏差小于 5cm;方向偏差小于 2%;孔深比锚杆插入部分长 5cm。

③杆体插入。孔位经检查验收合格后,将锚杆慢慢顶入距孔 3 ~5cm 处。杆体插入后,及时将孔口用水泥砂浆或其他堵塞物堵塞严密,并设置排气孔。安装垫板及螺母固定杆体。

④锚杆注浆。注浆材料采用 M30 号水泥砂浆,注浆压力调整在 10MPa 以上,使浆液慢慢注入,当排气孔有浆液流出时,关闭排气孔,稳压注入 3 ~5min 后停止注浆。

(2)主要施工技术措施。

①开挖后,立即检查围岩面,进行初喷混凝土,及时施作锚杆。

②锚杆原材料规格、长度、直径应符合设计要求,锚杆杆体不能有油污或其他不符合相关规范要求的缺陷。锚杆孔位、孔深及布置形式应符合设计要求,注浆浆液配合比严格按设计及相关规范要求施作。

③锚杆钻孔应严格按设计要求定出孔口位置,孔位偏差为 +150mm,孔深偏差为 +50mm,钻孔应与岩石里面垂直,钻孔深度及直径应与杆体相匹配。

④锚杆杆体插入锚杆孔时,应保持位置居中,杆体露出的长度不应大于喷层厚度,锚杆垫板与孔口混凝土应密贴,随时检查锚杆头的变形情况。

⑤锚杆应进行拉拔试验,同一批锚杆,每 100 根应取一组试件,每组 3 根,最低值不应小于设计锚固力的 90%。

2. 砂浆锚杆施工

1)施工工艺

ϕ22 砂浆锚杆施工工艺如图 2-6 所示。

2)施工技术措施

孔径要与锚杆直径相匹配,锚杆孔径应大于设计的锚杆直径 15mm;孔深比锚杆稍长一些;孔向应按设计方向钻进,垂直于岩面;锚杆规格、长度、直径应符合设计要求,锚杆杆体应除锈、除油。

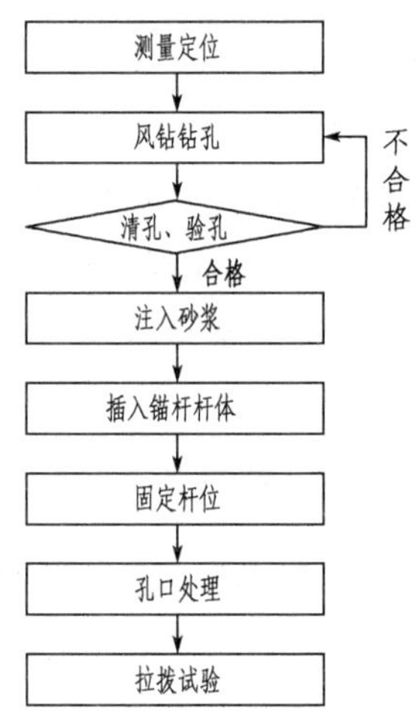

图 2-6　砂浆锚杆施工工艺流程

(四)钢筋网施工

钢筋网采用 ϕ6.5 钢筋制作,钢筋网格间距为 20cm × 20cm,钢筋需调直除锈,按规定长度下料、安装、绑扎、焊接。

钢筋网在洞外进行加工,网片尺寸以方便安装为原则,在洞内由人工进行网片拼装。钢筋必须安装顺直,紧贴初喷混凝土表面,钢筋网表面保护层厚度不小于 2cm。钢筋网的铺设应在第一次喷射混凝土和锚杆施工后进行,并固结在锚杆端头上,与钢拱架连接牢固。网片间搭接长度不小于 20cm。

(五)喷射混凝土施工

1. 施工工艺

采用湿喷法喷射混凝土,其施工工艺流程如图 2-7 所示。

2. 施工方法及主要技术措施

1)施工方法

(1)前期准备。喷射混凝土施工前,喷射机安装调试好后,先通水,再通风,清理通风筒及管路,同时用高压风(或高压水)将待喷面上松散杂质和尘埃吹(或洗)净。

(2)混凝土配制。按照喷射混凝土的配合比要求,水泥与集料重量比取 1:4 ~1:4.5,砂率 45% ~55%,水灰比 0.4 ~0.5,速凝剂掺量通过试验确定。

按照设计配合比制作混凝土拌和料,需经检验合格,才能进场使用,混凝土料在现场配制。

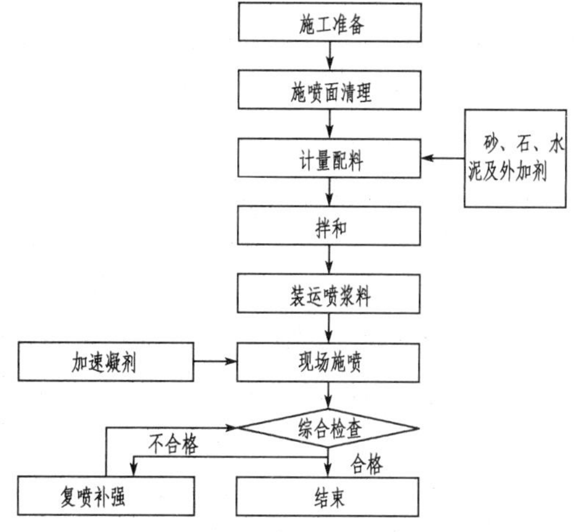

图 2-7 喷射混凝土施工工艺流程

(3)现场施喷。混凝土拌和好以后,利用铲车或小型机动车将拌和料转运到洞内施喷面,施喷前,加入一定量的速凝剂,以调节混凝土凝固时间。

利用已取得成功经验的 TK-961 改进型转子活塞式混凝土湿喷机及空气压缩机、喷射机械手等一套良好的施工设备喷射混凝土,以确保喷混凝土质量,并减少回弹,改善施工环境。采用强制式搅拌机搅拌混凝土,集料采用配料机自动计量,混凝土搅拌运输车运输。

混凝土喷射过程中,应连续上料,保持机筒内料满,以便始终保持喷嘴处的料流量一致,同时在料斗口上设一 12mm 筛网,以免超径集料进入机内。

喷射部位按顺序,分段、分片进行,先墙后拱,自下而上横过岩面使喷嘴稳定而系统地作圆形或椭圆形移动,且一次喷射厚度不超过 7cm。喷射混凝土时,先将喷面凹处喷平。

(4)检查验收。

①喷射混凝土配合比应符合设计要求。

②喷射混凝土应密实,接茬严密,不得有空鼓和露筋。

③喷射混凝土前,必须把净空内泥土清除干净。

④喷射混凝土要求平整,允许偏差为 3cm。

⑤掌子面如 1d 以上未能开挖,则必须喷射混凝土进行封闭。

⑥喷射混凝土作业应紧跟开挖工作面,分片依次自下而上进行,并先喷钢筋格栅与壁面间混凝土,然后再喷两钢筋格栅之间混凝土。

⑦分层喷射时，应在前一层混凝土终凝后进行，如终凝 1h 后再喷射，则应清洗喷层表面。

⑧喷射作业完成后，应及时进行喷水养护，养护时间不少于 7d。

2）主要技术措施

（1）喷射混凝土集料要求：粗集料，粒径不大于 15mm；细集料，采用中砂或粗砂，细度模数大于 2.5，含水率 5% ~7% 。

（2）隧道开挖后，应立即对岩面初喷混凝土，以防岩体发生松弛。喷射混凝土前，应设置控制喷混凝土厚度的标志。

（3）喷射前处理危石，检查开挖断面净空尺寸。在特殊地段，设专人随时观察围岩变化情况，当受喷面有涌水、淋水、集中出水点时，先进行引排水处理。

（4）加强喷射机组的日常检查和保养工作，经常检查供电线路、设备和管路，使设备机况良好，不致中途中断喷射作业。

（5）按施工前试验所取得的方法与条件进行喷射混凝土作业，在喷射混凝土达到初凝后方能喷射下一层，每层喷射混凝土厚度以 50mm 左右为宜。

（6）喷射作业按照分段、分片，由上而下，从里到外的顺序进行，有较大凹洼处，先喷射填平。有格栅拱架的，先喷满拱架与岩面的空隙。喷嘴与受喷面应保持垂直，距受喷面 0.6 ~ 1.0m。掌握好风压，减少回弹和粉尘，工作风压为 0.4 ~0.5MPa。

（7）施工中应经常检查出料弯头、输料管和管路接头。处理故障时，断电、停风。发现堵管时应立即停止进料，并视故障情况立即处理。

（8）新喷射的混凝土应按规定进行养护，如果相对湿度大于 85%，可自然养护，否则需洒水进行养护。

（9）喷射混凝土的回填物不得重复利用。

第二节　区间隧道衬砌施工

暗挖区间隧道衬砌分仰拱及回填、矮边墙、拱墙三部分施工。根据断面设计情况，拱墙衬砌采用模板台车或满堂红脚手架 + 钢拱架 + 组合钢模板体系施工，台车循环施工长度为 9 ~ 12m，组合模板循环施工长度为 12m。区间拱墙衬砌如图 2-8 ~ 图 2-10 所示。

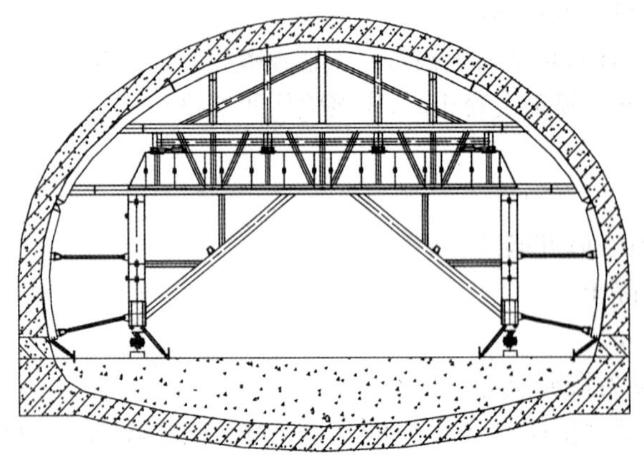

图 2-8　区间单洞双线（三线）拱墙台车衬砌

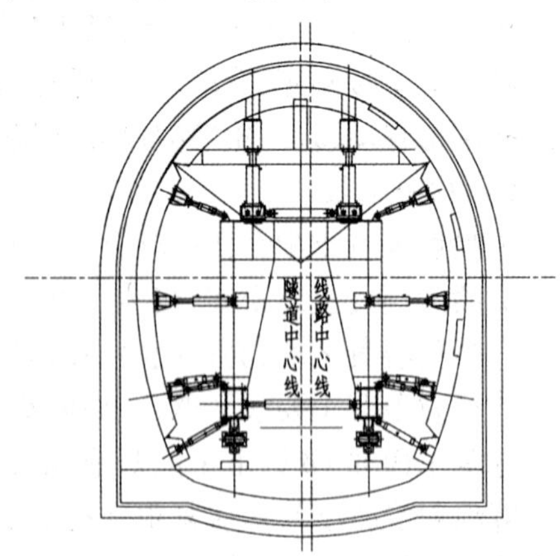

图 2-9　区间单洞单线断面台车衬砌

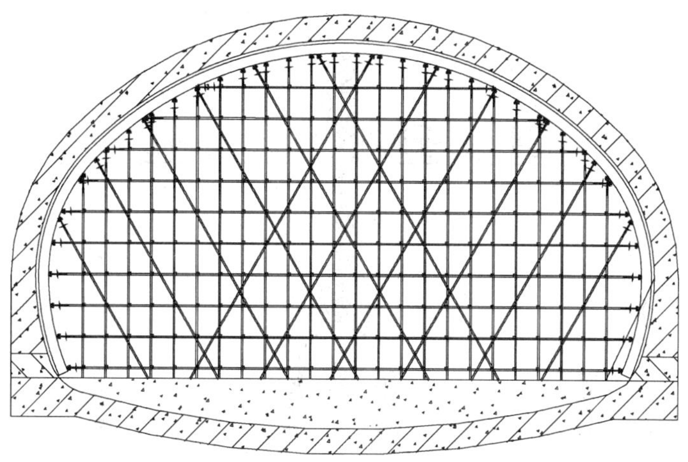

图 2-10　区间满堂脚手架 + 组合钢模板体系衬砌

第三节　区间隧道防水施工

暗挖隧道 ECB 复合式防水板分仰拱(底板)、拱墙两部分进行。防水层施工时,先施作排水系统,控制好纵向排水管坡度。防水板铺设采用无钉铺设工艺,吊带固定。防水板长度方向接缝采用双缝爬合焊,铺设后须经充气检测合格。幅宽方向利用卷材自粘性粘接,搭接长度均不小于 10cm,最后在接缝上施作配套双面粘丁基橡胶密封带,接缝牢固,无渗漏水现象。仰拱(底板)防水层施工完毕,应及时浇筑细石混凝土保护层。

第四节　区间隧道中隔墙施工

区间单洞双线隧道中隔墙为二次结构,在二衬浇筑完成后进行。中隔墙竖向钢筋采用植筋方式与仰拱、拱顶二衬连接。

根据区间断面及中隔墙设计情况,中隔墙混凝土采用 9m 特制模板台车和满堂脚手架 + 组合模板两种方式施工。满堂脚手架 + 组合模板方式采用 ϕ48 钢管搭满堂脚手架,组合式模板支架施工,模板加固时,主要靠脚手架与中隔墙内壁间的作用力和拉杆对拉力来支持加固,循环长度 20m 左右。组合模板法施工中隔墙如图 2-11 所示。模板台车施工中隔墙分两步进行,先施工矮边墙以便台车定位,再施作墙体衬砌,矮边墙采用标准钢模。台车施工中隔墙如图 2-12 所示。中隔墙均采用商品混凝土,搅拌运输车运送至工作面泵送入模,插入式振捣器捣固。

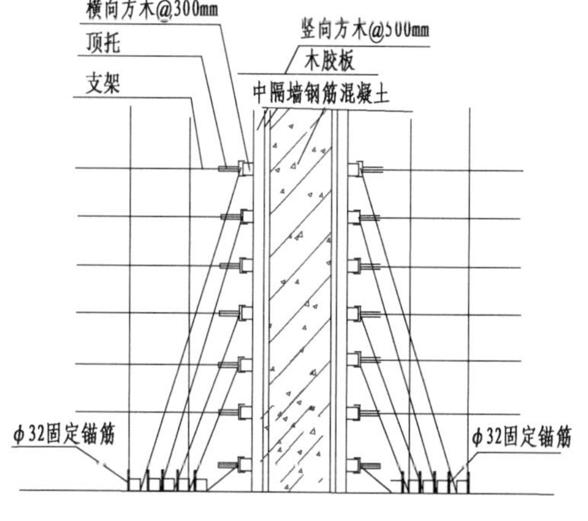

图 2-11　区间隧道中隔墙组合模板施工

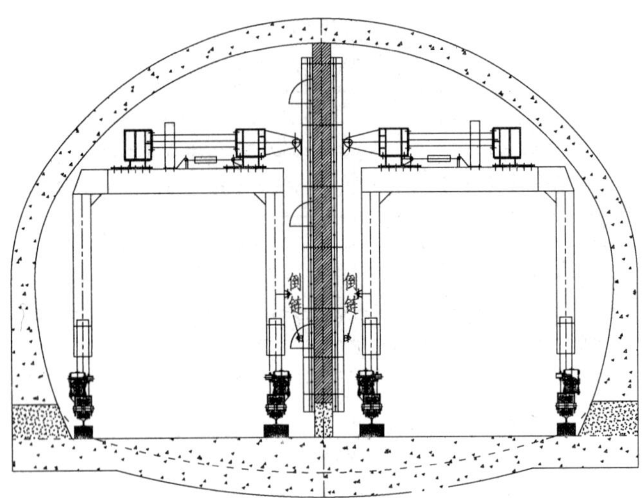

图 2-12　区间隧道中隔墙台车法施工

第四章　工程实例及评价

第一节　建新坡隧道三线大跨软弱围岩施工

一、工程概况

1. 工程位置及周边环境情况

重庆轨道交通三号线建新坡区间隧道在 SK9 + 254. 154 ~ SK9 + 421. 424 段为三线大跨软弱围岩段，位于建新坡隧道中部，与一号线两路口车站相接。其中 SK9 + 254. 154 ~ SK9 + 345. 224 段为Ⅳ级围岩 C 型断面，全长 91. 07m，开挖断面为 323. 96m^2；SK9 + 345. 224 ~ SK9 + 421. 424 段为Ⅴ级围岩 H 型断面，全长 76. 2m，开挖断面为 283. 4m^2。隧道拱顶埋深较小，只有 8. 5m 左右。

三线大跨隧道与周围建筑物的关系：

该段隧道上方及附近的主要建筑物有中邮宾馆、跳伞塔、体育场全民活动中心、体育场配套的相关房屋及设施，如图 2-13 所示。

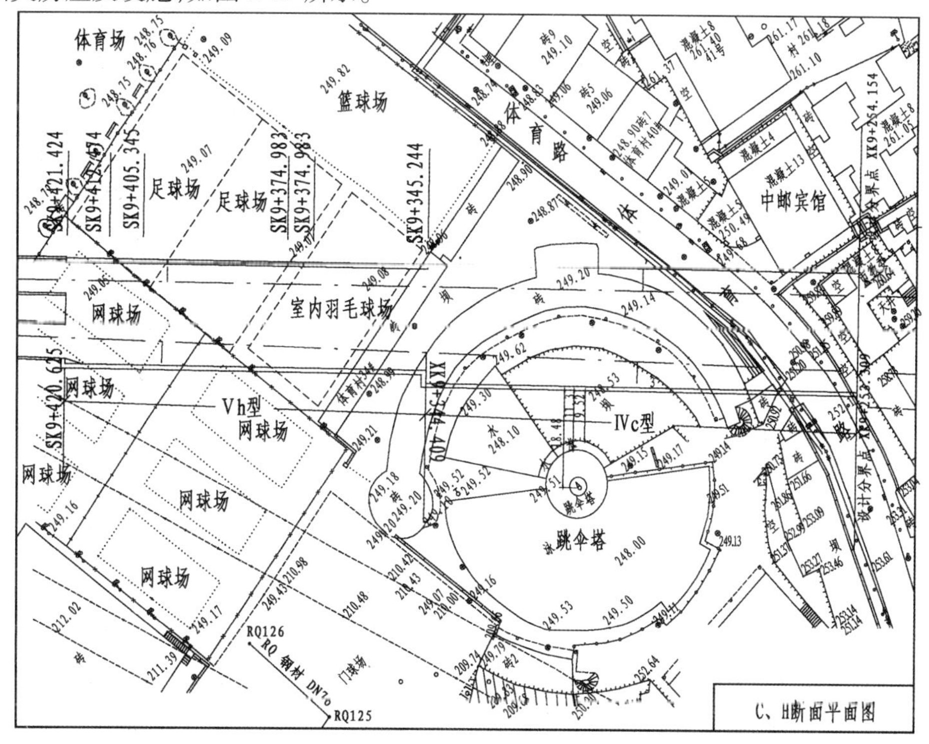

图 2-13　建新坡三线大跨段平面图

在里程 SK9 +272.7 左右的中邮宾馆有两根桩基位于隧道平面内，桩基基底距开挖轮廓线最小距离为 6m。

里程 SK9 +311.8 处，已被列为文物、墙面老化、剥落现象严重的跳伞塔距离隧道开挖边线水平距离为 9.2m。

2. 工程地质和水文地质

隧道埋深小，为 8.5m 左右，设计 C 型断面为Ⅳ级围岩，H 型断面为Ⅴ级围岩。主要以砂质泥岩为主，砂、泥岩互层，岩层近于水平，并且 H 型断面拱顶有 4 ~9m 厚的覆土（主要集中在 SK9 +369.477 ~ SK9 +412.474 段），拱顶岩层薄，成洞条件差，因此对 H 型断面段围岩作降级考虑。隧道工程地质情况如图 2-14 所示。

该段水文地质条件简单，主要为基岩裂隙水、大气降水、地表管网渗漏流水。

3. 设计概况

H 型断面采用排距 2.4m，环距 0.4m，长 5m 的 $\phi42$ 小导管进行超前支护，拱架采用Ⅰ25b 工字钢，排距 0.8m。临时支撑采用Ⅰ20b 工字钢。双层钢筋网，喷射 30cm 厚的 C20 混凝土。

C 型断面采用排距 2.4m，环距 0.4m，长 5m 的 $\phi42$ 小导管进行超前支护，拱架采用Ⅰ22b工字钢，排距 0.8m。临时支撑采用Ⅰ20b 工字钢。单层钢筋网，喷射 28cm 厚 C20 混凝土。

4. 工程特点及重难点

(1) 多工序对施工时间的影响。隧道断面尺寸较大，开挖分步较多，工序转换频繁，施工时间较长。

(2) 工程地质对隧道安全影响。隧道断面大、埋深小，约 8.5m，地质情况较差，砂、泥岩互层严重，拱顶容易坍塌。特别是 SK9 +369.477 ~ SK9 +412.474 段，拱顶回填土已侵入开挖净空（最厚为 1.3m），隧道成拱困难，施工过程中的安全危险性非常大。

(3) 周边建筑物安全保障。中邮宾馆桩基在隧道正上方 6m、跳伞塔距离隧道 9.2m。隧道施工对既有建筑物影响很大，不但易于引起结构开裂和变形，特别是爆破振速对既有建筑物结构的安全也会产生较大影响。

(4) 爆破对拱顶回填土层的影响。SK9 +369.477 ~ SK9 +412.474 拱顶为回填土，爆破震动容易造成拱顶坍塌，致使地面网球场下陷。

二、施工总体组织

三线大跨隧道的施工是从隧道洞口往洞内方向组织施工，由小断面往大断面扩挖工作面。

1. 施工组织机构

建新坡隧道工程采用项目法组织施工，工程开工时组建了重庆轻轨三号线建新坡隧道工程项目经理部。项目经理部设置经理 1 名，副经理 2 名和总工程师 1 名，下设五部 1 室。经理部下设 6 个作业班组，弃渣外运为专业分包。

施工组织机构如图 2-15 所示。

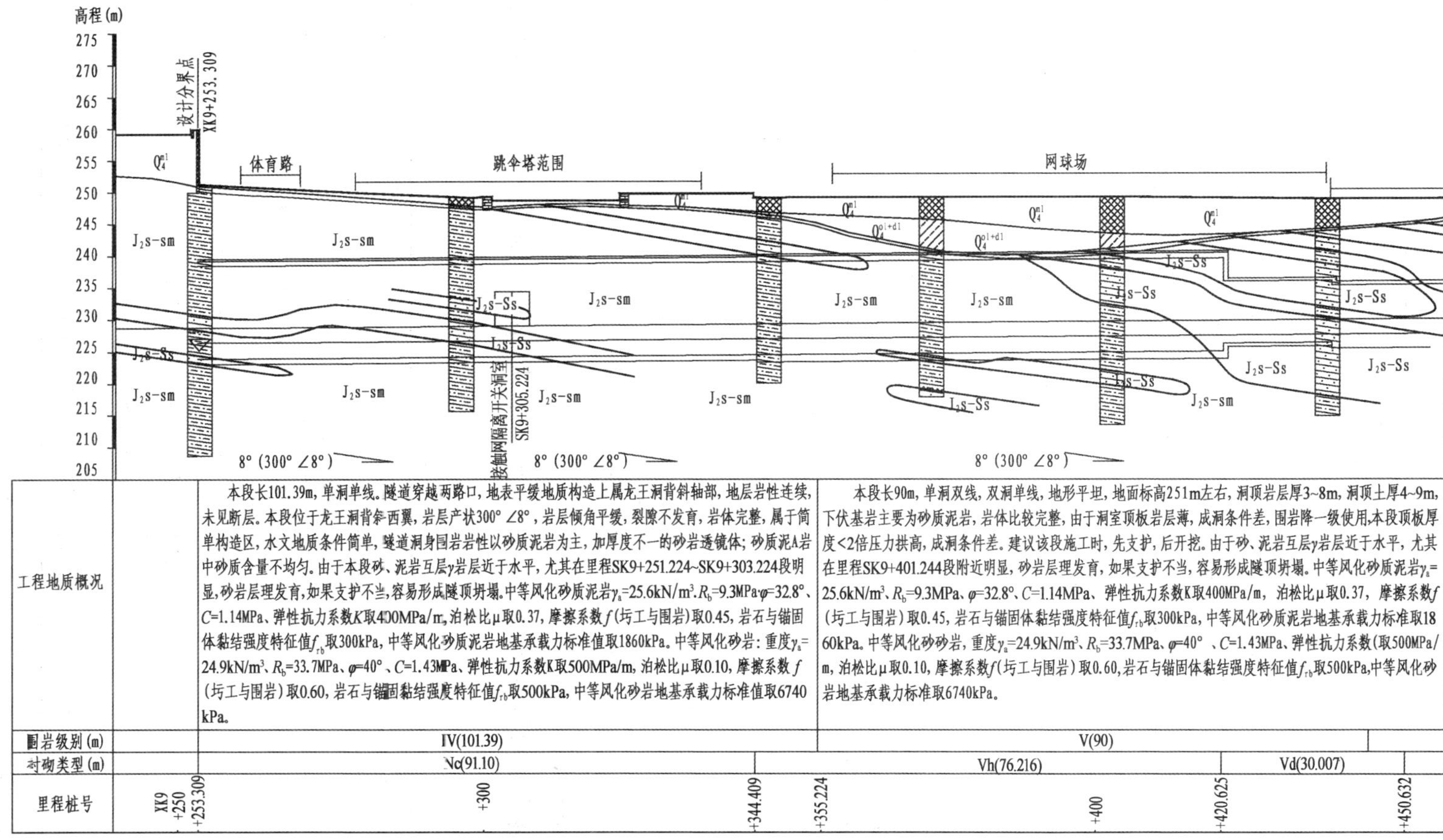

图2-14 建新坡三线大跨段工程地质纵断面

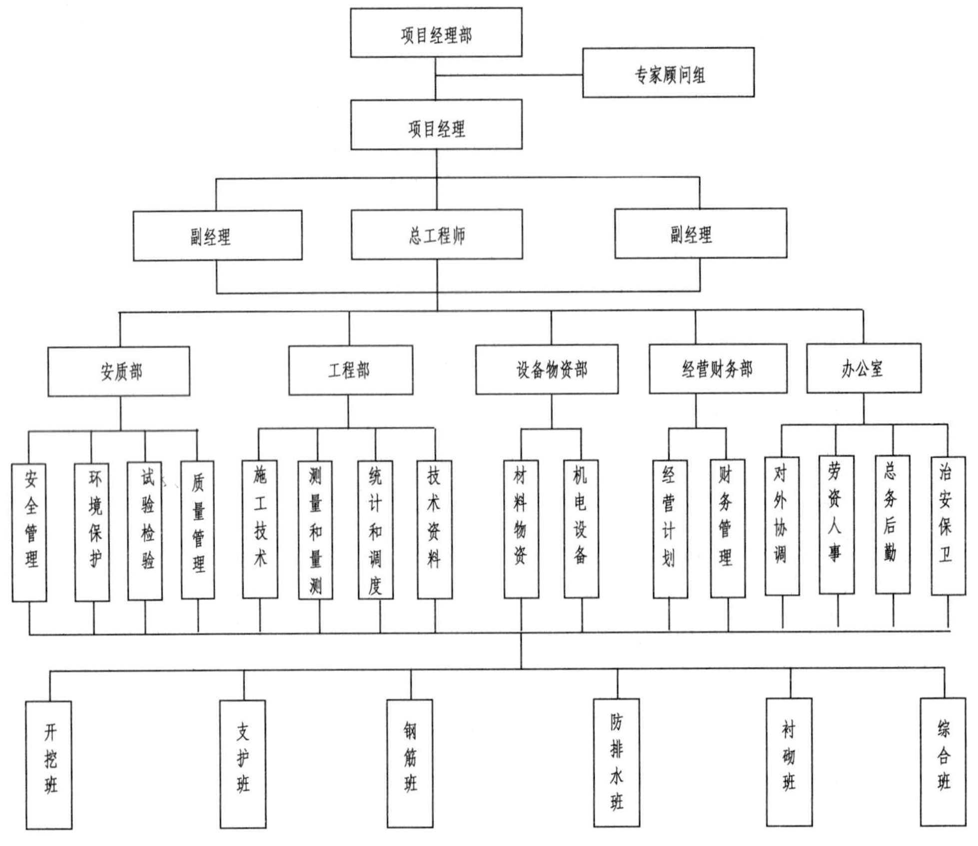

图2-15　现场施工组织机构

2. 资源配置

(1)班组设置。设置的班组主要有开挖班、支护班、钢筋班、防排水班、衬砌班及综合班。各个工班的主要工作内容见表2-3。

班组设置　　表2-3

序号	班组名称	任务内容	备注
1	开挖班	隧道开挖,支护过程中锚杆孔施工	
2	支护班	拱架、锚杆、钢筋网安装,喷射混凝土、注浆	
3	钢筋班	拱架、锚杆、钢筋网的制作,二衬钢筋制作安装	
4	防排水班	防水板铺设,排水管安装,施工缝、变形缝处理	
5	衬砌班	台车就位关模,混凝土浇注和养护	
6	综合班	现场文明施工,零星工程,材料转运,管路,配合其他班组施工	

(2)劳动力配置。劳动力配置见表2-4。

(3)主要机械设备配置。主要机械设备配置见表2-5。

劳动力配置　　表 2-4

班组名称	班组数	每班组人数	备注
开挖班	2	18	
支护班	2	12	
钢筋班	1	24	
防水班	1	6	
衬砌班	1	16	
综合班	1	12	

主要机械设备配置　　表 2-5

序号	设备名称	型号	数量	序号	设备名称	型号	数量
1	变压器	500kV·A	2	8	自卸汽车	18t	2
2	空压机	$26m^3$/min	2	9	钢筋加工设备		4
3	空压机	$12m^3$/min	1	10	风动凿岩钻机	YT-28	20
4	通风机	55kW	1	11	电焊机		6
5	挖掘机	$1.2m^3$/斗	1	12	发电机	250kW	1
6	装载机	ZLC-40	2	13	注浆泵	2TGZ-120	4
7	混凝土搅拌机	JS-350L	2				

3. 分包管理

建新坡隧道三线大跨采用工序承包形式进行管理。项目部管理人员、领工员、电工、技术员、汽车驾驶员、后勤人员为自有职工，其余工种为社会劳动力。

每月对班组进行安全、质量、进度考核。

三、总体方案及施工方法

1. 总体施工方案

建新坡隧道三线大跨段采用钻爆法施工，自卸汽车运输，压入式通风，商品混凝土，全断面模板台车浇注混凝土。

三线大跨隧道开挖支护采用双侧壁导坑法，全断面模板台车衬砌。

2. 三线大跨隧道总体施工顺序

首先从建新坡区间隧道 D 型断面（小间距隧道）左右线分别往三线大跨内进行扩挖，将三线大跨端头段扩挖出来。

然后，三线大跨隧道采用双侧壁导坑法开挖支护，全断面模板台车衬砌，其方案如图 2-16 所示。

3. 三线大跨隧道扩挖

三线大跨隧道由小断面（D 型断面、小间距隧道）往大断面（H 型断面）方向掘进。首先从小断面内往大断面内扩挖。其施工顺序见图 2-17、图 2-18。

三线大跨隧道扩挖主要顺序如下：

（1）小断面（D 型断面、小间距隧道）左、右线隧道分别采用上下台阶法开挖支护。

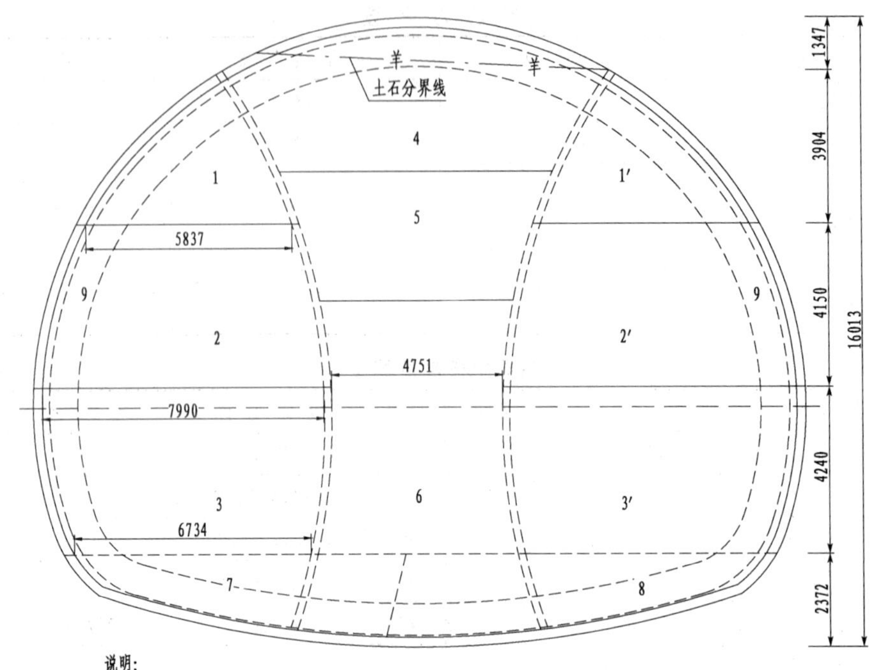

说明:

①施工顺序:

ⓐ1步（或1′ 步）开挖、初期支护及临时支护。

ⓑ2步（或2′ 步）开挖、初期支护及临时支护。

ⓒ3步（或3′ 步）开挖、初期支护及临时支护。

ⓓ4步（或4′ 步）开挖、初期支护及临时支护。

ⓔ拆除临时支撑、5、6步开挖。

ⓕ7、8步仰拱及矮边墙施工。

ⓖ9步拱墙钢筋砼施工。

②在开挖过程中，左侧壁坑1步、2步、3步与左侧壁坑1′ 步、2′ 步、3′ 步掌子面之间必须错开15m以上距离。

图 2-16　三线大跨隧道施工方案(尺寸单位:mm)

(2)小断面上台阶开挖支护到大小断面端装头后,往上逐步扩挖大断面(H 型断面)1 步,如图 2-18 中的 A 部分。

(3)大断面 1 步扩挖到设计拱顶标高后,继续往前开挖支护 1 步 5 ~ 8m。

(4)大断面中部核心土 4 步开挖支护,将大断面左右侧贯通。

(5)大断面左侧 1 步继续往前开挖支护,右侧返向扩挖图 2-18 中的 B 部分。

(6)大断面左、右侧 1 步继续往前开挖支护,左侧返向扩挖图 2-18 中的 B 部分及大断面 4 步。

(7)小断面、大断面左侧下台阶开挖支护。

(8)小断面、大断面右侧下台阶开挖支护。

(9)大断面核心土 6、8 步开挖。

4. 三线大跨隧道开挖支护

(1)隧道采用双侧壁导坑法开挖支护,其施工顺序如图 2-16 所示。

(2)为防止隧道开挖过程中拱顶回填土层坍塌并保持土层的稳定,将 1 步(1′步)开挖顶部标高尽量降低,以避开拱顶回填土层。

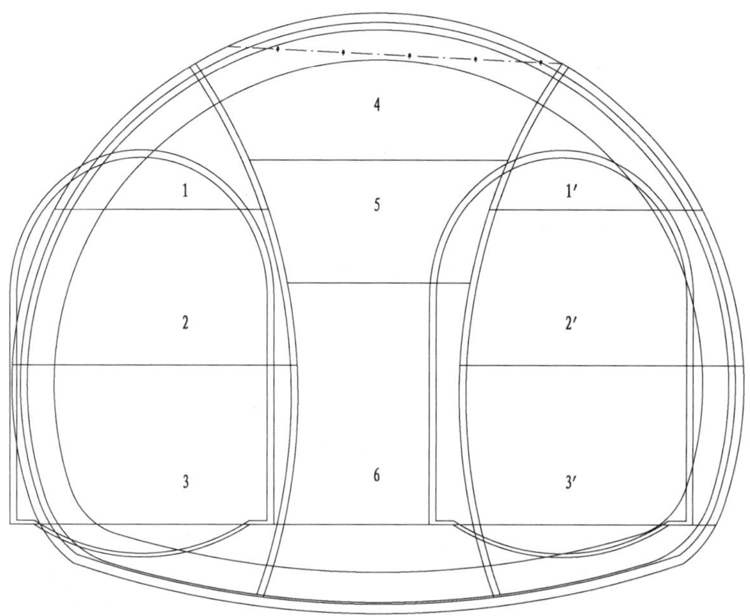

图 2-17　扩挖横断面

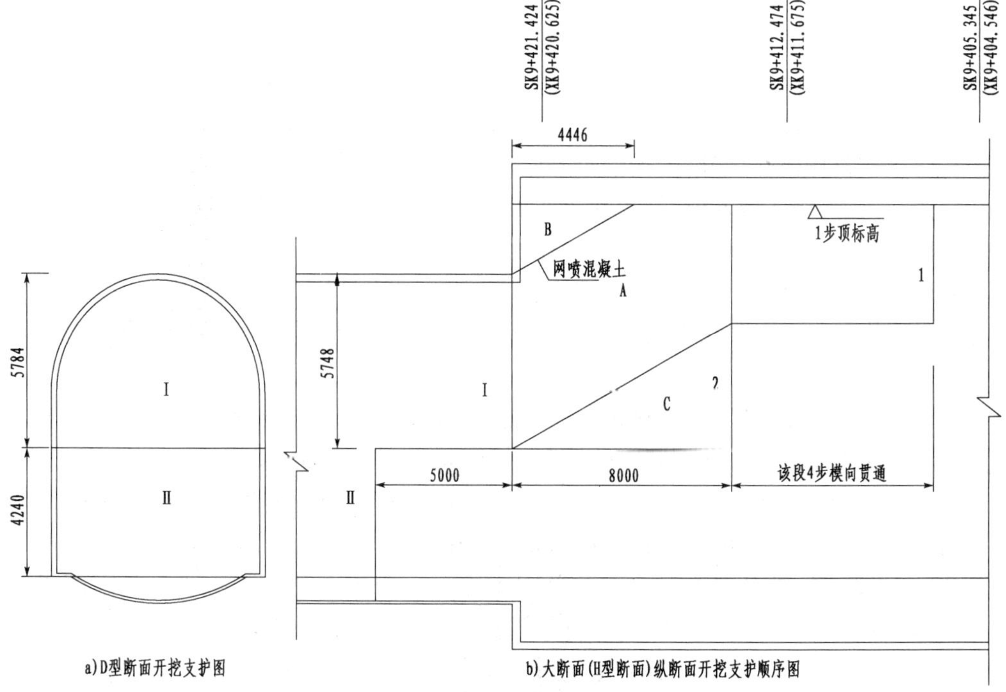

说明:

①D型断面开挖支护到D-H端墙。

②H型断面内A步抬头开挖8m到1步拱顶。

③H型断面内B步反挑开挖。

④H型断面内C步扩挖，形成侧壁导坑1步和2步。

⑤H型断面内，侧壁导坑1步、2步台阶开挖支护。

图 2-18　扩挖施工纵断面(尺寸单位:mm)

(3)为减少对拱顶回填土层扰动,确保隧道稳定,隧道1步开挖采用控制爆破,预留光爆层二次起爆。反铲、装载机装渣,自卸汽车运渣。

(4)为防止洞壁出现掉块,在开挖后,出渣之前,对开挖面及围岩面进行初喷,以稳定洞壁,确保安全。

(5)拱架随挖随支,同步跟进掌子面。

(6)由于隧道侧壁分为三个台阶开挖,上下台阶之间高度较低,因此横向钢支撑考虑随同下一个台阶工作面同步跟进,以解决横向支撑对装渣的影响。

(7)为稳定开挖过程中的洞壁,隧道每开挖2.4m进行一次超前小导管施工,加强隧道超前支护。

5. 三线大跨隧道爆破施工

为保证拱顶回填土稳定及周边建筑物安全,其余各分步均采用控制爆法施工,并严格控制爆破振速。

1)爆破器材的选择

根据微震爆破的特点及爆破部位的不同,选用不同的爆破器材。炸药采用乳化炸药,周边炮眼采用小药卷,直径ϕ25mm,其他炮眼采用标准药卷ϕ32mm。孔外采用电雷管起爆,连接件及孔内均采用非电毫秒微差雷管(1~15段)。导火索及导爆管均采用电雷管引爆,周边炮眼间隔装药采用传爆线传爆。

2)炮眼布置

(1)1步开挖炮眼布置。由于1步开挖断面小,只有掌子面为临空面,因此其炮眼装药量相对较大,为控制爆破振速,在1步周边打ϕ42孔进行减振,其炮眼布置如图2-19所示。

①掏槽形式及掏槽孔:爆破区掏槽眼采用ϕ42楔形掏槽孔。

②扩槽孔:在掏槽区域外侧,周边孔及底板孔之间,按70cm的间距布置扩槽孔。

③底板孔:在爆破区域底板上布置,炮孔间距75cm。

④周边孔:在爆破区域拱顶周边开挖轮廓线上,间隔布置装药孔及减振孔,装药孔之间的间距为45cm,装药孔与减振孔之间的间距为22.5cm。周边减振孔采用ϕ42小孔,与装药孔间隔布置。

⑤循环进尺及炮眼深度:隧道掘进每循环进尺1.6m。因此,掏槽眼深1.8m,扩槽眼、周边眼及底板眼孔深1.6m,减振孔比装药孔深20~30cm,节省施工循环时间。

⑥装药量:掏槽眼、扩槽眼单孔装药量按$q = kawL\lambda$(kg)计算,周边眼及底板眼由于布置了减振孔,装药量按公式计算后,再按70%~80%折减。各孔装药量见表2-6。

⑦爆破震动计算:按公式$Q_{m} = K'R^{3}(V/K)^{3/a}$进行计算,周边建筑物爆破振动速度以《爆破安全规程》(GB 6722—2003)的要求先进行试爆。并根据实测振速调整爆破参数。

⑧对三线大跨隧道段,所有的第1(1′)步开挖均在开挖轮廓线上打设ϕ42减振孔,进行控制减振弱爆破,减少对周边既有建筑物的影响。

(2)2、3步开挖炮眼布置。1步开挖之后,2、3步开挖,有了多余临空面,因此其炮眼间距可以适当加大,炮孔深度也可以加深。其炮眼布置如图2-19所示。

①2、3步开挖采用抬炮形式爆破,首先爆破开挖中部核心土部分,预留周边光爆层,如图2-19所示。

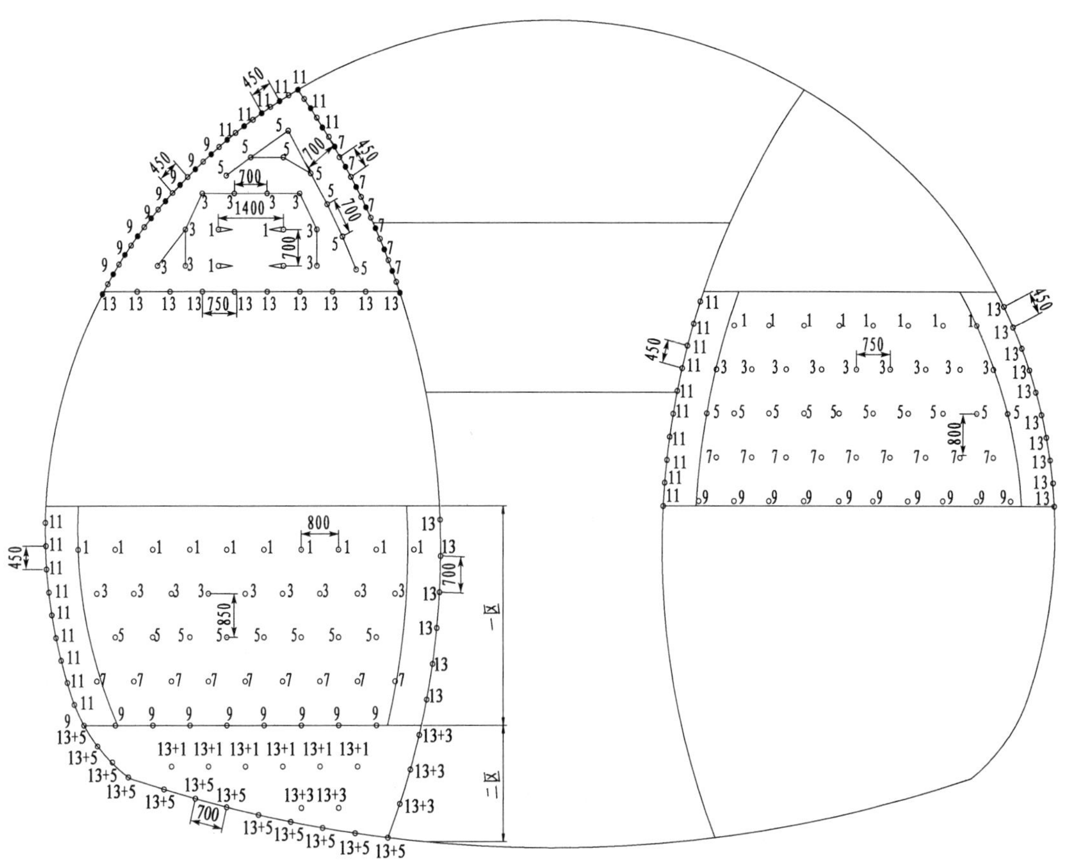

图 2-19　隧道炮眼布置（尺寸单位：mm）

各孔装药参数

表 2-6

分　步	段　位	单孔药量（kg）	孔　数	单段药量（kg）	备　注
1 步	1	0.8	4	3.2	
	3	0.4	9	3.6	
	5	0.4	7	2.8	
	7	0.25	7	1.75	
	9	0.25	8	2	
	11	0.45	7	3.15	
	13	0.35	10	3.5	
	空孔	0	23	0	周边减振
合计			75	20	
2 步	1	0.3	8	2.4	
	3	0.3	9	2.7	
	5	0.3	10	3	
	7	0.3	9	2.7	

续上表

分 步		段 位	单孔药量(kg)	孔 数	单段药量(kg)	备 注
2 步		9	0.35	10	3.5	
		11	0.25	10	2.5	
		13	0.25	10	2.5	
合计				141	39.3	
3 步	一区	1	0.24	10	2.4	
		3	0.25	9	2.25	
		5	0.25	8	2	
		7	0.3	9	2.7	
		9	0.3	8	2.4	
	二区	11	0.25	9	2.25	
		13	0.25	6	1.5	
		13 +1	0.35	6	2.1	
		13 +3	0.35	5	1.75	
		13 +5	0.35	12	4.2	
合计				82	23.55	

②循环进尺及炮眼深度：隧道掘进每循环进尺 1.6 ~2m。

③装药量：单孔装药量按 $q = kawL\lambda$ (kg)计算，周边眼及底板眼由于布置了减振孔，装药量按公式计算后再按 70% ~80% 折减。

④爆破震动计算：按公式 $Q_m = K'R^3(V/K)^{3/a}$ 进行计算，周边建筑物爆破振动速度以《爆破安全规程》(GB 6722—2003)的要求先进行试爆，并根据实测振速调整爆破参数。

6. 三线大跨隧道拱顶超前加固

加固范围：由于三线大跨隧道在 SK9 +412.474 ~ SK9 +369.477 段拱顶覆土较厚，为确保隧道在爆破作业和开挖支护过程中的安全，在施工过程中，对 SK9 +412.474 ~ SK9 +369.477 段拱顶进行了超前预加固。

超前预加固采用双重管超前注浆技术，其工艺原理是：

钻机采用水平地质钻机，钻杆为 ϕ42 中双层空注浆管，钻头与混浆器合并。钻机钻孔一定长度后，用钻杆和钻头对隧道前方进行水泥-水玻璃双液注浆，边注浆边退钻杆。将隧道前方较差的围岩加固。

(1)SK9 +412.474 ~ SK9 +369.477 段加固范围——核心土拱顶及以上 2m 范围，如图 2-20所示。

(2)注浆孔布置。周边孔间距 0.8m，每 10m 左右为一个注浆段，每段之间搭接 1.5m。

(3)注浆参数

A 液：水∶水玻璃 =0.65∶1(体积比 1∶1)　pH =7.5。

C 液：水∶超细水泥∶XPM 剂 =1∶1∶0.15。

A 液、C 液配比参数可根据现场实际情况调整。

浆液初凝时间:15～30s(根据地质条件可作适当调整)。

注浆压力:0.6～1MPa(根据地质条件可作适当调整)。

注浆孔:钻孔为 ϕ42 钻管。

7. 三线大跨隧道衬砌

隧道拱墙钢筋混凝土采用6m长整体模板台车全断面浇注。拱墙施工前,先施工矮边墙及部分仰拱混凝土。其施工方法如图2-21所示。

三线大跨有H型和C型两种断面。由于H型、C型断面拱顶半径不同,边墙半径相同,因此三线大跨H型、C型断面衬砌模板台车共用一套主门架、一套边墙模板,C型断面模板台车增加附门架,拱顶模板各一套。先施工断面小的H型断面,再施工断面大的C型断面,以便更换模板。

拱墙钢筋及防水板采用移动式台架施工,采用商品混凝土,由混凝土供应商供应泵送入模,手持式平板振捣器配合插入式振捣棒振捣。

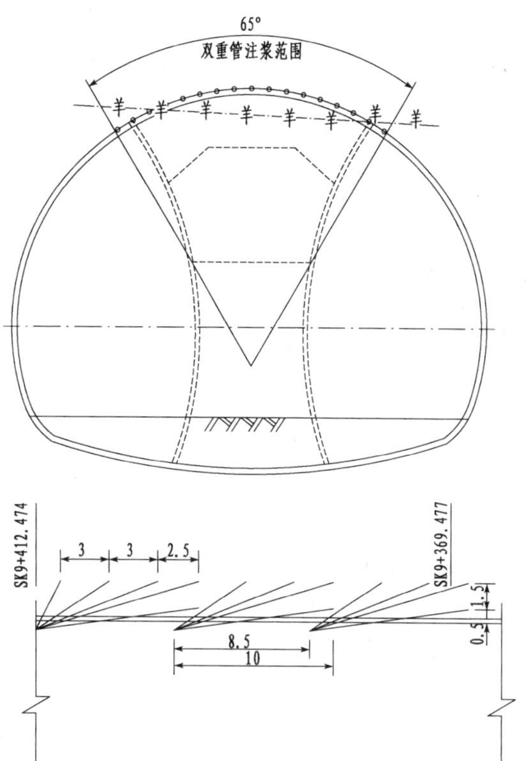

图2-20 双重管注浆布置(尺寸单位:m)

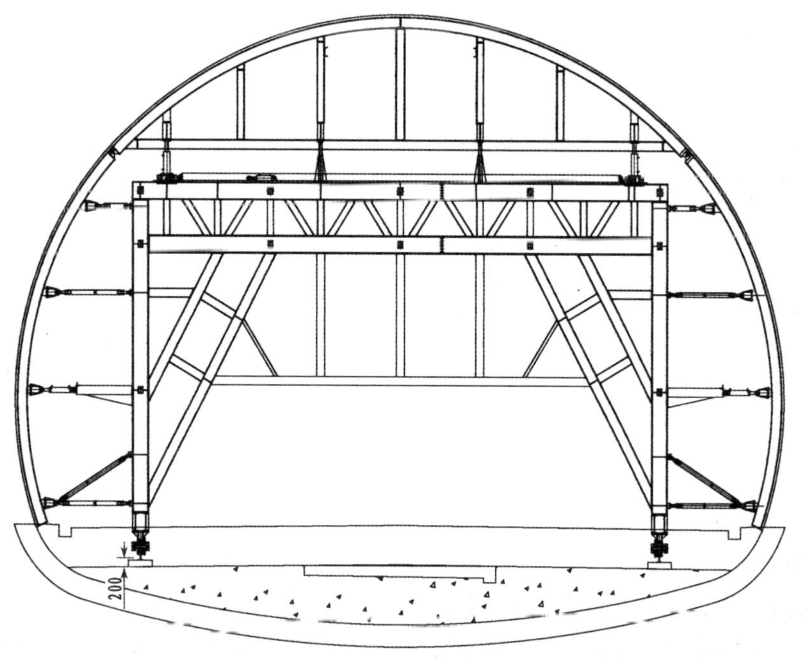

图2-21 拱墙衬砌施工

由于断面较大，每段混凝土方量较大，因此在施工过程中必须控制混凝土入模速度，根据规范及施工需要，将混凝土的入模速度控制在 1m/h 以内（即泵送混凝土速度在 5 ~ 9m^3/h）。

8. 监控量测

1）量测及观测项目

在三线大跨软弱围岩段，监控量测主要内容有：洞内收敛、拱顶深降、钢支撑应力、地表沉降、爆破振速、建筑物变形观测等。

2）测点布置

（1）地表沉降观测　沿隧道走向，在地表每 10m 布设一个断面，每个断面设 5 个沉降监测点。

（2）隧道拱顶沉降和内收敛观测　每 30m 一个断面，每个断面布设 5 对测点。

（3）爆破震速　在跳伞塔基础、体育馆每区的大门基础、中邮宾馆桩基等部位，按最近距离和最危险情况进行。

（4）裂缝观测及建筑物变形观测　提前对周边建筑物外观情况进行观测，并收集声像资料。施工中每天进行观测。

隧道内监控量测测点布置如图 2-22 所示。

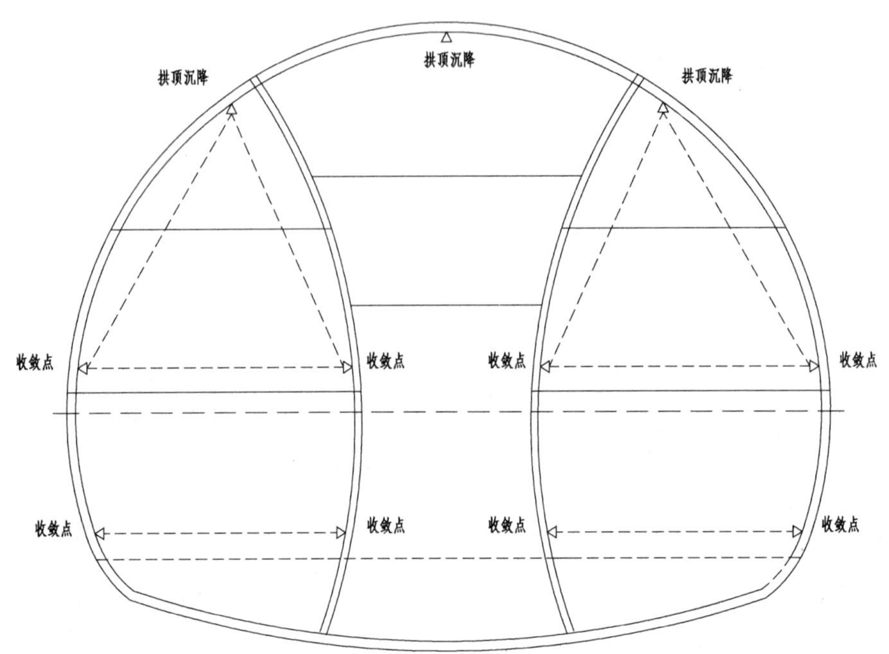

图 2-22　隧道内监控量测测点

9. 中邮宾馆段处理

中邮宾馆有两根桩基位于隧道平面范围。在施工该段时，除采用减振控制弱爆破外，还要控制每循环开挖进尺。将循环进尺控制在 1m 以内，并在中邮宾馆前后 10m 范围内，即在 SK9 +262.7 ~ SK9 +282.7 段，将拱架间距进行加密，由原设计的 80cm/增加到 50cm/榀，以加强拱架受力与稳定。

10. 跳伞塔段处理

虽然跳伞塔到隧道水平距离有 9.2m，但由于跳伞塔修建年代较远，且墙身已开裂和出现掉块，因此该段主要采用短进尺，弱爆破法施工，主要为：前后 10m 范围(SK9 + 301.8 ~ SK9 + 321.8 段)第 1、2、3 步开挖，均在开挖轮廓线上按 40cm 间距打设减振孔，循环进尺控制在 0.8m 以内。1 步预留光爆层，分两次起爆。

四、施工进度管理

1. 进度计划和完成情况对比

2008 年 10 月 20 日开始三线大跨隧道开挖支护，2009 年 5 月 31 日完成隧道上行线开挖，2009 年 12 月 26 日完成隧道拱墙二衬，2010 年 1 月 31 日完成隧道水沟层混凝土浇筑，进度较为缓慢。

2. 影响施工进度的因素

(1)三线大跨隧道开挖时，由小断面扩挖进入施工，由于断面高度相差太大，扩挖较为缓慢。

(2)在扩挖时，发现地质情况与地勘资料有所差异，岩土分界线比地勘资料要低 2m 左右，在扩挖时回填土就侵入 1 步开挖拱顶。导致调整施工措施，减缓了施工进度。

(3)在隧道 1 步开挖到 H、C 型断面交界里程后，距隧道较远的市急救中心管网漏水，漏水流隧道内和既有八一隧道内。由市建委牵头，查找原因和制订解决措施，停工 3 个月(加上春节影响)，影响了施工进度。

(4)由于隧道断面大，埋深小，地质条件差，地表房屋老化严重，导致循环进度较慢，部分工序不能平行开展。主要有：

①隧道扩挖时，在左右侧横向贯通的情况下，由于工作面不足，导致不能同步往前开挖支护。

②在车台组装时，隧道无法通行，导致开挖暂停。

③由于地质条件差，开挖与二衬之间的距离小，致使开挖和二衬不能完全平行施工。

(5)由于一、三线界面划分出错，三线大跨隧道与一线两路口车站接口，上行线增加 5m，下行线增加 9m，由于接口长时间不能确定，使隧道最后 30m 开挖贯通时停工等待 2 个月。

五、质量管理得失及体会

1. 质量专职机构

施工前成立以项目经理为组长、总工程师和质量副经理为副组长的质量管理领导小组，作业队成立专项质量管理小组，对主要工序的施工质量进行有组织的控制。配备专职的质检工程师和质检员，推行全面质量管理和目标责任管理，从组织措施上保证工程质量真正落到实处。

2. 存在的问题

(1)隧道在扩挖时，由于实际地质情况与地勘资料有差异，重新调整施工措施。在调整措施前，地表体育场内有一块网球场地，地面沉降达到 8cm。在调整措施后，地表沉降得到控制。

(2)隧道拱顶采用超前注浆加固措施,在注浆过程中,采用压力和注浆量进行控制,但由于拱顶埋深小,又没有派人到地表观察,注浆时,浆液顺土体内缝隙冒到地表,导致地表隆起。

六、安全管理得失及体会

1. 安全管理专职机构

施工前成立以项目经理为组长、总工程师和安全副经理为副组长的安全管理领导小组,配备足够的专职和兼职安全员,对施工安全进行监督和控制,落实各级安全责任制,从组织措施上保证施工安全。

2. 安全管理

(1)配备专职安全工程师,领工员,现场技术员、工班长为兼职安全员,加强日常安全管理和巡查。

(2)完善各项安全管理制度及应急预案。

(3)由项目经理组织,定期进行安全大检查和安全考核。

(4)严格进行安全技术交底并落实到位。

(5)配备专业的临测队伍,实施动态施工管理,控制隧道变形,保证隧道、地表建筑物稳定。

(6)在跳伞塔周围加设安全网,防止施工导致跳伞塔掉块伤人。

(7)将地表建筑物进行安全分级,将危险房屋内的人和物品提前迁移,其他房屋内的人,在爆破前提前告之,提前避让。

七、文明施工及环境保护

(1)设立综合班,负责进行工程的文明施工。

(2)设专人与地表的居民、商铺进行沟通和协调。

(3)控制爆破作业时间,减少爆破震动、噪声。

(4)加强宣传,取得周边居民谅解。

第二节　建新坡隧道上跨八一向阳隧道段小间距隧道施工

一、工程概况

1. 工程位置及周边环境情况

轻轨隧道在E、D型断面、以小间距形式跨越既有隧道,影响里程在SK9+584.486~SK9+437.334,全长147.152m。

轻轨隧道开挖底部距离八一隧道开挖顶部(其超挖未知)高度为3.89m,距离向阳隧道开挖顶部(其超挖未知)高度为2.24m。轻轨隧道在跨越段采用门架墩和承台梁跨越方式(轨道梁承重于承台梁上），门架墩位于轻轨隧道及八一、向阳隧道两侧，与八一、向阳隧道开挖边线最小水平距离约 1.4m，桩基底部标高低于八一、向阳隧道底部约 6m。八一、向阳隧道与轻轨隧道关系见图 2-23、图 2-24。

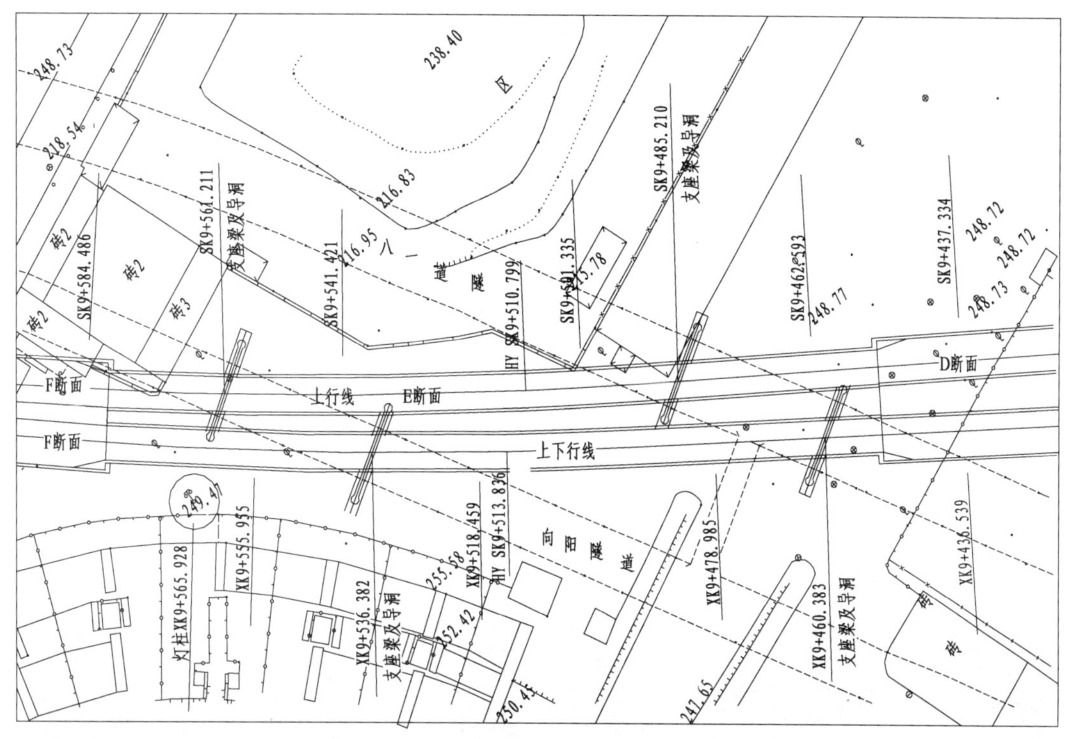

图 2-23　轻轨隧道与既有隧道平面图

2. 既有隧道状况

八一、向阳隧道原来主要存在衬砌开裂、材料劣化、剥落、掉块及渗漏水病害。于 2007 年春节前后进行了加固处治，但加固是按建新坡隧道招标设计文件的设计项目和里程进行的，招标图中的里程与施工图中的里程有较大不同。

八一、向阳隧道加固处治完成至轻轨隧道施工前已有 1 年，八一、向阳隧道拱部表面已有较大开裂和渗水现象，如图 2-25 所示。

3. 工程地质和水文地质

（1）地质情况　轻轨隧道在跨越八一隧道段处，围岩分级设计大部分为Ⅳ级，只有在 D 型断面内长约 14m 为Ⅴ级围岩。八一隧道施工后在相交段的实际围岩分级为Ⅱ类、Ⅲ类，即Ⅴ级和Ⅳ级，与轻轨隧道围岩分级吻合。与向阳隧道相交段，轻轨隧道设计围岩分级为Ⅳ级，向阳隧道施工后的实际地质分级情况无资料，但轻轨隧道 F 型中导洞已开挖到向阳隧道边上，实际围岩情况与设计相符。

（2）水文情况　场地地下水主要为基岩裂隙水，受大气降水和地下污水管道渗漏及居民生活用水渗漏补给。

现在八一、向阳隧道加固处治后，隧道拱部已有较大的渗水裂隙，经观察，雨季渗水严重。

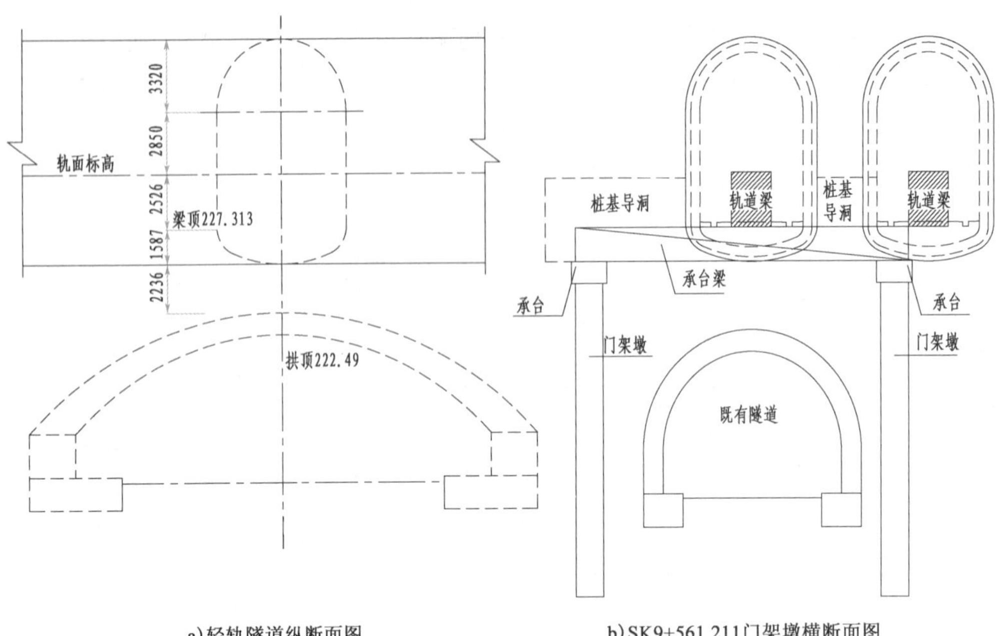

a)轻轨隧道纵断面图　　b)SK9+561.211门架墩横断面图

图2-24　轻轨隧道与既有隧道立面图(尺寸单位:mm)

a)　b)　c)　d)

图2-25　既有隧道现状

4. 设计概况

隧道采用Ⅰ16型钢拱架，间距1m；2m长的$\phi22$锚杆，间距1.2m×1.0m；$\phi6.5$钢筋网；20cm厚C20喷射混凝土进行初期支护，45cm厚C30钢筋混凝土二次衬砌。

隧道跨越八一隧道、向阳隧道段采用门架式支墩跨越方案。

5. 工程特点及重难点

(1)轻轨隧道在施工过程中，需要保证既有隧道安全，确保既有隧道正常运营。

(2)轻轨隧道跨越段采用小间距隧道形式，每个单洞隧道断面小，开挖支护与二衬不能平行作业，施工时间长，风险高。

(3)设计未考虑施工过程中的运输荷载对既有隧道的影响。

二、施工总体组织

跨越既有隧道段E、D型断面隧道是从隧道洞口往洞内方向组织施工，独头掘进。

1. 施工组织机构

施工组织机构详见第二篇第四章第一节。

2. 资源配置

(1)班组设置。设置的班组主要有钻爆开挖班、支护班、切割开挖班、钢筋班、防排水班、衬砌班及综合班。各个工班的主要工作内容见表2-7。

班组设置　表2-7

序号	班组名称	任务内容	备注
1	钻爆开挖班	隧道上部钻爆开挖，支护过程中锚杆孔施工	
2	支护班	拱架、锚杆、钢筋网安装，喷射混凝土、注浆	
3	切割开挖班	隧道下部机械切割，柱基导洞、柱基孔柱开挖	
4	钢筋班	拱架、锚杆、钢筋网制作，二衬钢筋制作安装	
5	防排水班	防水板铺设，排水管安装，施工缝、变形缝处理	
6	衬砌班	台车就位关模，混凝土浇注和养护	
7	综合班	现场文明施工，零星工程，材料转运，管路，配合其他班组施工	

(2)劳动力配置。劳动力配置见表2-8。

劳动力配置　表2-8

班组名称	班组数	每班组人数	备注
钻爆开挖班	2	18	
支护班	2	12	
切割开挖班	1	12	
钢筋班	1	16	
防水班	1	6	
衬砌班	1	12	
综合班	1	12	

(3)主要机械设备配置。主要机械设备配置见表2-9。

主要机械设备配置　　表2-9

序号	设备名称	型号	数量	序号	设备名称	型号	数量
1	变压器	500kV·A	2	8	钢筋加工设备		4
2	空压机	$26m^3$/min	2	9	风动凿岩钻机	YT-28	20
3	通风机	55kW	1	10	电焊机		6
4	挖掘机	$1.2m^3$/斗	1	11	发电机	250kW	1
5	装载机	ZLC-40	2	12	注浆泵	2TGZ-120	0
6	混凝土搅拌机	JS-350L	2	13	切割锯		2
7	自卸汽车	18t	2	14	水磨钻机		4

3. 分包管理

建新坡隧道跨既有隧道段主要采用工序承包形式进行管理,切割开挖班采用专业分包。项目部管理人员、领工员、电工、技术员、汽车驾驶员、后勤人员为自有职工,其余工种利用社会劳动力组成。

每月对班组进行安全、质量、进度考核。

三、总体方案及施工方法

1. 总体施工方案

(1)开挖方式:隧道每个单洞采用上下多层台阶法开挖支护,左右洞掌子面错开4倍洞径并大于30m。轨面标高以上部分采用控制弱爆破法施工,轨面标高以下部分采用机械切割开挖,如图2-26所示。

(2)出渣方式:隧道内出渣采用装载机直接运输,倒运到洞外临时弃渣场。

2. 总体施工顺序

(1)段落划分

跨越既有隧道段分为直接跨越段和跨越影响段。轻轨隧道采用小间距隧道形式,分为左右两个单洞,既有隧道又有两个,因此,直接跨越段为4段,跨越影响段2段。其分段如表2-10所示。

跨越分段　　表2-10

序号	段名	起止里程	长度(m)	备注
1	SZ1	SK9+589.486~SK9+536.421	53.065	上行线
2	SY	SK9+536.421~SK9+506.335	30.086	上行线
3	SZ2	SK9+506.335~SK9+457.593	48.742	上行线
4	XZ1	XK9+575.955~XK9+513.459	62.496	下行线,灯柱影响加长段
5	XY	XK9+513.459~XK9+483.985	29.474	下行线
6	XZ2	XK9+483.985~XK9+431.539	52.446	下行线

考虑到施工对既有隧道的影响,将直接跨越段在每个端头分别加长5m,其起始里程见

表 2-10。受地表灯柱影响，将下行线 XZ1 段延长，将灯柱包括进去。

(2)施工组织顺序

施工组织顺序为：

SZ1 段上台阶开挖支护→SY 段上台阶开挖支护，XZ1 段上台阶开挖支护→SZ2 段上台阶开挖支护，XY 段上台阶开挖支护，SZ1 段下台阶开挖支护，仰拱、填充及二次衬砌结构施工→上行线 D 型断面开挖支护，XZ2 上台阶开挖支护，XZ1 段下台阶开挖支护，仰拱、填充及二次衬砌结构施工→上行线 H 型断面开挖支护，下行线 D、H 型断面开挖支护→隧道继续开挖前进

按上述顺序，组织跨越段剩余段的施工，其施工顺序见图 2-26。

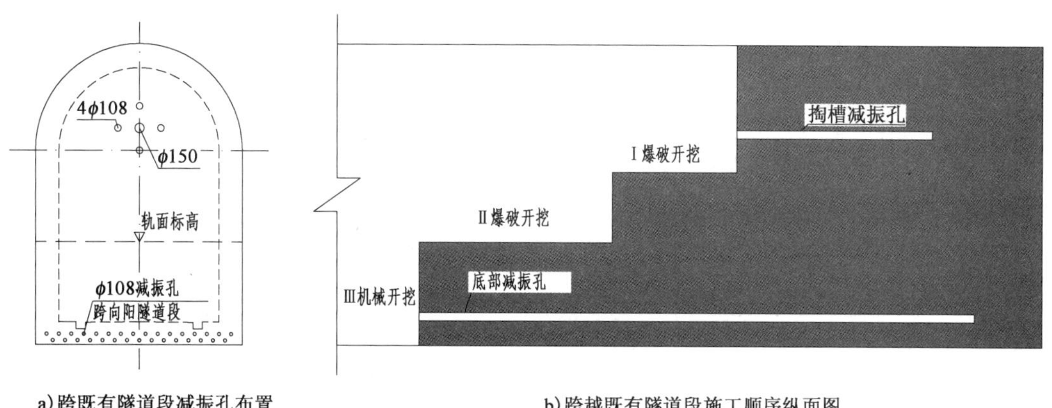

a)跨既有隧道段减振孔布置

b)跨越既有隧道段施工顺序纵面图

说明：
①本图尺寸以毫米为单位。
②施工顺序：左洞上台阶开先行，右洞上台阶后行，左右洞错开30m以上距离。具体顺序为:SZ1段上台阶开挖支护→SY段上台阶开挖支护、XZ1上台阶开挖支护→SZ2段上台阶开挖支护、XY段上台阶开挖支护、SZ1段下台阶开挖支护、仰拱、填充及二衬结构施工→上行线D型断面开挖支护、XZ2上台阶开挖支护、XZ1段下台阶开挖支护、仰拱、填充及二衬结构施工→上行线H型断面开挖支护、下行线D、H型断面开挖支护→隧道继续开挖前进。
③捡底开挖采用后退式施工，以降低洞内重载对既有隧道影响。

图 2-26　轻轨隧道跨越段施工方案

为实现上述组织顺序进行跨越段的施工，必须在跨越影响段和 H 型断面内布设横向行车通道，以解决洞内施工交通与结构施工之间的干扰。

3. 直接跨越段爆破开挖方法

1)XZ1 段

本段为灯柱影响段,在隧道外侧地表有 50m 高的照明灯柱,其基础位于隧道开挖边线外侧 2.35m,拱顶以上 3.75m 位置。隧道下方为向阳隧道,周边环境对隧道的开挖影响巨大。

本段起拱线以上部位采用微震弱爆破开挖,起拱线以下采用机械切割法开挖。

(1)掏槽形式及掏槽孔。爆破区采用 $\phi42$ 楔形掏槽孔,并在掏槽区设 $\phi108$ 中空大孔直减振。在直径 800mm 的区域内,布设 5 个中空孔,4 个 $\phi42$ 装药孔。其布置如图 2-27 所示。

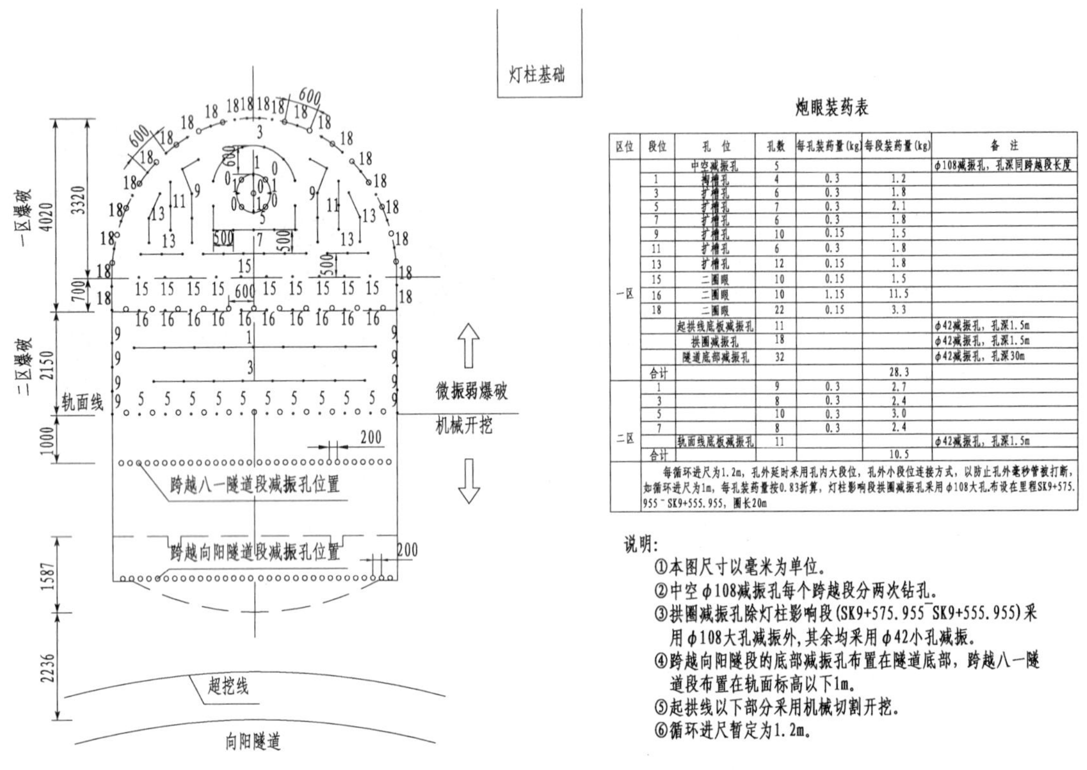

炮眼装药表

区位	段位	孔位	孔数	每孔装药量(kg)	每段装药量(kg)	备注
一区		中空减振孔	5			φ108减振孔，孔深同跨越段长度
	1	掏槽孔	4	0.3	1.2	
	3	扩槽孔	6	0.3	1.8	
	5	扩槽孔	7	0.3	2.1	
	7	扩槽孔	6	0.3	1.8	
	9	扩槽孔	10	0.15	1.5	
	11	扩槽孔	6	0.3	1.8	
	13	扩槽孔	12	0.15	1.8	
	15	二圈眼	10	0.15	1.5	
	16	二圈眼	10	1.15	11.5	
	18	二圈眼	22	0.15	3.3	
		起拱线底板减振孔	11			φ42减振孔，孔深1.5m
		拱圈减振孔	18			φ42减振孔，孔深1.5m
		隧道底部减振孔	32			φ42减振孔，孔深30m
	合计				28.3	
二区	1		9	0.3	2.7	
	3		8	0.3	2.4	
	5		10	0.3	3.0	
	7		8	0.3	2.4	
		轨面线底板减振孔	11			φ42减振孔，孔深1.5m
	合计				10.5	
	每循环进尺为1.2m，孔外延时采用孔内大段位，孔外小段位连接方式，以防止孔外毫秒管被打断，如循环进尺为1m，每孔装药量按0.83折算，灯柱影响段拱圈减振孔采用 φ108大孔.布设在里程SK9+575.955~SK9+555.955，圈长20m					

图 2-27 轻轨隧道跨越段爆破

(2)扩槽孔。在掏槽区域外侧,周边孔及底板孔之间,按 50cm 的间距布置扩槽孔,梅花形布置。

(3)底板孔。在爆破区域底板上,间隔布置装药孔及减振孔,装药孔之间的间距为 60cm,装药孔与减振孔之间的间距为 30cm。

(4)拱部周边孔。在爆破区域拱顶周边开挖轮廓线上,间隔布置装药孔及减振孔,装药孔之间的间距为 55cm,装药孔与减振孔之间的间距为 27.5cm。

(5)减振孔。在掏槽区设 $\phi108$ 减振孔,拱顶周边减振孔采用 $\phi108$ 中空减振孔,间距 55cm,与装药孔间隔布置。爆破区域底板上采用 $\phi42$ 减振孔,间距 60cm,与装药孔间隔布置。隧道仰拱开挖轮廓上布置 $\phi108$ 中空减振孔,间距 40cm。

(6)循环进尺及炮眼深度。隧道掘进每循环进尺 1.2m。因此,掏槽眼深 1.4m,扩槽眼、周边眼及底板眼孔深 1.2m,减振孔比装药孔深 20~30cm,为节约施工循环时间,$\phi108$ 中空孔集中施作,一次钻孔深度为30m左右,同时也增强减振效果,$\phi42$减振孔随同打炮眼每循环施作。

(7)装药量。掏槽眼、扩槽眼单孔装药量按$q = kawL\lambda$(kg)计算,周边眼及底板眼由于布置了减振孔,装药量按公式计算后再按70% ~80%折减。

(8)爆破震动计算。按公式$Q_m = K'R^3(V/K)^{3/a}$进行计算,周边建筑物爆破振动速度以《爆破安全规程》(GB 6722—2003)的要求进行控制。爆破后,根据实测的振速调整爆破参数。

2)SZ1段、SZ2段、XZ2段

除灯柱影响段以外,其余直接跨越段在轨面标高以上部分也采用控制弱爆破法施工。与XZ1段所不同的是,其拱顶减振孔改为$\phi42$小孔。装药孔与减振孔间距调到30cm。其余掏槽、扩槽形式均同XK9+513.459~570.955段。

其炮眼布置如图2-27所示。

4.跨越影响段爆破开挖方法

跨越影响段爆眼布置形式均与直接跨越段相同,与其区别在于拱顶及底部减振孔均采用$\phi42$小孔减振。

5.隧道机械切割开挖

跨越段、非跨越段除爆破部分外,剩余部分均采用机械切割开挖。切割机选用200kW以上的大功率岩石切割机,在隧道宽度范围内,按50~80cm的间距切割,切割厚度30~50cm,人工撬出后,用小型农用车运走。

轻轨隧道跨越段切割施工如图2-28所示。

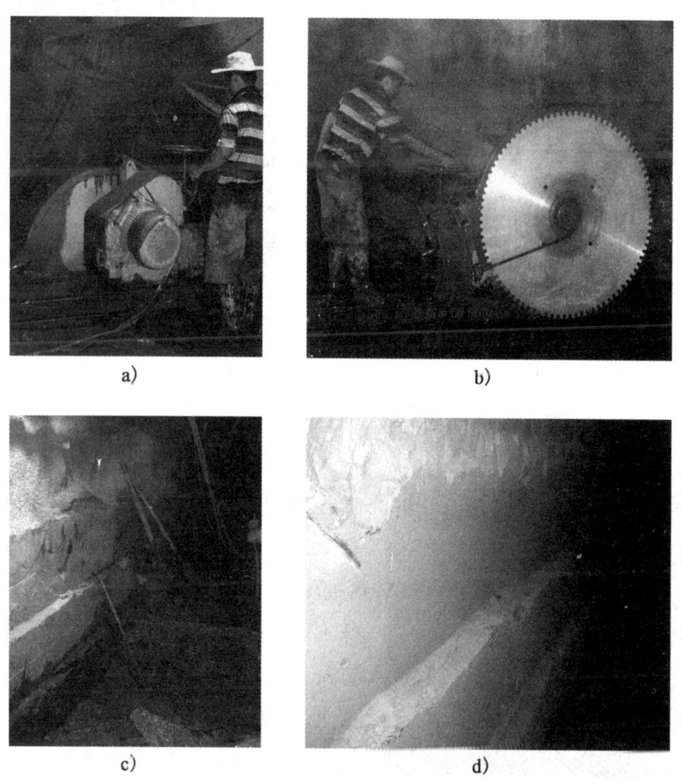

a) b) c) d)

图2-28 轻轨隧道跨越段切割施工

6. 隧道出渣

在放完炮或机械切割开挖完成后，用挖机将渣土钩离掌子面 3～5m 后，用挖机装渣，自卸汽车运渣，或者直接用装载机渣土从洞内倒运到洞外临时弃渣场。

7. 桩基导洞开挖

桩基导洞位于轻轨隧道跨越区段，隧道机械切割开挖部分边墙的两侧外面。导洞采用地质钻机人工切割开挖。首先用地质钻机沿导洞开挖边线进行环形取 ϕ108 芯土 2 圈，两圈间距为 30cm。然后，在导洞核心土内，按 30cm 间距进行梅花形取芯，最后人工将剩余岩石撬出来。导洞施工每循环进尺 0.5m，桩基导洞施工如图 2-29 所示。

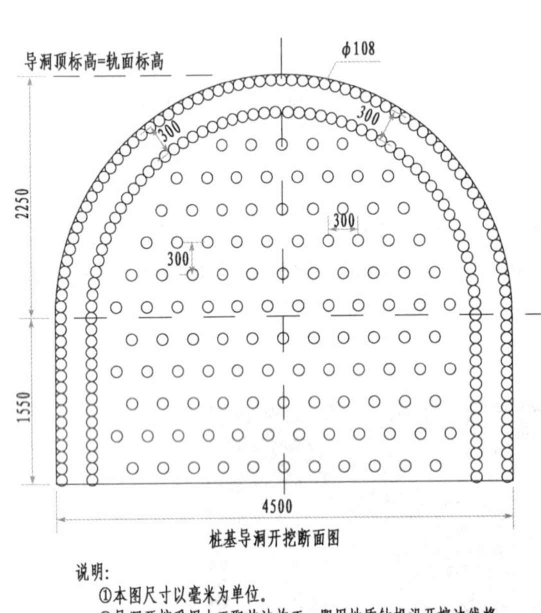

图 2-29　桩基导洞施工

图 2-30　承台桩基开挖施工图

8. 桩基开挖

桩基位于八一、向阳隧道及轻轨隧道边线外侧 1.4～3m，基础底面标高比八一、向阳隧道底低 6～7m，开挖尺寸为 1.7m×1.7m 的矩形墩。桩身不采用爆破法开挖，采用的施工方法与桩基导洞开挖方法相同，用地质钻机沿开挖边线取 ϕ108 芯土，再在核心土内用地质钻机按 30cm 间距，梅花形取芯，最后人工将剩余岩石撬出，如图 2-30 所示。用吊桶将渣土吊到井口，随洞内渣土用汽车一起运走。

桩身开挖，每循环开挖 50cm 深，护壁及时跟上。由于墩身为矩形墩，其断面受力较差，因此，可以按 1m 的间距，在孔桩内用工字钢加工矩形框架内撑进行加固。

为确保安全，加强桩基开挖过程中的排水、通风工作，井口附近轻轨隧道、八一、向阳隧道墙身的变形监测。

四、各项保证方案

1. 加强隧道初期支护

由于轻轨隧道两个单洞台阶一直往前施工，二衬不能及时跟上，为确保隧道左右洞之间稳定和安全，需将支护参数进行加强。将 $\phi22$ 对拉锚杆改为 $\phi25$ 对拉锚杆、将锚杆间距调整为 1m × 0.8m，将间距为 1.2m 的Ⅰ16 工字钢调整为 0.8m 间距的Ⅰ20b 工字钢。喷射混凝土调整为 C25。将 0.2m × 0.2m 的 $\phi6$ 钢筋网调整为 0.15m × 0.15m 的 $\phi8$ 钢筋网。

2. 增加行车横洞，解决施工干扰，加快施工进度

轨面标高以上开挖先行后，为解决洞内行车与检底、结构施工的干扰，加快施工进度，在跨越影响段左右洞之间的核心土体内、H 型断面内设横向行车通道。

横向行车通道设在 SK9 + 512 里程，宽 4.5m，高 4.5m，与隧道中线以 60°斜交，车辆在左右洞之间，通过行车横通道，采用之字形方式掉头、转换交通。行车横通道采用Ⅰ20b 工字钢临时支护，拱架间距 50cm，如图 2-31 所示。

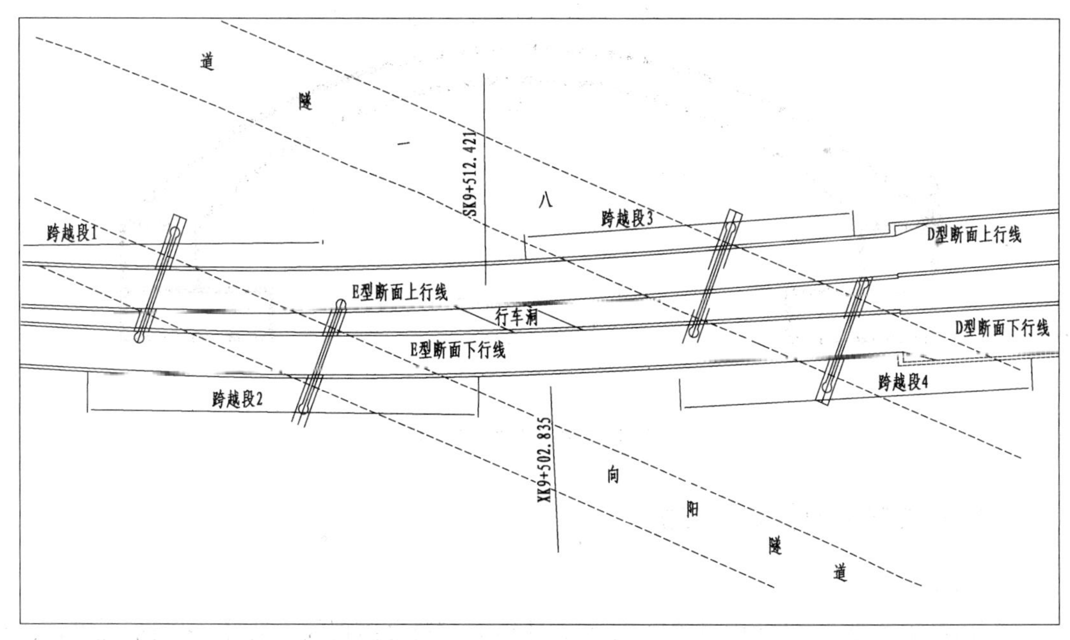

图 2-31　行车横洞布置

3. 降低洞内施工设备对既有隧道影响的方案

洞内出渣车辆、混凝土运输车辆均为重载车，施工过程中，重型机械设备对既有隧道影响较大，为降低轻轨隧洞内运输对既有隧道影响，拟采用以下方案进行规避。

(1)隧道开挖支护分为多层台阶法施工,前期开挖轨面线标高以上部分,重载车辆行走面距离既有隧道顶垂直高度约6.3m。

(2)轨面标高以下部分捡底开挖采用后退式施工,可以规避运输设备轮底与既有隧道顶垂直高度过小的问题。

4. 处理既有隧道拱背空洞

经调查,八一、向阳隧道加固处理后,既有隧道拱背后面仍有空洞,为减小轻轨隧道施工过程对既有隧道影响,加强既有隧道稳定与安全,在轻轨隧道仰拱底部对既有隧道拱背后进行填充注浆,采用ϕ42 小导管,注水泥砂浆,注浆量以实际发生确认,但注浆压力不能大于 1MPa,以保证注浆过程中既有隧道的安全,其施工如图 2-32 所示。

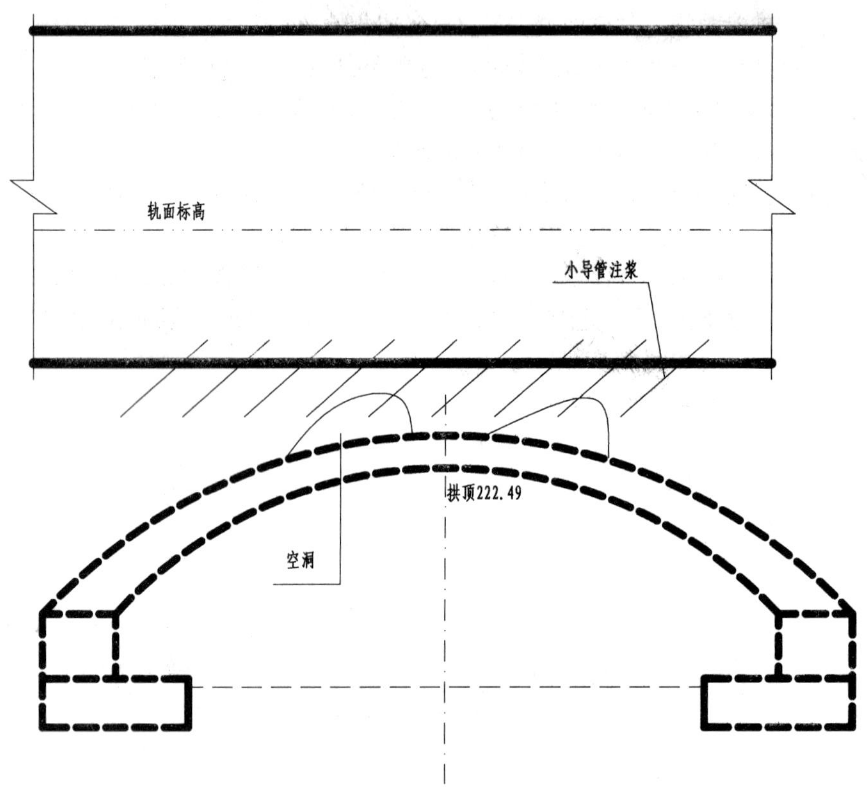

图 2-32 有隧道拱背注浆施工

五、既有隧道交通管制及防护

1. 交通管制

在轻轨隧道跨越八一、向阳隧道施工时,由于既有隧道已出现较大裂缝、渗漏水现象,为防止出现八一、向阳隧道拱顶开裂、掉块、边墙脱落等意外事故,对八一、向阳隧道进行临时中断交通管制。

(1)在轻轨隧道跨越八一、向阳隧道施工期间,八一、向阳隧道内行人交通中断,不允许行人通过。

（2）轻轨隧道爆破时，八一、向阳隧道行车交通临时中断。

为减缓牛角沱到菜园坝一线的交通压力，爆破时间错开交通高峰期，根据八一、向阳隧道交通情况的观察，其高峰期为上下班期间，根据公安部门及环境保护部门确定的夜间22:00到早上6:00不许放炮的原则，将爆破时间定在早上6:30左右、中午14:00左右，晚上21:00左右等时间段。在洞内装药完成后，通知洞外人员对八一、向阳隧道交通进行临时中断，在放炮完成后，恢复交通。每次中断交通时间约10min左右。交通管制时间为2008年5月1日～2008年9月30日。

2. 既有隧道洞内防护

在隧道施工过程中，为防止出现既有隧道洞内掉块现象发生，确保行车安全，在既有隧道内，用Ⅰ20型钢搭设防护平台，平台与隧道之间铺设2mm钢板，进行隔断。防护平台下行车空间高4m，最小宽度为6.5～7m，以确保既有隧道内正常行车。防护平台施工时间安排在夜间，施工时临时进行单洞交通。

防护平台型钢拱之间纵向距离1～1.5m，用ϕ22钢筋连接，形成整体。纵向长度6m，底座上安装行走轮及轨道，以实行洞内纵向移动。在平台两个端头及既有隧道洞口，安装灯源，对过往车辆进行提示，确保行车安全。

防护平台如图2-33所示。

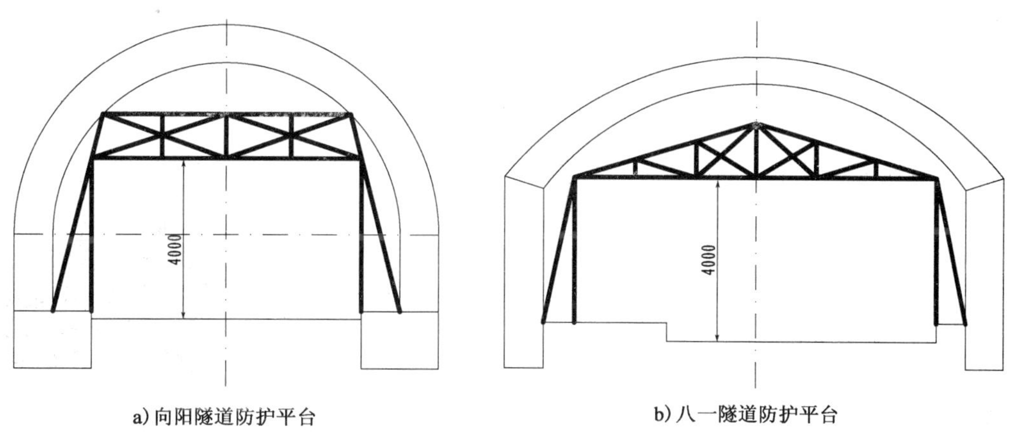

a）向阳隧道防护平台　　b）八一隧道防护平台

图2-33　既有隧道防护处理

六、施工进度管理

1. 进度计划和完成情况对比

2008年5月5日开始跨越既有隧道爆破施工，2008年9月29日开始跨越向阳隧道段的切割开挖，2008年12月14日完成跨越八一隧道段的切割开挖，2009年3月12日完成既有隧道衬砌。

2. 影响施工进度的因素

（1）爆破开挖循环数量和进尺小，导致施工进度缓慢：由于轻轨隧道距既有隧道距离近，为保证既有隧道安全，爆破开挖循环进尺短，同时，为保证既有隧道内交通正常运行。经审批，爆破时间定在每天早上6:30左右、中午14:00左右，晚上21:00左右，每天开挖循环数量少。

(2)施工单工序作业,导致施工时间长:由于轻轨隧道断面小,爆破开挖与切割开挖之间,切割开挖与隧道通行、底板钢筋混凝土之间,隧道通行、底板钢筋混凝土与拱墙衬砌之间均无法平行施工,只能单工序作业。

第三节　建新坡隧道双连拱隧道施工

一、工程概况

1. 工程位置及周边环境情况

重庆轨道交通三号线建新坡区间隧道在 SK9 + 580.859 ~ SK9 + 614.459 段为整体式中墙双连拱隧道,全长 33.6m。设计为Ⅴ级围岩,隧道拱顶埋深较小,只有 8m 左右。

该段隧道上方及附近的主要建筑物有体育路、体育场附属商铺(为砖混结构,老化严重)。隧道下方不远处有既有八一隧道,如图 2-34 所示。

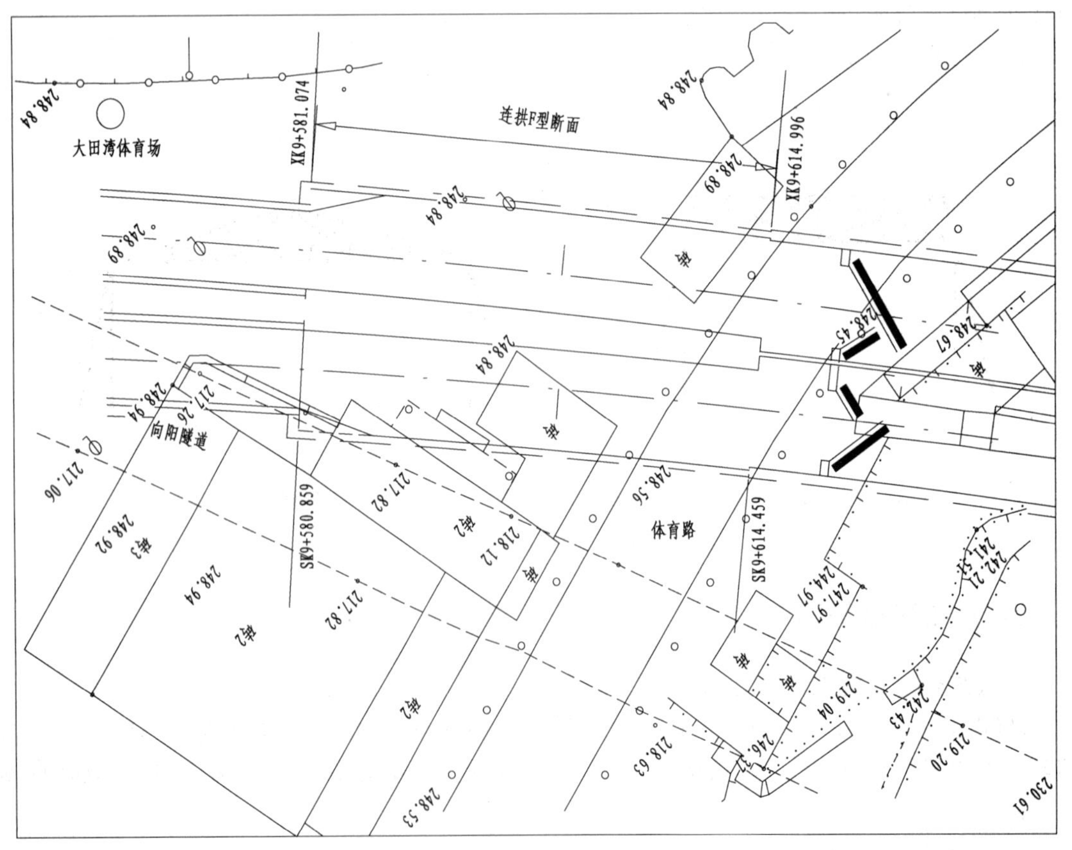

图 2-34　建新坡双连拱隧道平面图

2. 工程地质和水文地质

(1)地质情况。连拱隧道位置隧道出洞口段,出洞口位于向阳坡,坡度走向 255°,倾向

345°,坡长约110m,坡高约27m,坡角约37°,为人工填土改造后的土质边坡。上部以黏性土、碎石为主,含少量块石,下部则以块石为主,下伏基岩为砂质泥岩,节理裂隙较发育。连拱隧道正好穿越岩土交界面,施工过程中塌顶的风险较高,如图2-35所示。

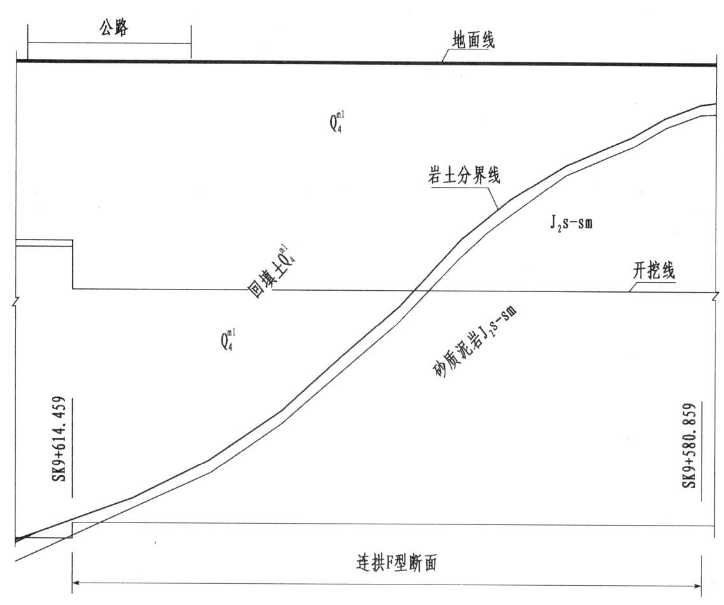

图2-35 建新坡双连拱隧道工程地质纵断面图

(2)水文情况。场地地下水主要为基岩裂隙水,受大气降水和地下污水管道渗漏及居民生活用水渗漏补给。

3. 设计概况

隧道采用格栅拱架,间距0.8m;2.5m长的$\phi22$锚杆,间距1.0m×0.8m;$\phi6.5$钢筋网;20cm厚C20喷射混凝土进行初期支护,45cm厚C30钢筋混凝土二次衬砌。

4. 工程特点及重难点

(1)本段隧道为双连拱隧道,施工过程中,需要保证安全和稳定。

(2)本段隧道穿越岩土分界面,拱顶为回填土,隧道拱顶埋深小,地质条件差。施工风险高。

二、施工总体组织

1. 施工组织机构

施工组织机构详见第二篇第四章第一节。

2. 资源配置

(1)班组设置。设置的班组主要有开挖班、支护班、钢筋班、防排水班、衬砌班及综合班。各个工班的主要工作内容见表2-11。

(2)劳动力配置。劳动力配置见表2-12。

班组设置

表 2-11

序　号	班组名称	任务内容	备　注
1	开挖班	隧道开挖，支护过程中锚杆孔施工	
2	支护班	拱架、锚杆、钢筋网安装，喷射混凝土、注浆	
3	钢筋班	拱架、锚杆、钢筋网的制作，二次衬砌钢筋制作安装	
4	防排水班	防水板铺设，排水管安装，施工缝、变形缝处理	
5	衬砌班	台车就位关模，混凝土浇注和养护	
6	综合班	现场文明施工，零星工程，材料转运，管路，配合其他班组施工	

劳动力配置

表 2-12

班组名称	班组数	每班组人数	备　注
开挖班	1	6	
支护班	2	12	
钢筋班	1	10	
防水班	1	6	
衬砌班	1	16	
综合班	1	12	

(3)主要机械设备配置。主要机械设备配置见表 2-13。

主要机械设备配置

表 2-13

序号	设备名称	型　号	数量	序号	设备名称	型　号	数量
1	变压器	500kV·A	2	7	自卸汽车	18t	2
2	空压机	$20m^3/min$	1	8	钢筋加工设备		2
3	通风机	55kW	0	9	风动凿岩钻机	YT-28	6
4	挖掘机	$1.2m^3$/斗	1	10	电焊机		4
5	装载机	ZLC-40	1	11	发电机	250kW	1
6	混凝土搅拌机	JS-350L	1	12	注浆泵	2TGZ-120	4

3. 分包管理

建新坡隧道跨既有隧道段主要采用工序承包形式进行管理。项目部管理人员、领工员、电工、技术员、汽车驾驶员、后勤人员为自有职工，其余工种利用社会劳动力组成。

每月对班组进行安全、质量、进度考核。

三、总体方案及施工方法

1. 总体施工方案

F 型断面为双连拱隧道，位于 V 级围岩地段，采用中导洞法施工，其施工方法及顺序见图 2-35。中导洞采用全断面开挖、两侧主洞采用上下台阶法开挖。上台阶采用小型挖机将洞渣翻到下台阶后，用自卸汽车运到洞外。

开挖施工过程中，应即时做好隧道初期支护及临时支护，尤其是中导洞拱顶、双连拱中间部分岩层的初期支护，以防在拆除临时支撑Ⅰ后，中部核土坍塌。隧道 F 型断面每循环进尺为 0.8m。

2. 总体施工顺序

连拱隧道 F 型断面施工顺序如图 2-36 所示。

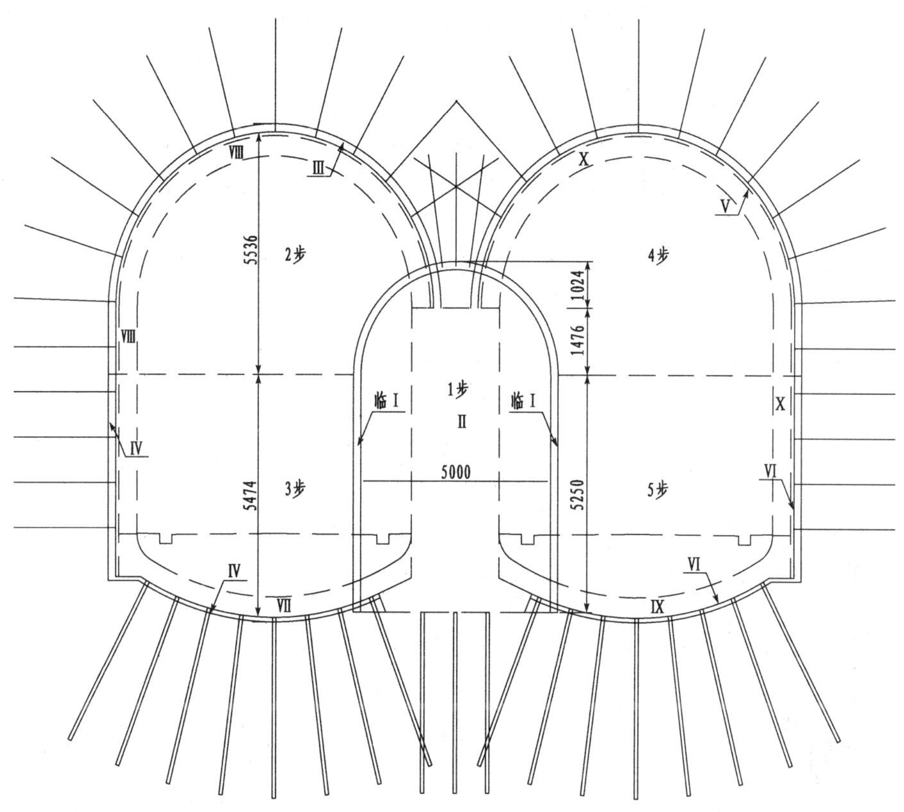

图 2-36　双连拱隧道施工顺序(尺寸单位:mm)

连拱隧道 F 型断面施工顺序为：

1 步开挖、临时支护Ⅰ→Ⅱ步中隔墙施工→2 步开挖、初期支护Ⅲ→3 步开挖、临时支护Ⅳ→4 步开挖、初期支护Ⅴ→5 步开挖、初期支护Ⅵ、拆除临时支护Ⅰ→仰拱及矮边墙Ⅶ→边墙、拱部Ⅷ施工→仰拱及矮边墙Ⅸ→边墙、拱部Ⅹ施工→仰拱填充施工

3. 双连拱隧道施工

(1)主要方法　隧道开挖采用非爆破法施工，人工配合小型挖机开挖。中墙采用满堂脚手架 + 竹胶模板施工。拱墙采用 6m 长全断面模板台车施工。商品混凝土泵送入模。

(2)主要施工步距：

1 步和Ⅱ步之间为顺序施工。Ⅱ步分两段，从洞内往洞外方向施工。

Ⅱ步和 2 步之间为顺序施工。

2 步和 3 步、4 步和 5 步之间按短台阶法施工，台阶长度 5m 左右。

2 步掌子面和 4 步掌子面之间错开 20m。

Ⅶ步和Ⅷ步、Ⅸ步之间为顺序施工。

Ⅶ步和Ⅸ步之间可同步或平行施工。

Ⅷ步和Ⅹ步之间为顺序施工。

(3)保证中墙稳定的措施:在中墙底部,钻设垂直锚杆,利用锚杆将中墙和底部基岩内连接。在2步开挖后,将开挖的渣土填在中墙和临时支护Ⅰ之间,以增加中墙稳定性。

(4)保证中墙顶围岩稳定的措施:在中墙混凝土浇注时,将中墙顶、隧道拱顶初期支护之间的空间用混凝土填实。

4.地表注浆加固隧道围岩

由于本段隧道穿越岩土分界面,隧道拱部及顶部均为回填土,且隧道埋深小。为确保施工过程中隧道稳定,防止坍塌,在本段隧道开挖前,应通过地表注浆方式,加固隧道内及拱顶土层。

注浆参数详见第二篇第四章第一节。双连拱隧道地表注浆孔面布置如图2-37所示。

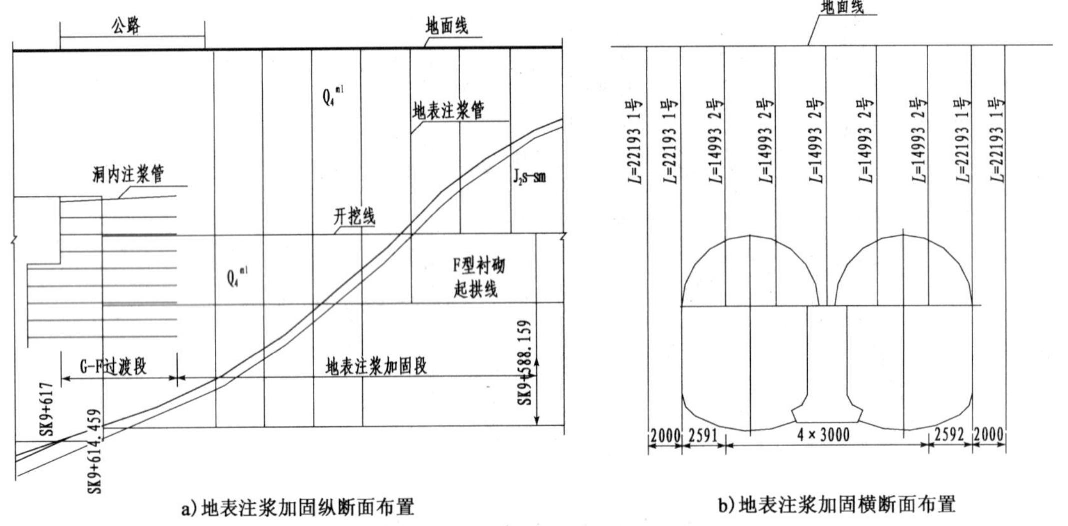

a)地表注浆加固纵断面布置　　b)地表注浆加固横断面布置

图2-37　双连拱隧道地表注浆加固

四、施工进度管理

本段隧道施工进度较慢,主要原因如下:

(1)隧道埋深小,地质条件差,每个开挖循环进尺1.6m,每天循环数为1.5个循环,日进尺为2.4m。

(2)由于是整体中墙双连拱隧道,所有工序只能顺序作业,无法平行施工,施工时间长。

(3)隧道断面小,二衬台车下面无法通车,二衬也只能顺序施工。

五、质量管理得失及体会

1.质量专职机构

质量专职机构设置详见第二篇第四章第一节。

2. 存在的问题

中墙顶部(隧道起拱线标高)漏水。

主要原因有:

(1)由于本段隧道为整体中墙双连拱隧道,隧道拱部初期支护的拱架是架立在中墙上的,因此,隧道防水板无法连通。

(2)在中墙顶部有一条水平的纵向施工缝。在开挖支护过程中,施工缝内的止水带遭到破坏。

(3)预埋在中墙内的排水管,在初期支护喷射混凝土时被堵塞。

第四节 光电园站后大跨区间及立体斜交段施工

一、工程概况

1. 工程位置及周边环境情况

(1)光电园站后大跨区间隧道位于车站大里程端,为正线与出入段线的共建段,设计为单洞四线隧道,设计里程为 K27 + 392.083 ~ K27 + 608,全长 215.917m,开挖高度为 19.466m,开挖宽度为 24.674m,开挖面积约 386.84m^2,洞顶埋深 26 ~ 30m,Ⅳ级围岩,如图 2-38 所示。

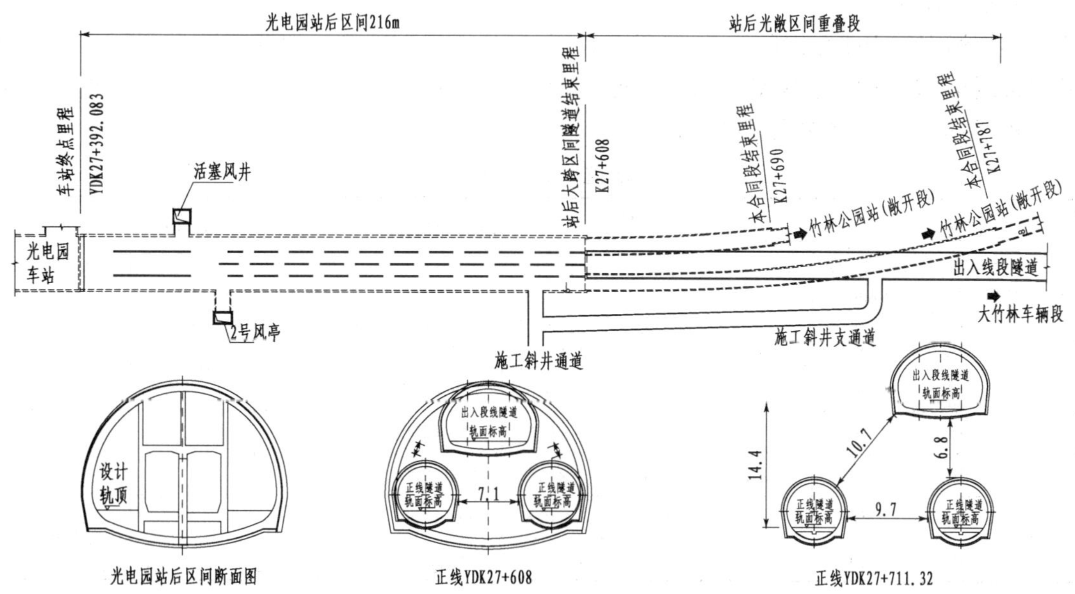

图 2-38 光电园站后区间隧道断面布置

(2)正线 K27 + 608 ~ CK27 + 715(107m,钻爆法结束里程为 K27 + 715)与出入段线 K0 + 168.72 ~ K0 + 336.8 段立体斜交,出入段线在上方,以 + 3.3% 坡度前进,正线在下方,以 - 2.9% 前进(正线和出入段线轨面标高之间的距离每延米增加 6.2cm)。正线和出入段线隧道之间最小距离由 1.29m 渐变增大到 6.82m。

正线采用小间距隧道断面形式,单洞开挖高度为 7.035m,开挖宽度为 7.96m,开挖面积约

50.86m²。出入段线采用单洞双线断面形式，单洞开挖高度为8.22m，开挖宽度为11.9m，开挖面积约85.08m²。

(3)光电园站后大跨区间隧道及立体斜交段于黄杨路正下方，洞顶埋深26~30m，Ⅳ级围岩。

2. 工程地质和水文地质

(1)气候条件。重庆属于热带气候，温暖湿润，雨量充沛。具有春早夏长、秋雨延绵、冬暖多雾、夏季炎热等特点。多年平均气温为18.3℃，极端最高气温43℃，极端最低气温-3.1℃。多年平均降雨量为1082.6mm。

(2)地形地貌。本工程车站和区间隧道所处地表较为平缓，出入段线和试车线处于山岭中，地表起伏，高差较大。

(3)工程地质和水文地质。

①工程地质情况：沿线从上至下依次为第四系全新统填土层(Q4ml)，残坡积粉质黏土(Q4el+dl)，侏罗系中统沙溪庙组(J2S)沉积岩层。

车站和隧道穿越侏罗系中统沙溪庙组(J2S)沉积岩层，为中等风化砂质泥岩和泥质砂岩。岩层较为完整，倾角较为平缓。

②水文地质情况：工程沿线地下水贫乏，主要为基岩裂隙水，大气降水和地面池塘渗漏补给。

3. 设计概况

隧道洞室采用曲墙拱形断面、等截面封闭、复合式衬砌结构。初期支护为300mm厚C25喷射混凝土、*R*25中空注浆锚杆和钢筋网加钢格栅拱支护，二次衬砌采用整体式模筑钢筋混凝土结构，隧道支护结构参数见表2-14。

隧道支护结构参数 表2-14

衬砌类型＼支护名称		C25喷射混凝土厚(mm)	锚杆			ϕ6.5钢筋网间距(mm)	C30钢筋混凝土厚(mm)	格栅拱间距(m/榀)	备注
			直径	长度(m)	间距(m)				
B	拱	330	*R*25	3.5	1×0.5	150×150	850	0.5	单洞四线隧道
	墙	330	ϕ22	3.5	1×0.5	150×150			
B+	拱	300	*R*25	3.0	1×0.8	200×200	800	0.8	出入段线隧道
	墙	300	ϕ22	3.0	1×0.8	200×200			
D	拱	250	*R*25	3.0	1×0.8	200×200	500	0.8	正线单洞
	墙	250	ϕ22	3.0	1×0.8	200×200			

4. 工程特点及重难点

(1)区间隧道断面大，埋深小，施工风险大。间隧道开挖高度为19.466m，开挖宽度为24.674m，开挖面积约386.84m²，洞顶埋深为26~30m。本段车站及隧道工程地质为Ⅳ级围岩，属特大断面浅埋隧道。

(2)立体斜交段，隧道之间距离近，施工组织和技术要求高，施工风险大。立体斜交段上下隧道之间最薄距离仅1.3m，施工过程中相互影响较大，施工风险高。由于工期紧张，需要快速组织施工,施工组织和技术要求高。

(3)工程量大,组织要求高,工期紧。四线大跨隧道全长215.917m,工程量大。立体斜交段无法同步平行施工,施工时间较长。

二、施工总体组织

本段工程利用施工斜井组织施工。

1. 施工组织机构

鉴于本段工程具有工程量大、工期紧、施工风险大的特点,在项目经理部下专门设置一个工区对本段隧道施工进行管理。设副经理一名,领工员3名、专职现场技术人2名及配套的作业工班和施工设备。

现场施工组织机构如图2-39所示。

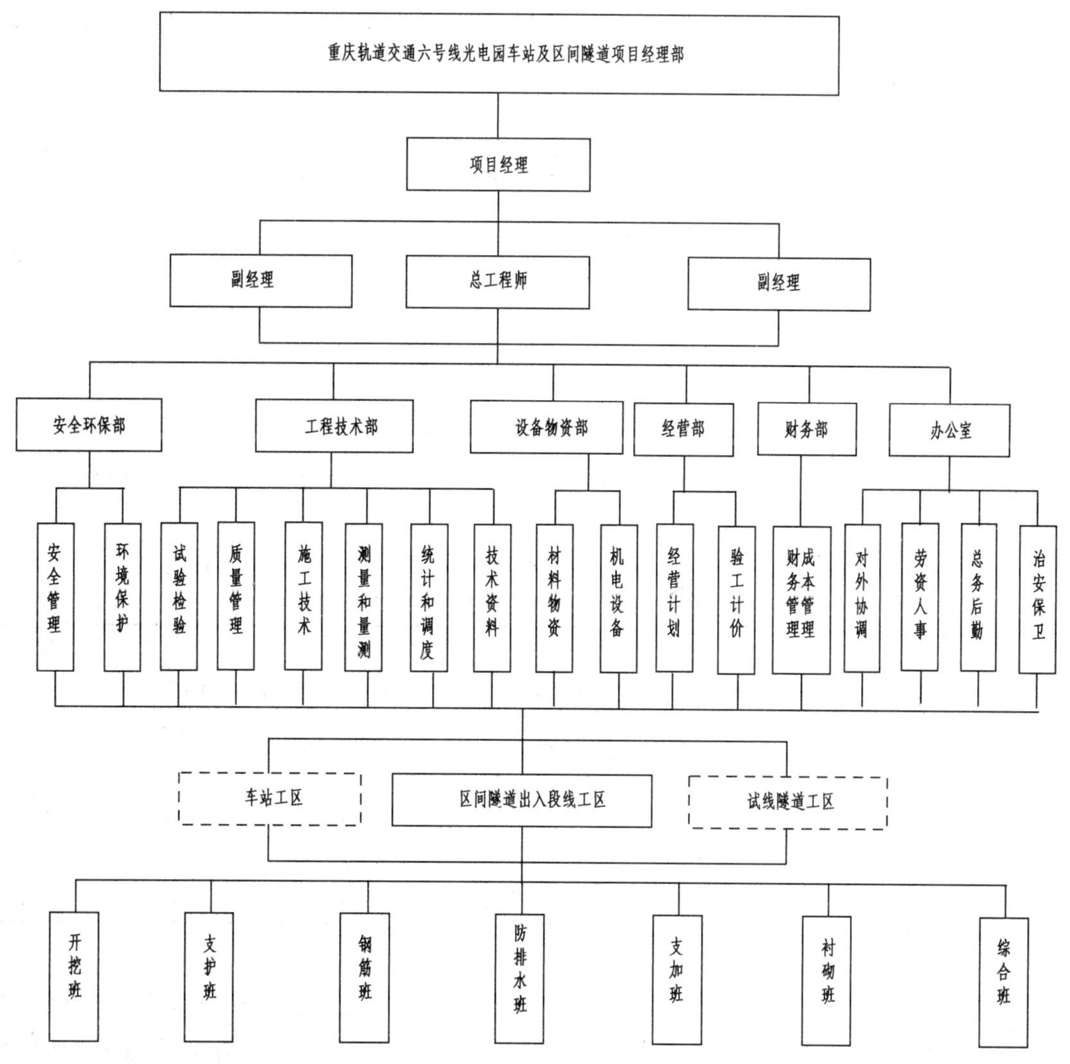

图2-39 现场施工组织机构

2. 资源配置

1)班组设置

设置的班组主要有开挖班、支护班、钢筋班、防排水班、衬砌班及综合班。各个工班的主要工作内容见表2-15。

区间隧道及出入段线隧道班组设置 表2-15

序号	班组名称	任务内容	备注
1	开挖班	隧道开挖,支护过程中锚杆孔施工	
2	支护班	拱架、锚杆、钢筋网安装,喷射混凝土、注浆	
3	钢筋班	拱架、锚杆、钢筋网的制作,二次衬砌钢筋制作安装	
4	防排水班	防水板铺设,排水管安装,施工缝、变形缝处理	
5	衬砌班	台车就位关模,混凝土浇注和养护	
6	综合班	现场文明施工,零星工程,材料转运,管路,配合其他班组施工	

2)劳动力配置

劳动力配置见表2-16。

区间隧道及出入段线隧道劳动力配置 表2-16

班组名称	班组数	每班组人数	备注
开挖班	4	18	
支护班	4	12	
钢筋班	2	24	
防水班	2	6	
衬砌班	2	16	
综合班	1	22	

3)主要机械设备配置

主要机械设备配置见表2-17。

区间隧道及出入段线隧道主要机械设备配置 表2-17

序号	设备名称	型号	数量	序号	设备名称	型号	数量
1	变压器	1000kV·A	1	7	混凝土搅拌机	JS-750L	1
2	空压机	26m^3/min	2	8	自卸汽车	18t	4
3	空压机	24m^3/min	2	9	钢筋加工设备		4
4	通风机	75kW	1	10	风动凿岩钻机	YT-28	120
5	挖掘机	1.2m^3/斗	3	11	电焊机		8
6	装载机	ZLC-50	3	12	发电机	250kW	1

3. 分包管理

光电园车站及区间隧道工程,除出渣外运、监控量测采用专业分包外,其余所有班组均为项目部直接管理,采用架子队伍形式管理。建项目部管理人员、领工员、电工、技术员、汽车驾驶员、后勤人员为自有职工,其余工种利用社会劳动力组成。

每月对班组进行安全、质量、进度考核。

三、总体方案及施工方法

1. 总体施工方案

隧道采用钻爆法施工，无车运输出渣、压入式通风。大跨区间隧道采用双侧壁导坑法开挖支护，重叠隧道段的上下部隧道均采用上下台阶法施工。隧道衬砌采用全部断面模台车施工。

2. 总体施工顺序

在立体斜交段端头附近的大跨区间隧道内增设施工通道，并将施工通道分为两条支通道，一条用于施工大跨区间和立体斜交段的下部隧道，一条用于施工出入段线隧道，见图2-38。

本段工程主要施工顺序如图2-40所示。

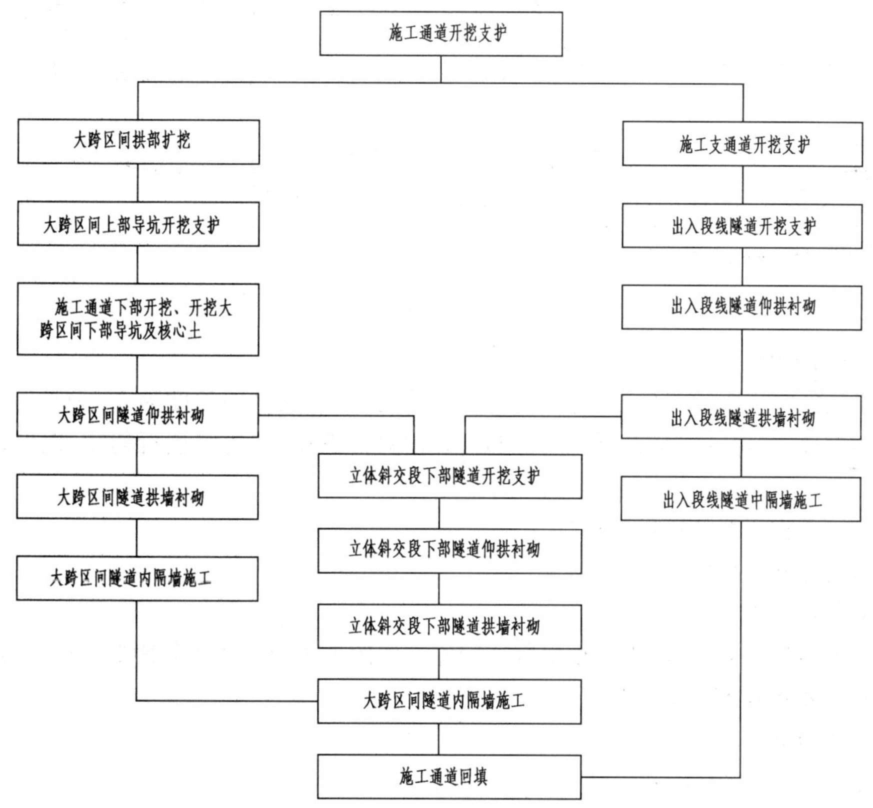

图2-40　光电园站后区间隧道总体施工顺序

3. 由施工斜井往大跨隧道扩挖

正线隧道均通过斜井组织施工，斜井与正线交角为90°，由于斜井与正线隧道立体相交，接口部位应力集中，安全风险较大，需要进行受力转换。其施工方法如图2-41所示。

(1)首先从施工斜井通道爬坡至正线隧道双侧壁导坑开挖的1步标高。

(2)按正线隧道开挖轮廓往正线隧道的另一侧开挖，施工斜井与正线隧道交叉口架立水平托换梁，架第一节正线隧道的拱架和临时支撑，钻设锚杆，挂钢筋网，并喷射混凝土，如

图2-42所示。

(3)按正线隧道开挖轮廓线,继续往正线隧道另一侧方向开挖,每3~4m(线隧道拱架长度)架立正线隧道拱架和临时支撑。

(4)正线隧道与斜井的交叉口上部台阶(1步底标高以上部分)全部扩挖完成,按双侧壁导挖法,往大小里程方向开挖1步导坑。

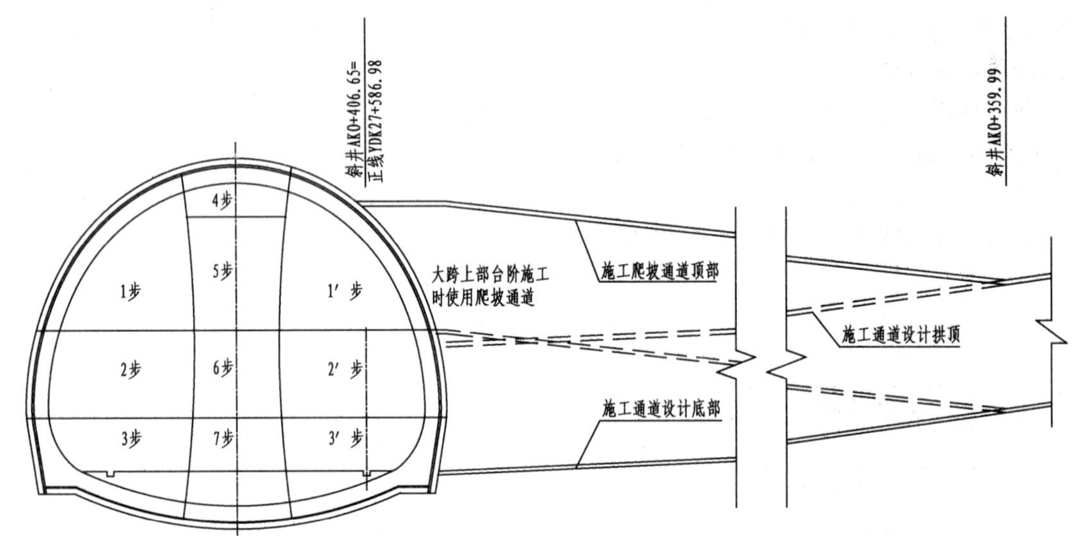

图2-41 斜井进入区间隧道施工

(5)施工注意事项:

①由于从斜井进入正线后,开挖拱顶为平顶结构,且正线拱架长度为3~4m,约等于2个开挖循环的进尺,为保证安全,每循环开挖后,必须对开挖拱顶、边墙进行初喷,以保证顶部和边墙稳定。

②加强该部拱正线隧道拱部锚杆。

③临时支撑必须按要求架立。

④加强监控量测。

⑤开挖1步导坑时,大里程或小里程方向左右侧的1步导坑按小间距隧道施工,左右导坑掌子面之间需要错开15m以上距离。

4.大跨断面隧道施工

1)开挖、出渣和衬砌方法

大跨隧道开挖支护采用双侧壁导坑法。1步采用自制钻眼台架打眼、装药;其余分部钻眼、装药不需要台架。采用反铲配合装载机装渣、自卸汽车运渣。

大跨隧道衬砌采用全断面模板台车进行拱墙二次衬砌。

2)各分步断面尺寸的确定

(1)1步底部标高确定。首先为方便车站附属结构开挖支护,1步底标高不宜高于或低于附属结构底标高1.5m左右;其次,为方便1步开挖或出渣,1步开挖高度不能太高或太低,因此其高度控制在6~8.5m。

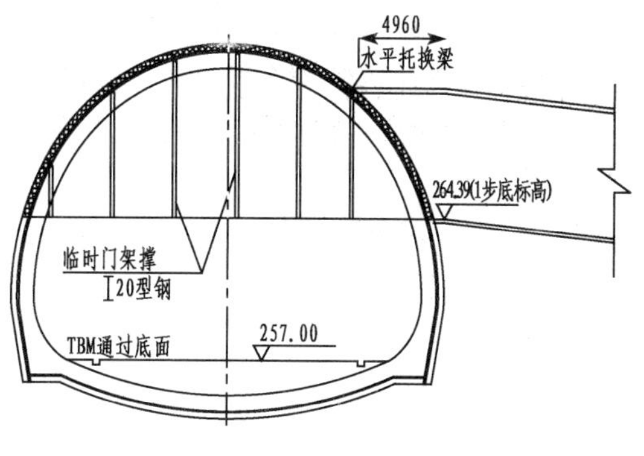

a）横断面

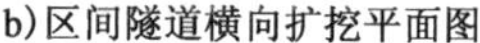

b）区间隧道横向扩挖平面图

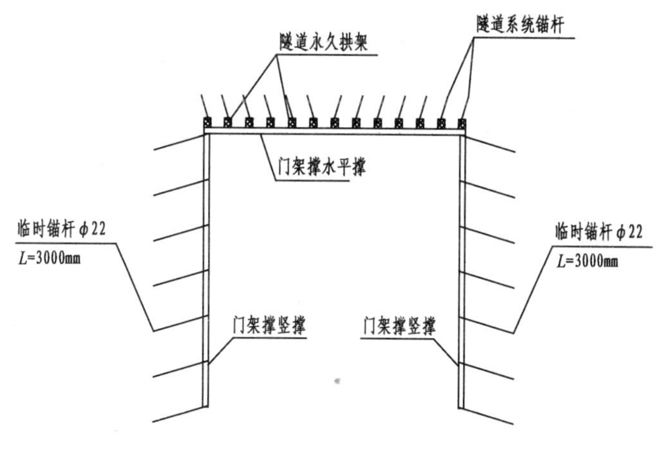

c）I－I 断面图

图 2-42　横向扩挖施工（尺寸单位：mm，高程单位：m）

(2)1步宽度确定。首先为保证施过程的安全,中部预留核心土厚度不宜小于5m;其次,为提高施工机械装渣效率,装渣空间宽度和高度不宜小于6.5m和4.5m。

(3)其他分步断面尺寸。在1步断面尺寸确定后,其他分步断面尺寸根据施工人员高度、出渣需求空间确定。

(4)台车行走面标高的确定。由于本工程TBM采用步进过站,因此,仰拱不能一次施作到位,在TBM过站前,仰拱只能施作到TBM过站标高,因此,台车行走面标高为TBM过站标高。

(5)矮边墙顶标高的确定。考虑到水平施工缝对结构美观的影响以及防水注浆管的留出,将矮边墙顶(水平施工缝)设置在设计永久填充顶标高。

(6)台车长度。根据工期计划,采用7.5m长全断面模板台车。

隧道开挖支护和衬砌的各分步划分及尺寸如图2-43所示。

3)施工顺序

大跨断面隧道施工顺序为:

上导坑1(1′)步开挖支护(包括临时支护)→下导坑2、3(2′、3′)开挖支护(包括临时支护)→拱顶4步开挖支护(包括临时支护)→矮边墙Ⅰ、Ⅱ步施工→核心土5、6、7步开挖→仰拱Ⅲ施工→拱墙Ⅳ全断面衬砌

4)施工过程的其他事项

(1)开挖循环进尺。根据拱架间距、各分步开挖宽度、高度和面积、隧道埋深等情况确定。隧道1步、拱顶4步开挖循环进尺控制在2m以内,其余各分步开挖循环进尺控制在2~3榀拱架间距。

(2)开挖步距。1步全部开挖完成后才施工2、3步。拱顶4步采用跳段施工,在1步开挖时,平行于1步,挖20m留20m。留下未挖的4步,在取核心土时施工。

(3)开挖完爆破后,及时进行初期支护及临时支护。做好拱架锁脚锚杆,尤其是临时拱架的锁脚锚杆,必须按设计要求进行锚固,并与拱架焊接牢固。

(4)临时拱架背后必须用混凝土喷射回填密实。

(5)开挖支护后,在二次衬砌之间,应加强大跨断面的监控量测,主要内容包括拱顶沉降、水平收敛和拱架支护应力等项目。

(6)仰拱分段(分段长度为模板台车长度的3~5倍)、分块施工,其施工顺序见图2-44。为保护防水板,在仰拱施工前,必须将底部松渣清理干净,并混凝土将开挖底部整理平顺。

(7)拱墙二次衬砌采用全断面整体式模板台车衬砌,台车长度7.5m,衬砌施工方法如图2-44所示。

(8)采用商品混凝土,泵送入模。仰拱及矮边墙采用插入式振捣器振捣,拱墙采用附着式振捣器配合插入式振捣器振捣。

(9)拱墙钢筋及防水板采用自制作业台架进行施工。

(10)车站和大断面区间隧道中墙核心岩柱纵向最大解除距离尽可能缩小(不大于30m),以监测结果为依据,在可控条件下确定解除核心岩柱长度,并对该段初期支护进行加强。

5. 立体斜交段施工

立体斜交段接口位置关系如图2-45所示。

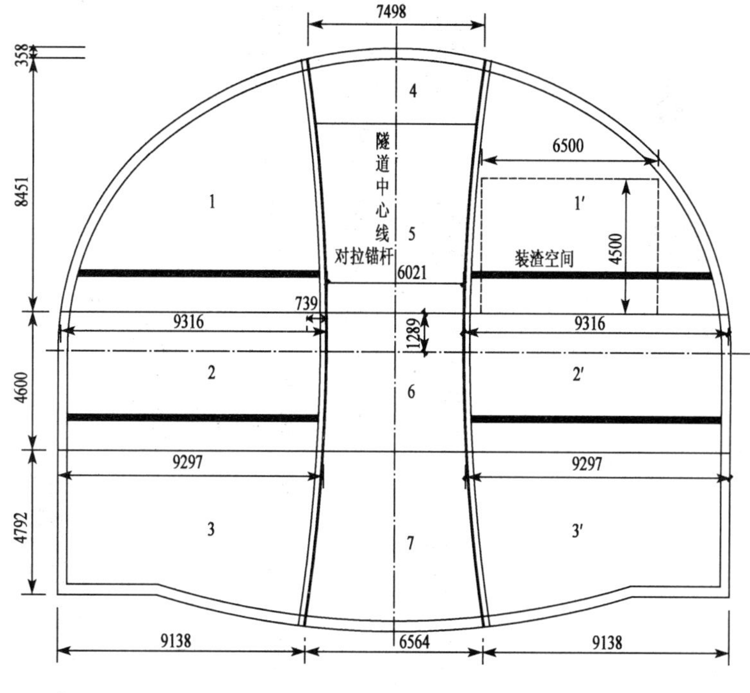

a)开挖支护分步

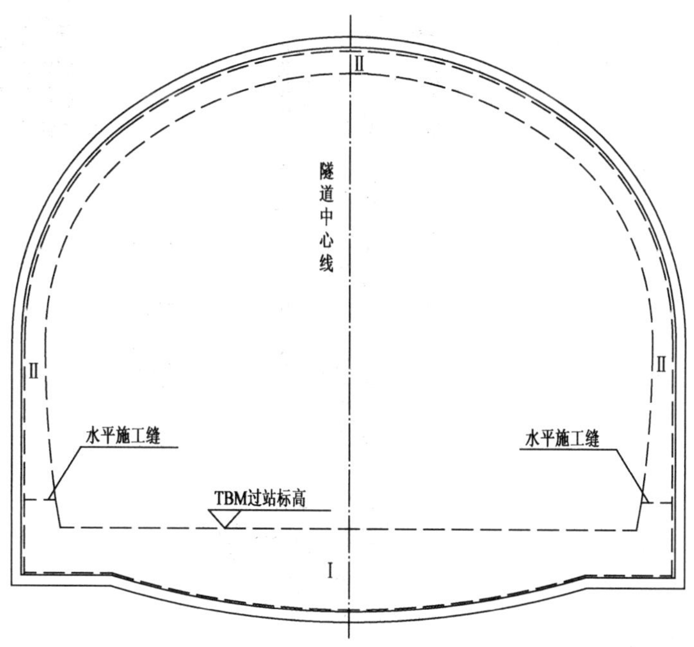

b)混凝土衬砌分步

图 2-43　大跨隧道分步施工(尺寸单位:mm)

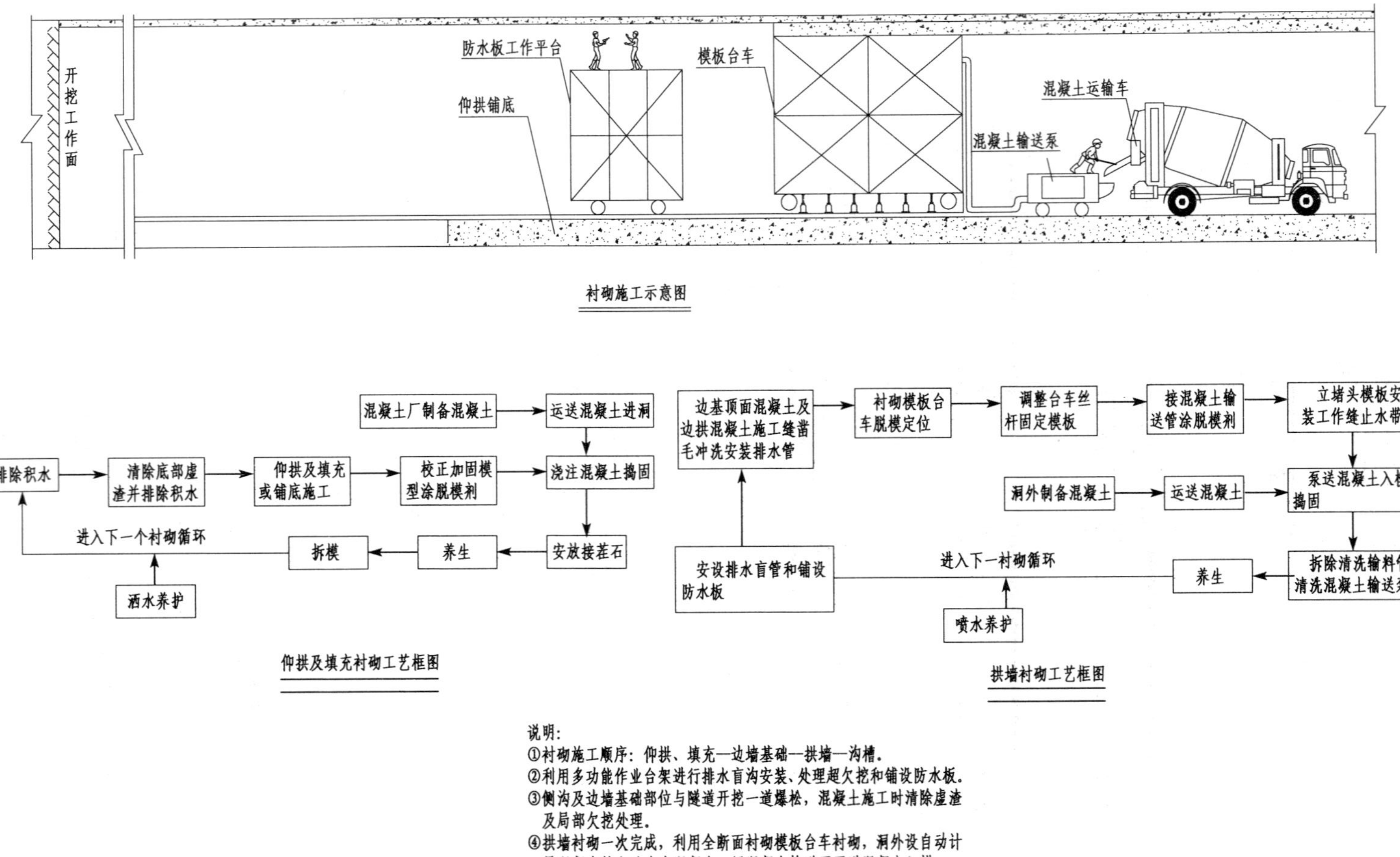

图2-44 大跨隧道拱墙衬砌施工示意图

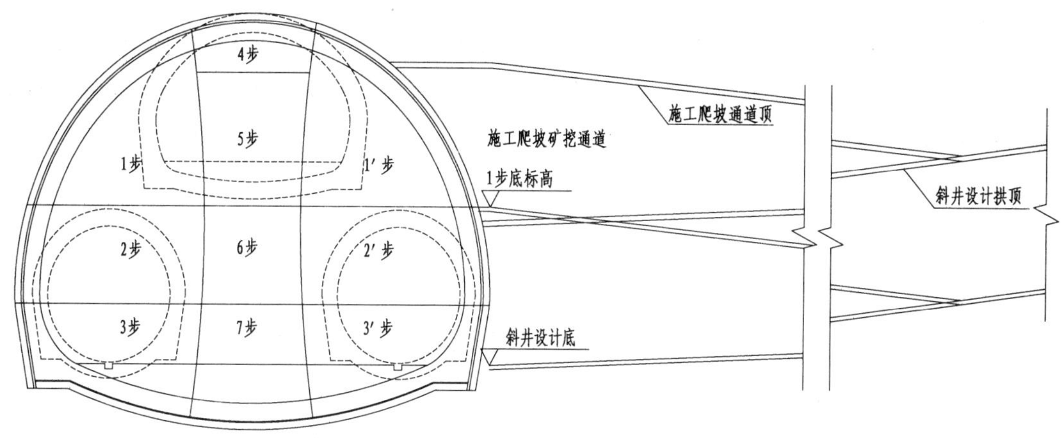

图 2-45　立体斜交段端墙断面

1）主要施工顺序

立体斜交段施工，有先上后下和先下后上两种施工顺序，其优缺点见表 2-18。

立体斜交段施工顺序优缺点比较　　　表 2-18

施工顺序 比较项目	先上后下 （先出入段线后正线）	先下后上 （先正线后出入段线）
安全或风险	（1）上部隧道墙脚距下部隧道拱部距离最近，在下部隧道开挖时，该部位围岩的稳定是施工过程中最大的风险 （2）下部隧道在施工过程中，围岩的变形不均匀，沉降不一致，使上部隧道结构受力不均，易出现开裂	（1）上部隧道开挖时，爆破对下部隧道结构的影响，使其结构容易开裂 （2）围岩变形的不均匀使下部结构出现损坏 （3）上部隧道施工过程中的重载车辆对下部隧道的影响，使其结构损坏
施工进度	（1）在大跨隧道扩完成后，开挖 1 步导坑期间，立体斜交段上部的出入段线道的开挖支护、仰拱衬砌等工程内容可以同步实施 （2）在大跨隧道底部开挖，施工交叉口段仰拱时，立体斜交段上部的出入段线道的拱墙衬砌等工程内容可以同步实施	等大跨隧道开挖支护完成，交叉口段仰拱完成后，才能进行立体斜交段下部隧道施工，需要等待约 4 个月时间

通过比较，立体斜交段施工顺序为：

上部出入段线隧道开挖支护→上部出入段线隧道仰拱衬砌→上部出入段线隧道拱墙衬砌→下部正线隧道左线开挖支护→下部正线隧道左线仰拱衬砌，下部正线隧道右线开挖支护→下部正线隧道左线拱墙衬砌，下部正线隧道右线仰拱衬砌→下部正线隧道右线拱墙衬砌

2）主要要施工方法

（1）施工方法：上部出入段线隧道采用上下台阶法施工，减少上部隧道爆破时对围岩的扰动和底部超挖，其施工方法如图 2 46 所示。

（2）在斜交段，上部出入段线隧道仰拱分三段浇筑，每段长度约 50m，如图 2-47 所示。第一段、第二段仰拱在隧道开挖掌子面超过斜井支通道交叉口后施工，全断面一次性施工。第三

段采用左右半幅两次施工。

(3)下部正线隧道采用全断面一次性钻眼,两次爆破。先爆破下部,再爆破拱部,全断面成型,全断面初期支护。每循环开挖进尺控制在2m以内,尽量减少下部隧道的拱部爆破对上部隧道墙脚的影响。

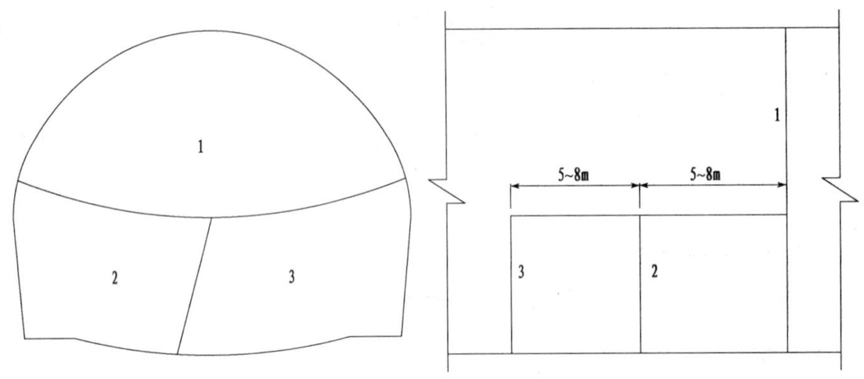

图2-46　立体斜交段上部出入段线隧道开挖

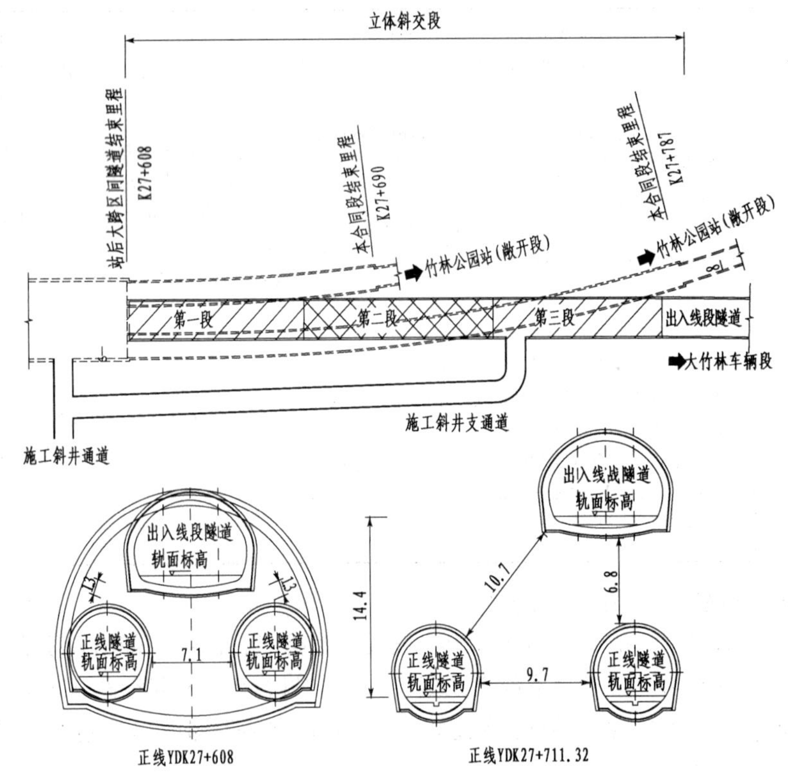

图2-47　立体斜交段上部出入段线隧道仰拱分段

(4)正线隧道为小间距隧道,中间核心岩柱最薄处为7.1m,为保证核心岩柱安全,左右洞之间掌子面错开15m以上距离开挖施工。

(5)加强措施。为保证上下部隧道拱顶围岩稳定,在下部隧道拱顶增设ϕ25超前锚杆,对拱顶围岩进行支护。超前锚杆长4m。

(6)上、下部隧道均采用全断面模板台车进行拱墙衬砌施工,台车站9m。下部隧道衬砌在开挖完成后,左右洞顺序施工。上部隧道衬砌平行于开挖面200m左右。

6.隧道内隔墙施工

(1)大跨区间隧道内的隔墙采用满堂脚手架＋＋双面竹胶模板施工。纵向30m左右一段,从下往上施工。其施工方法与车站站内结构施工相同。

(2)出入段线隧道中隔墙采用中隔墙台车施工,每段长15～18m,如图2-48所示。

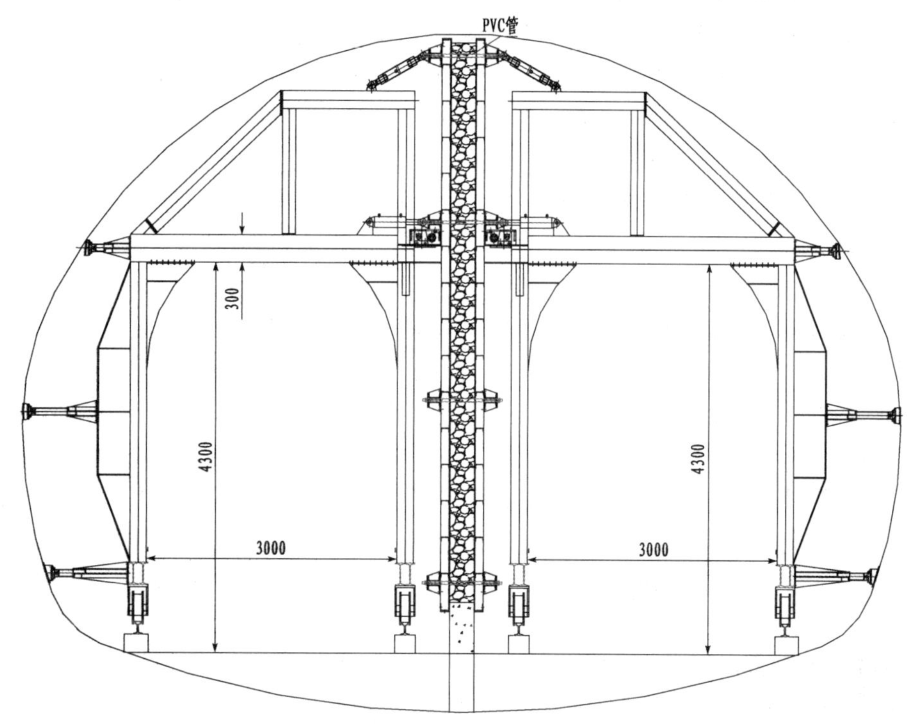

图2-48　立体斜交段上部出入段线隧道中隔墙施工

(3)隔墙底部与仰拱连接。隔墙钢筋采用植筋方式与底部仰拱连接。

(4)隔墙顶部与拱墙连接。隔墙施工完成后,在隔墙两侧的隧道顶部安装撑靴将隔墙限位,如图2-49所示。

7.施工通风及排水

(1)施工通道　采用压入式通风。用风管将新鲜空气送到开挖掌子面,将洞内污浊空气到施工斜井内,利用斜井的"烟囱"效应,将洞内污浊空气排放到洞外。

(2)在施工斜井通道内每100～150m设集水坑,隧道与施工斜井交叉口设集水坑,将洞内施工污水集到集水坑内后,分级抽排到洞外污水处理池处理后排放。

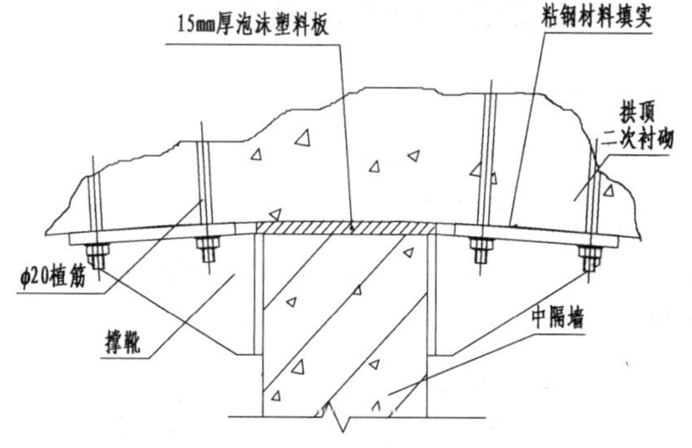

图2-49　中隔墙与隧道拱顶连接

四、施工进度管理

1.进度计划和完成情况对比

(1)站后大跨区间于2010年3月25日开始开挖,2010年5月18日完成1步开挖支护。2010年6月22日开始2步开挖,2010年10月25日完成所有大跨隧道开挖。2010年9月19日开始施工仰拱。2010年11月12日开始施工拱墙衬砌,2011年7月6日完成全部拱墙衬砌。2011年6月29日开始框架结构施工。2011年9月14日完成框架结构。

(2)出入段线隧道于2010年5月28日开始施工,2011年5月18日完成开挖支护。2010年8月13日开始施作仰拱,2010年8月15日完成仰拱混凝土浇筑。2010年9月29日开始施工拱墙衬砌,2011年8月18日完成全部拱墙衬砌。2011年6月18日开始中隔墙结构施工,2011年9月7日完成中隔墙结构。

(3)立体斜交段下部隧道于2010年10月25日开始开挖,2011年2月21日完成开挖支护。2010年12月25日开挖衬砌,2011年5月25日完成拱墙衬砌。

2.影响施工进度的因素

(1)大跨区间隧道在2010年5月前,开挖进度正常,但5月后,由于重庆地区为雨季,重庆市又在进行渣场整治,无法出渣,导致大跨隧道开挖进度缓慢。

(2)出入段线的正式设计方案在2010年5月才确定,因此出入段线隧道于2010年5月28日才开始施工。

(3)施工支通道方案于2010年7月才确定,影响了立体斜交段出入段线隧道工程的工序转换。

(4)大跨区间隧道在2步开挖后,大部分工序为顺序施工,工序多、转换频繁,施工进度较慢。

(5)2010年6月以后,重庆市范围内的商品混凝土供不应求,并且由于全国范围内柴油供应紧张,导致商品混凝土供应不足情况加剧,影响施工进度。

(6)隧道在衬砌后,由于人力资源不够,导致衬砌作业进度缓慢。商品混凝土供应不及时,导致人力资源不稳定,影响工期。

(7)立体斜交段下部正线隧道为单工序作业,施工时间长。

五、质量管理得失及体会

1.质量专职机构

施工前成立以项目经理为组长、总工程师和质量副经理为副组长的质量管理领导小组,作业队成立专项质量管理小组,对主要工序的施工质量进行有组织的控制。配备专职的质检工程师和质检员,推行全面质量管理和目标责任管理,从组织措施上保证工程质量真正落到实处。

2.存在的问题

(1)由于混凝土供应紧张,供应不及时,导致混凝土施工冷缝较多,施工冷缝部位漏水。

(2)施工通道与大跨接口部位,由于前期为了扩挖大跨隧道而将施工通道拱顶抬高,后期施工通道回填时,通道拱顶回填不密实。

六、安全管理得失及体会

1. 安全管理专职机构

施工前成立以项目经理为组长、总工程师和安全副经理为副组长的安全管理领导小组,配备足够的专职、兼职安全员和群众安全监督员,对施工安全进行监督和控制,落实各级安全责任制,从组织措施上保证施工安全。

2. 安全管理

(1)大跨隧道和立体斜交段为多工作面平行或者交叉作业,当多工作面放炮相互影响时,首先要保证齐头掘进的需要,起爆顺序应由里向外,里面的人员未撤出前,外面禁止放炮。

(2)加强监控量测及观测工作,并根据测量成果反馈的资料调整爆破参数及施工方法。发现问题,及时与监理、业主、设计等各方面联系,协商处理出现的问题。

(3)编制和完善各项安全管理制度及应急预案,并进行了隧道防坍应急处理演练。

(4)进入大跨隧道和立体斜交段隧道后,由于通过斜井进入隧道距离较长,应加强隧道内通风、排烟、排水工作。

(5)施工过程中,严格控制循环进尺、每循环炮眼布置、每孔装药量,并及时施工初期支护。

(6)施工过程中,加强施工用电、爆破物品和动火作业的管理。

(7)配备专职安全工程师,加强日常安全检查,定期进行安全考核。

(8)以领工员、现场技术员、工班长为兼职安全员,设立群众安全监督员,加强日常安全管理和巡查。

第五节　两路口—鹅岭区间隧道施工

一、工程概况

1. 工程位置及周边环境情况

重庆轨道交通一号线6标两路口—鹅岭区间隧道位于渝中区,隧道全长1419.751m。隧道沿两路口穿过健康路、市急救中心、大量陈旧居民楼房到达鹅岭正街,两鹅区间线路埋深6~75m不等,地表地势崎岖,沿线存在多处地质灾害地带,建筑物距离隧道开挖轮廓线最小6m。

2. 工程地质和水文地质

隧道埋深大小不一,小里程体育路—健康路浅埋段原始地貌为沟谷地段,沿线上覆土层厚度6~12.0m,为稍密~中密状人工填土与软塑~可塑状粉质黏土,下伏基岩为砂质泥岩夹薄层砂岩,隧道走向与岩层走向大角度斜交,岩层产状平缓。隧道洞室围岩为土、岩结合,洞室上部为粉质黏土或素填土，下部为砂质泥岩，隧道围岩以土层为主，围岩级别Ⅵ级。其余地段洞顶土层厚度1.0～11.8m，洞顶岩石厚度0～73m，洞室围岩主要为砂岩、砂质泥岩，围岩级别为Ⅳ级。

隧道周边环境较复杂，隧道垂直正上方地表居民房屋较多，爆破施工对其有一定影响。

该段水文地质条件简单，主要为基岩裂隙水、大气降水、地表管网渗漏流水。

3. 设计概况

本区间分为左右线，采用单洞双线、单洞单线两种形式，在鹅岭车站隧道附近设置人防断面。两鹅区间隧道为多心圆曲墙拱形结构，单洞双线段在隧道中间设置一道钢筋混凝土隔墙，根据平面位置不同，断面尺寸有所不同，共设置8种断面形式，其中1-1断面为标准断面，断面大小为$76m^2$，其他最大断面为$118m^2$，最小断面单洞单线段为$32m^2$。由两路口往鹅岭方向设34‰坡度，衬砌设计预留变形量5～10cm，初期支护采用15～25cm锚喷C25混凝土，二次衬砌采用30～550cm厚C30、P8钢筋混凝土，采用全包2mm厚自粘防水卷材并附$200g/m^2$无纺布，环向施工缝及水平施工缝采用一道遇水膨胀止水胶加一道预埋注浆管防水，变形缝均采用中埋式钢边橡胶止水带和外贴式橡胶止水带加强防水。

4. 工程特点及重难点

(1)施工场地狭小，施工组织难度大：两鹅区间隧道施工场地面积仅为$400m^2$，在有限的场地内要布设临建、拌和站、加工场、材料堆放场等几乎无法做到。在有限的施工场地内做好平面布置，避免施工交叉作业相互影响，并确保合同工期，过程中施工组织难度较大。

(2)辅助导坑少，工程量大，工期紧张：本区间隧道总长1400多米，施工中出渣进料通道只设一个辅助导坑，而因隧道断面，中隔墙施工无法与开挖及衬砌平行作业，造成工期压力大。

(3)工程地质对隧道安全影响：隧道局部地段埋深小，最小处6m，覆盖层为黏土层，稳定性差，施工过程中的安全危险性非常大。

(4)周边建筑物安全保障：区间隧道下穿急救中心段埋深较小，裙楼(楼层5层)位于隧道正上方，主楼(楼层20层)位于隧道边上；中邮宾馆桩基在隧道正上方6m，跳伞塔距离隧道9.2m；下穿密集民房段房屋均为20世纪五六十年代老式居民房，且有大量房屋处于地质灾害地段。隧道施工对既有建筑物影响很大，不但易于引起结构开裂和变形，特别是爆破振速对既有建筑物结构的安全也会产生较大影响。

二、施工总体组织

1. 施工组织机构

两鹅区间隧道工程施工由重庆轨道交通一号线6标项目经理部组织施工，项目经理部设置经理1名，副经理2名和总工程师1名，下设四部一室(图2-50)。

2. 资源配置

(1)班组设置。设置的班组主要有开挖班、支护班、钢筋班、防排水班、衬砌班及综合班。各个工班的主要工作内容见表2-19。

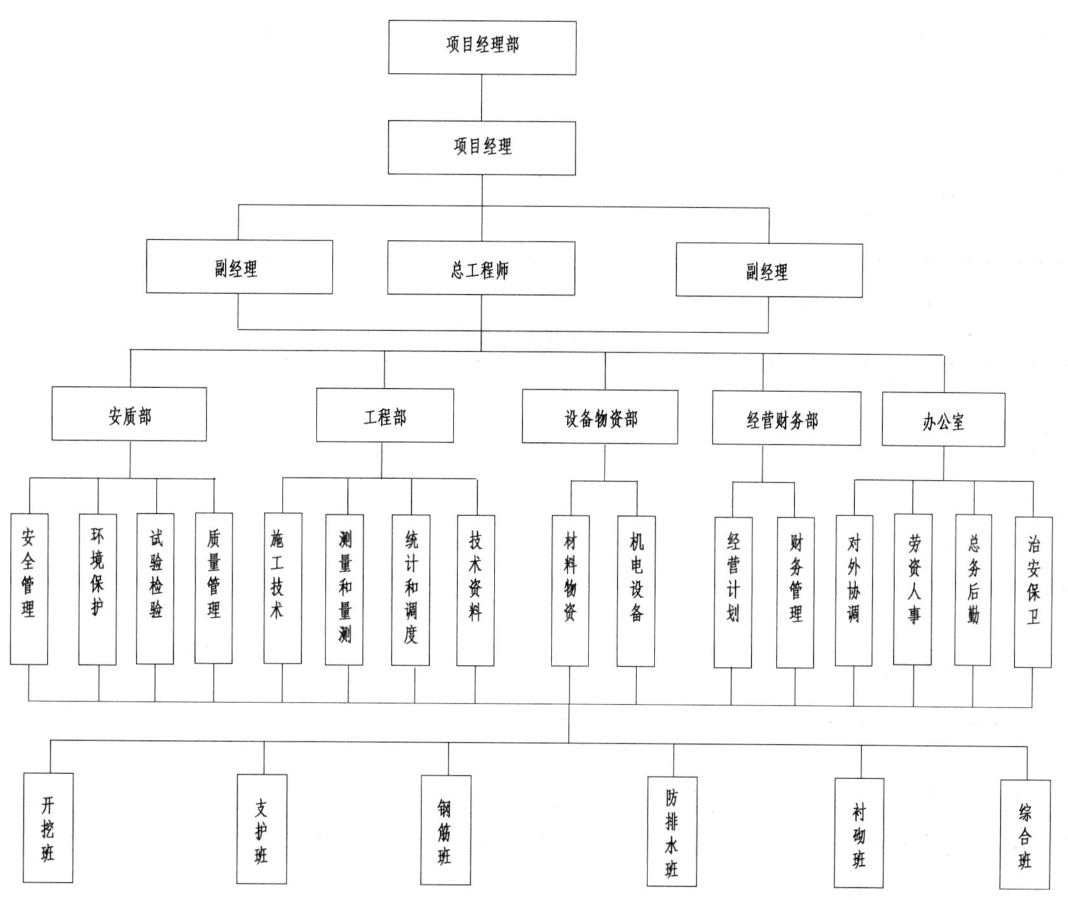

图 2-50　现场施工组织机构

班组设置　　表 2-19

序　　号	班组名称	任务内容	备　　注
1	开挖班	隧道开挖，支护过程中锚杆孔施工	
2	支护班	拱架、锚杆、钢筋网安装，喷射混凝土、注浆	
3	钢筋班	拱架、锚杆、钢筋网的制作，二次衬砌钢筋制作安装	
4	防排水班	防水板铺设，排水管安装，施工缝、变形缝处理	
5	衬砌班	台车就位关模，混凝土浇注和养护	
6	综合班	现场文明施工，零星工程，材料转运，管路，配合其他班组施工	

(2)劳动力配置。劳动力配置见表 2-20。

劳动力配置　　表 2-20

班组名称	班　组　数	每班组人数	备　　注
开挖班	2	18	
支护班	2	8	

续上表

班组名称	班组数	每班组人数	备注
钢筋班	1	25	
防水班	1	5	
衬砌班	1	16	
综合班	1	14	

(3)主要机械设备配置。主要机械设备配置见表2-21。

主要机械设备配置　　表2-21

序号	设备名称	型号	数量	序号	设备名称	型号	数量
1	变压器	630kV·A	1	8	自卸汽车	18t	10
2	空压机	$26m^3/min$	2	9	钢筋加工设备		2
3	空压机	$12m^3/min$	1	10	地质钻机		1
4	通风机	55kW	2	11	风动凿岩钻机	YT-28	50
5	挖掘机	$1.2m^3$/斗	2	12	电焊机		14
6	装载机	ZLC-40	2	13	发电机	250kW	1
7	混凝土搅拌机	JS-500L	2	14	注浆泵	2TGZ-120	4

3. 分包管理

两鹅区间隧道采用劳务分包形式管理班组。其中机械班、综合班为自有职工组成的班组。其余班组利用社会劳动力组成,采用劳务+部分零星材料的分包模式。班组长及以上的管理人员全部为公司自有职工。

三、总体方案及施工方法

1. 总体施工方案

两鹅区间利用两鹅施工通道作为施工出渣通道。施工通道贯通至区间隧道主洞后,分别向鹅岭、两路口两头进行两鹅区间隧道主洞开挖及初期支护,开挖至单洞单线隧道段时先施工左线,左线完成20m后,再进行右线开挖及初期支护施工。

区间隧道开挖及支护完成150m后,开始进行仰拱及回填层施工,仰拱及回填层分左右侧交错施工;仰拱及回填层完成50m后,分段依次进行拱墙二次衬砌施工;开挖及初期支护全部完成后,分段进行中隔墙施工。

2. 施工通道施工方案

仰坡通道口设1.0m明拱,明拱施工好以后,施工大管棚,通道开挖在大管棚超前支护下进行。施工通道洞口段20m采用非爆破的方法进行开挖,20~80m采用上下台阶控制爆破开挖,其他地段采用全断面光面爆破开挖,施工中随挖随支护。

施工通道开挖贯通至区间隧道边缘后,对施工通道与区间隧道衔接处进行加固处理,施工通道继续开挖至区间隧道右侧边缘。施工通道开挖完毕后,先后进行区间隧道3-3断面上台阶左、右洞室(先左后右,齐头错开15m以上)挑顶开挖及初期支护,进入上台阶导洞开挖后,按设计要求断面施工，左右错距为15m。每循环放炮找顶后，必须立即打锚杆、挂网、初喷混凝土。

3. 开挖及初期支护施工

区间隧道区域内围岩级别一般为Ⅳ级，临近两路口站位置50m范围为Ⅵ级围岩。Ⅳ级围岩1-1、2-2、3-3、4-4断面采用底部预留光爆层台阶法分左右两次交错开挖；Ⅳ级围岩5-5、6-6断面采用全断面法开挖；Ⅵ级围岩7-7、8-8断面采用分次爆破扩挖（局部土层段采用机械开挖）的方法进行开挖。开挖采用人工手持YT-28型风动凿岩钻机钻眼，光面爆破施工。施工中开挖与初期支护平行流水作业，遇断面较大、围岩软弱、架设钢拱架地段，则开挖后及时打设锚杆、挂钢筋网，喷射混凝土进行封闭。

4. 施工通风及出渣

1）施工通风

在施工通道洞口位置设置一组55×2kW通风机进行压入式通风，风管采用ϕ1000软管，在通道与正洞交叉口处分两头分别向两鹅区间供风。

2）施工出渣

采用侧倾式装载机装渣、自卸汽车出渣，挖掘机配合。

5. 防排水施工

两鹅区间隧道采用全封闭防水设计，采用2.0mm×2mm厚自粘防水卷材并覆200g/m^{2}无纺布。在拱墙防水板背后纵向每10m设一道环向排水盲管，墙脚设一道纵向ϕ100透水盲管，在轨顶标高位置设横向排水管。环向排水管、纵向排水管、横向排水管用三通连接，将防水板后的渗水排到区间两侧纵向排水沟内。防水板采用6m自制轨行式工作台车辅助施工。

结构环向施工缝设置间距为9m，环向施工缝及水平施工缝采用一道遇水膨胀止水胶加一道预埋注浆管防水。变形缝均采用中埋式钢边橡胶止水带和外贴式橡胶止水带加强防水，钢边橡胶止水带的宽度为35cm。

6. 二次衬砌施工

车站初期支护完成一定距离后，根据监控量测结果并满足爆破施工安全距离，开始进行区间隧道二次衬砌施工。区间隧道二次衬砌施工采用矮边墙超前，仰拱、仰拱回填施工紧跟开挖面（滞后约80m）与开挖平行作业，仰拱混凝土采用人工立模浇注，插入式振捣器振捣。根据隧道断面大小不一致，仰拱施工采用左右交错浇筑形式，仰拱回填与仰拱施工一次进行。

根据断面形式及分布情况，区间隧道各类断面的拱墙二次衬砌施工采用不同的方法。1-1标准断面拱墙施工采用9m自行式液压模板台车整体浇注成型、泵送混凝土浇注，边墙采用插入式振捣器振捣。2-2、3-3、4-4断面拱墙施工采用模板台车改装的模板台架+定型钢模板的模板支架体系整体浇注成型、泵送混凝土浇注，边墙采用插入式振捣器振捣。5-5、6-6断面采用满堂红钢管架+工字钢模型+定型钢模板作为模板支架体系整体一次性浇注成型、泵送混凝土浇注，边墙采用插入式振捣器振捣，7-7、8-8小断面采用9m自行式液压模板台车整体浇注成型、泵送混凝土浇注。

衬砌混凝土采用商品混凝土，由混凝土输送罐车运输至工地现场，混凝土输送泵输送入模；1-1、7-7、8-8断面钢筋及防水板采用钢管架搭架、下部安装行走轮的简易台架进行施工；2-2～6-6断面钢筋及防水板直接采用模板支架体系或简易钢管架辅助进行施工。

7. 中隔墙施工

为避免中隔墙施工影响拱墙施工，中隔墙施工应待拱墙施工完成后进行。中隔墙分两次施工，先施工 60cm 矮边墙，再施工上部剩余部分。矮边墙钢筋、拱部钢筋均采用植筋方式施工。因工期紧张，中隔墙上部施工采用 18m 自制模板台架和 20m 满堂红钢管架 + 18mm 厚胶合模板两种模板支架体系，台架或模板上预留窗口以便混凝土浇注和振捣，挡头模采用 5cm 厚模板。

四、施工进度管理

1. 进度计划和完成情况对比

两鹅区间合同工期目标：2007 年 7 月 1 日开工，2009 年 6 月 30 日竣工。

两鹅区间实际于 2007 年 11 月 19 日开工，2010 年 5 月 8 日主体工程完工。比合同工期晚了约 12 个月。

2. 影响施工进度的因素

(1) 区间隧道场地狭小，现场无法布置大型拌和站、加工场，后期只能在正洞内增设拌和站、临时堆放场，影响施工进度。

(2) 施工中只有一个施工通道作为出渣进料通道，且根据现场实际地形，施工通道无法设置在区间隧道的中部，整个区间隧道的开挖几乎是独头掘进，影响了施工进度。

(3) 隧道上方陈旧民房多，且多数房屋存在既有裂缝，为确保房屋结构安全，施工中采用分次控制爆破，开挖进度指标无法提高，影响了总工期计划目标的实现。

(4) 因隧道断面小，中隔墙台车或台架无法通行出渣车、混凝土罐车等大型车辆，造成中隔墙施工无法与开挖、衬砌平行作业，制约了施工进度。

五、质量管理得失及体会

1. 质量控制有效措施

(1) 过程中监控量测工作切实到位，对重点部位的沉降、收敛监测以及爆破振速监测数据做到百分之百的真实，尤其是穿越陈旧民房、急救中心高层建筑段现场严格控制爆破钻眼、装药，确保光面爆破的质量。

(2) 安排防水施工专业工程师对区间防水施工进行技术指导，严格过程检查，确保防水施工质量，隧道完工后基本未发现渗漏现象。

2. 存在的问题

中隔墙施工后期多次发现拱部出现空洞或缺口，需进行二次补注，分析形成原因如下：

①因工期压力大，后期同时采用简易台架和脚手架跳段作业，造成若干段出现质量缺陷。

②中隔墙墙体仅 30cm 厚，而单段中隔墙施工均在 15m 以上，要保证混凝土密实，对商品混凝土的和易性、流动性要求高，而施工中商品混凝土质量不稳定。

③施工中混凝土供应不及时、不连续，造成现场混凝土浇注过程中经常断料，拱部极易出现空洞。

六、安全管理得失及体会

1. 安全管理有效措施

(1)安全系统管理措施有效。安全管理制度健全并严格贯彻执行;安全教育培训常抓不懈,作用显著;危险源辨识及危险源控制有效,对重大危险源做到严防死守;全员、全过程、全方位进行安全日常管理;重点盯防协作队伍或劳务队伍的安全管理,对人员、机械设备、资金进行全方面监控;安全管理内业和现场同样重要,内业资料全面完善。

(2)长隧道施工中,加强通风和照明对安全管理非常关键,施工中安排专人负责,对存在问题的地方及时发现和修补,确保了施工中车辆运输和施工人员的安全。

2. 存在的问题

(1)因现场条件限制,施工通道设计设置了不小于14%的坡度,冬季施工易造成车辆滑行或侧翻。

(2)中隔墙钢筋原设计采用预埋方式,后发现预埋钢筋易扎破运输车辆轮胎,留下安全隐患,要求变更采用植筋方式。

七、文明施工及环境保护

(1)设立综合班,负责工程的文明施工。

(2)施工过程中,对环境的影响主要为施工噪声扰民。主要解决措施有:

①加强宣传,取得周边居民谅解。

②采用低噪声施工设备,减小噪声音量。

③尽量错时施工,减少对周边居民的影响。

第六节　红土地—黄泥滂区间隧道施工

一、工程概况

1. 工程位置及周边环境情况

重庆市轨道交通六号线一期工程(上新街—礼嘉段)红土地站大里程端、黄泥滂站小里程钻爆法段区间隧道位于红黄路下方。红土地站后设有一处配线,配线端头为单洞单线隧道,左线设计里程为ZDK18+684.186~ZDK19+029.036,全长344.850m;右线设计里程为YDK18+684.186~YDK19+024.457,长340.271m。黄泥滂站小里程端依次为5m接收洞、10m人防段及5m长的TBM通过段。左线设计里程为ZDK19+812.618~+832.618,长20m;右线设计里程为YDK19+811.196~+831.196,长20m。均采用钻爆法施工,衬砌断面采用马蹄形。该两段路埋深30~50m,线间距13.00~15.00m。

2. 工程地质和水文地质

红土地车站大里程端区间隧道地质构造上属龙王洞背斜轴部,岩层倾向110°~130°,一般为120°,倾角9°~18°。主要发育两组构造裂缝:J1,320°∠60°~80°,裂隙面比较平直、光滑，部分黏性土充填。裂隙间距约 1m，硬性结构面，结合一般。J2，220° ~ 230° ∠70° ~ 80°，裂隙面波状起伏，间距 1 ~ 1.5m，无充填，硬性结构面，结合一般。

隧道围岩顶板中等风化岩石厚度为 34.1 ~ 38.2m，大于 2.5 倍压力拱高度（24.41m），为深埋隧道。围岩为中等风化的砂质泥岩夹薄层砂岩，岩体完整性指数 $K_v = 0.62$，岩体较完整。砂质泥岩单轴饱和抗压强度为 15.7MPa，为较软岩。围岩基本分级为Ⅳ级。地下水类型以呈脉状分布的基岩裂隙水为主，水量较小，呈滴状或珠串状。围岩开挖后，拱部无支护时，可产生较大坍塌，侧壁有时会失去稳定。由于隧道沿线岩层倾角平缓，岩层倾向 1°左右，隧道开挖过程中易塌顶。

3. 设计概况

红土地车站大里程端区间隧道起讫里程 DK18 + 684.186 ~ DK19 + 029.036，为存车线区间隧道，采用曲墙 + 仰拱的五心圆马蹄形断面。区间隧道顶部覆土为 42.5 ~ 46.5m，矿山法施工，围岩级别为Ⅳ级，区间隧道最大开挖 22.90m，高 13.605m，属于特大断面暗挖隧道，采用双侧壁导坑法施工；配线端头为单洞单线隧道，隧道最大开挖 9.10m，高 9.866m，全断面法施工。本区间隧道采用 TBM 步进过站，矿山法施工。隧道支护参数见表 2-22。

红土地站大里程端区间隧道断面施工参数 表 2-22

支护类型	施工范围	支护			二次衬砌
		喷混凝土及钢筋网	锚杆	钢拱架及超前小导管	
A 型断面	ZDK18 + 684.196 ~ ZDK18 + 829.186 YDK18 + 684.196 ~ YDK18 + 825.179	C25 混凝土 33cm 厚，ϕ6.5@ 20 × 20cm 钢筋网，双层	ϕ25 中空锚杆 L = 3.5m@ 100 × 50cm，梅花形布置	格栅拱架0.50m/榀，ϕ42 超前小导管，环距 40cm，纵向间距 200cm，拱部 120°范围内	80cm 厚 C40，P12 模筑钢筋混凝土
B 型断面	ZDK18 + 829.186 ~ ZDK18 + 965.263 YDK18 + 825.179 ~ YDK18 + 960.684	C25 混凝土 35cm 厚，ϕ6.5@ 20 × 20cm 钢筋网，双层	ϕ25 中空锚杆 L = 3.5m@ 100 × 60cm，梅花形布置	格栅拱架 0.60m/榀，ϕ42 超前小导管，环距 45cm，纵向间距 200cm，拱部 120°范围内	75cm 厚 C40，P12 模筑钢筋混凝土
C 型断面	ZDK18 + 965.263 ~ ZDK18 + 976.636 ZDK18 + 989.036 ~ ZDK18 + 999.036 YDK18 + 960.684 ~ YDK18 + 972.057 YDK18 + 984.457 ~ YDK18 + 994.457	C25 混凝土 25cm 厚，ϕ6.5@ 20 × 20cm 钢筋网	ϕ25 中空锚杆 L = 3.0 m @ 100 × 100cm，梅花形布置，ϕ22 中空锚杆 L = 3.0m@ 100 × 100cm，梅花形布置	工字钢 1.00m/榀，ϕ42 超前小导管，环距 45cm，纵向间距 200cm，拱部 120°范围内	40cm 厚 C40，P12 模筑钢筋混凝土
风道影响	ZDK18 + 976.636 ~ ZDK18 + 989.036 YDK18 + 972.057 ~ YDK18 + 984.457	C25 混凝土 25cm 厚，ϕ6.5@ 20 × 20cm 钢筋网，双层	ϕ25 中空锚杆 L = 3.5m @ 100 × 60cm，梅花形布置	工字钢拱架 1.00m/榀，ϕ42 超前小导管，环距 45cm，纵向间距 200cm，拱部 120°范围内	75cm 厚 C40，P12 模筑钢筋混凝土

续上表

支护类型	施工范围	支护			二次衬砌
		喷混凝土及钢筋网	锚杆	钢拱架及超前小导管	
风机断面	ZDK18 + 999.036 ~ ZDK19 + 029.036 YDK18 + 994.457 ~ YDK19 + 024.457	C25 混凝土 25cm 厚，ϕ6.5@20×20cm 钢筋网，双层	ϕ25 中空锚杆 L=3.0m，ϕ22 砂浆锚杆 L=3.0m@120×100cm，梅花形布置	工字钢拱架 0.8 m/榀，ϕ42 超前小导管，环距 40cm，拱部 120°范围内	45cm 厚 C40，P12 模筑钢筋混凝土

4. 工程特点及重难点

(1)区间隧道位于红黄路下面。

(2)施工场地狭小，场内道路条件差，无法设置正常的材料堆放场、加工场、临时渣土堆放场等。

(3)红土地站大里程端区间隧道通过施工通道支洞进入隧道，车站施工通道口共同出渣。

(4)本区间隧道为深埋隧道，有五种断面形式，断面形式多，其中 A 型隧道开挖跨度为 22.9m，开挖高度为 13.605m，开挖断面面积为 278.22m^2，C 型断面开挖面积为 55.82m^2，围岩级别为Ⅳ级，为软弱围岩，隧道拱顶覆盖层厚度约 42.5m。

(5)区间隧道顶板为红黄路，车辆量大，施工交通干扰大。

二、施工总体组织

红土地大跨区间隧道采用施工斜井通道进洞施工的组织方案。新建施工斜井通道，主施工通道进入车站上部施工，支施工通道进入车站端头大跨区间隧道，快速施工完区间隧道，等待 TBM 掘进施工，同时车站拱部衬砌施工，TBM 转场后，车站下部开挖及边墙衬砌施工。

1. 施工组织机构

该区间施工组织机构同第一篇第四章第二节。

2. 资源配置

(1)班组设置。设置的班组主要有开挖班、支护班、钢筋班、防排水班、衬砌班及综合班。各个工班的主要工作内容见表 2-23。

班组设置 表 2-23

序号	班组名称	任务内容	备注
1	开挖班	隧道开挖，支护过程中锚杆孔施工	
2	支护班	拱架、锚杆、钢筋网安装，喷射混凝土、注浆	
3	钢筋班	拱架、锚杆、钢筋网的制作，二次衬砌钢筋制作安装	
4	防排水班	防水板铺设，排水管安，施工缝、变形缝处理	
5	衬砌班	台车就位关模，混凝土浇注和养护	
6	综合班	现场文明施工，零星工程，材料转运，管路，配合其他班组施工	

(2)劳动力配置。劳动力配置见表 2-24。

劳动力配置　　表2-24

班组名称	班组数	每班组人数	备注
开挖班	2	18	
支护班	2	12	
钢筋班	1	24	
防水班	1	6	
衬砌班	1	16	
综合班	1	12	

(3)主要机械设备配置。主要机械设备配置见表2-25。

主要机械设备配置　　表2-25

序号	设备名称	型号	数量	序号	设备名称	型号	数量
1	变压器	630kV·A	1	7	自卸汽车	18t	8
2	空压机	$26m^3$/min	4	8	钢筋加工设备		4
3	通风机	55kW	2	9	风动凿岩钻机	YT-28	36
4	挖掘机	$1.2m^3$/斗	2	10	电焊机		14
5	装载机	ZLC-40	2	11	发电机	250kW	1
6	混凝土搅拌机	JS-500L	2	12	注浆泵	2TGZ-120	2

3.分包管理

该区间隧道对于班组直接进行管理。其中机械班、综合班、两个钢筋班为自有职工组成的班组,采用内部承包方式。其余班组利用社会劳动力组成,采用劳务+部分零星材料的分包模式。班组长及以上的管理人员全部为公司自有职工。

三、总体方案及施工方法

1.总体施工方案

车站按新奥法施工,信息法设计。由于区间隧道结构为永久结构,区间隧道结构采用锚喷支护,钢筋混凝土二次衬砌。区间隧道断面跨度大,高度约为14m,隧道采用双侧壁导坑法,多功能台架钻孔,非电毫秒雷管起爆。隧道的双侧壁先开挖导坑,等待TBM步进通过,TBM转场后,核心土开挖,施工仰拱、二次衬砌等紧跟开挖作业,后施工存车线的中隔墙,采用满堂式支架施工。

2.区间的施工总体顺序

红土地站区间隧道完成由施工便道小断面向区间隧道的转换后,先进行区间大跨径隧道往黄泥滂方向的右侧壁导坑开挖,左侧壁导坑紧随右侧壁导坑开挖,错开安全距离15m,双侧壁导坑开挖完后,进入单洞单线隧道,采用全断面施工,全部开挖完后,等待TBM步进过站,TBM转场后,开挖双侧壁核心土20m,开始拼装模板台车,二次衬砌紧随开挖及初期支护施工,二次衬砌稳定后,施工中隔墙。施工顺序如图2-51所示。

3.爆破施工

红土地站大里程端隧道采用双侧壁导坑法开挖,区间隧道穿越红黄路下、五红加油站、长安华都小区,均采用控制爆破开挖方法,爆破振速控制在1.5cm/s之内。

4. 隧道支护

红土地大跨区间隧道初期支护采用300mm厚C25喷射混凝土、R25中空注浆锚杆和钢筋网加钢格栅拱。其施工方法和工艺详见第二篇第三章。

5. 施工通风及出渣

(1)施工通风。隧道采用压入式通风,在车站的施工通道洞口位置设置一组110kW通风机,风机距离隧道洞口位置20m以上。

(2)施工出渣。利用施工斜井通道运输到指定的渣场,采用侧倾式装载机装渣、自卸汽车出渣,挖掘机配合。

6. 防排水工程

红土地大里程端区间隧道采用"全包防水"的防排水方案,拱墙及仰拱采用2.0mm厚ECB复合点粘式防水板。在拱墙防水板背后纵向每10m设一道环向排水盲管,墙脚设一道ϕ100mm透水盲管,横向每10m设置横向排水管。环向排水管、纵向排水管、横向排水管用三通连接。

防水板连接采用自爬行焊机,充气检查。

7. 区间衬砌

区间隧道衬砌采用全断面液压模板台车衬砌。

钢筋和防水板采用自制作业台架施工。台架长度9m,用I20~I25工字钢制作,台架上面铺设钢筋网目及防护栏杆,人员站在台架上进行钢筋和防水板施工。

大跨区间隧道,由于有A、B型两个断面,且断面尺寸变化少,为节约投入,两个衬砌模板台车采用同一个定型门架,就在伸缩杆及外模改造一下,台车长度9.0m。

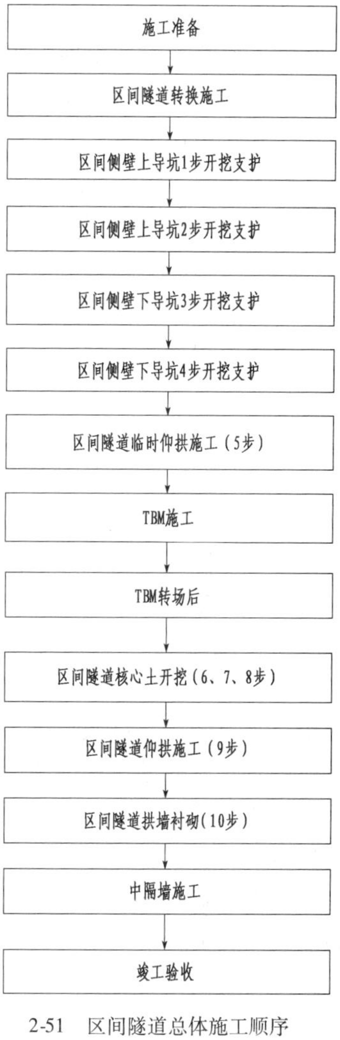

施工准备 → 区间隧道转换施工 → 区间侧壁上导坑1步开挖支护 → 区间侧壁上导坑2步开挖支护 → 区间侧壁下导坑3步开挖支护 → 区间侧壁下导坑4步开挖支护 → 区间隧道临时仰拱施工(5步) → TBM施工 → TBM转场后 → 区间隧道核心土开挖(6、7、8步) → 区间隧道仰拱施工(9步) → 区间隧道拱墙衬砌(10步) → 中隔墙施工 → 竣工验收

2-51　区间隧道总体施工顺序

1)防排水施工

红土地车站主体结构防水层分拱部、仰拱(底板)、边墙三部分。防水层施工时,先施作排水系统,控制好纵向排水管坡度。防水板采用无钉铺设工艺,吊带固定的方法。防水板长度方向接缝采用双缝爬合焊,铺设后经充气检测合格。幅宽方向采用双缝爬焊机,搭接长度均不小于10cm,最后在接缝上施作配套双面粘丁基橡胶密封带,接缝牢固,无渗漏水现象。仰拱防水层施工完毕,及时浇注细石混凝土保护层。拱部和边墙防水层采用移动式作业台架(与钢筋共用)施工,钢筋施工时采取隔热防火措施进行保护。主体结构纵向水平施工缝涂刷水泥基渗透结晶防水材料后,布设一道全断面注浆管、一道钢边止水带;环向水平施工缝涂刷水泥基渗透结晶防水材料后,布设一道全断面注浆管、两道止水胶。

2)钢筋施工

钢筋施工顺序为:

车站大拱脚钢筋→车站拱部钢筋→车站边墙钢筋→车站仰拱钢筋

红土地车站拱部衬砌钢筋施工，大拱脚处超挖56cm深槽，用砂回填，为了拱部钢筋预留接头。

红土地车站隧道拱部钢筋采用自制作业台架施工。

钢筋连接采用直螺纹套筒。钢筋在加工场，采用扯丝机扯正反丝，运送到施工现场，采用直螺纹套筒现场扯紧。

由于车站拱部断面跨度大，高度不高，成扁平状，因此，钢筋绑扎完成后，钢筋在自重作用下容易下沉，使模板台车无法就位。因此，首段钢筋用Ⅰ18工字钢按外层钢筋弧度制作三榀拱架，架立在衬砌钢筋内，对拱墙二衬钢筋进行定位和固定。其他段落衬砌钢筋利用纵向分布钢筋分段锚固在初期支护内进行定位。

拱部及边墙二衬钢筋每次绑扎长度为9.5～12m。

3)拱墙混凝土施工

(1)模板台车。本工程正线隧道拱墙全部采用台车衬砌，其中车站拱部配置一台9m长的台车，边墙配备两台9m长的台车。

台车的拱模、侧模、底模均采用液压缸伸缩整个模板，以适用车站直线和曲线不同断面。为保证台车面板和内支撑系统的强度和刚度，台车面板采用厚度为8mm的钢板，台车拱模纵梁及行走纵梁上设置活动钢支撑，以防止台车上浮及向内位移。台车的行走钢轨采用24kg/m标准轨，行走速度为6～8m/min，电机电源为380V/50Hz，台车的制动设卡轨钳。

(2)台车就位调整。准确铺设走行钢轨，台车就位时，以全站仪所测中线为门架中心，已衬砌端上拱圈中心以模板缝为标准，首先调准前进端拱顶中心，然后固定台车主门架，已衬砌端贴一环止水胶条以防漏浆。

用水平仪(或简易连通水管)测台车拱顶前后端高程是否符合线路坡度，坡度符合设计要求后，对台车整体进行加固，然后加固拱部丝杠千斤顶，使模板固定。

顶升双侧脱模油缸使边墙下拱圈与既有衬砌搭接。在距既有衬砌端5cm处看模板缝是否吻合，可局部松紧模板连接螺栓来调整；同时液压台车钢模搭接压衬砌不得大于5cm，以防漏浆或跑模产生错台。

在液压衬砌台车就绪后，施作前进端堵头板，并在堵头板上安设下一环止水带。

台车就位后，要保证前后左右高程一致，以防台车扭动，使钢模浇注混凝土后产生错台漏浆，必要时在有衬砌端加设20cm×20cm方木加强支撑，台车另一端，以已完衬砌端为标准调节中心、高程、净空等，调整完毕后将台车所有丝杠千斤顶及模板螺栓拧紧。将油缸、丝杠千斤顶用塑料布包上，以防混凝土渣弄脏，影响以后作业。台车就位后，要将纵梁底固定丝杠拧紧，并用铁鞋锁定钢轨上走行轮，以防台车受泵送混凝土管路冲击，或因浇注过程前后端混凝土量不等产生偏压，使台车发生微小位移，而影响衬砌混凝土外观质量，所以在台车前进端加撑固定。

(3)台车就位调整模板。钢模板本身的平整度，相互之间的模板缝、搭接等对混凝土外观质量产生决定性影响。为了保证混凝土外观质量，采用根据隧道内轮廓特制6015企口曲面钢模配合衬砌台车使用，隧道断面内轮廓外观控制非常容易；使模板之间呈一条细直线。如果在变断面过程中，需在拱圈上设异形木模，要在两端拱圈上均匀环向布点，以控制其法平面在同一里程，使拼模有一定的标准。

每次进入下一环衬砌时，钢模表面将粘有一定量的混凝土渣等杂物，需用打磨机打磨清除。为了和上一环钢模缝顺接，需调节与上一环衬砌相接的端头钢模，可通过采用松紧螺母、调换钢模等措施来实现。

台车钢模就位后的涂油（或脱模剂）将直接影响脱模后混凝土外观，涂油过多，由于机油（或脱模剂）过浓，导致分布不均，将会影响混凝土外观。因此涂机油（或脱模剂）时，应待钢模清洗干净后，用抹布在油中浸泡后拧干，再涂刷钢模，涂很薄一层即可。涂机油（或脱模剂）时，应注意已有衬砌或钢筋，严禁粘油。同时也不能漏涂，以免发生粘模现象。

（4）混凝土浇注。隧道边墙基底为拱墙衬砌与基础的连接部位，每次浇注混凝土须将基础凿毛，凿毛标准为露出粗骨料、无浮浆虚渣，凿毛处理凿槽不宜过深，凿毛后去尽杂物，经检查合格后进入下道工序。

拱部混凝土浇注是靠混凝土泵送压力入模，由于液压台车两侧临空，当混凝土两边高度不一致时，产生的侧压力不均将引起台车的偏移，极容易产生混凝土表面错台、漏浆跑模等影响混凝土外观质量现象。因此混凝土浇注时速度要均匀一致，两侧同时对称分层浇注。浇注口留在模板两端拱顶正中，用 ϕ150 泵管和模板焊接做成，尾部和泵管相接，泵管固定牢靠，接合严密。

混凝土坍落度要适当加大，控制在 180 ~ 200mm，浇注前用 1 ~ 2m^3 同强度等级水泥砂浆润管，浇注过程中严格控制停泵时间，避免混凝土凝固堵管。

混凝土振捣直接关系到衬砌外观质量，是产生蜂窝、麻面等混凝土工程通病的主要因素，浇注过程中采用内外结合的方式振捣。内部振捣从混凝土面一端向另一端逐段振捣或从混凝土中间向两端逐点逐面振捣，每次浇注、振捣混凝土厚度 30 ~ 40cm、每一振点间距为振捣半径的 1.5 倍（50cm），插入方向平行于钢模面，振捣时快速插入、缓慢提出，每一振捣点振捣时间为 20 ~ 30s，严防过振产生离析、漏捣产生的砂面等现象。当不产生气泡标志振捣密实，振捣深度插入距下层 5cm 左右。拱顶振捣操作难度大，在混凝土浇注至拱顶位置时，用附着式振捣器在钢模板外振捣，达到避免产生蜂窝、麻面的效果。

每环在拱顶预留压浆管兼排气管，保证拱顶混凝土与围岩密贴。钢筋混凝土衬砌地段，钢筋在洞外下料加工，弯制成型，洞内绑扎或拼装，钢筋绑扎采用多功能作业台架施工，为确保防水板不被烧掉，洞内二次衬砌钢架应采用搭接，不采用焊接。

边墙逆作施工缝采用斜缝，并在施工缝处侧墙内做成假牛腿，作为侧墙混凝土的入仓口和振捣口，浇注完毕后高于侧墙施工缝，利用压力差将空气挤出，并确保接缝处的混凝土密实。待混凝土达到一定的强度后，凿除假牛腿，并将墙面整平、抹光。

逆作施工缝处设置遇水膨胀止水条，并在施工缝与地下墙交界处设注浆管，在侧墙混凝土达到设计强度后，压注聚酯浆液，采取多道防水的措施，确保止水效果。

在侧墙顶部混凝土（施工缝以下 30cm 范围内）及后浇侧墙段混凝土中掺入适量的微膨胀剂，补偿混凝土的收缩，同时在混凝土初凝前采用二次振捣工艺，提高接缝处混凝土的密实度。认真处理接缝面，凿毛，清洗干净，确保新老混凝土接合良好。

（5）拆模。根据洞内混凝土硬化时的强度增长规律和施工经验，混凝土拆模一般在 24 ~ 36h 后进行，拆模后混凝土应立即养护，安排专人洒水，养护时间不少于 14d。台车脱模后，下一组就位前，应对台车表面涂刷水溶性脱模剂，采用自制喷淋式设备沿台车表面均匀涂刷，以避免脱模剂污染钢筋，脱模时混凝土黏附在台车上。

拆模时要注意拆模次序，按装模及台车调整次序逆向进行：

自上而下拆除堵头板→自上而下松开台车丝杠千斤顶→同时收缩侧向脱模油缸→下降门架上方4个顶升脱模油缸→重新固定止水带→台车前进→清除模板表面，并涂油保养钢模

自制拱架拆模，先拆抄手楔子，然后拆除钢模板，从上而下进行，施工中应注意安全，严禁抛投模板以防伤人。严格按照拆模操作程序作业，每道工序绝对不能颠倒。拆除下来的堵头板、螺栓、插销、拱架等应有序放在指定位置，严禁乱丢乱放。拆模时防止弄伤衬砌，防止损坏衬砌棱角线。

8. 区间中隔墙

本区间隧道为存车线区间，存车线同一个断面为三线中隔墙，中隔墙的距离不等，中隔墙为C30钢筋混凝土，中隔墙的顶部与隧道顶部采用钢板螺栓连接。本区间中隔墙采用搭设满堂脚手架+组合模板方式，ϕ48钢管模板加固时，主要靠脚手架与中隔墙内壁间的作用力和拉杆拉力来支持加固，循环长度为30m左右。竖向筋采用植筋方式与仰拱连接。

四、施工进度管理

红土地大跨区间隧道，总体施工进展较快，满足TBM步进过区间的要求，区间停工等待TBM掘进运输，TBM转场滞后约3个月，满足铺轨工期要求。

1. 进度计划和完成情况对比

进度计划和完成情况见表2-26。

进度计划和完成情况对比　　表2-26

序号	工　序	计 划 工 期	实 际 工 期	备注
1	侧壁开挖及初期支护	2009年9月14日~2010年2月10日	2009年10月15日~2010年2月1日	
2	核心土开挖及初期支护	2010年10月30日~2010年12月28日	2011年3月10日~2011年4月25日	
3	区间隧道衬砌	2010年11月19日~2011年3月20日	2011年3月30日~2011年7月2日	
4	区间隧道中隔墙	2011年3月4日~2011年4月22日	2011年5月19日~2011年7月27日	

2. 实际进度指标

开挖时间：2009年10月15日~2011年4月25日。

二衬时间：2011年1月25日~2011年7月2日。

中隔墙施工时间：2011年5月19日~2011年7月27日。

3. 影响施工进度的因素

中隔墙进度稍有滞后，由于高中隔墙的线性不规则，采用脚手架+组合模板，分层施工。

五、质量管理得失及体会

红土地车站大里程端钻爆法区间隧道，施工通道转换区间隧道施工过程，挑高大、跨度大、难度大，采取台阶式施工和技术性超挖，能保证转换施工的快速，初期支护质量可靠。

第五章　施 工 总 结

一、施工组织及方案

(1)由于采用斜井通道施工,具有施工速度快,安全可靠、不需要大的临时弃渣场等特点,暗挖区间隧道一般采用施工斜井通道组织施工或从洞口直接施工。

(2)区间隧道,除特殊地段外,断面相对不大,一般断面采用全断面法或台阶法;特大断面采用 CD 法或双侧壁导坑法。

(3)区间隧道采用钻爆法施工,无轨运输。爆破多采用控制弱爆破,在环境受限的情况下,还需要进一步采取减振措施。

(4)区间隧道长度大于 50m 的断面二次衬砌多采用全断面整体模板台车施工,其他多采用脚手架 + 型钢拱架 + 组合钢模的模板支架体系施工,特大断面区间隧道多采用暗挖车站的模板台车改装后全断面施作二次衬砌。

(5)区间隧道中隔墙施工因断面尺寸限制,一般安排在开挖作业完成后进行,多采用简易台车施工,工期紧张或存在异型大断面的情况下,也采用满堂脚手架 + 光面胶合模的方式辅助施工。

二、施工要点

(1)双侧导坑法开挖时的步距:各分部开挖进尺一般控制在两榀拱架的间距,左右导洞之间需要错开一定距离,不能小于 15m;全断面或台阶法开挖时的步距:普通地段一般控制在 3m,对爆破震动受限的特殊地段控制在 1.5m 以内,对易产生地表沉降、局部围岩垮塌的特殊地段控制在 1.0m 以内。

(2)台车长度:暗挖区间台车长度以 9m 为最佳。

(3)施工通风,一般采用大功率通风机、压入式通风。

三、容易出现的质量问题

(1)开挖过程中,由于超挖,管理不严,喷射混凝土拱背有空洞,容易造成安全隐患。

(2)开挖过程中,一般将区间隧道下部曲墙挖成直墙,造成大量超挖,回填混凝土量较大。

(3)防水板有漏洞,或容易被破坏,造成后期隧道内漏水。

(4)仰拱衬砌施工前,底部存在虚渣或稀泥,不均匀沉降后期造成局部仰拱出现裂缝。

(5)中隔墙顶部混凝土浇筑不饱满,局部出现空洞。

(6)施工缝不按设计和规范处理,造成后期隧道内漏水。

四、重大安全风险

(1)初期支护拱背有空洞,锚杆、临时支撑不按要求施工,导致初期支护变形。

(2)初期支护不及时,拱部掉块伤人或坍塌。

(3)开挖支护作业台架无防护栏杆,高空坠物伤人。

(4)施工用电不规范造成的伤害。

五、对施工进度的影响因素

(1)因周边环境或社会条件影响,导致施工进度尤其是开挖进度缓慢。

(2)暗挖区间隧道长、辅助导坑少,造成单向掘进里程大,单洞单线小断面装渣困难,开挖及中隔墙施工多不能实现平行作业,导致工程进度缓慢。

(3)技术方案不足或管理有问题。

(4)隧道通风不良,影响施工进度。

六、对工程成本影响较大的因素

(1)隧道超欠挖的控制。

(2)喷射混凝土的配合比、喷射混凝土回弹。

(3)各工序进度太慢,后期赶工投入大量资源。

(4)施工管理原因造成混凝土废弃。

(5)施工组织顺序不合理。

第六章　施 工 照 片

施工照片如图 2-52 ~ 图 2-67 所示。

图 2-52　建新坡隧道洞口超前大管棚施工

图 2-53　建新坡隧道洞口洞门施工

图 2-54　建新坡隧道洞口段侧壁导坑

图 2-55　建新坡隧道洞口段原状土

图 2-56　建新坡隧道双连拱隧道

图 2-57　建新坡隧道洞口段土层注浆后效果

a)

b)

图 2-58　建新坡隧道跨八一、向阳段切割开挖

图 2-59　建新坡跨八一、向阳隧道段上导坑支护

图 2-60　建新坡单洞隧道扩挖至三线大跨

a)

b)

图 2-61　三线大跨全断面衬砌

图 2-62　区间隧道全断面开挖

图 2-63　区间隧道光面爆破

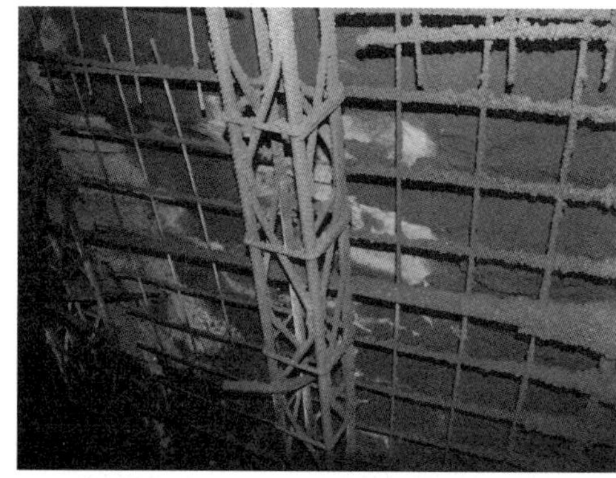

图 2-64　区间隧道初期支护

图 2-65　区间隧道拱墙钢筋

图 2-66　区间隧道防水施工

图 2-67　区间隧道拱墙衬砌

第三篇 车站附属结构施工

第一章　总 体 概 述

一、平面位置

车站一般设置在道路交叉口下方或一侧,根据车站人流分布要求,一般设置 3 ~4 个出入口,3 ~4 组风亭。

通常在车站的两侧各设一条出入口爬坡通道,每条出入口通道出地表后再通过过街通道出地面,分成两个出入口。车站大部分风亭都在车站两端外挂设置。

车站附属结构布置标准如图 3-1 所示。

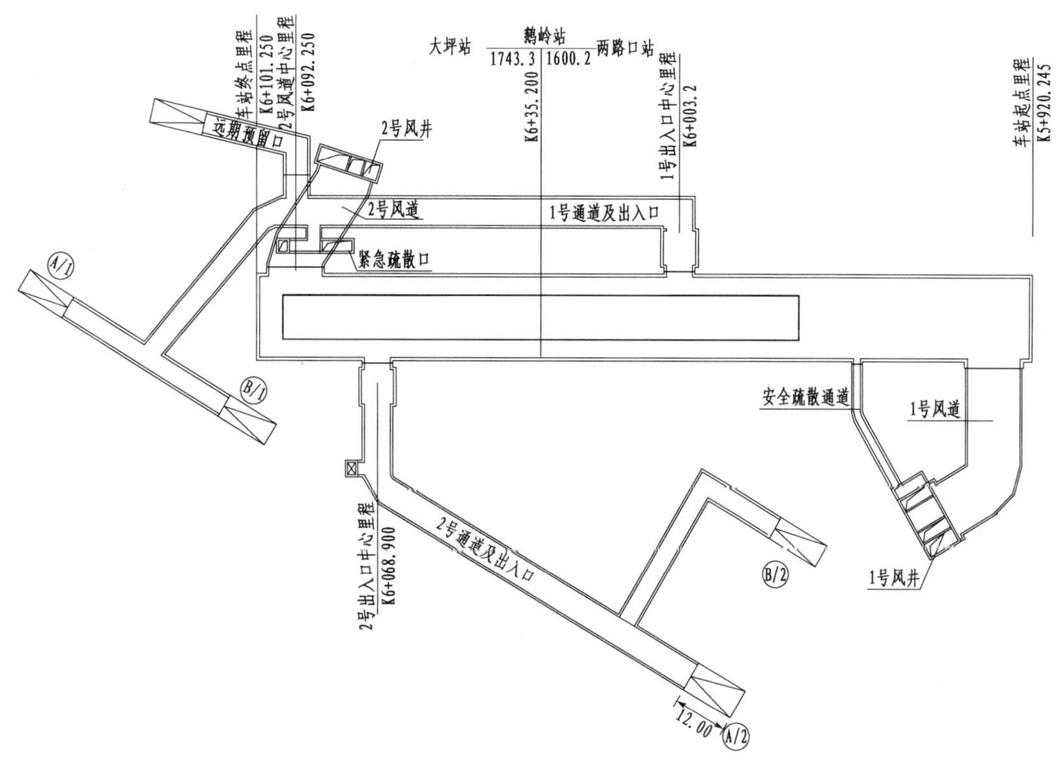

图 3-1　重庆轨道一号线鹅岭车站平面

二、施工条件

轨道线路穿越人流密集的城区,道路两侧的人行道较窄,且大部分无绿化带,施工场地狭窄。

出入口及竖井周边建筑物大部分为居民小区或商业楼，距离结构都很近，大部分出入口明挖段、竖井场地内只能架设提升设备或吊车，其他场地作为临时堆渣场，存渣量小或是几乎没有。

另外，附属结构处在道路两侧的出入口管线较多，管线类型包括电信、电力、给排水、煤气等。管材种类包括混凝土、光纤或铜电缆、铸铁、钢等。管线的权属部门有给排水，电力、通信、煤气等。

第二章　总体施工组织

整个重庆地铁附属结构的施工组织为：以施工竖井或施工通道先行进入车站施工后，再从车站由下向上开挖各个出入口。同时展开地面出入口明挖段、各类竖井施工场地的征地拆迁，施工场地提供后，即由上向下进行施工。

由于附属结构点多，分布较散，地处环境往往是管线较多，拆迁量大，各个点的征地拆迁进度不一致，施工场地条件不一，导致各个出入口和竖井的施工组织方式不同。

第一节　开挖初期支护

一、第一种方案

第一种方案采用由上向下组织施工。

此种方案常见于施工通道施工。先开挖明槽，其中也包括部分浅埋暗挖段，然后施工结构。U 形结构采用喷锚支护或挡墙支护，明挖法浅埋段可采用拱形或矩形结构，在浅埋段结构顶部开设漏喷浆料孔。由于施工通道坡度较缓，可采用无轨运输，施工进度快。

由于竖井施工的特殊性，只能采用从上向下开挖。作为施工通道的施工竖井断面大，竖井深，渣土由下向上提升，则施工进度慢，安全风险高。如果架设大型的提升井架，则投入资金多。对于一般的竖井，通常采用增设漏渣孔，向车站内漏渣，车站内出渣的施工方法，这样施工进度快，投入资金少，但漏渣时采用人工漏渣，安全风险较大。

第一种方案的施工顺序为：先行开挖及支护明挖段，然后对暗挖段洞门采用超前支护，后开洞门进入暗挖施工。由于出入口设计坡度达到 30°，出渣和进料非常困难，加之由上向下开挖，超挖量很大，施工进度慢，投入资金多，风险较大。此种方法适用于无条件从车站内开挖的出入口，一般都不采用。唯一的一个例子是一号线沙坪坝车站 1 号出入口，由于其出入口位于三峡广场步行街，规划一直未得到批准，在车站安装装修的时候才定下来，故而只能采用这种单独组织的施工方法。

二、第二种方案

第二种方案采用暗挖由上向下，明挖由上向下组织施工。

在车站上部侧壁导坑开挖过后，在出入口与车站交接口位置采用超前支护后，开洞门进入出入口暗挖施工。出入口明挖场地可先行进行征地拆迁，拆迁完成后即进行明挖段施工。明挖段施工完毕后，一般不组织向下进行暗挖施工，除非业主要求加快工期。此种方法主要优点就是出渣方便,开挖进度快。但由于暗挖是向上仰面施工,进料较困难,必须采用挖机或人工倒运,费用较高。

第二节　二次衬砌

二次初砌均采用从车站由里向外分段组织施工,不同之处在于混凝土输送方式。

竖井及风道:先施工风道二次衬砌,然后施工竖井二次衬砌。小风道二次衬砌分两次施作,先施工底板及矮边墙,再施工拱墙。大风道二次衬砌分三次施作,先施工底板及矮边墙,再施工侧墙及中板,最后是上部施工拱墙。竖井二次衬砌在底部和矮边墙施工完成后分段由下向上施工。风道二次衬砌混凝土一般从施工通道进入车站运输。竖井二次衬砌混凝土一般从地面向下输送。

暗挖通道:通道底板通常分为几段一次性施工,便于材料运输和人行。拱墙每 9m 一模由内向外施工。在靠近车站段,二次衬砌混凝土一般通过施工通道上支洞进入;在中板上设输送泵送入;在靠近地面段,采用在出入口上地面输送泵泵入。

明挖段从明暗交接段分段由下向上施工,混凝土采用汽车泵泵送。

第三章 施工方案、工艺和方法

第一节 施 工 方 案

重庆地铁各个车站由于地质条件相似，施工方案大体相似。施工方法主要采用明挖和暗挖两种：平洞和斜洞采用暗挖法施工；竖井及出入口明挖段采用明挖法施工。

一、暗挖施工

1. 开挖

由于暗挖段处于硬岩之中，对通道和横通道一般采用全断面或上下台阶法开挖，对于断面较大的风道采用 CD 或 CRD 法开挖。

对于周边条件对爆破施工要求不高的情况，一般采用控制爆破开挖；周边环境对爆破敏感的地段，采用非爆破开挖，或者两者结合。对深埋段采用控制爆破；对浅埋段采用非爆破。一个车站的附属结构可根据外部条件选择施工方法。

在重庆硬岩地质条件下的非爆破开挖主要采用周边水磨钻取芯，上台阶采用人工分层，下台阶用切割机切割的方式开挖；或是周边取芯，中间分台阶进行静态破碎剂分裂开挖。

洞内渣土主要采用挖掘机倒渣，分级倒运至竖井底或车站内，由车站内装渣，经施工通道外运至渣场。或是竖井井架提升至地面临时堆放，由挖机装运到自卸汽车外运至渣场。竖井出渣有两种方式：一种是井架直接提升至地面；另一种是中部设置漏渣孔，渣土直接卸入漏渣孔，在车站内装渣外运。

2. 初期支护

初期支护通常采用型钢拱架或格栅拱架 + 系统锚杆 + 网喷混凝土，对围岩破碎段和明暗挖交接段增设超前小导管或大管棚超前支护。其施工工艺及方法参见车站暗挖初期支护。

3. 二次衬砌

衬砌施工在开挖完成后分段进行，二次衬砌模板采用组合钢模板，预留混凝土浇注和振捣窗口，支架采用工字钢拱架 + 满堂脚手架 + 方木支撑，商品混凝土泵送入模，附着式振捣器配合插入式振动棒振捣密实。

4. 通风、排水

隧道通风采用压入式，出入口暗挖部分通风利用车站通风设备送入，明挖基坑部分不需要通风。

隧道顺坡施工，采用自然排水的方式汇集到集水井，再抽排至施工便道与正洞交叉口位置附近的集水仓；反坡施工采用水泵强力排水方式，每隔一定距离（50m）设置一个集水井，用水泵排至施工便道与正洞交叉口位置集水仓，再统一抽排至地面沉淀系统，经检验合格后集中排放至城市污水系统。

5. 照明与供电

隧道施工设双回路电源,并有可靠切断电源装置。洞内动力电采用三相五线制,洞内动力设备额定电压为380V,把配电箱设在施工通道口上,再通过电缆把动力电引入洞内。洞内照明电压不作业地段采用220V电压,作业地段采用36V安全电压供电。

二、明挖施工

车站出入口明挖段和竖井均采用明挖法施工。

1. 出入口明挖段

出入口明挖段围护结构岩质边坡采用喷锚支护,土质边坡放坡开挖;回填层较厚的地段则采用桩板墙支护。

采用分层分段由上向下开挖。对于覆盖层,采用挖机开挖;软岩段采用炮机开挖,挖机后退式倒土至地面。对硬岩段,先采用切割机横向切缝,人工采用钎子分离成条石,或用炮机炮离,汽车吊起吊或井架提升至地面。

明挖段结构为单体箱形结构,分二次浇注。第一次浇注底板和矮边墙;第二次浇注侧墙和顶板。侧模采用定钢模板或木模板,顶模采用木模板,支架采用满堂脚手架 + 方木支撑,商品混凝土泵送入模,用附着式振捣器配合插入式振动棒振捣密实。

2. 竖井施工

附属结构竖井包括通风井、消防竖井、残疾人电梯井,一般车站端头的通风竖井兼作施工竖井。

竖井采用喷锚支护,在孔口设置锁口梁。

竖井开挖常规采用分层控制爆破施工。在不允许爆破段,采用围边水磨钻取芯,中间静态爆碎剂分裂开挖,或是采用切割机分层切割,竖井垂直提升。

竖井二次衬砌采用分段由下至上浇注,分层为4~6m。侧模采用定钢模板或木模板,支架采用满堂脚手架 + 方木支撑,支架系统由下向上逐层搭设,最后由上到下进行拆除。井壁与锁口圈梁相交处应进行封口处理。浇注混凝土时,应分层转圈进行施工,同时混凝土要借助溜槽输送至底部,谨防混凝土出现离析现象。用附着式振捣器配合插入式振动棒振捣密实。

第二节　工艺和方法

由于附属结构暗挖施工工艺和方法与暗挖区间隧道相似,与暗挖车站相似的施工工艺和方法这里不再叙述,重点介绍竖井施工,暗挖非爆破施工、控制爆破设计施工。

一、竖井施工

除在重庆地铁一号线暗挖车站设计采用施工竖井之外,其他车站都采用施工通道进入暗挖车站施工。本次以沙坪坝车站施工竖井为例介绍其施工方法。其中施工竖井的初期支护与车站暗挖的初期支护施工方法和工艺相近,在这里就不再叙述。竖井施工流程如图3-2所示。

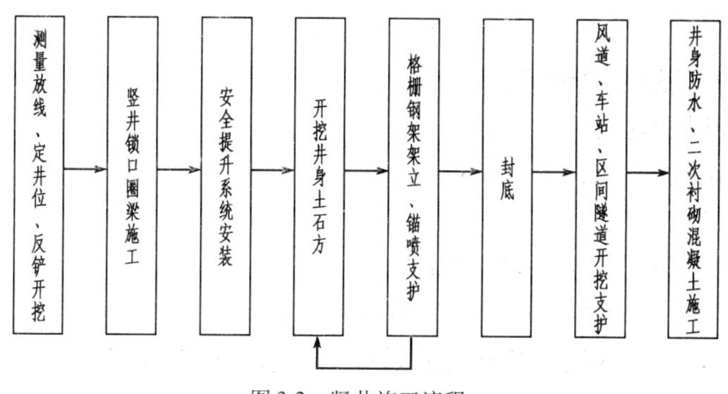

图 3-2 竖井施工流程

(一)锁口圈梁施工

竖井自地面以下 3m 范围内为竖井井圈段,从竖井结构安全和施工安全考虑,井圈应单独施工。

覆盖层采用 EX210LC-5/0.45m^3型反铲进行土方开挖。为保持井口开挖后井壁的稳定和喷锚支护施工要求,井口分三次开挖成型。每次开挖深度 1m,辅以人工对井壁修整,以保证竖井断面符合设计要求。

如局部遇坚硬孤石或基岩,采用预裂爆破,爆破采用 YT-28 型风动凿岩钻机钻眼,炮眼深度 1.2m,间距 0.8m,梅花形布置,炮眼直径 42mm。药卷采用 ϕ32 乳胶炸药。装药集中度按 $q=0.15\sim0.2$kg/m 控制,电雷管起爆,每次只能同时起爆 3 个炮孔。

井圈 1m 以下采用 30cm 厚的 C25 湿喷混凝土锚喷支护。初期支护完成后,施作定位锚杆,绑扎井口钢筋,按竖井设计净空尺寸安设模板,绑扎钢筋及提升井架预埋件安装,浇筑混凝土,完成竖井锁口圈的施工。

(二)竖井提升设备设计及安装

待井圈混凝土达到设计强度时,立即安装提升系统,布置好存渣场等临时设施,即可进行竖井井身开挖及初期支护。

1. 提升能力计算

竖井提升机械是本工程地面与地下联络的工具,其作用是提升石渣,下放材料、工具及其他机械设备等,竖井的提升能力是运输组织的关键。本工程竖井采用垂直提升井架,各安设三套提升电动葫芦进行垂直运输,电动葫芦沿井架行走轨纵向运输,并设临时堆渣场堆渣。

$$V_{提} = 3NTVM \tag{3-1}$$

式中:$V_{提}$——平均每天提升渣土量;

N——平均每小时提升次数,取 4 次/h;

T——平均每天的工作时间,取 9h;

M——吊桶的装满系数,取 0.85;

V——吊桶的容量,每个吊桶尺寸为 1.5m×1.5m×1.5m。

由式(3-1)可得:$V_{提}=3\times4\times9\times1.5\times1.5\times1.5\times0.85=309.825\text{m}^3$。

隧道施工过程中,由于开挖断面和围岩级别不同,施工进度指标也不同,根据施工进度安排,最高峰为 6 个断面同时施工,东西侧竖井各 3 个,根据各断面计划进度指标,可推算出每天装渣、卸渣量最大为 273.4m^3 左右(考虑松方系数 1.3)。

$$V_{渣} = SmnP \tag{3-2}$$

式中：$V_{渣}$——隧道开挖最大出渣量；

S——断面开挖面积；

n——松散系数，取 1.3；

m——每天进尺；

P——4 个断面同时出渣系数，取 0.6。

由式(3-2)可得：$V_{渣} = (306 \times 0.3 + 32.34 \times 4 \times 2) \times 1.3 \times 0.6 = 273.4\text{m}^3$。

由于 $V_{提} > V_{渣}$，竖井提升机提升能力满足施工要求。初期支护及二次衬砌施工材料利用出渣空隙时间运输。

洞外装渣运输：石渣提升至地表后，卸到临时储渣场，再用反铲装至遮盖式自卸汽车转运至渣场。

2. 井架设计

在竖井垂直线路方向安装提升桁架，旁边设临时弃渣场。提升系统由立柱、提升桁架、电动葫芦、行走轨道梁、遮雨篷、操作平台等几个部分组成。立柱共有 12 根，采用 ϕ400 钢管制作。提升桁架包括下横梁、纵梁、上横梁，分别采用I 40a、I 45b、I 32 工字钢制作；三根行走轨道梁采用I 45b 工字钢制作。行走轨道梁上安装 4 个 10t 的电动葫芦进行提升，其中一根行走轨道梁上安装两台电动葫芦用于吊运材料。钢架基础在施工圈梁时预埋。

三角形屋架采用角钢加工，主架、立杆、斜杆均采用∟50mm×50mm×3mm 角钢。屋面采用彩钢瓦，连接采用自攻螺栓。屋架以吊轨为基准面和支撑面，在端头悬空位置增设工字钢支柱。

东端竖井提升井架设计如图 3-3 ~ 图 3-6 所示。

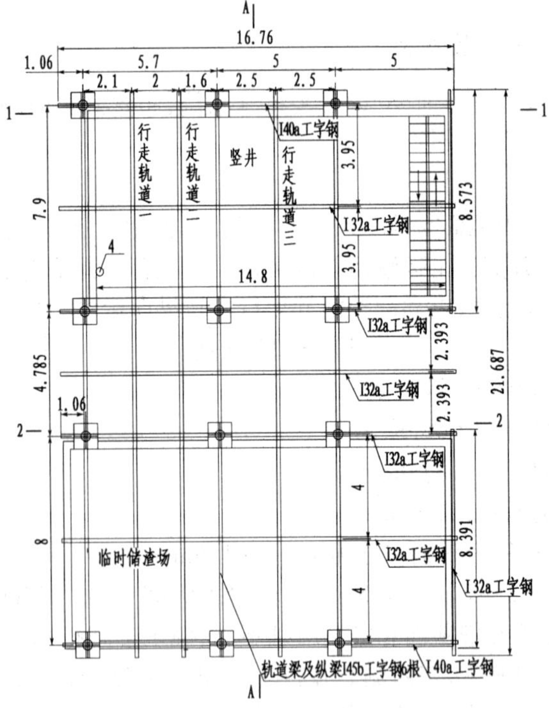

图 3-3　东端竖井提升井架平面图(尺寸单位:m)

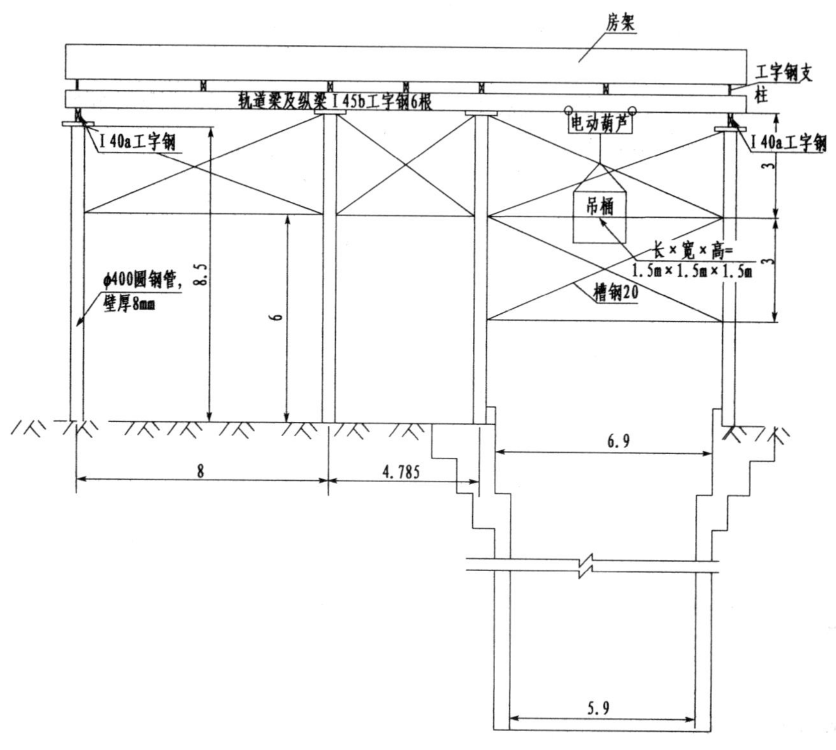

图 3-4　东端竖井提升井架 A-A 剖面图(尺寸单位:m)

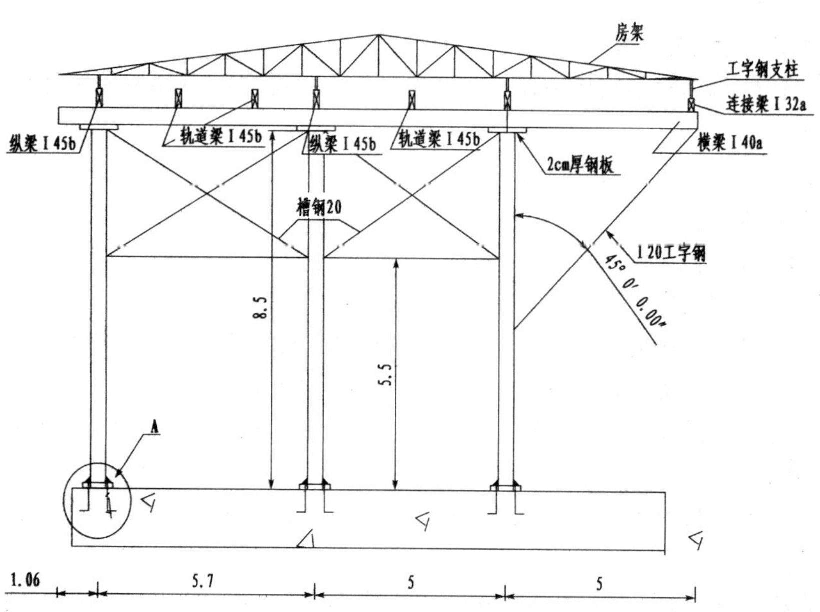

图 3-5　东端竖井提升井架 1-1 剖面图(尺寸单位:m)

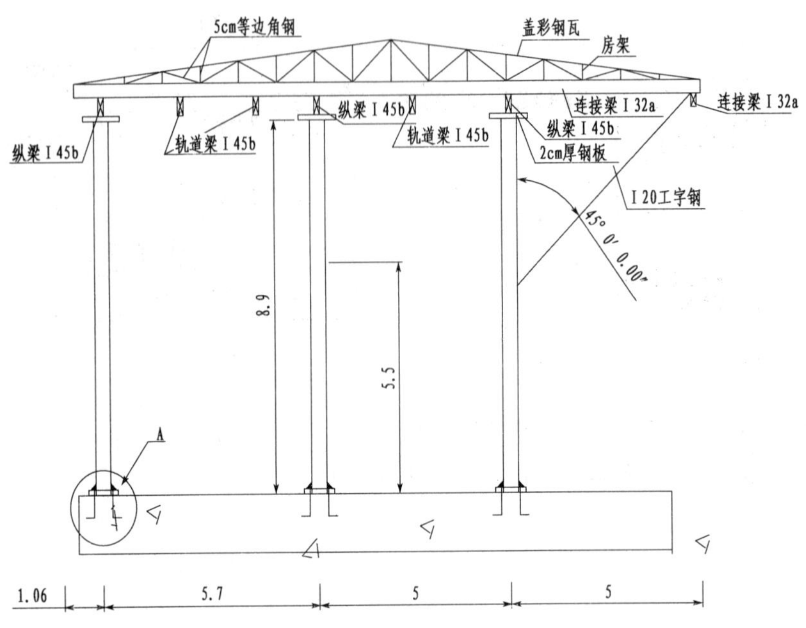

图 3-6　东端竖井提升井架 2-2 剖面图(尺寸单位:m)

3. 竖井提升系统结构验算

1)计算说明

(1)验算按《钢结构设计规范》(GB 50017—2003)规定计算。

(2)参照机械设计手册。

(3)井架安全等级为二级。

(4)井架位于山脚背风处,风力较小,井架、雨棚风荷载较小,故不考虑风力影响。

2)使用软件

竖井提升系统结构验算采用的软件为 Midas Civil。

4. 井架制作与安装

1)制作与安装工作流程

井架制作与安装工作流程为:

材料准备→基础连接板与井架构件制作→基础及预埋件安装→立柱安装→横梁安装→轨道梁及纵梁安装→连接梁安装→电动葫芦安装→整个井架加固→安装检修平台(加护栏)→房架→盖瓦→接线→吊笼→空载试机→操作室制作→清理场地→安装验收→投入使用

2)井架制作

根据设计尺寸及材料规格,设计要求分别制作预埋钢板、连接钢板、横梁、行走轨梁。

3)井架基础安装

(1)井架基础预埋连接钢板及锚固螺栓,立柱与螺栓连接,并与预埋钢板焊接加固。预埋基础及连接见图 3-7。竖井自地面以下 3m 范围内为竖井井圈段,井圈设计结构为钢筋混凝土,竖井井圈开挖支护后,立即施工井圈钢筋混凝土,竖井两侧立柱基础与井圈混凝土同时浇注，在存渣池两侧的基础与存渣池混凝土一起浇注。

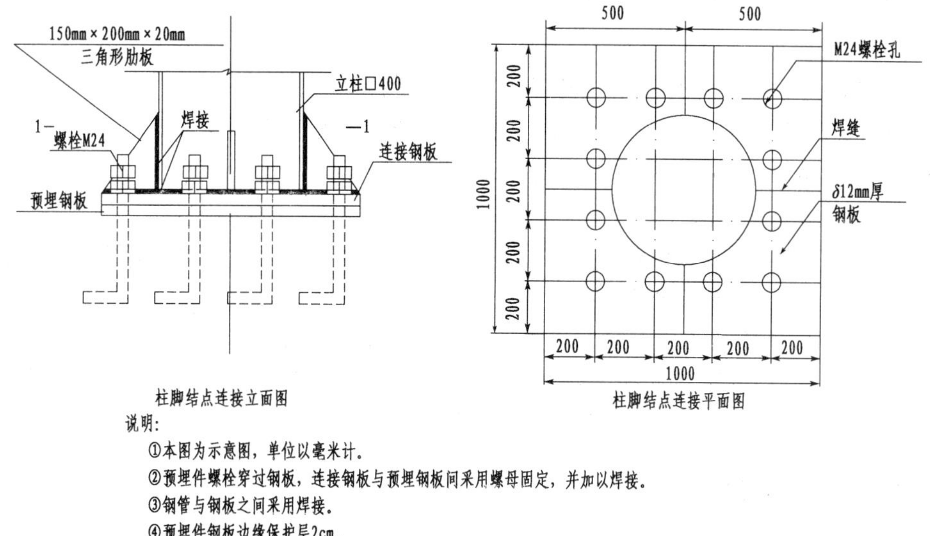

图 3-7　柱脚结点连接

（2）基础预埋件标高与施工场内标高相同，竖井口与存渣池在同一纵面线的 4 个立柱基础必须置于同一标高上。中心应在同一直线上。

（3）基础预埋件在浇注混凝土前安装就位，与竖井井圈钢筋连接在一起，并连接牢固。

（4）浇注混凝土时，预埋件钢板下方混凝土必须振捣密实。

4）立柱安装

在井圈混凝土达到设计强度后，应立即安装立柱，采用 15t 吊车人工配合安装。先人工配合吊车起吊立柱，当立柱起吊竖直，人工配合移动调整就位后，紧固螺栓，连接斜杆加固。

5）横梁、行走轨道梁、电动葫芦安装

在立柱安装完成后，架设钢管脚手架，在脚手架架设完成后，采用 25t 吊车一台、8t 吊车一台，人工配合吊装、连接、焊接横梁，在横梁安装完成后，架设行走轨道梁、电动葫芦。

6）安装屋架、盖彩钢板

在井架主体结构安装完成后，架设屋架，盖房顶彩钢瓦，并再次进行加固完成后，安装检修平台。

7）初检与试运行及报检

在安装完成后，由工程、安质部门对井架进行检查验收，验收合格后，方可接入电源试机。

在试运行成功后，报重庆相关管理部门进行验收，经检验合格，验收批准后，方可投入使用。

5. 首次试运行检查

1）运行前检查

（1）专用的电气设备及其接线、接地（或接零）及防护罩、油嘴（杯）等附件应配件齐全，安装正确。

（2）操纵机构装配位置应正确。

(3)提升架各部螺栓应配备齐全,紧固可靠。

(4)制动带与制动轮应调整有效。

2)空载试验检查

(1)运转时间不得少于 15 min。各运转部位应运转平稳,无异响。

(2)离合器分离彻底,操作灵活轻便,不打滑,无异响,无卡滞。

(3)制动器、止动器、起动器应操作灵敏,可靠。

3)额定荷载及超载试验

(1)额定荷载及超载试验,从额定起重量的 80% 开始,每次递增 10%,直到额定起重量的 110% 为止。超载试验不得少于 30min。

(2)运转时反、正交替重复各 3 次以上,重物在悬空状态下进行提升、下降和制动。制动时钢丝绳下滑量:慢速系列不大于 100mm;快速系列不大于 200mm。

(3)试验后各紧固件应牢靠,无松动、无变形情况。

(三)竖井井身开挖

待井圈混凝土达到设计强度时,立即安装电动葫芦,布置好存渣场等临时设施,即可进行竖井井身开挖。竖井开挖采用爆破和非爆破的方法施工,爆破一般采用微震控制爆破。非爆破方法为切割分层开挖和周边水磨钻中间静态破碎剂分解开挖。为了出渣方便,有的在竖井中部设 ϕ2200 人工挖孔桩漏渣孔漏渣。漏渣孔黏土采用人工开挖,软岩采用人工手持风镐开挖,硬质岩石段采用周边水磨钻取芯,中部采用钢钎锤击分裂开挖。

1. 爆破开挖

东端竖井开挖断面为 15.4m×7.5m。围岩为砂岩及砂质泥岩,岩石单轴极限抗压强度饱和值为 9~26MPa,岩体为 Ⅳ 级。施工中竖井开挖采用人工手持风钻打眼,浅孔微震爆破技术,采用非电毫秒雷管隔段微差爆破的起爆方式,分块分侧由上而下随挖随支。

1)开挖爆破要求

(1)施工地点位于沙坪坝区三峡广场内,爆破施工必须在确保高质量的开挖断面和分层深度的同时,将爆破振动控制在尽可能小的范围内,杜绝飞石,以保证构建筑物的安全。

(2)根据设计文件要求,爆破对周围建筑物的爆破振动波速应控制在 1.5m/s。由于地处步行街,必须杜绝飞石。

(3)炮眼利用率为 90% 以上,光爆的眼痕率为 80% 以上,平均线性超挖不大于 10cm,最大不超过 15cm,相邻两循环炮眼衔接台阶不大于 10cm,局部欠挖面积小于 0.1m^2,最大欠挖深度小于 5cm。

2)钻爆设计

(1)采用浅孔微震爆破方法分层分步开挖,每层分两步开挖,Ⅰ 步开挖断面为 6m×7.5m,Ⅱ 步开挖断面为 9.4m×7.5m。Ⅰ 步采用小斜眼掏槽开挖,Ⅱ 步采用既有临空面,剥离法开挖。

(2)采用中空眼掏槽,不偶合装药、非电毫秒延迟起爆网路技术等综合减振措施的控制爆破技术。

(3)孔与孔、排与排间采用非电毫秒延迟起爆网路,总体起爆采用电雷管起爆,保证起爆安全。

3）爆破参数选择

采用理论计算法、工程类比法与现场试爆相结合确定爆破参数，在保证爆破振动速度符合安全规定的前提下，提高基坑开挖成型和分层爆破深度。

（1）炮眼深度 L 爆破设计的炮眼深度主要考虑爆破的振动强度和飞石控制，设计炮眼深度根据爆破部位不同进行调整，一般为 1.2～1.5m。

（2）炮眼数目 N 炮眼直径采用 $\phi42$，每次开挖面积为 45～70.5m^2，单位面积钻眼数为 1.5 个（未包括基坑周边光面爆破炮眼）。

（3）炮眼布置。

①周边光面爆破炮眼。采用经验公式和工程类比法确定。

间距：$E=(8\sim12)d$（d 为炮眼直径），炮眼间距 400mm，炮眼直径 42mm，能满足 E 值要求。

抵抗线：$W=(1.0\sim1.5)E$。

类似工程地质的装药集中度：$q=0.1\sim0.15$ kg /m，由于预留了光爆层，本设计采用眼间距 400mm，隔孔装药，装药集中度取小值 $q=0.1$kg/m。

②掏槽眼。掏槽眼布置于 I 步，炮眼深度 $L=1.8$m。

单眼装药量：$q=kawL\lambda=0.2\times1.6\times0.8\times1.8\times1.5=0.69$kg。

③辅助炮眼。炮眼深度：$L=1.5$m。

单眼装药量：$q=kawL\lambda=0.2\times0.8\times0.8\times1.5\times1.2=0.23$kg。

（4）炮眼堵塞。堵塞长度不小于 25cm，根据钻孔深度确定。堵塞材料采用炮泥（组分：砂∶黏土∶水＝3∶1∶1）。堵塞质量要求密实，不能有空隙和间断。

4）爆破器材的选择

根据微震爆破的特点及爆破部位的不同，选用不同的爆破器材。

炸药：采用二号岩石硝铵炸药，周边炮眼采用小药卷，直径 $\phi25$，其他炮眼采用标准药卷 $\phi32$。

雷管：孔外采用火雷管起爆，连接件及孔内均采用非电毫秒雷管（1～15 段）。为避免爆破时冲击波的叠加，选择非电毫秒雷管时，应选用段间隔 75ms 以上的各段雷管（1，5，7，9，11，13，14，15 共 8 种段别的非电毫秒雷管）。

导火索及导爆索：火管雷采用导火索引爆，周边炮眼间隔装药采用导爆索传爆。

5）装药结构

周边眼采用间隔不偶合装药形式，为保证每个周边眼内炸药同时起爆，必须使用导爆索连接各药卷，其他炮孔采用孔底正向起爆（图 3-8）。

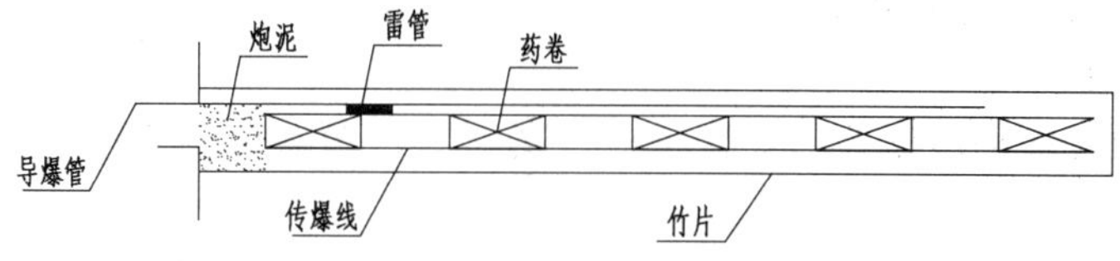

图 3-8　周边眼装药结构

6）装药连线

采用雷管分段控制和孔外微差爆破相结合的方法减少单段起爆药量和起爆次数。微差爆破总延时间控制在1500ms以内。爆破炮孔数量及装药量见表3-1。

爆破炮孔数量及装药量统计 表3-1

	炮眼名称	钻眼深度(m)	炮孔数量	单孔装药量(kg)	总装药量(kg)	雷管段位	备注
Ⅰ步	掏槽眼	1.8	5	0.69	3.45	1	含空眼一个
	辅助眼	1.5	61	0.23	14.03	3~11	
	周边眼	1.5	47	0.15	3.6	11	空眼23个
	小计		113		24.53		
Ⅱ步	辅助眼	1.5	54	0.23	12.42	1~9	
	周边眼	1.5	65	0.15	4.95	11	空眼32个
	小计		113		21.27		
合计			226		45.8		

7)爆破安全验算

地震强度主要取决于单响最大药量,根据《爆破安全规程》(GB 6722—2003),对单响最大药量进行检算可采用如下公式:

$$V=K(\sqrt[3]{Q/R})^{a}$$

式中:V——质点振动速度, m/s;

Q——单响药量,kg;

R——观测质点到药包距离,m;

K、a——地质地形条件决定的场地系数和指数,取值见表3-2。

K、a 取 值 表3-2

岩 性	K	a	岩 性	K	a
坚硬岩石	50~150	1.3~1.5	软岩石	250~350	1.8~2.05
软硬岩石	150~250	1.5~1.8			

以离竖井爆破点最近的建筑物三峡大厦进行检算,距离为32m,最大段装药量为4.95kg,即:

$$V=250\times(\sqrt[3]{4.95/32})^{1.8}=1.274<1.5\text{m/s}$$

满足设计要求。

8)爆眼布置

东端竖井爆眼布置如图3-9所示。

9)爆破覆盖防护

爆破面采用竹胶板加沙袋进行覆盖,严防飞石。井口覆盖防护见图3-10。

10)渣石装运

渣土由反铲装入吊斗,通过电动葫芦提升至地面临时渣场,再由汽车转运至弃渣场。

2. 非爆破开挖

1)漏渣孔施工

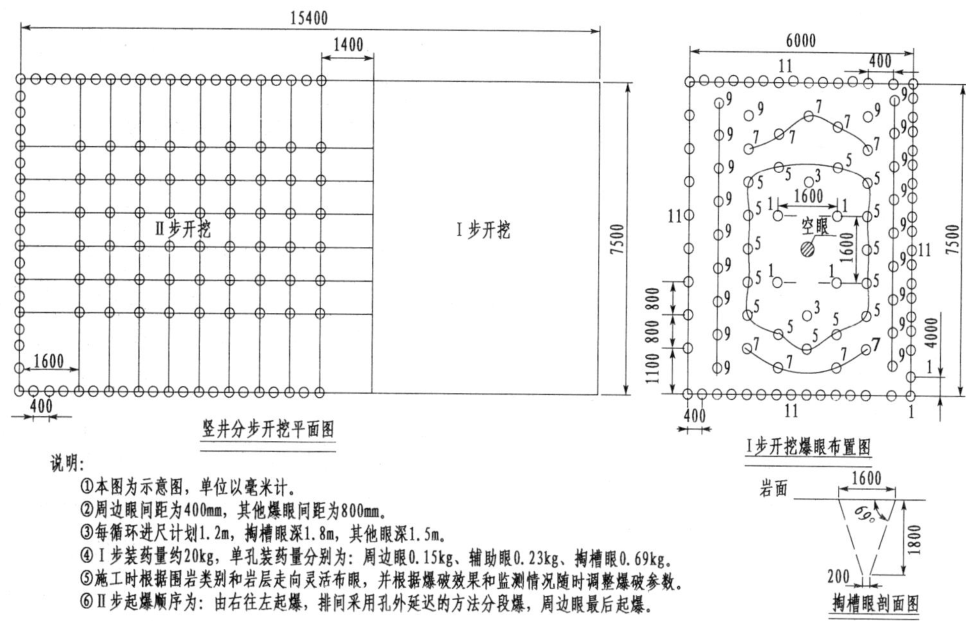

图 3-9　东端竖井爆破

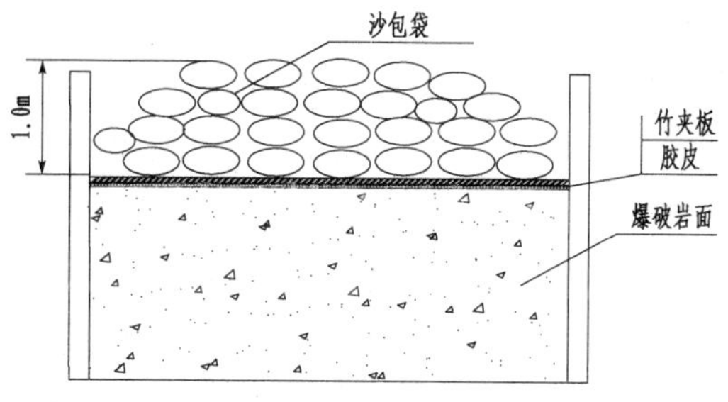

图 3-10　井口覆盖防护

在西端竖井设置了漏渣孔，开挖的渣土直接漏到与车站相接的风道，在车站内直接装渣运出。漏渣孔采用 $\phi2200$ 人工挖孔桩（扣除护壁后孔径 $\phi1800$），护壁采用 C20 混凝土，排设 $\phi8-150\times150$mm 单层钢筋网。具体结构尺寸如图 3-11 所示。

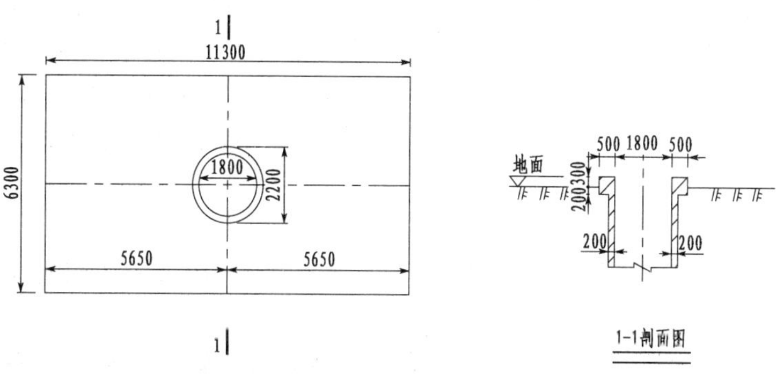

图 3-11　漏渣孔布置（尺寸单位：mm）

图 3-12　挖孔施工工艺流程

(1)施工设备。空压机、水磨钻、风钻、风镐、钢锤、铁钎、卷扬机或手摇辘轳、铁锹、装渣桶、尼龙绳等。

(2)施工工艺流程。挖孔施工工艺流程如图 3-12所示。

(3)施工方法。

①开挖方法。普通土层采用人工开挖,每次开挖深度约为 0.5m。硬岩段周边采用 Z1 - 200C 型手持式电动水磨钻取芯,取芯直径为 10cm,相邻孔间距为 8cm,孔间搭接 2cm,每循环长度为 50cm。由于岩石表面不平整,先在岩面固定水钻工作平台,工作平台为钢板加工,采用在岩面钻孔锚钉固定,在沿工作面设置螺栓孔,水磨钻基座通过螺栓与钢板固定。水钻钻头通过人工调整对中后启动下钻,下钻过程中同时喷水降温及带走泥浆。水钻钻到底后敲击钻筒,取出岩芯,然后移到一下孔位循环施工。

周边取芯完成后,中部岩石根据沉积层层缝打设短钢钎,然后根据开裂走向,每隔 20 ~ 30cm 打设一根短钢,按此方法依次进行分段锤击,直至岩石分裂。或采用电钻每隔 20 ~ 30cm 打设 10cm 深的空孔,向空孔内放置短钢钎,采用人工分段锤击,直至岩石分裂。

挖出的渣土在桩底装入吊桶,由卷扬机或辘轳配专用尼龙绳提升至地面,堆于场内统一运出。孔口周围内不得堆放淤泥杂物。

②护壁施工。挖孔桩护壁采用现浇 C20 混凝土,护壁厚度为 20cm,护壁混凝土采用现场搅拌人工灌注。第一节护壁做锁口处理,壁厚 500mm,并高出地面 30cm,每节护壁的高度为 1.0m,护壁模板待混凝土强度达到 7MPa 方可拆除。

③通风。挖孔过程中,应经常检查有害气体浓度、气味,特别是遇有腐殖土,桩孔深度超过 10m,换班重新下人时,应加强通风。用小型鼓风机通过高压软风管送风至孔底。

④排水。桩孔内的地下水,渗量较少时,采用随挖随用吊桶将泥水与岩渣一起吊出;渗水量较大时,在孔内挖集水坑,用高扬程潜水泵排出桩孔外,经沉淀后排入市政排污系统。

2)竖井切割开挖

切割开挖适合于需要非爆破的硬岩竖井,且断面较大,有较大的切割机操作空间,施工费用较低。

先用切割机切缝,把岩石切割成条状,底部采用钢钎人工锤击分裂成条石,最后用井架提升,或是直接卸入漏渣孔漏渣。

（1）施工设备。施工设备包括：空压机、切割机、风钻、风镐、铁锤、钢钎、铁锹、提升井架、吊渣筒等。

（2）施工工艺流程。施工工艺流程为：

周边切缝→横向切缝→底部分裂→钢丝绳绑套→电动葫芦起吊条石→人工修整→清渣进入下一循环，或周边切缝→横向切缝→底部分裂→撬入漏渣孔漏渣→人工修整→清渣进入下一循环

（3）施工方法

①开挖方法。每一层先用切割机对周边切缝，切缝深度为 40～50cm，然后横向平行切中缝，把竖井岩石分割成条状，每条宽度为 40～50cm。选取一条条石中沉积层最明显的层缝打设短钢钎，然后根据开裂走向每隔 20～30cm 打设一根短钢，按此方法，依次进行分段锤击，直至岩石分裂。或采用电钻每隔 20～30cm 打设 10cm 深的空孔，向空孔内放置短钢钎，采用铁锤人工分段锤击，直至岩石分裂。第一条条石取出后，在下一条条石底部打设短钢钎，分段锤击分裂条石，直至取完本层所有条石后，人工修整切割机切割不到位的角壁，清底后进入下一层开挖。

挖出的条石直接起吊至地面，零碎的石块及碎屑采用吊渣筒起吊至地面。有漏渣孔的直接卸入漏渣孔。

②通风。由于竖井较大，故采用自然通风。当竖井较深且旁边有污水渗漏时，应加强通风。用小型鼓风机通过高压软风管送风至井底。

③排水。桩孔内的地下水，渗水量较小时，采用随挖随用吊桶将泥水与岩渣一起吊出；渗水量较大时，在孔内挖集水坑，用高扬程潜水泵排出桩孔外，经沉淀后排入市政排污系统。

3）周边取芯中间静态破碎剂分裂开挖

此种方法适用于断面较小，切割机操作不方便的竖井，费用较高。现以沙坪坝车站残疾人电梯井为例进行说明。残疾人电梯井为矩形结构，开挖尺寸为 5.2m×3.2m，井深为 24.16m，井身围岩大部分为中风化砂岩，底部为中风化砂质泥岩，围岩级别为Ⅳ级。

（1）周边取芯。周边采用 Z1-200C 型手持式电动水磨钻取芯，取芯直径为 10cm，相邻孔间距为 8cm，孔间搭接 2cm，每循环长度为 50cm。取芯施工方法参见漏渣孔施工。

（2）静态破碎剂分裂开挖施工。

①施工工艺流程。静态爆破施工工艺流程为：

施工前准备→爆破设计→钻孔→装药→机械结合人工二次破碎→开挖出渣

②操作前准备。首先确定当地气温、药剂温度、拌和水温度、岩石温度、容器温度是否与要求相符；检查药剂包装是否破损。

操作前确认已准备好以下物品：a. 药剂；b. 洁净拌和水；c. 盛水桶、拌和盆和水瓢；d. 捅棍（灌装）；e. 防护眼镜；f. 橡胶手套；g. 备用洁净水和毛巾。

③设计布眼。布眼前首先要确定至少有一个以上临空面（自由面），钻孔方向应尽可能做到与临空面（自由面）平行。

孔距与排距布置如表 3-3、表 3-4 所示。

孔距与排距布置 表 3-3

岩石硬度	$F=4$	$F=6$	$F=8$	$F=12$	素混凝土	钢筋混凝土
孔距(cm)	50 ~ 100	40	30	20	30	20
排距(cm)	80	50	40	30	40	30

静态破碎剂布孔设计参数 表 3-4

破碎目标	孔深 L	相邻孔距 a（cm）	排距 b	孔径 d（mm）	使用量（kg/m^3）
低硬度岩石	$1.0H$	40 ~ 100	$(0.6 \sim 0.9)a$	38 ~ 50	5 ~ 10
中硬度岩石	$1.05H$	30 ~ 40	$(0.6 \sim 0.9)a$	38 ~ 50	12 ~ 22
无筋混凝土	$1.05H$	25 ~ 40	30 ~ 80	38 ~ 50	18 ~ 25

注：H 为物体计划破碎高度。

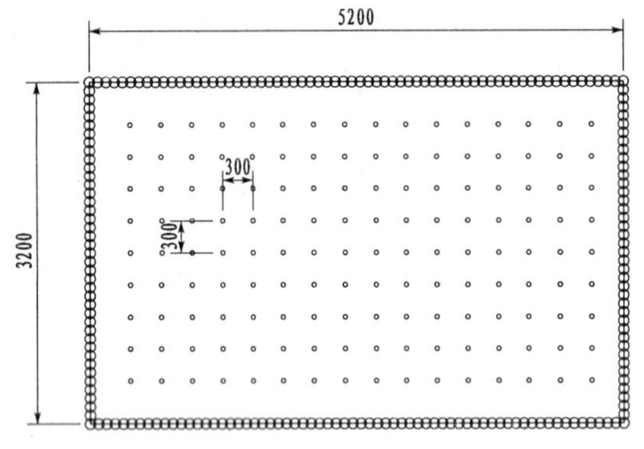

图 3-13 残疾人电梯井破碎剂炮眼平面布置（尺寸单位：mm）

根据本工程实际地质情况，为确保静态爆破效果，周边采用水磨钻咬合钻孔，增加临空面，其余孔距与排距均确定为 30cm，眼孔采用 $\phi42$ 钻头钻孔，孔深为 0.5m，静态破碎剂沿孔深全长，装药炮眼布置如图 3-13所示。

④钻孔。

a. 钻孔采用直径为 42mm 的钻头。

b. 钻孔内余水和余渣应用高压风吹洗干净，孔口旁应干净无土石渣。

⑤钻孔深度和装药深度。孤立的岩石和混凝土块钻孔深度为目标破碎体的 80% ~90%；大体积需要分步破碎的岩石和混凝土块，钻孔深度可根据施工要求选择，一般在 1 ~ 2m 较好，本设计为 1.0m。装药深度为孔深的 100%。

⑥装药。

a. 向下和向下倾斜的眼孔，可在药剂中加入 22% ~32%（质量比）的水（具体加水量由颗粒大小决定），拌成流质状态（糊状）后，迅速倒入孔内，并确保药剂在孔内处于密实状态。用药卷装填钻孔时，应逐条捅实。粗颗粒药剂水灰比调节到 0.22% ~0.25% 时静态破碎剂的流动性较好，细粉末药剂水灰比在 32% 左右时流动性较好，也可以不捅实。向下灌装捣实较方便，如施工条件允许，推荐采用“由上到下，分层破碎”的施工方式，方便工人操作。

b. 水平方向和向上方向的钻孔，可用比钻孔直径略小的高强长纤维纸袋装入药剂，按一个操作循环所需要的药卷数量，放在盆中，倒入洁净水完全浸泡 30 ~50s，使药卷充分湿润，完全不冒气泡时，取出药卷，从孔底开始逐条装入并捅紧，密实地装填到孔口，即“集中浸泡，充分浸透，逐条装入，分别捣实”。也可将药剂拌和后用灰浆泵压入，孔口留 5cm，用黄泥封堵，保证水分药剂不流出。

c. 岩石刚开裂时，可向裂缝中加水，支持药剂持续反应，可获得更好效果。

d. 每次装填药剂，都要观察确定岩石、药剂、拌和水的温度是不是符合要求。灌装过程中,已经开始发生化学反应的药剂(表现开始冒气和温度快速上升)不允许装入孔内。从药剂加入拌和水到灌装结束,持续的时间不能超过5min。

e.药剂反应时间的控制。药剂反应的快慢与温度有直接的关系,温度越高,反应时间越快,反之则慢。实际操作中,控制药剂反应时间太快的方法有两种。一种是在拌和水中加入抑制剂;另一种方法是严格控制拌和水、干粉药剂和岩石(或混凝土)的温度。夏季气温较高,破碎前应对被破碎物进行遮挡,药剂应存放低温处,避免暴晒。将拌和水温度控制在15℃以下。

药剂(卷)反应时间过快易发生冲孔伤人事故,可用破碎剂厂商专配的延缓反应时间的抑制剂。抑制剂放入浸泡药剂(卷)的拌和水中。加入量为拌和水的0.5%~6%。冬季加入促发剂提高拌和水温度。拌和水温最高不超过50℃。反应时间一般控制在30~60min较好,条件较好的施工现场和熟练用户,可根据实际情况缩短反应时间,以利于施工。

⑦人工二次破碎及开挖出渣。采用人工手持风镐、铁钎分解开裂的岩石,竖井进架提升至地面农用自卸车上,由农用转运至东端竖井临时堆放,最后采用渣车运至渣场。

(四)初期支护及二次衬砌

施工竖井的初期支护和二次衬砌的施工工艺与车站暗挖的初期支护和二次衬砌施工方法和工艺相近,在这里就不再重述。

二、明挖出入口施工

(一)围护结构施工

1.喷锚支护

喷锚支护与区间暗挖喷锚支护施工工艺相同,参见暗挖喷锚支护施工。

2.挖孔桩施工

1)孔桩开挖及护壁施工

由于此场地内位于三峡广场商业区,不能采用爆破施工,对于黏土层采用人工分节开挖,对于岩石层采用重庆地铁近期采用的地质钻分层取芯,每挖一节后施工护壁。分层分节以30~50cm为一节。挖孔桩施工流程如图3-14所示。

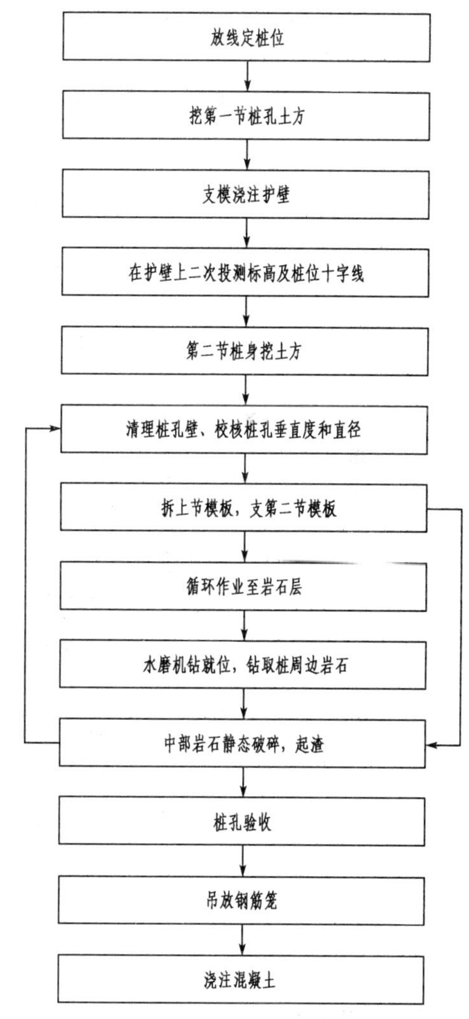

图3-14 人工挖孔桩施工工艺流程

挖孔桩开挖护壁施工方法参见漏渣孔施工方法。

2)钢筋笼加工及安装

(1)搭设作业平台。按设计钢筋笼长度搭设作业平台,作业平台由两根槽钢或工钢组成,宽度由钢筋笼直径确定。

(2)钢筋加工。按设计形状制作箍筋,加强箍筋和定位筋，接头采用双面焊接。主筋采用对焊接头，长度误差控制在5mm以内。

(3)钢筋笼制作。按设计布筋方式，先将箍筋布设在作业平台上，并点焊固定，再布设主筋，主筋与箍筋焊接固定。然后施工定位筋、加强箍筋及预埋筋和预埋件，钢筋笼制作好后，按桩型做好标示。

(4)钢筋笼吊装。挖孔桩终孔验收合格后，应立即进行钢筋笼吊装。钢筋笼采用吊机整体吊装，吊装就位时控制好钢筋保护层厚度。

3)桩芯混凝土浇注

桩芯混凝土采用预拌商品混凝土，导管法灌注。灌注时先排干净孔桩内积水和杂物，再吊入导管。料斗内混凝土量必须保证导管能埋入混凝土面以下0.5m以上。灌注过程必须连续，不得中断，边灌注、边振捣。提升导管时，确保导管埋入混凝土面以下。

3. 冠梁施工

冠梁采用组合钢模支模，现场绑扎钢筋，商品混凝土运至现场灌注，插入式振捣器振捣密实。冠梁施工随人工挖孔桩施工进度分段施作，施工缝与人工挖孔桩缝错开。

1)冠梁施工工艺流程

冠梁施工工艺流程如图3-15所示。

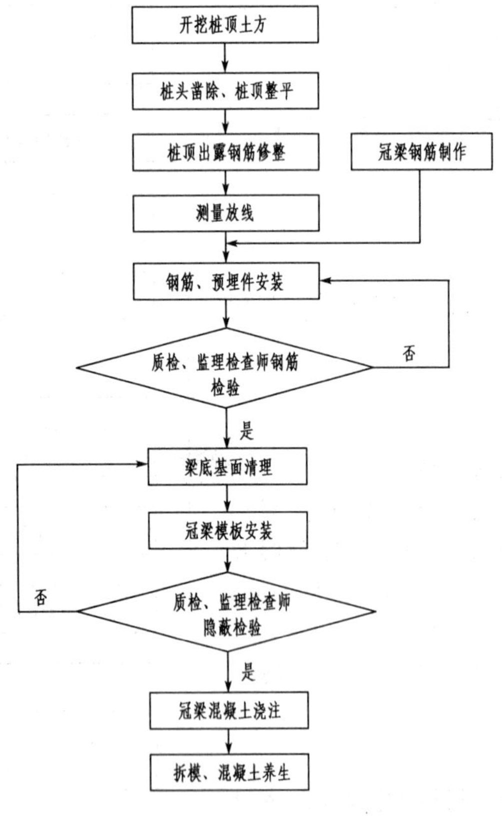

图3-15　冠梁施工工艺流程

2)开挖及桩顶破除

测量放线，定出梁的中心线和边线，即可进行开挖工作，基坑内侧用反铲挖出宽1m土槽，同时用风镐破除，清除钻孔灌注柱或人工挖孔桩顶杂土及浮渣。

3）模板施工

桩间土质基底铺设10cm的砂浆垫层作地模。侧模采用组合钢模板，外龙骨采用两道10cm×10cm方木，之间用扒钉连接、固定，斜撑使用带伸缩撑头的ϕ48钢管。模板在安装前涂刷脱模剂。

4）钢筋施工

桩顶混凝土破除后，先调直桩顶锚固钢筋。

冠梁钢筋预先在钢筋加工场按设计尺寸加工成半成品，并分类、分型号堆放整齐。施工前再次对照设计图纸进行检查，检验无误后运至施工现场。

冠梁钢筋现场绑扎，主筋接长采用搭接焊。焊缝长度不小于10d，同一断面接头不得超过50%。每段冠梁钢筋为下段冠梁施工预留出搭接长度，并错开不小于1m。

钢筋绑扎完成后，按要求埋设基坑护栏、钢支撑预埋件及其他预埋件。

5）混凝土浇注

冠梁采用商品混凝土，按混凝土施工工艺进行浇注作业，并及时进行养护，养护期为14d。

4. 桩板墙施工

开挖前按照设计要求进行基坑旁挖孔桩和冠梁施工，分层开挖分层施工，采用带液压锤的炮机进行，炮机破除挖孔桩护壁及板桩预埋钢筋后，采用风镐辅助进行修整，清理干净松散的石块，对大石块分解处理。分层开挖完成后，先施工桩间挡墙，挡墙施工完成后，对预应力锚杆进行张拉。

1）施工工艺流程

桩板墙施工工艺流程如图3-16所示。

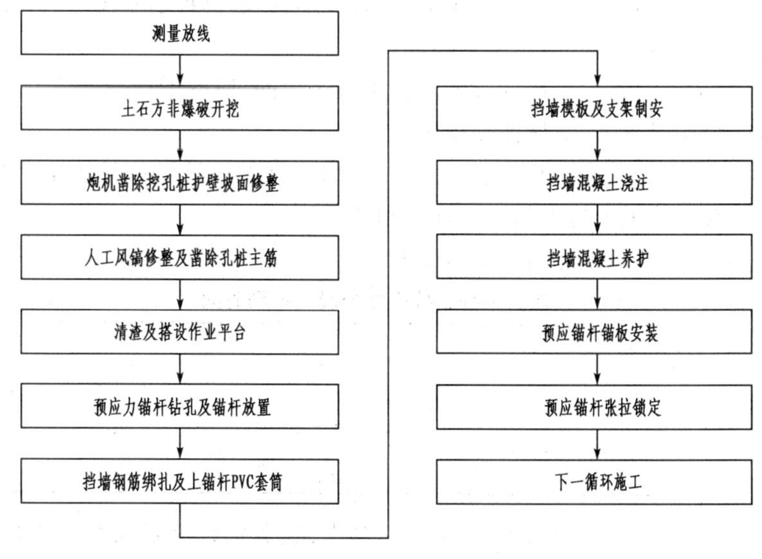

图3-16　桩板墙施工工艺流程

2）施工方法及技术措施

（1）施工准备及测量放线。出入口围挡后，对场地内的绿化、管线进行拆迁或改移，施工机械进场。在边坡上放出需要拆除的边坡范围，并做好标示。

（2）基坑边坡开挖及修整。按照测量组的放线，对土方采用直接开挖，对岩石采用静态爆破。边坡开挖后，对不平整的局部地方，采用人工结合风镐进行修整，做到边坡开挖面基本平整。开挖完成后，采用炮机破除挖孔桩护壁，人工风镐凿出孔桩主筋。

（3）锚杆施工。边坡板墙锚杆采用2ϕ36集束砂浆锚杆，锚杆钻孔采用地质钻机或专用锚杆钻机，钻孔直径150mm。钻孔利用人工搭设的钢管架作为辅助作业台架，钻孔技术要求与普通锚杆相同。

孔位经检查验收合格后，将锚杆插入距孔底3～5cm处，及时将孔口用水泥砂浆封堵严密，并设置排气孔。

锚杆注浆采用水泥砂浆，注浆液压力为1kPa以上。

（4）挡墙钢筋绑扎。挡墙钢筋在加工场预制，吊机吊放到现场。钢筋绑扎时，应按照设计要求进行加工和制安。在钢筋绑扎时，应在预应力锚杆上套上一根PVC管进行保护。

（5）挡墙模板及支架施工。挡墙模板采用18mm厚光面胶合模，模板支架采用ϕ42钢管架，为防止模板变形移位，采用打设ϕ22，长3m药卷锚杆作为模板的拉杆，拉杆后背10cm×10cm+双排钢管，通过有丝扣的拉杆与药卷锚杆加碟形扣固定模板。

（6）板墙混凝土浇注。挡墙及肋柱采用C30商品混凝土，混凝土到场后，通过可移动的气泵进行浇注，浇注过程中，气泵软管插入挡墙模板内，分层灌注、分层振捣密实。浇注完成后混凝土强度达到2MPa以上可拆除挡墙模板，并派人对其进行14d养护。

（7）安装承压板、锚固传力装置。按设计要求安装承压板、锚固传力装置。

（8）锚杆张拉。

①当锚固体及台座的混凝土强度大于15MPa，并达到设计强度的70%后，方可进行张拉。张拉前应对张拉设备进行检查标定。

②张拉顺序应考虑对邻近锚杆的影响。在正式张拉前，应取设计拉力值的0.1～0.2倍预拉一次，使其各部位接触紧密，锚杆体完整平直。

③锚杆锚固前应进行试拔检验，试拔最大拉力为锚杆的设计轴向拉力1.1倍。按拉力的10%逐级加荷，卸荷时按轴向拉力的1/5逐级卸荷。

④锚杆张拉荷载分级与观测时间见表3-5。

预应力锚杆张拉荷载分级与观测时间 表3-5

张拉荷载分级	观测时间（min）		张拉荷载分级	观测时间（min）	
	砂类土	黏性土		砂类土	黏性土
0.1t	5	5	1.0～1.1t	10	15
0.5t	5	5	锁定荷载	10	10

⑤锚杆张拉控制应力δ_{con}不应超过$0.65f_{ptk}$，其中，f_{ptk}为锚杆极限强度标准值（N/mm^2）。

⑥锚杆张拉至设计拉力的1.0～1.1倍时，保持10～15min，观察变化趋于稳定时，卸荷至锁定荷载并进行锁定，应保证锚杆锁定后符合设计锁定预拉力。锁定后如果发现有明显的预

应力损失,应进行补偿张拉,张拉完后,应用混凝土或砂浆封锚。

(二)土石方开挖

明挖基坑土石方开挖应遵循“竖向分层,水平分段,先支后挖,先浅后深”的施工原则。

土方采用挖机分层后退式开挖,倒渣至地面临时堆放,渣车外运至渣场。

石方开挖采用爆破和非爆破两种开挖方式。爆破一般采用按揭爆破,爆破震动控制值在1.5cm/s以下。控制爆破设计参数见竖井控制爆破。

非爆破主要采用切割和周围取芯中间静态破碎剂分裂开挖两种,这两种施工工艺参见竖井相关施工工艺。

三、暗挖通道施工

暗挖通道常规施工的施工工艺与车站和区间的施工工艺相同,其特殊的施工工艺和方法参见第四章工程实例。

第四章　工程实例及评价

第一节　重庆轨道交通一号线6标附属结构施工

一、工程概况

1. 工程位置及周边环境情况

鹅岭车站设2个风道风井、2个出入口通道，其中1号出入口通道设1个地面出入口和1个预留口、一个人防防护区段和一个疏散楼梯间，2号出入口通道设2－A、2－B两个地面出入口、一个人防防护区段和一个残疾垂直电梯。

鹅岭车站1号风井位于鹅岭酒店正前方绿化带内，2号风井位于鹅岭正街与干休所道路边坡之间的绿地中，施工时需注意对酒店、干休所及附近房屋和边坡的防护。1号出入口及疏散楼梯间设在长江一路与鹅岭正街之间的绿化带内，2－A出口位于长江一路南侧，2－B出口位于长江一路北侧鹅岭公交车站旁，残疾人垂直电梯出地面位置设在长江一路南侧鹅岭公交车站旁。

2. 工程地质和水文地质

1、2号风井地层为互层的中等风化砂质泥岩和泥质砂岩，围岩基本分级属Ⅳ级围岩。风道埋深约30m，洞顶中等风化岩层厚度为28.0～36.0m，覆跨比为2～2.57。

1、2号出入口深埋段覆盖层厚度为10～45m，浅埋暗挖段覆盖层厚度为3～10m，覆盖层厚度不超过3m的采用明挖施工。深埋段穿越地层为互层的中等风化砂质泥岩和泥质砂岩，围岩基本分级属Ⅳ级围岩，浅埋暗挖段与明挖段部分位于填土层。

中等风化砂质泥岩单轴饱和抗压强度14.0MPa，为软岩；中等风化砂岩单轴饱和抗压强度28.5MPa，为较软岩。

水文地质条件简单，主要为基岩裂隙水、大气降水。

3. 设计概况

1号风井深51m、开挖断面为17.2m×7m，风道长27m，开挖面积为170m^2，开挖跨度为14m；2号风井深53m，开挖断面为15.4m×4.6m，风道长28m，开挖面积为170m^2，开挖跨度为14m。风井风道初期支护以锚杆、钢筋网、喷射混凝土、格栅拱架等为主要手段，确保围岩较差段的结构及施工安全。二次衬砌采用C30防水混凝土，抗渗等级为S10。初期支护与二次衬砌之间设置一层300g/m^2的无纺布和2.0mm厚PVC塑料防水板。

1号出入口通道总长176.5m，其中深埋暗挖段(覆盖层厚度为10～45m)为复合衬砌结构,总长约121.7m,开挖宽度约7.7m;浅埋暗挖段(覆盖层厚度为3~10m)为复合衬砌结构,总长约23.2m,开挖宽度为8.1m;出地面处明挖段为矩形和U型断面结构,长约31.6m,开挖宽度为6.2m。2号出入口总长约265.5m,其中深埋暗挖段(覆盖层厚度为10~45m)为复合衬砌结构,总长约69.46m,开挖宽度为7.7m;浅埋暗挖段(覆盖层厚度为3~10m)为复合衬砌结构,约135.2m,开挖宽度为8.1m和6.6m;出地面处明挖段(覆盖层厚度不超过3m)为矩形和U型断面结构,长约60.8m,开挖宽度为7.9m和5.5m。出入口暗挖段采用复合式衬砌,初期支护以砂浆锚杆、钢筋网、喷混凝土、格栅拱架、超前管棚为主要手段,明挖段采用肋柱式钢筋混凝土锚杆挡墙作为基坑支护。以结构自防水为根本,施工缝(包括后浇带)、变形缝、穿墙管等细部构造的防水为重点,并在结构迎水面适当设置一层300g/m^{2}的无纺布+2.0mm厚PVC塑料防水板柔性防水层加强防水。二次衬砌采用C30 P10钢筋混凝土结构。

4. 工程特点及重难点

(1)施工场地狭小,施工组织难度大:由于竖井、出入口施工场地极小,要在有限的施工场地内做好平面布置,避免施工交叉作业相互影响,施工组织难度较大。

(2)竖井及出入口深度和长度大,采用非爆破施工,工期压力大:本标段2个竖井深度均超过50m,除1号竖井外,其余均采用机械切割非爆破法施工,渣土提升采用龙门吊,除2号出入口深埋段外,其余均采用周边水磨钻取芯、中间人工开挖的非爆破法开挖施工,渣土采用卷扬机多次转运结合吊车提升外运,开挖进度指标小,工期压力大。

(3)出入口浅埋段拱顶均为杂填土,地质条件差,尤其是下穿长江一路段施工风险大:隧道局部地段埋深小,最小处6m,覆盖层为黏土层,稳定性差,如何控制地表及洞内沉降,确保隧道上方路面安全和地下管线安全是施工重难点。

(4)出入口坡度大,机械设备无法上下,出渣、进料、喷浆困难:出入口暗挖段设两个爬坡段,坡度为30°,如此大的坡度,施工机械无法上下,反铲只能在深埋地段施工,喷浆材料及钢架转运到施工点非常困难。

(5)出入口斜坡段底板混凝土、平顶隧道拱部混凝土质量保证困难:出入口爬坡地段底板混凝土施工时因坡度大,而且采用泵送混凝土坍落度不能低于10cm,浇注过程中捣固极易造成混凝土流淌,给施工带来很大困难,易出现质量问题。暗挖隧道尤其是平顶断面隧道拱部无法振捣,容易出现空洞和混凝土缺陷,影响混凝土质量。

二、施工总体组织

1. 施工组织机构

由重庆轨道交通一号线6标项目经理部组织施工,项目经理部设置经理1名,副经理2名和总工程师1名,下设三部一室。

2. 资源配置

(1)班组设置。设置的班组主要有开挖班、支护班、钢筋班、防排水班、衬砌班及综合班。各个工班的主要工作内容见表3-6。

(2)劳动力配置。劳动力配置见表3-7。

班组设置

表 3-6

序号	班组名称	任务内容	备注
1	开挖班	隧道开挖,支护过程中锚杆孔施工	
2	支护班	拱架、锚杆、钢筋网安装,喷射混凝土、注浆	
3	钢筋班	拱架、锚杆、钢筋网的制作,二次衬砌钢筋制作安装	
4	防排水班	防水板铺设,排水管安装,施工缝、变形缝处理	
5	衬砌班	台车就位关模,混凝土浇注和养护	
6	综合班	现场文明施工,零星工程,材料转运,管路,配合其他班组施工	

劳动力配置

表 3-7

班组名称	班组数	每班组人数	备注	班组名称	班组数	每班组人数	备注
开挖班	2	12		防水班	1	4	
支护班	1	10		衬砌班	1	15	
钢筋班	1	25		综合班	1	10	

(3)主要机械设备配置。主要机械设备配置见表 3-8。

主要机械设备配置

表 3-8

序号	设备名称	型号	数量	序号	设备名称	型号	数量
1	空压机	$26m^3/min$	1	6	钢筋加工设备		1
2	挖掘机	$1.2m^3$/斗	1	7	地质钻机		1
3	装载机	ZLC-40	1	8	风动凿岩钻机	YT-28	20
4	混凝土搅拌机		1	9	水磨钻		10
5	自卸汽车	18t	2	10	电焊机		6

3. 分包管理

采用劳务分包形式进行管理。

三、总体方案及施工方法

1. 总体施工方案

各附属工程独立平行作业。

1 号竖井采用钻爆法开挖,专用提升设备提升,机械装渣外运;2 号竖井采用机械切割开挖,中间设直径 1.8m 漏渣孔,底部装渣外运;其他消防疏散井及残疾人电梯井采用周边钻孔取芯,中间人工结合小型机具开挖,简易提升设备提升,人工装渣外运。随开挖随进行初期支护。开挖到底后,自下而上逐段施工二次衬砌,采用钢管架 + 方木 + 胶合模作为模板支护体系,混凝土采用汽车泵泵送,人工振捣密实。

出入口暗挖深埋段采用自车站向出入方向开挖,浅埋段采用自明挖向车站方向开挖。1 号出入口暗挖深埋地段采用控制爆破全断面法开挖,浅埋地段采用周边取芯、中间人工结合小型机具非爆破手段台阶或 CRD 法进行开挖。为确保施工安全,与既有道路垂直相交段(埋深最小,覆盖层厚度均为 3m 左右)在开挖前采用超前小导管注浆作为超前支护体系。初期为

格栅钢拱架 + 喷射混凝土，随开挖随进行初期支护。二次衬砌与开挖平行作业，采用钢管架 + 工字钢模型 + 组合钢模作为模板支护体系，混凝土采用地泵泵送，人工振捣密实。出入口明挖段采用机械切割开挖，衬砌采用钢管架 + 方木 + 胶合模作为模板支护体系，混凝土采用汽车泵泵送，人工振捣密实。

2. 竖井施工方法

1 号竖井开挖采用钻爆法施工，每循环进尺 1m，利用龙门吊提升至地面，机械装渣，自卸汽车外运。

2 号竖井开挖采用机械切割开挖，中间设直径 1.8m 漏渣孔。漏渣孔采用人工开挖，每循环进尺 0.5m。人工挖孔桩周边采用 $\phi100$ 水磨钻钻孔取芯，掏出空槽之后，采用大锤人工破碎桩体岩石，人工搬运渣石至吊桶内，卷扬机提升吊桶至井口，人工装渣，自卸汽车外运渣石。

消防疏散井及电梯井因空间小，采用人工挖孔桩开挖类似的方法施工。

竖井初期支护采用格栅钢架 + 锚喷混凝土形式，格栅钢架集中加工，人工转运至架设地点；锚杆采用风钻钻孔，人工装锚固剂施工；喷射混凝土采用拌和站集中拌料，农用车转运至竖井边，人工逐段逐层喷设。

竖井二次衬砌自下而上逐段进行，采用 $\phi42$ 钢管架 + 10cm × 10cm 方木 + 18mm 厚胶合模作为模板支护体系。汽车泵自地面泵送 C30 P10 商品混凝土入模，分层对称灌注，人工振捣密实。

3. 出入口明挖段施工方法

1）基坑边坡开挖及支护施工

2 号出入口明挖段开挖前按照设计要求进行基坑旁边坡锚杆挡墙施工，分层开挖分层支护，采用机械结合人工开挖。机械采用带液压锤的炮机，炮机破除后，采用风镐辅助进行修整，清理干净松散的石头，对大块石头分解处理。分层开挖完成后施工锚杆挡墙，采用 600mm × 300mm 肋柱 + 20cm 厚钢筋混凝土挡墙。

2）明挖基坑开挖及支护施工

明挖基坑土石方开挖遵循“竖向分层，水平分段，先支后挖，先浅后深”的施工原则，拟采用机械切割辅以人工自上而下分层开挖，放坡开挖的地方严格按照设计坡度开挖，人工修坡，避免大型机械超挖作业。因明挖出入口位置无场地利用反铲装渣，拟采用人工装渣于停放在长江一路边的渣车外运出渣。

3）明挖隧道主体结构施工

明挖段出入口主体结构施工遵循“纵向分段，竖向分层，由下而上”的施工原则，即纵向从明挖段暗挖段接口处开始向出口施作，竖向从底板开始由下而上分两次施作。为控制结构施工缝，纵向每段施工长度控制在 12 ~ 15m。结合本明挖段出入口的结构形式，主体结构分 2 ~ 3 段浇筑，即上部敞口段划为一段，其余段按纵向总长均分。结构内部梯步结构待相应施工段主体结构施工完后施作。

明挖段主体结构墙、板的模板工程主要由面板、龙骨、支架（支撑）体系等构成。因该明挖出入口跨度不大，支撑与 $\phi48$ 钢管配合可调节顶托与满堂红支架连接成整体，通过方木连接模板，模板采用厚 50mm 组合钢模，纵向、横向龙骨选用 10cm × 10cm 方木，支架选用 $\phi48$ 钢管搭设，配可伸缩支撑头。墙及顶板的模板构造体系如图 3-17 所示。

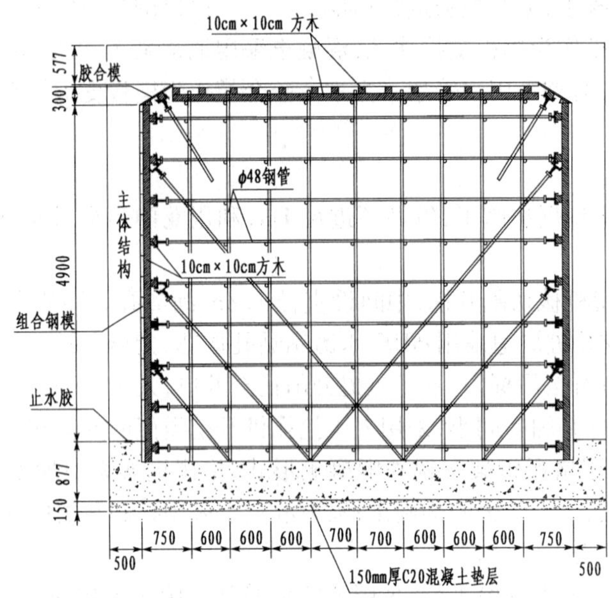

图 3-17　明挖段主体结构侧墙及顶板模板及支架(尺寸单位:mm)

4)基坑回填

基坑回填土方应在主体结构顶板的混凝土达到设计强度并施作好顶板防水及其保护层后才能施工,人工配合小型机械分层对称夯实。

5)明挖隧道结构内楼梯施工

隧道结构内楼梯施工采用自下而上分段施工的方法,分段长度为 20 ~ 30m。模板采用 18mm 厚光面胶合模,支架体系采用钢管 + 顶托 + 方木,混凝土采用商品混凝土,采用地泵接管浇注,人工振捣器捣固密实,3d 后拆模养护。

4. 出入口暗挖段施工方法

1)超前预支护、预加固

出入口暗挖通道尤其是浅埋段开挖前,为防止拱部坍塌掉块,在拱部及边墙布设 φ42 超前小导管,在明暗挖接口位置、横穿公路段、浅埋暗挖段 T 形交叉口位置布设 φ108 大管棚超前支护,超前小导管注浆浆液采用水泥-水玻璃双液浆,超前大管棚注浆浆液采用水泥砂浆。

土层地段小导管直接采用人工结合风镐打入,岩层地段小导管采用风钻钻 φ50 孔人工锤击打入,双液注浆泵注浆。φ108 大管棚采用地质钻机钻孔,机械顶入钢管,砂浆泵压注水泥砂浆填充。

2)开挖及出渣

2 号出入口大部分地段尤其是浅埋暗挖段位于长江一路正下方,暗挖深埋段采用全断面或微台阶控制爆破(爆破振速控制在 1.5cm/s 以内)方法开挖,每循环进尺 1m;出入口暗挖浅埋段采用 CRD 或台阶法施工,各分部均采用周边钻 φ100 孔取芯、核心静态破碎剂预裂、小型机具辅以人工方法开挖,每循环进尺 0.5m。周边取芯采用 Z1-200C 型手持式电动水钻,单工作面采用3 ~4 台钻机平行作业。取芯直径为 10cm,相邻孔间距为 8cm,孔间搭接 2cm,每循环长度为 50cm。

开挖过程对断面变化的地方采用技术性超挖的方法进行处理，同时也解决了机械出渣的问题。

深埋地段采用反铲将开挖渣土转运至车站交叉口位置，再由装载机装渣至出渣车上外运；暗挖浅埋地段渣土由卷扬机辅助人工分 2～3 次人工转运至明挖基坑，再由汽车吊垂直吊运至地面，最后在明挖基坑边由装载机装渣至出渣车上外运；因受场地条件限制，开挖过程中单工作面每开挖一循环需出渣一次。装载机结合人工装渣、自卸汽车出渣，挖掘机配合。

3）初期支护施工

出入口深埋地段采用砂浆锚杆＋钢筋网＋喷射混凝土作为初期支护，浅埋地段采用全封闭格栅钢架＋砂浆锚杆＋钢筋网＋喷射混凝土作为初期支护。格栅钢架预制场预加工，砂浆锚杆风钻钻眼灌浆插入杆件，钢筋网预制场预加工，喷射混凝土采用潮喷工艺施工。

4）防排水施工

出入口暗挖段在初期支护与二次衬砌之间设置一道 2.0mm 厚 PVC 塑料防水卷材＋$300g/m^2$ 无纺布防水层。底部防水层采用 50cm 厚 C20 细石混凝土保护层。

5）二次衬砌施工

暗挖段出入口二次衬砌由车站向明挖出入口单向进行，采用 C30 S10 防水钢筋混凝土模筑衬砌，每循环以 6～15m（浅埋段 8～10m）为宜，先施工底板，再施工侧墙及拱部。二次衬砌沿通道顶部纵向每 5～10m 预留 $\phi42$ 回填注浆孔。在衬砌完毕后，对顶部填充注浆以保证顶部混凝土密实。

钢筋绑扎顺序为先绑扎底板钢筋，待底板混凝土浇筑后绑扎侧墙及拱部钢筋。底板与拱墙主筋采用 $\phi22$ 螺纹钢，其接头采用机械连接。其他直径小于 16mm 的分布筋接头采用绑扎搭接。各施工缝处钢筋按要求预留接头错开长度，同断面接头数量不超过 50%。

钢筋绑扎完毕验收合格后，立即支架、立模。采用组合钢模板＋满堂红钢管脚手架＋10cm×10cm 方木＋工字钢骨架组成模板支撑体系。环向施工缝和变形缝采用 5cm 厚木板施作堵头模。钢管脚手架下部直接落在已浇筑底混凝土上，脚手架采用 $\phi48$ 钢管通过方向扣件搭设而成。钢管脚手架至边墙距离为 75cm，钢管横向排距 60～70cm，竖向排距 60cm，平面步距 75cm（保证 1 榀工字钢模有 2 个顶托支撑），具体布置如图 3-18 所示。

混凝土采用商品混凝土，供应商由业主指定范围中其中一家，混凝土在搅拌站拌和好以后，用罐车运送到工地，混凝土输送泵输送混凝土至浇注点，两侧墙浇注应同时进行。浇注时纵向分段、横向分层连续进行，纵向设施工缝，出入口明暗挖相连处、围岩变化处设变形缝。

6）楼梯施工

暗挖隧道结构内楼梯采用自下而上分段施工的方法，分段长度为 20～30m。模板采用 18mm 厚光面胶合模，支架体系采用钢管＋顶托＋方木，混凝土采用商品混凝土，采用地泵接管浇注，人工振捣器捣固密实，3d 后拆模养护。

四、施工进度管理

1. 进度计划和完成情况对比

6 标合同工期目标：2007 年 9 月 15 日开工，2009 年 5 月 15 日竣工。

6 标附属实际于 2007 年 8 月 15 日开工，2010 年 3 月 13 日主体工程完工。比合同工期晚了约10个月。

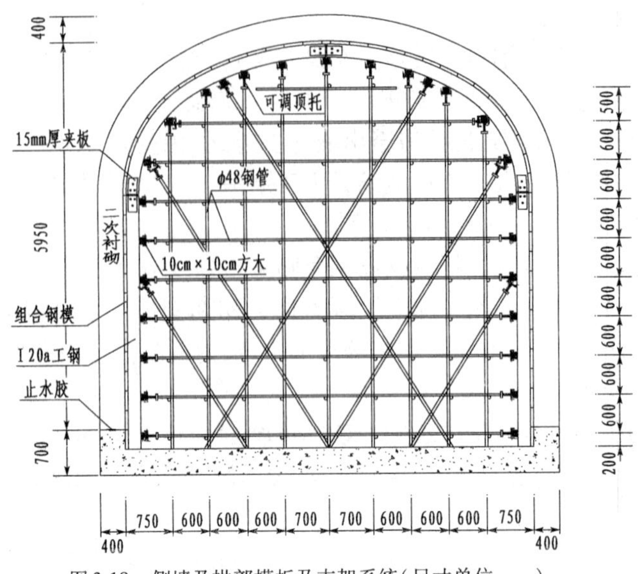

图3-18 侧墙及拱部模板及支架系统(尺寸单位:mm)

2. 影响施工进度的因素

(1)场地狭小,现场无法布置大型拌和站、加工场,只能在两鹅区间场地内设置,通过机械、人工转运至施工地点,影响施工进度。

(2)出入口长度大,大部分采用非爆破法开挖,开挖进度指标极低,每月开挖进度10余米,制约施工进度。

(3)出入口二次衬砌施工因车站站内结构正在施工或已进行安装装修施工,只能自地面接管至浇注点,自地面向下浇注,由于管长、弯多,加上商品混凝土质量不稳定,容易堵管,单段结构浇注时间长,影响工期。

五、质量管理得失及体会

1. 质量控制有效措施

(1)出入口严格按照"短进尺、强支护、早封闭、勤量测"的原则施工,对浅埋段的开挖支护质量应重点关注,确保初期支护密实,拱架安装牢固可靠,设专项技术负责人进行技术指导和过程控制监督。

(2)安排防水施工专业工程师对区间防水施工进行技术指导,严格过程检查,确保防水施工质量。

(3)加强混凝土振捣工作,安排有经验的工人负责该项工作,并在每段结构施工完后,及时验证效果并进行总结,发现问题及时改进,确保出入口结构的密实。

2. 存在的问题

暗挖段隧道斜坡段爆破开挖效果差,超挖大,分析原因为:

(1)斜坡段施工受自身条件限制,开挖工无法贴近底面钻眼。

(2)出入口施工属项目收尾阶段,管理人员减少,造成现场过程控制不力。

(3)施工人员责任心不强,经屡次教育和处罚后仍得不到较大的改进。

六、安全管理得失及体会

1. 安全管理有效措施

(1)加强浅埋段的监测工作,尤其是下穿交通主干道段施工,不仅在施工前进行风险分析,预测可能发生的险情,并制订相应风险处理措施,必要时加强初期支护参数,尤其是超前支护方面,加大设计大管棚管壁厚度,确保工程施工及道路的安全。

(2)加强人员密集区爆破施工的安全防护工作,设专人进行交通疏导,在竖井施工过程中,未发生一起爆破飞石伤人、伤车现象。

2. 存在的问题

临近交通主干道、干休所的爆破施工安全管理稍有欠缺,尤其是汶川地震后一段时间内遭到投诉,后经过多次协调、沟通得到理解。

七、文明施工及环境保护

(1)设立综合班,负责进行工程的文明施工。保持施工区的环境卫生,及时清理垃圾,生产污水经处理后才能排入市政污水管道。

(2)施工过程中,采用低噪声施工设备,减小噪声音量;尽量错时施工,减少对周边居民的影响。

(3)不明管线应先探明,后施工,妥善保护各类地下管线,确保城市公共设施的安全,提前做好相应的抢险措施。

(4)喷射混凝土时,应采取有效措施,防止粉尘污染周围环境。

第二节 重庆轨道交通一号线7标附属结构施工

一、工程概况

1. 工程位置及周边环境情况

7 标大坪车站设 A、B 两个风道风井,4 个出入口通道(其中 1、4 号为预留),一个换乘通道,其中 2 号出入口通道设 1 个残疾人电梯井。

A 风井位于市邮电大楼侧旁绿化带内;B 风井临近二号线大坪车站风井,周边民房密集。

2 号通道走向与大坪车站主体隧道接近平行,两者之间岩柱最小厚度仅为 2.5m,上方为大坪正街 16 ~ 22 号危房,下方为轻轨区间隧道,出口接二号线轻轨大坪站 1 号出入口,共用出地面通道口。

3 号通道位于市邮电大楼前,出口与大坪地下商场通道相连,其中与大坪地下商场通道相连段约 16m,采用明挖。

换乘通道连接一号线大坪车站站厅层与二号线大坪车站站厅层,下穿大坪地下商场通道,上跨二号线车站风道。

2. 工程地质和水文地质

A 风井位置地表为花池，上覆素填土厚度为 0.5 ~ 1.5m，下伏基岩为砂岩、砂质泥岩互层，属Ⅳ级围岩；B 风井上覆素填土厚度为 0.5 ~ 2.0m，下伏基岩为砂岩、砂质泥岩互层，属 Ⅳ 级围岩。

2 号通道上覆土层一般厚 0.5 ~ 1m，下伏基岩上部为砂岩，厚约 12m，下部为砂质泥岩，岩体较完整，地下水量微弱。隧道位于砂质泥岩中，其拱顶以上砂质泥岩厚度为 2.8 ~ 14.5m，在接近二号线出入通道处拱顶砂质泥岩较薄，易沿砂、泥岩界面脱落坍塌。

3 号通道上覆土层一般厚 4.8 ~ 8.8m，下伏基岩为砂岩、砂质泥岩，岩体较完整，地下水量微弱，围岩基本分级为Ⅲ ~ Ⅴ级。通道的修建对上部邮电大楼有一定影响。临近大坪地下商场部分其围岩为人工填土，按 Ⅵ 级围岩进行设计。

换乘通道埋深为 24.5 ~ 37.7m，通道顶岩层主要为砂质泥岩和砂岩，通道洞身围岩为砂质泥岩，围岩类别为 Ⅳ 级。

水文地质条件简单，主要为基岩裂隙水、大气降水，局部裂隙发育、地下管网渗漏造成渗水较大。

3. 设计概况

风井风道初期支护以锚杆、钢筋网、喷射混凝土、格栅拱架等为主要手段。二次衬砌采用 C30 防水混凝土，抗渗等级为 S10。初期支护与二次衬砌之间设置一层 300g/m^2 的无纺布和 2.0mm 厚 PVC 塑料防水板。

2 号出入口通道总长为 66m，高 4.3m，宽 6.5m。3 号通道总长 60m，其中深埋暗挖段 11.5m（开挖宽度约 7.5m），浅埋段 48m，明挖段 16m（开挖宽度 7.5m）。换乘通道全长 52m，均为深埋暗挖段，开挖宽度约 8m。通道暗挖段采用复合式衬砌，初期支护以砂浆锚杆、钢筋网、湿喷混凝土、格栅拱架为主要手段，浅埋段采用超前小导管注浆预加固等辅助措施，明挖段为矩形和 U 型断面结构，明挖基坑采用桩间挡土墙和锚喷支护形式。

二、施工总体组织

1. 施工组织机构

由重庆轨道交通一号线 7 标项目经理部组织施工，项目经理部设置经理 1 名，副经理 1 名和总工程师 1 名，副总工程师 1 名，下设三部一室。

2. 资源配置

（1）班组设置。设置的班组主要有开挖班、支护班、钢筋班、防排水班、衬砌班及综合班。各个工班的主要工作内容见表 3-9。

班组设置　表 3-9

序号	班组名称	任务内容	备注
1	开挖班	隧道开挖，支护过程中锚杆孔施工	
2	支护班	拱架、锚杆、钢筋网安装，喷射混凝土、注浆	
3	钢筋班	拱架、锚杆、钢筋网的制作，二次衬砌钢筋制作安装	
4	防排水班	防水板铺设，排水管安装，施工缝、变形缝处理	
5	衬砌班	台车就位关模，混凝土浇注和养护	
6	综合班	现场文明施工，零星工程，材料转运，管路，配合其他班组施工	

(2)劳动力配置。劳动力配置见表3-10。

劳动力配置　　表3-10

班组名称	班组数	每班组人数	备注	班组名称	班组数	每班组人数	备注
开挖班	3	10		防水班	1	5	
支护班	1	10		衬砌班	1	15	
钢筋班	1	25		综合班	1	15	

(3)主要机械设备配置。主要机械设备配置见表3-11。

主要机械设备配置　　表3-11

序号	设备名称	型号	数量	序号	设备名称	型号	数量
1	空压机	$26m^3$/min	2	6	钢筋加工设备		1
2	挖掘机	1.2m^3/斗	1	7	地质钻机		1
3	装载机	ZLC-40	1	8	风动凿岩钻机	YT-28	15
4	混凝土搅拌机		1	9	水磨钻		12
5	自卸汽车	18t	2	10	电焊机		6

3. 分包管理

采用劳务分包形式进行管理。

三、总体方案及施工方法

(一)总体施工方案

各附属工程独立平行作业。

风井采用机械切割法开挖,中间设漏渣孔,车站内机械装渣外运;残疾人电梯井采用周边钻孔取芯,中间人工结合小型机具开挖,专用提升设备提升,机械装渣外运。竖井施工随开挖随支护,开挖到底后,自下而上逐段施工二次衬砌,采用钢管架+方木+胶合模作为模板支护体系,混凝土采用汽车泵泵送,人工振捣密实。

换乘通道开挖与车站侧壁导坑开挖同时进行,采用控制爆破全断面开挖,机械自车站内装渣外运。2、3号出入口暗挖深埋地段采用控制爆破全断面法开挖,浅埋地段采用周边取芯、中间人工结合小型机具非爆破手段台阶法开挖,明挖段采用机械切割开挖。出入楼初期为格栅钢拱架+喷射混凝土,随开挖随进行初期支护。二次衬砌与开挖流水作业,采用钢管架+工字钢模型+组合钢模作为模板支护体系,混凝土采用地泵泵送,人工振捣密实。出入口明挖段衬砌采用钢管架+方木+胶合模作为模板支护体系,混凝土采用汽车泵泵送,人工振捣密实。

(二)附属工程交叉口段施工

1. B 风道与车站隧道交叉口段施工

1)施工方案比选

大坪车站 B 风道与车站隧道交叉口属两个特大断面隧道的过渡施工,施工风险极大。如何从车站施工过渡到风道施工,交叉口施工尤为重要,根据本工程地质条件、施工组织等因素,交叉口施工有两种比选方案。

(1)施工方案一。本方案也为设计资料提供的施工方案。为确保交叉口施工安全,设计考虑车站侧壁导坑开挖完成后,待交叉口位置车站隧道主体二次衬砌完成达到设计强度后,破除核心土剩余部分浇注车站仰拱,最后按单侧壁导坑法施工次序分部破除交叉口处车站主体初期支护,按单侧壁导坑法分步开挖风道并及时进行初期支护。施工方案一具体施工方法及步骤如下。

①第 1 步:交叉口处核心土上部开挖。

②第 2 步:浇注交叉口处车站主体隧道拱墙衬砌。

③第 3 步:控制爆破开挖交叉口处车站剩余核心土体,浇注交叉口段车站仰拱和交叉口口部加强环梁衬砌。

④第 4 步:按 CD 法次序分部破除交叉口处车站主体初期支护。

⑤第 5 步:按 CD 导坑法次序分部开挖风道、初期支护。

施工方案一车站隧道进风道施工工序转换如图 3-19 所示。

(2)施工方案二。交叉口位置车站侧壁导坑上、中部开挖完成后,破除交叉口处车站隧道 6~8m 范围核心岩柱上部并封闭上部初期支护,在交叉口两侧车站初期支护设置临时加强竖向支撑,待交叉口位置变形稳定后,在交叉口处车站主体初期支护上破除小导洞位置,小导洞顶部低于风道 2.8m、轴线重合,小导洞以 20% 的坡度爬升至风道顶部标高后,再转向进行风道左、右两侧扩挖,形成风道上部开挖断面。风道距交叉口 5~10m(根据监测数据调整)范围内部分仍待车站主体衬砌完成后再进行扩挖。施工方案二具体施工方法及步序如下。

①第 1 步:车站侧壁上、中导坑开挖完成后,开挖交叉口处核心土上部。

②第 2 步:破除交叉口处中导洞位置相应车站初期支护,升坡进行小导洞开挖至风道顶部。

③第 3 步:小导洞在前进方向 3m 范围内逐渐扩挖成大断面,形成前方风道 CD 法施工上断面作业面条件,并反向扩挖 3m 转向通道,形成上部全断面洞室。

④第 4 步:按单侧壁导坑法开挖风道左上导坑,并及时进行初期支护。

⑤第 5 步:按单侧壁导坑法开挖风道右上导坑,并及时进行初期支护。

⑥第 6 步:自交叉口位置开挖小导洞下部,形成风道前方下部开挖施工通道。

⑦第 7 步:同样采用第 3 步方法开挖 5m 范围全断面下步,再按侧壁导坑法开挖前方风道下部。

施工方案二车站隧道进风道施工工序转换如图 3-20 所示。

以上两种方案均可作为车站与风道交叉口处施工方案,两种方案的比较情况见表 3-12。

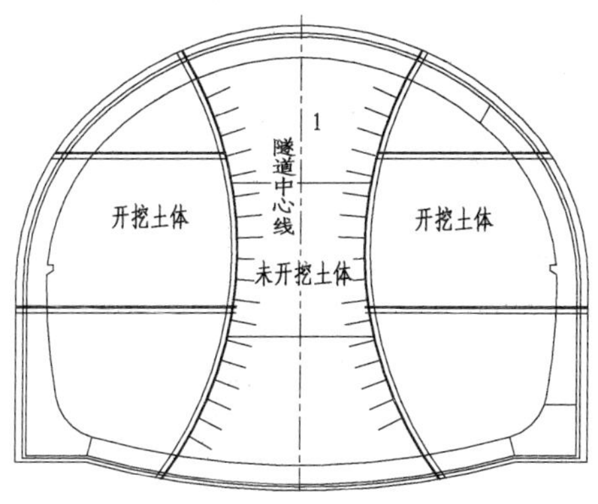

施工步序一：按双侧壁导坑开挖两个侧壁后进行核心土1步开挖。

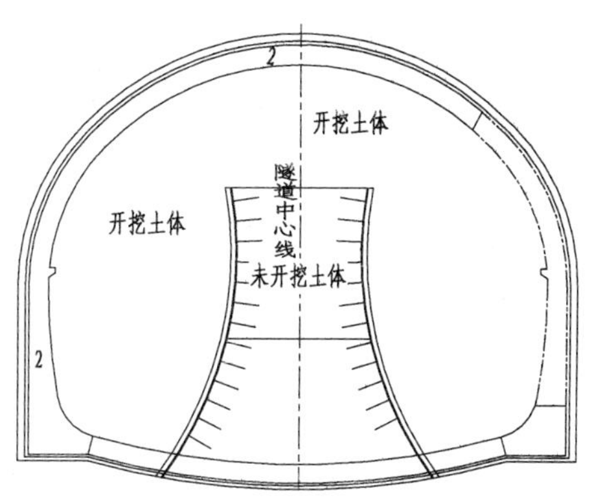

施工步序二：浇注拱周混凝土 。

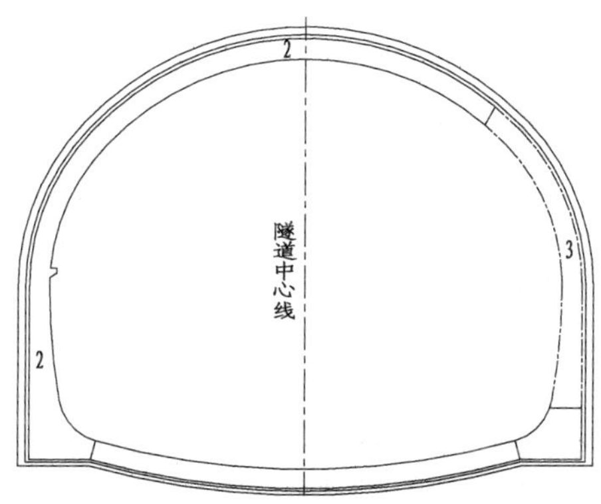

施工步序三：开挖核心土中下部土体，施工仰拱混凝土，并施工交叉口处加强圈梁。

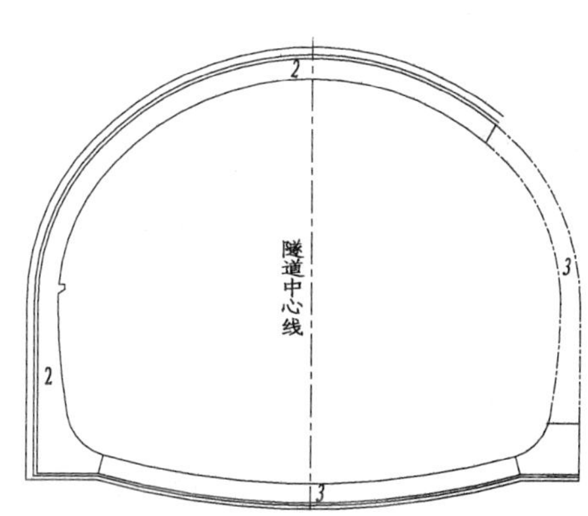

施工步序四：按CD法次序拆除主拱在风道处的初期支护。

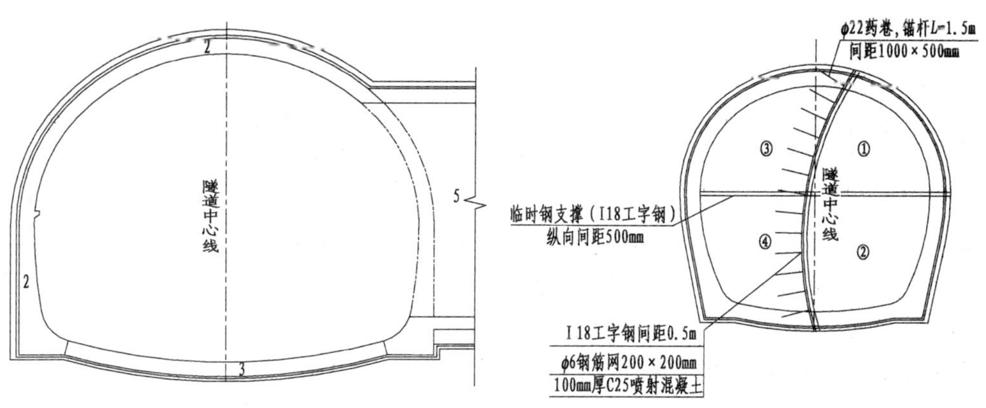

施工步序五：按CD法施工风道并初期支护。

风道单侧壁施工步序图

图 3-19　CD 法车站进风道施工工序转换设计

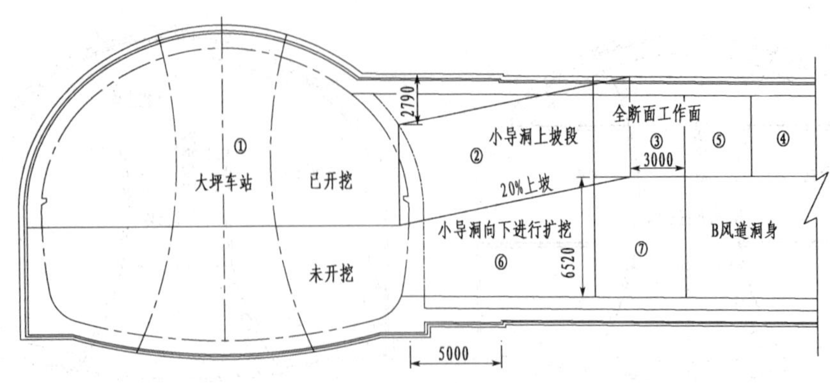

图 3-20 中导洞法车站进风道施工工序转换设计(尺寸单位:mm)

CD 法与中导洞法车站进风道施工方案比较 表 3-12

比较内容	CD 法	中导洞法
施工进度	交叉口采用 CD 法施工,必须待车站主体开挖全部完成,二次衬砌基本全部完成后才能进行,虽然风道开挖时间相对导洞法开挖时间小,但总工期上远远无法满足	采用导洞法施工待车站侧壁导坑上部开挖到交叉口位置就可进行,虽然风道开挖工序转换相对复杂,风道施工工期相对稍长,但因开工时间至少可提前 6~8个月,因此从总工期角度看,此法优越性远高于 CD 法
施工风险	交叉口范围车站主体衬砌已封闭成环,基本不存在围岩坍塌、拱顶及地表下沉等方面的施工风险,但交叉口初期支护破除及开挖施工需要大型辅助作业台架,存在高空作业风险	交叉口采用导洞法施工是在车站隧道未完全形成全断面空间效应的条件下进行的,等于将两个特大断面的转换施工替代为两个小断面隧道的转换施工,施工风险大大降低,在施工中结合监测反馈情况完全能确保施工安全
施工成本	虽然施工组织相对简单,但施工过程中会造成总工期延长,并造成大量机械、人员窝工,另外,后期车站站内结构施工开始后,渣土无法用机械外运,施工成本大	施工组织要复杂一些,临时材料相对损耗要大,但能大量缩短工期,所有开挖及初期支护均可在车站站内结构施工前完成,避免不必要的成本增加,经过简单估算,至少可节约施工成本 350 万元以上

综合以上分析,充分考虑各种施工因素的影响,确定既能确保安全,又能保证进度,且能节约投资的“方案二”导洞法进行车站隧道与 B 风道交叉口施工。

2)B 风道与车站隧道相交施工技术

(1)中导洞相关参数设计。

①中导洞与 B 风道立面关系:中导洞与 B 风道的立面关系如图 3-21 所示。

②中导洞开挖断面及支护参数设计:中导洞上半断面尺寸及支护参数设计如图 3-22 所示,下半断面尺寸及支护参数设计如图 3-23 所示。

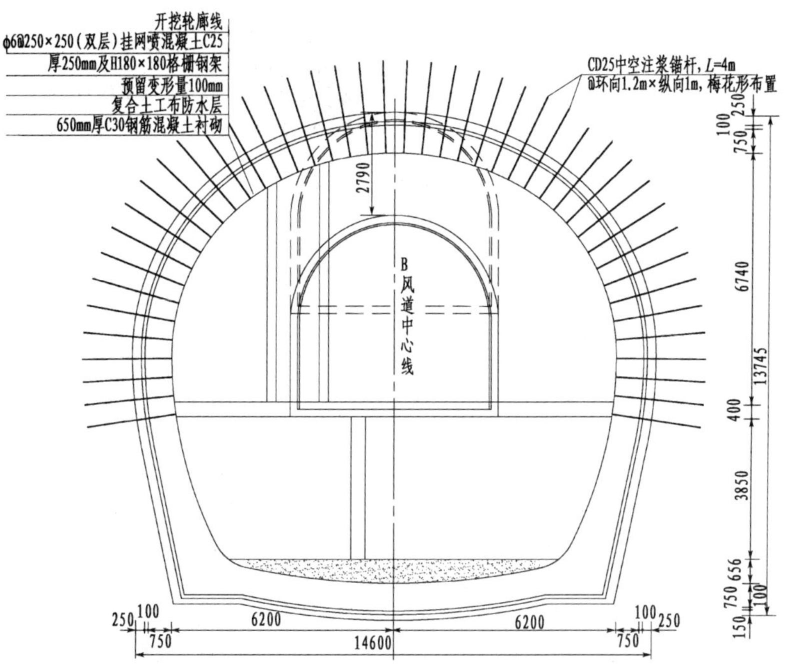

图 3-21 中导洞与 B 风道立面关系(尺寸单位:mm)

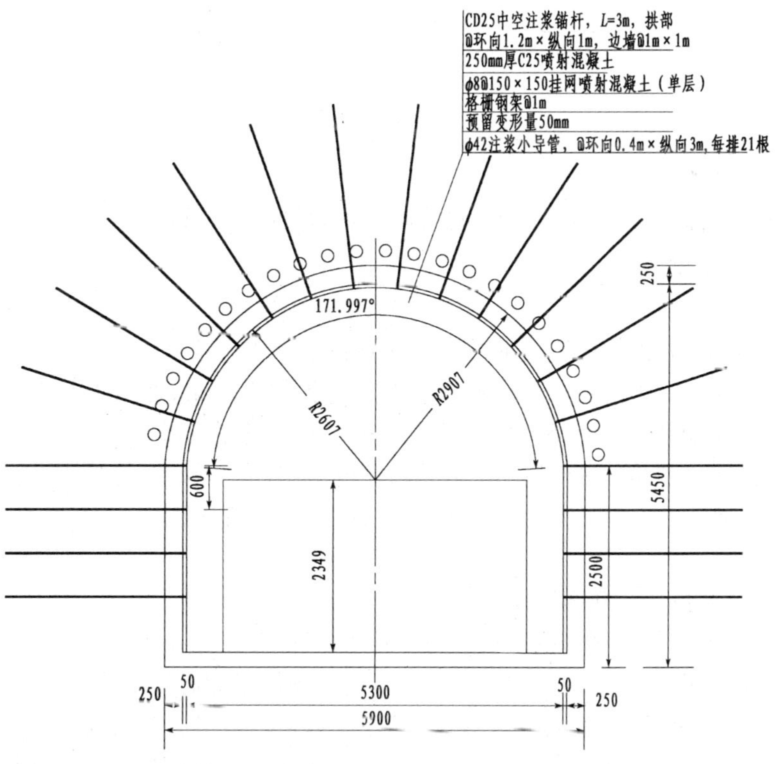

图 3-22 中导洞上半断面尺寸及支护参数设计(尺寸单位:mm)

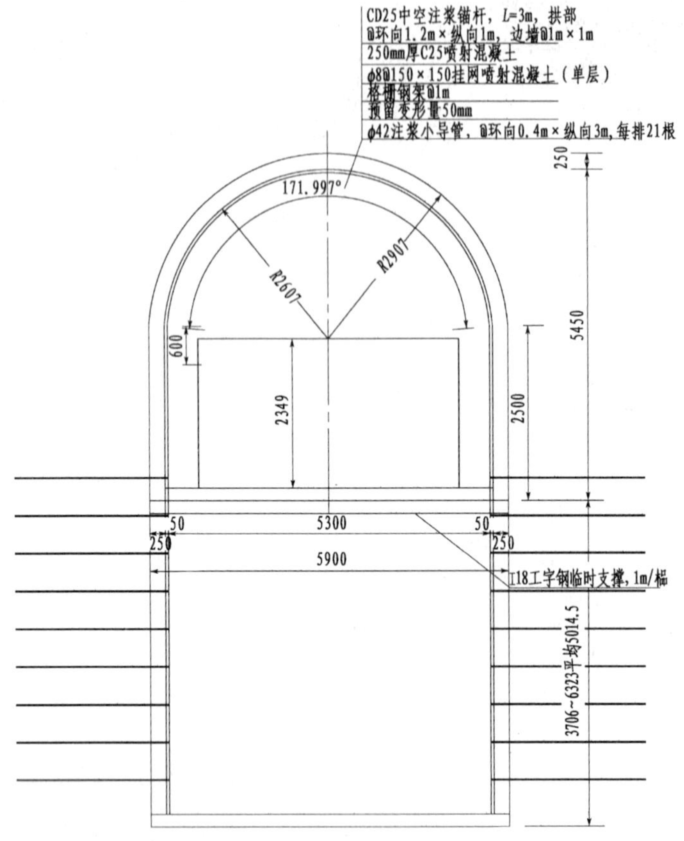

图 3-23 中导洞下半断面尺寸及支护参数设计(尺寸单位:mm)

(2)中导洞开挖支护技术。

①中导洞进洞施工。中导洞进洞仍需截断车站初期支护格栅拱架,为了保证开挖时车站的稳定,对车站与通道交叉口增加以下加固措施。

a. 通道开挖前对开挖轮廓范围内需截断的车站初期支护格栅拱架采用 $\phi25$@ 500 × 500mm,$L=5.0$m 药卷锚杆锁定,通道开挖范围内的拱架不设锚杆。

b. 在车站初期支护内、通道开挖轮廓线四周设置加强环梁,通道顶部设置加强横梁。加强环梁主筋 6$\phi25$,箍筋 $\phi12$@ 150;加强横梁主筋 12$\phi32$,箍筋 $\phi12$@ 200。

②中导洞开挖。为保证施工安全,中导洞开挖采用控制爆破开挖的方式。先用隧道弃渣填至开挖面,以利于人工作业及出渣。开挖时采用上下台阶法进行,上半断面开挖完成后,再逐步开挖下半断面。

③中导洞与 B 风道的断面转换施工。

a. 小导洞以 20% 的坡度开挖至拱顶与 2 号风道等高时,先在小导洞范围内向前开挖 3m,并扩挖成 2 号风道拱顶断面,然后进行降坡至 12%,满足车辆通行要求。

b. 在扩挖范围内两侧立两榀工字钢架,立好 B 风道拱顶格栅钢架,做好拱顶初期支护。

c. 扩挖范围内进行单侧开挖,立好Ⅰ18 工字钢架,做好初期支护,一侧开挖完成后再开挖另一侧。

d. 在转换范围内立好 B 风道拱顶的格栅钢架，完成 B 风道拱顶的初期支护。

e. 拆除Ⅰ18 工字钢临时支护，喷射混凝土，向下左右侧分步开挖，形成 B 风道断面，完成结构体系转换。

中导洞与 B 风道断面转换具体施工顺序如图 3-24 所示。

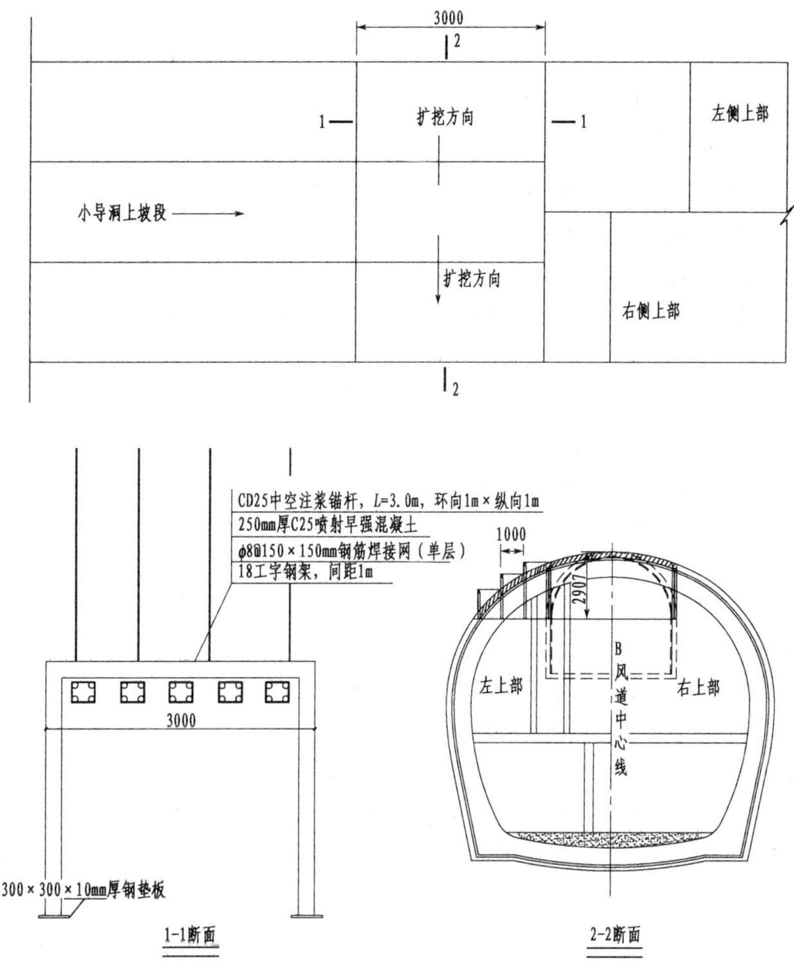

图 3-24　中导洞与 B 风道断面转换工序(尺寸单位:mm)

(3)风道主体开挖支护组织。风道主体采用控制爆破开挖，各分步每循环进尺 1m，人工手持风钻钻孔，人工配合斗车运输翻渣，小型反铲配合自卸汽车出渣。每步开挖完成后及时施作初期支护及临时支护，做到步步封闭成环，在施工过程中，应加强洞内和地表的监控量测，防止沉降失控。

CD 法施工单侧壁导坑前，施工过程中严格遵循“管超前、短开挖、强支护、勤量测、早封闭”的基本原则，开挖及支护施工组织顺序为：

右侧壁上导坑开挖、初期支护及临时支护→右侧下导坑开挖、初期支护及临时支护→左侧壁上导坑开挖及初期支护→右侧下导坑开挖及初期支护→分段拆除临时支撑→分段衬砌施工

(4)交叉口处风道扩挖技术。风道距交叉口 5 范围内剩余部分岩体待车站主体衬砌完成后进行扩挖施工，为防止开挖施工扰动已稳定岩体及破坏车站主体衬砌，交叉口处风道扩挖采

用非爆破法施工,人工风钻钻眼,静态破碎剂预裂,人工结合风镐开挖。

扩挖同样采用CD法分步开挖、分步支护,避免大断面全断面开挖形成空间效应,开挖每循环进尺50cm。

2. A风道、出入口通道与车站隧道交叉口段施工

1)施工方案比选

大坪车站A风道、出入口通道与车站隧道交叉口属特大断面隧道转入小断面隧道的过渡施工,施工风险相对较小,但施工中由于车站隧道断面大,交叉口受力复杂,仍然存在一定的不确定性。因此通道施工中同样必须遵循“短进尺、弱爆破、强支护、勤量测”的原则,交叉口段5m范围因避免爆破损害主体衬砌结构及周边围岩,采用非爆破方法施工。

如何从车站施工过渡到小断面隧道施工,根据本工程地质条件、施工组织等因素,交叉口施工有两种方案比选:施工方案一,施工交叉口位置车站隧道主体二次衬砌,再进行交叉口开挖施工。施工方案二,为避免后期站内结构施工影响,提前进行交叉口及通道施工,加强交叉口处车站与通道的初期支护。

分析以上两种方案,方案一更适合作为此类交叉口施工方案。其原因有三个:

(1)方案二虽然可提前进行交叉口的开挖,但因这几个交叉口离施工通道或跨越段近(要尽早开挖侧壁导坑下部,以施工承台),侧壁下导坑应很快且必须尽早开挖到交叉口位置,另外,2号通道因地表建筑物原因,不能采用爆破施工,几个通道开挖量较小,因此提前进行交叉口的施工没有多大意义。

(2)提前进行这几个附属工程的开挖,因作业面距离主体开挖、衬砌作业面太近,交叉作业反倒增加施工组织难度,影响主体施工进度。

(3)后期车站站内结构施工完成后,如出入口通道尚未开挖完成,可采用自站厅层将渣土自残疾人电梯井外运,同样可实现机械结合人工的方法施工而不必全靠人工。

2)A风道、出入口通道与车站隧道相交施工技术

出入口通道待车站主体衬砌完成后进行开挖支护施工,因出入口地表建筑物密集、大部分属浅埋段、深埋段临近车站隧道等条件限制,交叉口部位及整个通道均不采用爆破施工,而采用“周边水钻钻孔取芯、中间人工钢钎破裂成块、周边风镐修整”的方法开挖。

浅埋地段采用CD法分步开挖及支护,深埋段采用台阶法开挖及支护,每循环进尺均为50cm。周边取芯采用Z1-200C型手持式电动水钻施工,取芯直径为10cm,相邻孔间距为8cm,孔间搭接2cm,每循环长度为50cm。渣土洞内转运采用人工结合卷扬机,洞外转运采用小型装载机或人工结合斗车,自残疾人电梯井垂直提升至地面后装车外运。

(三)附属工程正洞施工方法

7标附属工程与6标附属施工方法类似,详细见第三篇第四章第一节内容。

四、施工进度管理

1. 进度计划和完成情况对比

7标合同工期目标:2007年9月15日开工,2009年5月15日竣工。

7标附属工程实际于2007年12月3日开工,2011年4月3日主体工程完工。比合同工

期晚了约23个月。

2.影响施工进度的因素

(1)附属工程大部分采用非爆破法开挖,开挖进度指标极低,每月开挖进度10余米,制约施工进度。

(2)出入口二次衬砌施工因车站站内结构正在施工或已进行安装装修施工,只能自地面接管至浇注点,自地面向下浇注,由于管长、弯多,加上商品混凝土质量不稳定,容易堵管,单段结构浇注时间长,影响工期。

五、质量管理得失及体会

1.质量控制有效措施

(1)出入口严格按照短进尺、强支护、早封闭、勤量测的原则进行施工,对浅埋段的开挖支护质量应重点关注,确保初期支护密实,拱架安装牢固可靠,设专项技术负责人进行技术指导和过程控制监督。

(2)安排防水施工专业工程师对区间防水施工进行技术指导,严格过程检查,确保防水施工质量。

(3)加强混凝土振捣工作,安排有经验的工人负责该项工作,并在每段结构施工完成后,及时验证效果,并进行总结,发现问题及时改进,确保了出入口结构的密实。

2.存在的问题

暗挖段隧道斜坡段爆破开挖效果差,超挖大,分析原因为:

(1)斜坡段施工受自身条件限制,开挖工无法贴近底面钻眼。

(2)出入口施工属项目收尾阶段,管理人员减少,造成现场过程控制不力。

(3)施工人员责任心不强,经屡次教育和处罚后,仍得不到大的改进。

六、安全管理得失及体会

1.安全管理有效措施

加强浅埋段的监测工作,预测可能发生的险情,并制订相应风险处理措施,必要时加强初期支护参数,确保了工程施工及道路的安全。

2.存在的问题

B风道与二号线风道临近,施工属二次扰动,施工中如出现险情,容易造成初期支护破坏,后通过增加超前支护、加强初期支护得以顺利施工。

七、文明施工及环境保护

(1)设立综合班,负责进行工程的文明施工。保持施工区的环境卫生,及时清理垃圾,生产污水经处理后,才能排入市政污水管道。

(2)施工过程中,采用低噪声施工设备,减小噪声音量,尽量错时施工,减少对周边居民的影响。

(3)不明管线应先探明,后施工,妥善保护各类地下管线,确保城市公共设施的安全,提前做好相应的抢险措施。

(4)喷射混凝土时,应采取有效措施,防止粉尘污染周围环境。

第三节　重庆轨道交通一号线15标附属结构施工

一、工程概况

1. 工程位置及周边环境情况

沙坪坝车站设有3个出入口,东、西端风道及通风竖井,一个残疾人通道及电梯井,一个消防通道及竖井,一个疏散通道及竖井,一个施工通道,两个横通道。平面分布如图3-25所示。

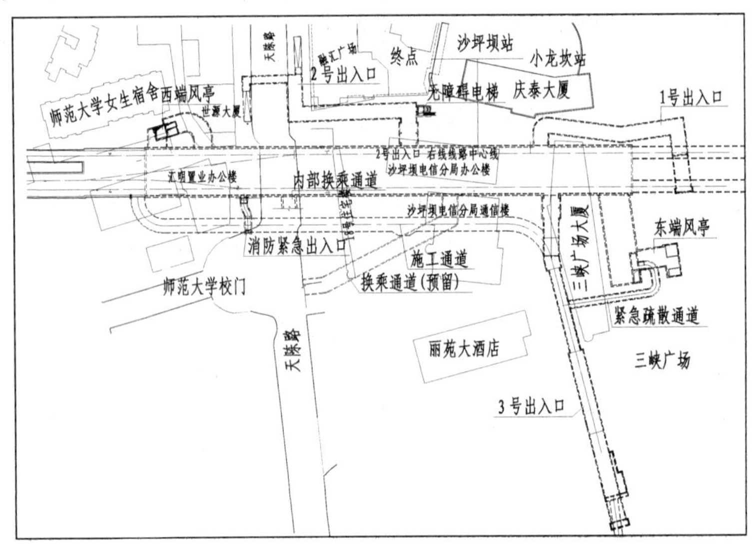

图3-25　一号线沙坪坝车站平面

2. 工程地质和水文地质

沙坪坝车站附属结构位于三峡广场商业区,由于该地段人类活动剧烈,原始地形已不复存在,现今的地形、地貌已被后期人类改造,地势平坦。其地面高程为250~254m,相对高差4m,总体上西低东高。

整个场区分上覆盖层为人工埋土层,下部为互层的中等风化砂质泥岩和泥质砂岩,砂岩与砂质泥岩厚度之比为5:3。

场地在区域构造上属于沙坪坝背斜西翼,岩层产状平缓,岩层倾向155°,倾角变化范围5°~7°,无断层构造通过。

3号出入口砂岩和砂质泥岩内发育两组构造裂隙,呈块状结构,局部裂隙切割体在爆破振动下易发生坍塌。

1号出入口上部为V级围岩,洞身大部分以中等风化砂质泥岩为主,其余为人工填土;下部为IV级围岩,洞身以中等风化砂质泥岩为主,局部夹薄层砂岩。围岩中主要发育两组裂隙,呈块状结构,岩体较完整,但局部裂隙切割体在爆破震动下易发生坍塌。

出入口明挖段大部分为人工填土，属V级围岩；出入口暗挖、东西端风井、疏散通道、疏散竖井、消防通道和消防竖井以及新风井均以中等风化砂岩为主，属Ⅲ级围岩。岩体呈中等风化状态，节理裂隙不发育，岩体较完整。

场地地下水主要为基岩裂隙水，集中在风化裂隙中，风化裂隙发育深度一般为0.5～2.0m，基岩中地下水量有限。后经开挖发现，华宇广场市政排污管渗漏，1号出入口开挖出现大量污水，由于回填层为建筑垃圾，导致明挖段由喷锚支护改为桩板支护。天陈路两侧市政管道由于年久失修，产生了大量的污水渗漏，以及融汇大厦生化池渗漏，影响2号出入口开挖。

3. 设计概况

1）竖井

施工竖井结合车站使用阶段风井进行设置，竖井采用矩形断面，竖井开挖尺寸为7.5m×15.4m，结构形式为复合式衬砌。锁口圈依据井圈外荷载及井架受力要求进行设计，锁口圈为钢筋混凝土。竖井结构参数见表3-13。

竖井结构参数 表3-13

项目		材料及规格	结构尺寸
初期支护	锚杆	ϕ25 中空注浆锚杆	L=3 m、5m，环、纵向间距1.2m ×1m
	钢筋网	ϕ8，150mm×150mm	双层钢筋网
	喷射混凝土	C20 喷混凝土	0.3m
	钢架	HPB235、HRB335/工字钢	竖向间距1m
二次衬砌		C30 防水钢筋混凝土，S8	0.5m

一号线沙坪坝车站东端竖井典型断面如图3-26所示。

2）风道

风道设计主要考虑风道设备布置及房间布置等使用阶段要求，采用直墙拱形断面，内净空宽×高为8.3m×11.85m，结构形式也为复合式衬砌混凝土，拱、墙为中空注浆锚杆，初期支护为300mm厚的C20网喷混凝土与型钢钢架组成联合支护，二次模筑为500mm厚的模筑钢筋混凝土（图3-27）。马头门段结构：ϕ42超前小导管超前支护，拱、墙为中空注浆锚杆，初期支护为300mm厚的C20网喷混凝土与型钢钢架组成联合支护，马头门段钢架加密为纵向间距0.75m，钢架间用ϕ22纵向连接钢筋焊接为整体。风道结构参数见表3-14。

风道结构参数 表3-14

项目		材料及规格	结构尺寸
初期支护	锚杆	ϕ25 中空注浆锚杆	L=3.5m，环、纵向间距0.8m ×1m 拱、墙铺设
	钢筋网	ϕ6.5，150mm×150mm	双层钢筋网
	喷射混凝土	C20 网喷混凝土	0.3m
	型钢支撑	工字钢22a、22b、25b	纵间距0.75、1.0m
二次衬砌		C30 防水钢筋混凝土，S8	拱顶、拱腰0.5 m，侧墙0.5m～1.4m，仰拱0.5m

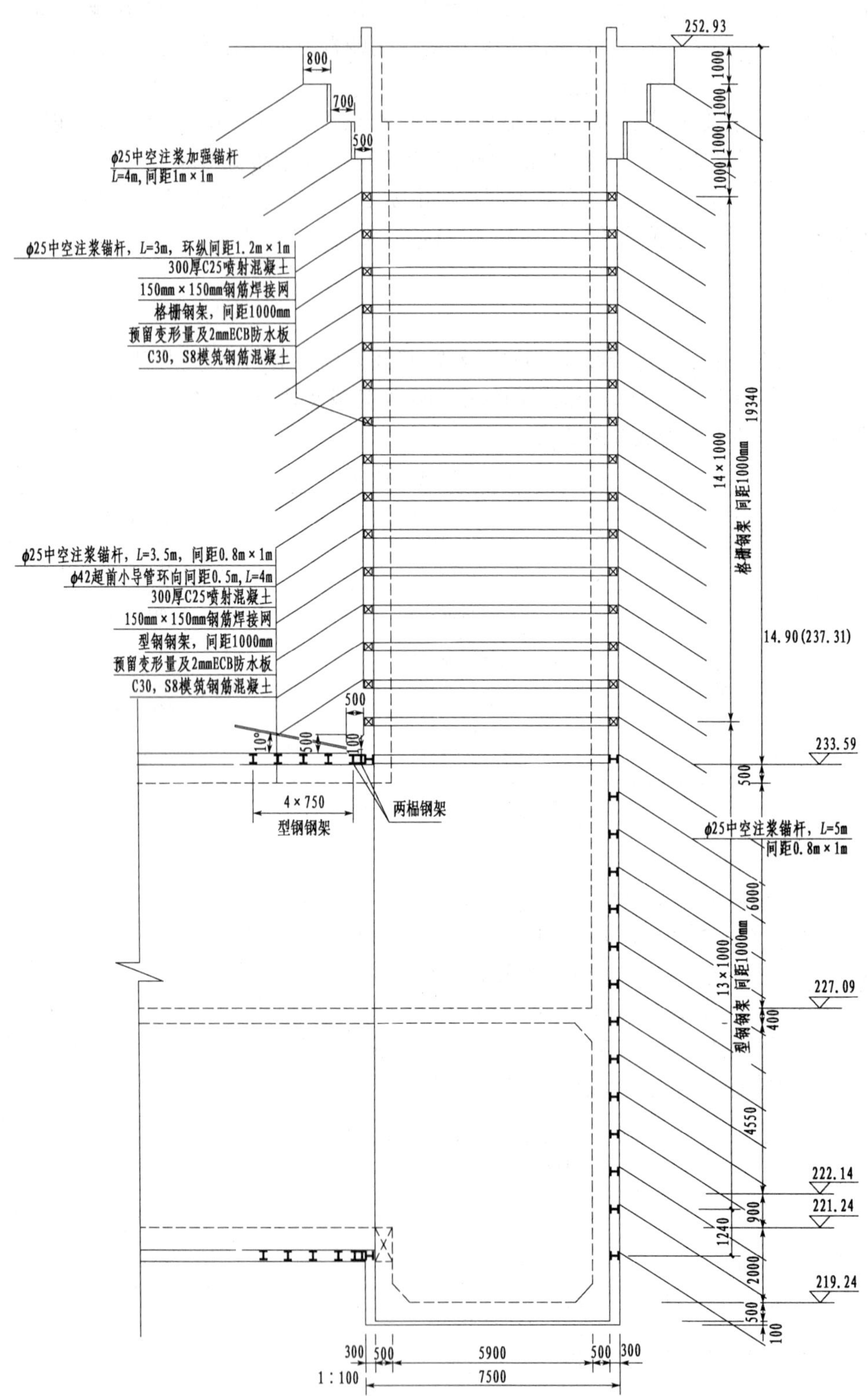

图3-26　一号线沙坪坝车站东端竖井断面支护(尺寸单位:mm)

一号线沙坪坝车站东端风道典型断面如图3-27所示。

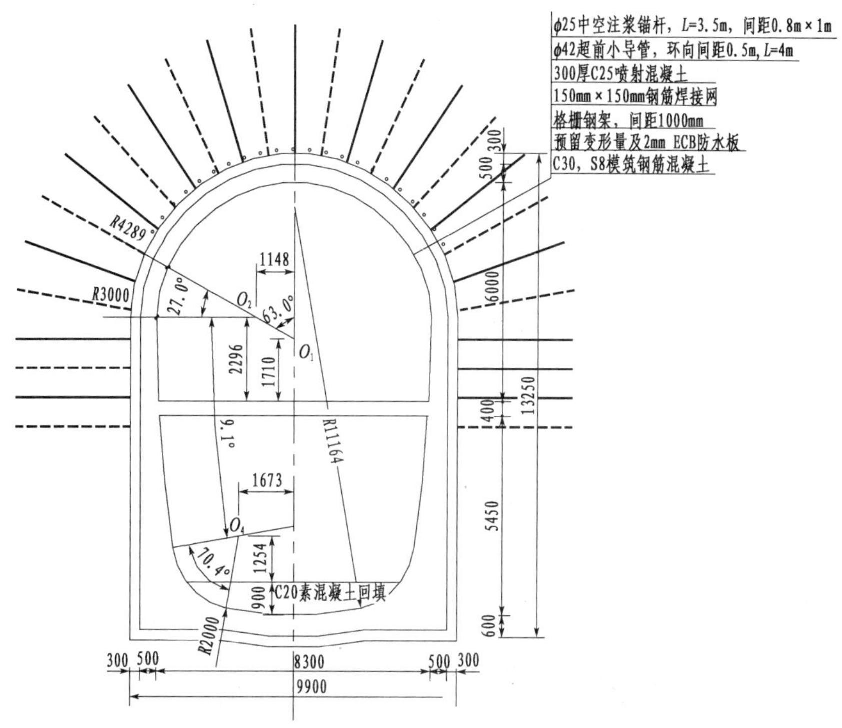

图3-27 一号线沙坪坝车站东端风道断面支护(尺寸单位:mm)

3)出入口及通道

暗挖段结构采用直墙拱形断面,根据净空、功能要求及地质情况,分为不同断面喷锚支护,复合衬砌。通道及出入口初期支护采用格栅拱架或型钢拱架+系统锚杆+网喷钢筋混凝土,对于浅埋段,围岩破碎段及马头门段,则采取增设超前小导管和管棚的支护形式。出入口明挖段主体采用箱形结构,围护结构岩质边坡采用喷锚支护,土质边坡放坡开挖;回填层较厚的地段,则采用桩板墙支护,如沙坪坝车站三峡广场1号出入口明挖段(表3-15)。

出入口结构参数 表3-15

项目		材料及规格	结构尺寸
初期支护	锚杆	φ22 砂浆锚杆	砂浆锚杆,梅花形布置,环、纵向间距1.2m×1m,L=3m
	钢筋网	φ6.5,150mm×150mm	双层钢筋网
	喷射混凝土	C20 网喷混凝土	0.3m
	型钢支撑	工字钢I22a、I22b、I25b	纵间距0.75、1.0m
二次衬砌		C30 防水钢筋混凝土,S8	0.4m
初期支护背后注浆		预埋φ42钢管,纯水泥浆	拱部150°范围预埋φ42注浆管,壁厚3.5mm,长500mm,环、纵向间距为1000×4000mm
二次衬砌背后填筑注浆		预埋φ42钢管,纯水泥浆	模筑时预埋φ42钢管,长500mm,每环5根

明挖桩板墙典型断面如图 3-28 所示。

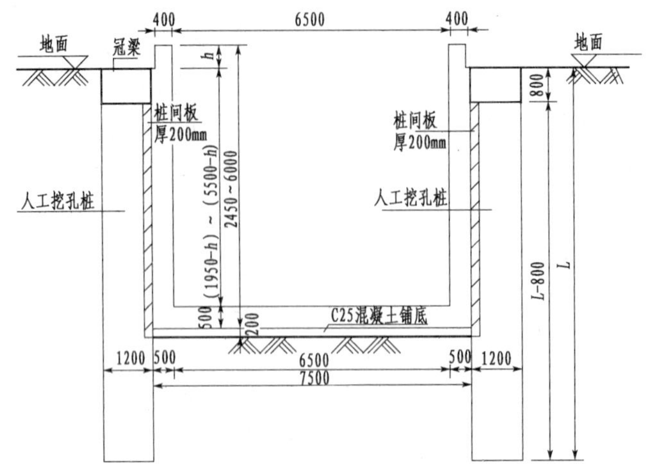

图 3-28　一号线沙坪坝车站一号出入口明挖段断面支护（尺寸单位：mm）

明挖基坑采用人工挖孔桩 + 板挡墙体系，挖孔桩尺寸 1000mm × 1200mm，桩心距 3000mm。桩嵌固深度为基坑下中风化层不小于 2.50m，桩板墙结构如图 3-29 所示。

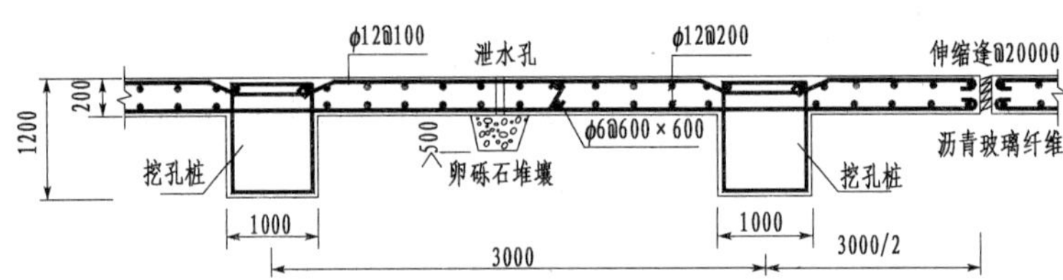

图 3-29　一号线沙坪坝车站 1 号出入口明挖段桩板墙平剖图（尺寸单位：mm）

4）防、排水设计

（1）防水设计主要技术要求。车站的风道、风井、出入口防水等级为二级，即顶部不允许渗漏，其他部位不允许漏水，结构表面可有少量湿渍，总湿渍面积不应大于总防水面积的 6/1000；任意 $100m^2$ 防水面积上的湿渍不超过 4 处，单个湿渍的最大面积不大于 $0.2m^2$。

（2）防水方案。防水设计遵循“以防为主、刚柔结合、多道防线、因地制宜、综合治理”的原则。通道、竖井及风道采用全包防水，主要靠结构自防水，在初期支护与二次衬砌之间设置防水层，防水层采用一层 2mm 厚 ECB 防水板，铺设防水层前，需在喷射混凝土初衬表面铺设 $300g/m^2$ 的土工布缓冲层，防水层外侧设管道排水装置，连接至车站主体排水管道。出入口明挖段主体采用 4mm 厚自粘聚合物改性沥青防水卷材。

为保证施工期间洞内排水顺畅，通道内设排水沟，以 3‰纵坡排水，将施工废水及结构渗漏水排至竖井井窝中，然后通过沉淀、过滤后排至市政雨、污水管道中。

（3）变形缝防水措施。在变形缝部位的模筑混凝土外侧设置背贴式止水带，利用背贴式止水带表面突起的齿条与模筑防水混凝土之间的密实咬合进行密封止水。背贴式止水带同时起到在隧道内形成防水封闭区的作用。

在变形缝部位设置中埋式注浆止水带。变形缝内侧采用密封膏进行嵌缝密封止水，密封膏要求沿变形缝环向封闭，任何部位均不得出现断点，以免出现窜水现象。

结构施工时，在顶拱和侧墙变形缝两侧的混凝土表面预留凹槽，凹槽内设置镀锌钢板接水盒，便于对渗漏水及时引排。

(4)施工缝防水措施。纵向水平施工缝采用钢边橡胶止水带进行防水处理，环向施工缝采用两道缓膨胀止水条加预埋注浆管进行防水，当施工缝部位出现渗漏水时，可利用预埋注浆管进行注浆堵漏处理。

(5)接地电极的防水措施。接地电极穿过防水板的位置采用止水法兰，止水法兰与接地电极的材质相同，便于进行不透水焊接，法兰盘将防水层夹紧，防水层的上下表面密贴双面胶粘带进行密封处理。

4. 工程特点及重难点

(1)附属结构处在沙坪坝繁华的商业区，周边商业发达，人流量多，周边中学和大学较多。出入口和竖井大部分处在商业广场和商业楼之间，部分竖井紧临重庆师范大学，周边环境复杂。

(2)由于地处商业广场，文明施工要求高，外部环境对施工影响非常大，对外协调工作量大。根据商圈执法队、沙区环卫、环保要求，白天不能出渣，下雨不能出渣。由于重庆雨雾天气多，经常不能出渣，严重影响了开挖进度。又由于出入口离商铺和居民楼较近，人流量大，不允许爆破施工。而且周边商铺和商业楼较多，学校和单位较多，协调工作量大。

(3)施工场地狭小，施工条件差。整个附属除东端竖井处在商业广场上场地较大之外，其他场地只能摆得下一辆农用车，基本无堆料和堆渣场，施工期间所有材料均在东端竖井场地加工，出的渣土直接放在农用车上，装满后直接运到东端竖井临时存放。后期结构施工时的模板支架材料按需供应，混凝土施工只能占用一个车行道浇筑。

(4)由于地处环境，征地拆迁非常困难，一直制约竖井和出入口明挖段施工，造成整个标段工期加长。1 号出入口出地面规划一直得不到审批，造成后期 1 号出入口单独组织施工，增加了管理费用，增长了整个标段的施工工期。

(5)竖井深度大，出入口穿行在商业楼之间，距离房屋桩基很近；1 号出入口上跨车站，离拱顶较近；疏散通道竖井处在东端风道之上，安全施工压力大。

(6)由于业主为保一号线提前通车，车站施工完成后就交予安装装修单位施工，剩余出入口施工受安装装修影响非常大。后期施工通道一直被安装装修单位占用，3 号出入口下沉改造施工，只有在 2 号出入口完成，安装装修进场通道改到 2 号出入口后才能进行，这样造成 2 号出入口工期紧，投入资金大。

(7)出入口设计坡度大，机械设备无法上下，出渣、进料、喷浆困难：1、3 号出入口暗挖段设 3 个爬坡段，坡度为 30°，如此大的坡度，施工机械无法上下，反铲只能在深埋地段施工，喷浆材料及钢架转运到施工点非常困难。

(8)出入口斜坡段底板混凝土、平顶隧道拱部混凝土质量保证困难：出入口爬坡地段底板混凝土施工时因坡度大，而且采用泵送混凝土坍落度不能低于 10cm，浇汼过程中捣固极易造成混凝土流淌，给施工带来很大困难，易出现质量问题。暗挖隧道尤其是平顶断面隧道拱部无法振捣，容易出现空洞和混凝土缺陷，影响混凝土质量。

二、施工总体组织

1. 施工组织机构

由重庆轨道交通一号线15标项目经理部组织施工，项目经理部设置经理1名，副经理2名和总工程师1名，下设三部一室。

2. 资源配置

（1）班组设置。由于沙坪坝出入口施工并不是集中施工，为了成本考虑，需用施工班人员并不多，在车站施工时出入口拱架大部分加工完成，后期拱架主要委托红土地钢筋班加工，加工好后直接运输到现场，二次衬砌施工只设置了一个大的班组。

设置的班组主要有开挖支护班、水磨钻班、衬砌班及综合班。各个工班的主要工作内容见表3-16。

班组设置　　表3-16

序号	班组名称	任务内容	备注
1	开挖支护班	隧道开挖，拱架、锚杆、钢筋网安装，喷射混凝土、注浆	
2	非爆破班	竖井切割，暗挖水磨钻施工	
3	衬砌班	防水板铺设，排水管安装，施工缝、变形缝处理，二次衬砌钢筋加工，台车就位关模，混凝土浇筑和养护	
4	综合班	现场文明施工，零星工程，材料转运，管路，配合其他班组施工	

（2）劳动力配置。劳动力配置见表3-17。

劳动力配置　　表3-17

班组名称	班组数	每班组人数	备注	班组名称	班组数	每班组人数	备注
开挖支护班	1	12		衬砌班	1	42	高峰期
非爆破班	1	10		综合班	1	5	

3）主要机械设备配置。主要机械设备配置见表3-18。

主要机械设备配置　　表3-18

序号	设备名称	型号	数量	序号	设备名称	型号	数量
1	空压机	$26m^3/min$	1	7	钢筋加工设备		1
2	挖掘机	$1.2m^3$/斗	1	8	地质钻机		1
3	汽车吊	25	1	9	风动凿岩钻机	YT－28	20
4	混凝土搅拌机		1	10	水磨钻		10
5	农用汽车		1	11	电焊机		6
6	切割机		1				

3. 分包管理

开挖和初期支护为项目盈利点，采用混岗形式组织生产，二次衬砌及防水采用班组承包。由于切割和水磨钻施工需自带专业施工机具，采用专业分包。

三、总体方案及施工方法

1. 总体施工方案

各附属工程独立平行作业。

由于沙坪坝车站地处繁华商业区，除东端竖井、风道、施工通道采用控制爆破开挖之外，其他附属均采用非爆破法开挖。

东端竖井采用控制爆破法开挖，龙门吊提升渣土。东端风道采用交叉中隔壁（CRD）法施工，控制爆破开挖。

西端竖井采用周边水磨钻，中间静态破碎剂分裂开挖，中间设直径 1.8m 漏渣孔，底部装渣外运。西端风道采用交叉中隔壁（CRD）法施工，非爆破开挖。

疏散通道竖井、残疾人电梯井、消防竖井、1 号出入口、2 号出入口、3 号出入口暗挖段及横通道均采用周边水磨钻，中间静态破碎剂分裂开挖。

1 号出入口明挖段围护结构采用桩板墙支护，其他明挖段采用喷锚支护。围护桩采用周边取芯，中间人工分裂开挖。明挖段土方采用挖机分层后退式开挖，石方采用周边水磨钻，中间静态破碎剂分裂分层开挖。

施工通道 1、2 号出入口暗挖段采用交叉中隔壁（CRD）法施工，3 号出入口改造采用分段分台阶非爆破施工。

暗挖段二次衬砌均在开挖完后，自下而上逐段施工二次衬砌，采用钢管架 + 方木 + 胶合模作为模板支护体系，混凝土采用地泵泵送，人工振捣密实。

明挖段二次衬砌采用钢管架 + 组合钢模作为模板支护体系，混凝土采用汽车泵泵送，人工振捣密实。出入口明挖段采用机械切割开挖，衬砌采用钢管架 + 方木 + 胶合模作为模板支护体系，混凝土采用汽车泵泵送，人工振捣密实。

2. 竖井施工方法

1）竖井施工总方法说明

东端竖井开挖采用钻爆法施工，每循环进尺 1m，利用龙门吊提升至地面，机械装渣，自卸汽车外运。

西端竖井采用机械切割开挖，中间设直径 1.8m 漏渣孔。漏渣孔采用人工开挖，每循环进尺 0.5m。人工挖孔桩周边采用 ϕ100 水磨钻钻孔取芯，掏出空槽之后，采用大锤人工破碎桩体岩石，人工搬运渣石至吊桶内，卷扬机提升吊桶至井口，人工装渣，自卸汽车外运渣石。

消防竖井、残疾人电梯井、疏散通道竖井均采用周边水磨钻，中间静态爆破剂分解开挖，人工装渣，竖井井架提升。其施工方法如下。

竖井初期支护采用型钢架 + 锚喷混凝土形式，型钢架集中加工，人工转运至架设地点；锚杆采用风钻钻孔，人工装锚固剂施工；喷射混凝土采用拌和站集中拌料，农用车转运至竖井边，人工逐段逐层喷设。

竖井二次衬砌自下而上逐段进行，采用 ϕ42 钢管架 + 10cm × 10cm 方木 + 18mm 厚胶合模作为模板支护体系。地泵自地面泵送商品混凝土入模，分层对称灌注，人工振捣密实。

2）代表性竖井施工情况

东端竖井采用控制爆破开挖,施工参见本篇施工工艺与方法中东端竖井施工。

竖井非爆破施工:周边采用水磨钻咬合钻孔,增加临空面,其余孔距与排距均确定为30cm,眼孔采用ϕ42钻头钻孔,孔深为0.5m,静态破碎剂延孔深全长,装药炮眼布置如图3-30~图3-32所示。

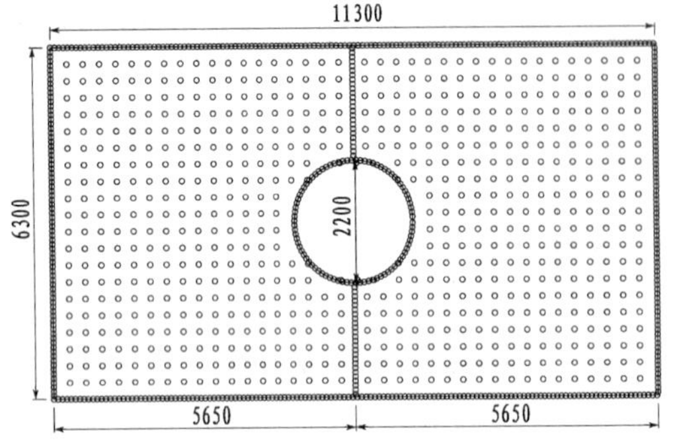

图3-30 西端竖井破碎剂炮眼平面布置(尺寸单位:mm)

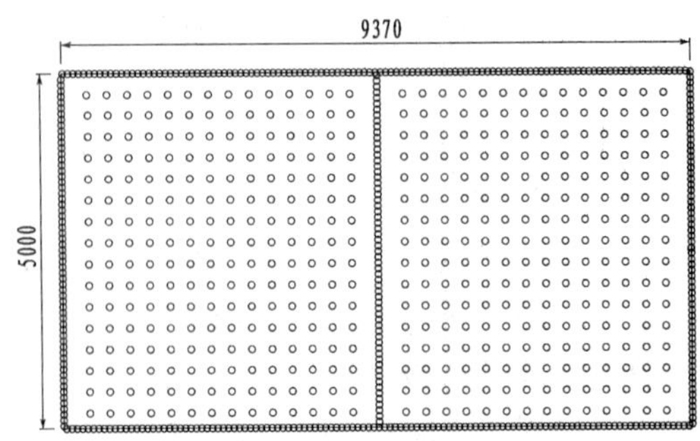

图3-31 1号出入口竖井破碎剂炮眼平面布置(尺寸单位:mm)

3. 增设施工通道

1)原设计施工总体方案

本工程利用车站东西两端风井通过风道进入车站施工,两端竖井分别承担一段车站和一个区间隧道施工。由于沙终区间隧道断面类型多,跨度变化大,开挖方法变换频繁、施工组织要求高,负责该段施工的西端竖井施工场任务重。

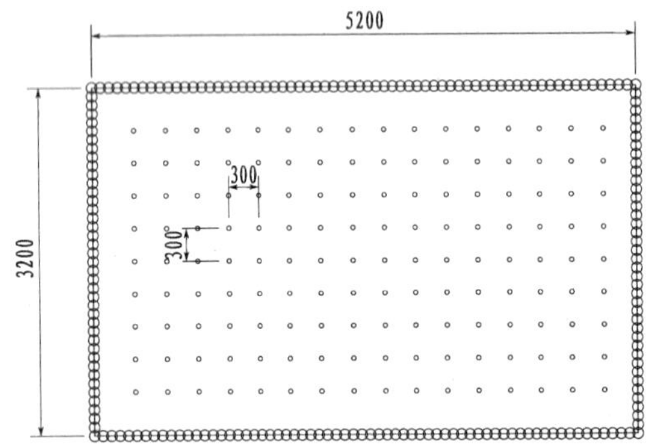

图3-32 残疾人电梯井破碎剂炮眼平面布置(尺寸单位:mm)

2)方案调整的必要性

(1)15标段为地铁一号线节点工程之一,计划总工期为24个月,此时离业主2号调度令关门工期仅剩余22个月,如果不改变原施工组织方案,将不能满足工期要求。

(2)本工程依据招标设计文件,分为东端竖井和西端竖井两个口组织施工,分别负责一段车站和一段区间隧道的施工。其中沙坪坝车站及折返线为15标节点控制工程,但作为主要出入口的西端竖井施工场提供时间遥遥无期。

(3)车站结构开挖断面大(宽度为24.3m,高度为14.8m)、埋深浅、施工工序转换频繁、地表建筑物密集,施工难度较大;同时折返线段隧道断面类型多,跨度变化大,开挖方法变换频繁,施工组织难度大。如果仅从东端单头掘进,不能满足业主2号调度令的工期要求。

(4)竖井施工方案受到提升能力的制约,出渣速度相对慢,施工干扰较大,投标工期相对较长,就是考虑了工效差的因素,西侧竖井施工场没有及时提供,后期已经不可能将工期追回。

(5)西端竖井施工场位于重庆师范大学校门口,施工场地为异形,不宜规划;紧邻的天陈路人、车流量大,施工期间与外界的相互干扰十分大;同时施工场地拆迁难度大,费用高。

3)方案比选

鉴于业主2号调度令的要求,经现场进行了实地详细的调查后,建议从3号通道出入口处增设一导洞进入车站,以解决工期压力。

在3号通道出入口处增设一导洞,开辟新的工作面,导洞进入离车站10m处分两条支导洞,一条支导洞直接进入东端站厅层以上部分施工;另一条支导洞进入车站西端约36m处车站底板标高位置,进行车站西端和折返线的施工。东端竖井施工场负责东端车站站厅层以下部分及小沙区间隧道施工。待西端竖井施工场具备开工条件时,进行西端风井及风道施工,力争确保2号调度令的工期要求。

为降低工程造价,部分导洞位置尽量与3号通道重合,不能完全重合时,取最高拱顶标高,以保证后期3号通道的施工安全。该出渣导洞后期采用片石混凝土部分回填加固后修整为3号通道,不改变3号通道原设计的使用功能。

根据进入导洞的方法不同,建议了两种方案。

(1)方案一:采用浅竖井直接下沉进洞的方法。

(2)方案二:利用3号通道采用拉槽进洞的方法。

利用3号通道至站北东路66m长的距离进行拉槽进洞,在原通道口处设立洞门,采用暗挖法开挖导洞。敞开段开挖宽度为4m,施工完成后,两侧采用25cm厚C25钢筋混凝土护壁,上部采用现浇混凝土或预制钢筋混凝土板覆盖21.7m长,一部分供社会车辆和行人通过,一部分作为施工场地。其他敞开段采用不锈钢管围护和雨棚遮挡。

同时3号通道出入口沿原中线向前延伸20m左右,利用敞开段施作通道出入口,既可解决原3号通道敞开段拆迁物过多、赔偿费用高的问题,又不改变3号通道原设计的使用功能。

各方案的技术,经济指标比较如表3-19所示。

后经过技术方案讨论,决定按建议方案二增设施工通道,如图3-33所示。

各方案的技术、经济指标比较 表3-19

指标 方案	通风难度	投资情况	对施工场地的要求	对周边环境的干扰	拆迁难度及赔偿费用	运输能力	混凝土浇注难度及质量控制工期	
西侧竖井施工方案	一般	拆迁、赔偿费高	至少$1000m^2$,理由:与东端竖井施工场地资源不能共享	较大,理由:施工场地处重庆师范大学校门旁边。地表装渣干扰大	较大,原因:施工对重庆师范大学评估影响较大。费用高	每大最大出渣量$393m^3$。材料需二次倒运	难	从西端竖井进入车站开挖时间为175d,工效较低
建议方案一	中等解决途径:增设通风设备,同时通过以小导洞的形式提前贯通车站上断面,形成对流	增加投资157万元,但拆迁、赔偿费低	至少$451m^2$,理由:可与东端竖井施工场地资源共享,但场内要进行降坡和竖井开挖	中等,理由:施工场将阻断车辆东西行驶,同时需拆除几棵树和冷饮店。地表装渣干扰大	中等,理由:施工场地对三峡广场市容、交通影响较大,需拆迁部分树木	每天最大出渣量$862m^3$。材料需二次倒运	难	可提前工期4个月

续上表

指标 方案	通风难度	投资情况	对施工场地的要求	对周边环境的干扰	拆迁难度及赔偿费用	运输能力	混凝土浇注难度及质量控制工期	
建议方案二	中等，解决途径：增设通风设备，同时通过以小导洞的形式提前贯通车站上断面，形成对流	增加投资170.3万元，拆迁赔偿费低	至少$443m^2$，理由：可与东端竖井施工场地资源共享	较小，理由：施工场地小，可保证车辆东西行驶，不需要进行树木拆除；同时道路在树丛中，不影响广场的美观。洞内装渣干扰小	一般，理由：对车辆及行人影响较小，不用拆迁树木	每天出渣量约$1300m^3$。同时可增加运输车辆，增大出渣能力。材料不需二次倒运	容易	至少可提前工期6个月

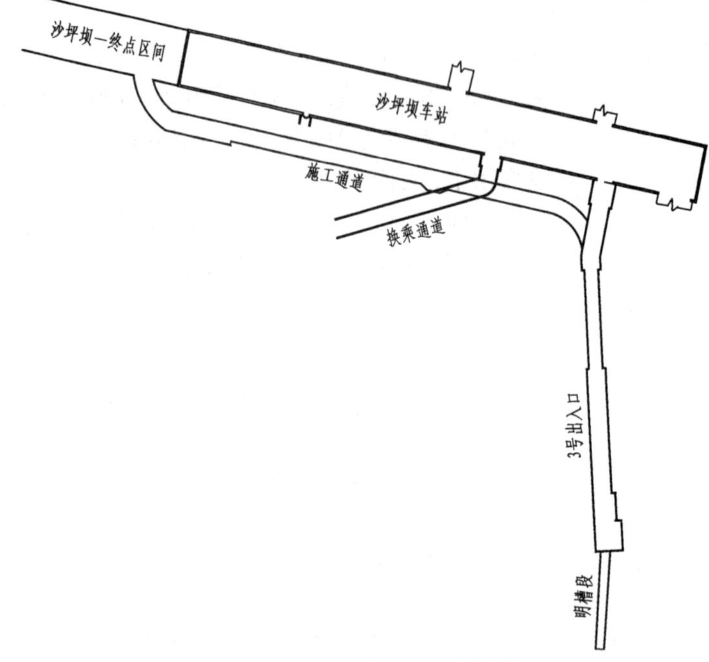

图3-33　沙坪坝车站施工通道布设

4）进洞方法

从站北东路开始，以12.5%的坡度沿3号通道中线延伸线往3号通道拉槽开挖，开挖至3号通道口时，采用暗挖法进洞。进洞前，在洞口连续架立两榀Ⅰ20工字钢拱架，并在导洞顶部20cm高度施作14根22m长$\phi108$的大管棚，并压注水泥浆超前加固。开挖时，施作1.5m长的$\phi42$小导管超前注浆支护，再以0.5m的进尺人工开挖进洞，初期支护采用格栅钢架＋中空锚杆锚喷支护，格栅钢架间距为0.5m。

4.1号出入口施工方法

1号出入口总长95.176m，明挖段长37.867m。从车站内引出，在庆泰大厦与三峡广场大厦巷子的位置引出进入三峡广场，紧挨郡都地下商场，在地下发电机房处拐角后，从永辉超市门口出地面。

由于1号出入口于2010年4月沙坪坝区政府才同意修建，车站站内正在进行安装装修，造成暗挖段不能从站内由下向上开挖，施工时只能从上开挖，且暗挖段较深，施工难度大，后经变更，在暗挖与地下发电机房交接处设置施工竖井。

为了加快施工进度，便于出渣，调整开挖坡度为13°。

由于明挖在临近郡都地下商场拐角处存在商场地下发电机房，把明挖段一分为三，一端作为暗挖段的施工竖井，中间为发电机房下沉改造段，另一段为正常的明挖施工段。

根据现场条件及结构设计特点，整个1号出入口分三段同时组织施工。暗挖段从发电机房侧的明挖段竖井进入施工。整个开挖施工顺序如图3-34所示。总体施工图如图3-35所示。

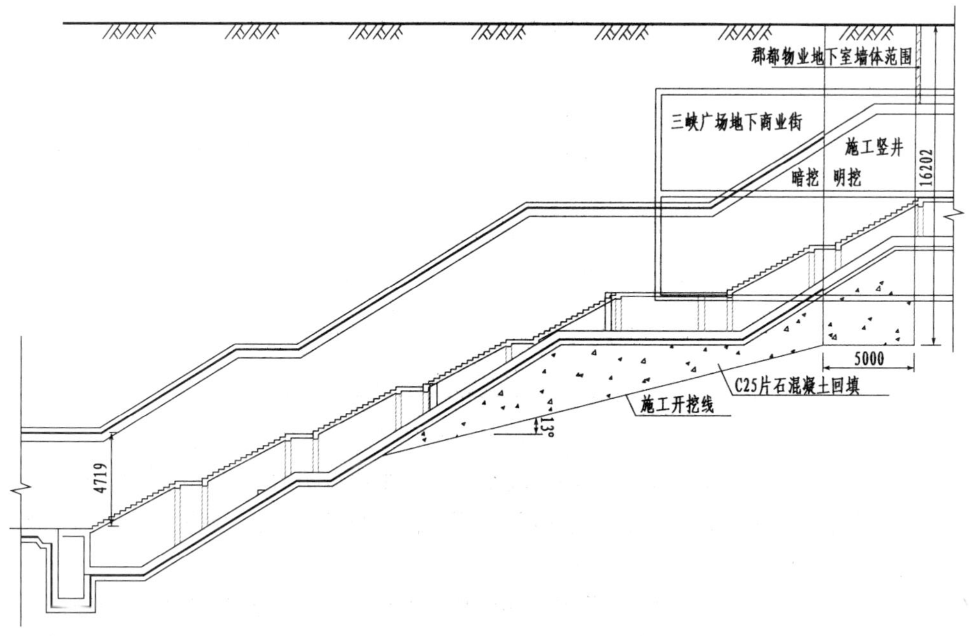

图3-34 增设施工竖井及开挖

1）暗挖基坑开挖及支护施工

出入口明挖段除1号出入口处在建筑垃圾回填层，且污水较大，采用桩板支护外，其他采用喷锚支护。施工时分层分段开挖，随开挖分层分段支护。明挖基坑土石方开挖遵循“竖向分层、水平分段、先支后挖、先浅后深”的施工原则。

对于1号出入口有桩板墙支护的围护结构，先施工人工挖孔桩，然后才随开挖分层分段施作。其挖孔桩施工工艺参见本篇的挖孔桩施工方法。

周边采用水磨钻咬合钻孔，增加临空面，其余孔距与排距均确定为30cm，采用ϕ42钻头钻孔，孔深为0.5m，静态破碎剂沿孔深全长，装药炮眼布置如图3-36所示。

为保证开挖效果，宜对明挖段进行分段、分台阶施工，每段长10m，台阶高0.5m，如图3-37所示。

2）明挖隧道主体结构施工

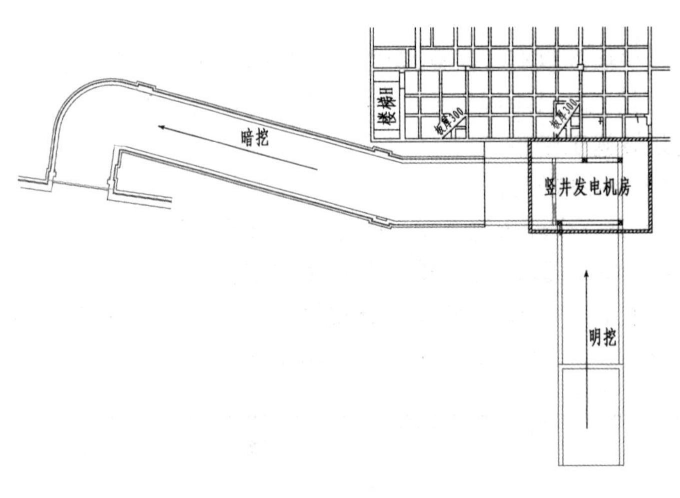

图3-35　1号出入口开挖施工顺序

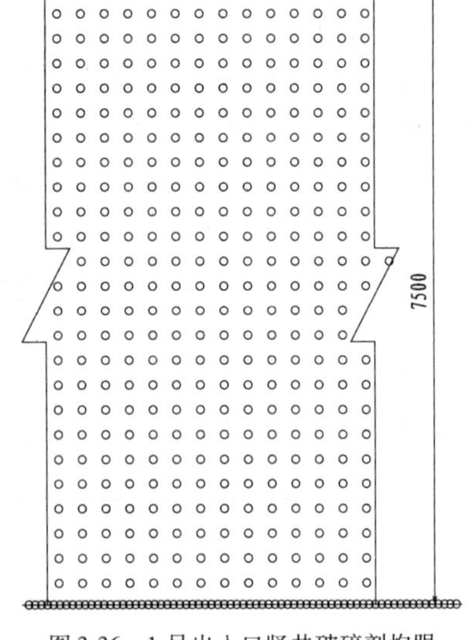

图3-36　1号出入口竖井破碎剂炮眼平面布置(尺寸单位:mm)

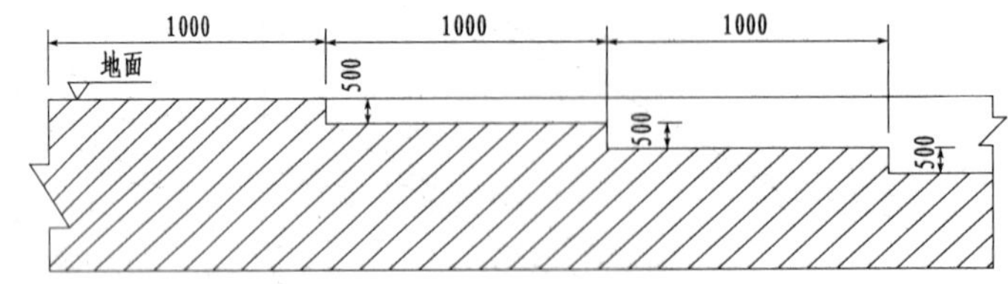

图3-37　明挖段纵向分台阶静态爆破炮孔布置(尺寸单位:mm)

明挖段出入口主体结构按纵向从明挖段与暗挖段接口处开始向出口施作,竖向从底板开始由下而上分两次施作。暗挖底板一次性施工,侧墙及顶板也一次性施工。结构内部梯步结构待相应施工段主体结构施工完后施作。

明挖段主体结构墙、板的模板工程主要由面板、龙骨、支架(支撑)体系等构成。因该明挖出入口跨度不大,支撑与 $\phi48$ 钢管配合可调节顶托与满堂红支架连接成整体,通过方木连接模板,采用厚50mm组合钢模,纵向、横向龙骨选用10cm×10cm方木,支架选用 $\phi48$ 钢管搭设,配可伸缩支撑头。

3)施工竖井施工

施工竖井利用发电机房小里程侧的明挖断面5作为施工竖井,施工竖井的围护结构三面采用原明挖桩板墙支护,另一侧利用发电机房的侧壁混凝土结构支护。竖井结构如图3-38所示。竖井开挖采用周边钻 $\phi100$ 孔取芯、核心静态破碎剂胀裂岩石、小型机具辅以人工手持风镐修整成型的方法,出渣采用挖机,将渣石经过2~3次转运至竖井基坑内,25t汽车吊转运至地面临时存渣场存放,后由反铲在地面装渣外运。

4)马头门施工

马头门超前支护如图3-39所示。

出入口明挖段土石方开挖到暗挖段洞口顶下一定位置时,施作洞口段密排钢拱架并埋设大管棚套管。管棚采用钻机钻进,钢管由机械顶进。管棚施工完成后,将孔口封堵密实。管口

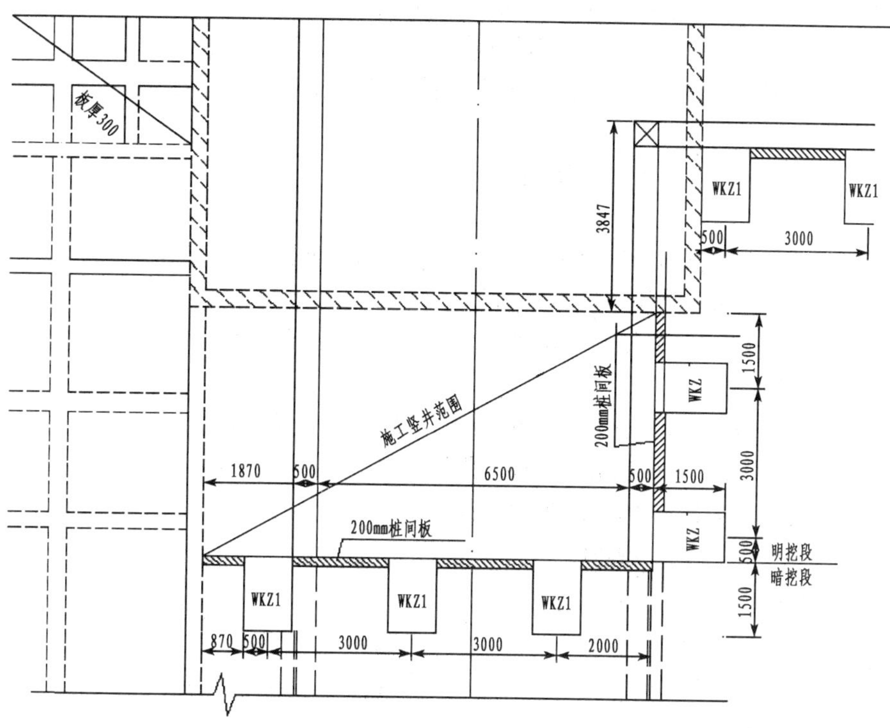

图 3-38　竖井平面设置(尺寸单位:mm)

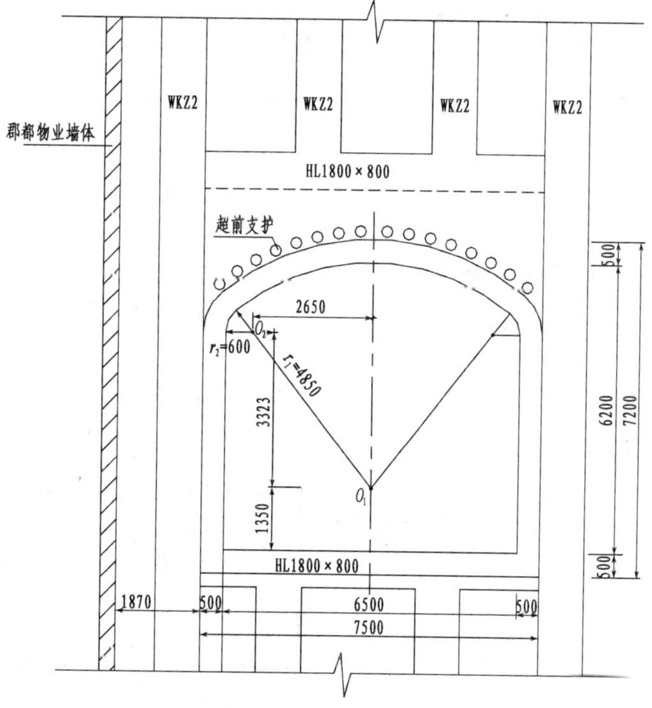

图 3-39　马头门超前支护(尺寸单位:mm)

拧上注浆嘴。注浆时，将注浆管连接在注浆嘴上，打开闸阀，进行低压力注浆。当管棚及孔道内浆液填满后，适当加大压力，使孔内浆液向孔壁外地层扩散一定范围。达到设计注浆量后，停注 2min，然后关闭闸阀，拆掉注浆管继续下一孔注浆。待孔内浆体凝固后，再拆除注浆嘴，以便倒用。

马头门破除采用炮机，人工风镐修整。

5）开挖及出渣

暗挖段开挖采用周边钻 ϕ100 孔取芯、核心静态破碎剂胀裂岩石、小型机具辅以人工手持风镐修整成型的方法，出渣采用挖机将渣石经过 3～4 次转运至竖井基坑内，井架提升至地面后由反铲在地面装渣外运。后期由于场地内的渣土太多，提升起来的渣土还要采用挖机翻倒，直接采用汽车吊起吊。

暗挖段周边采用 Z1-200C 型手持式电动水钻取芯，CD 或 CRD 法单工作面采用 15 台钻机。取芯直径为 10cm，相邻孔间距为 8cm，孔间搭接 2cm，每循环长度为 50cm。采用 CD 或 CRD 法开挖，周边取芯如图 3-40～图 3-44 所示。

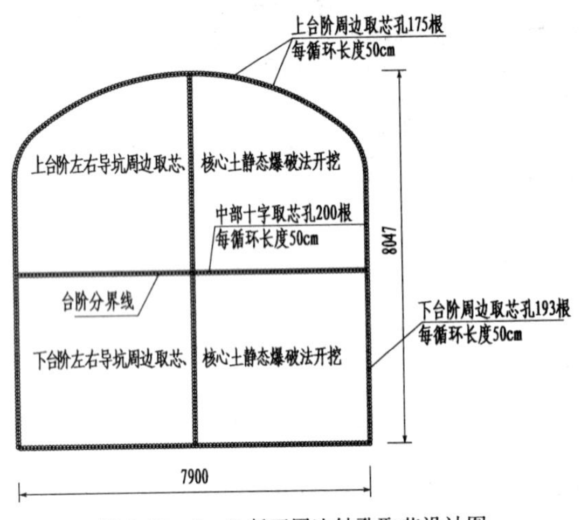

图 3-40　B－B 断面周边钻孔取芯设计图

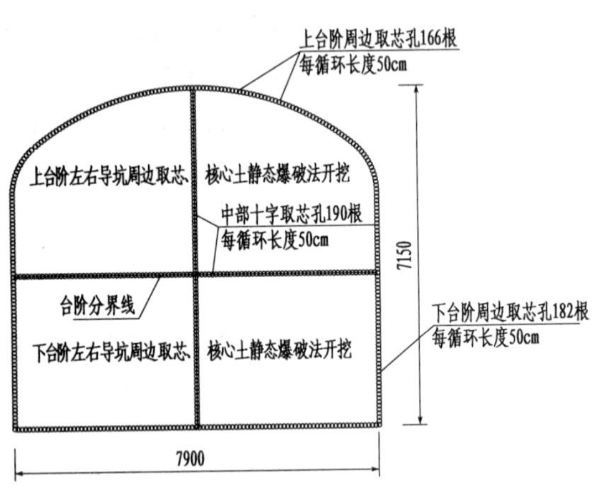

图 3-41　C－C 断面周边钻孔取芯设计图

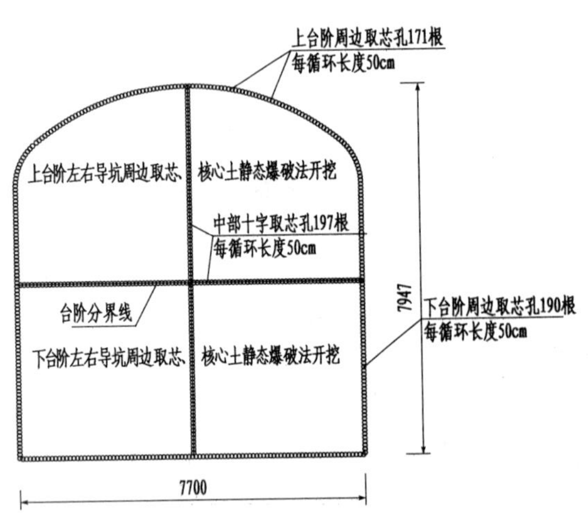

图 3-42　D－D 断面周边钻孔取芯设计图

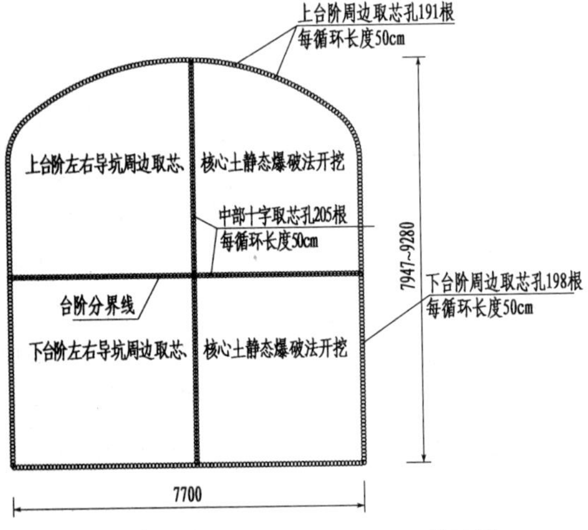

图 3-43　E－E 断面周边钻孔取芯设计图

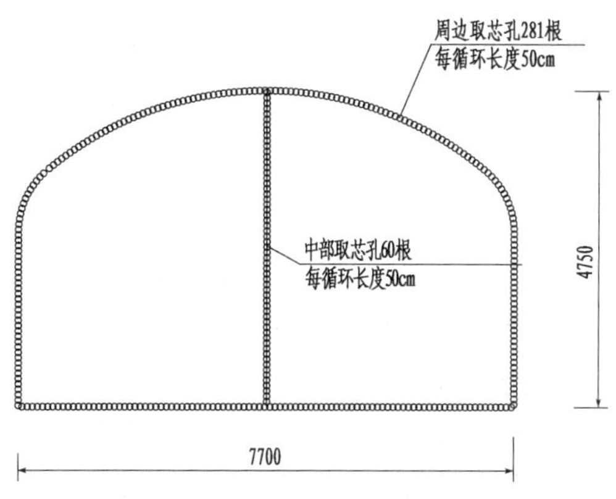

图 3-44　F－F 断面周边钻孔取芯设计图

6)疏散通道提高进洞施工方法

由于安装装修占用施工通道,业主要求 3 号出入口及疏散通道在 2 个半月内完成施工通道、疏散通道和 3 号出入口改造施工,施工时间极为紧迫,为保证施工工期,提前进行疏散通道暗挖施工。为此把 3 号出入口疏散通道抬高后进洞(图 3-45)。同时为了保证装载机爬坡需要,需对上坡段进行加长以减少坡度。

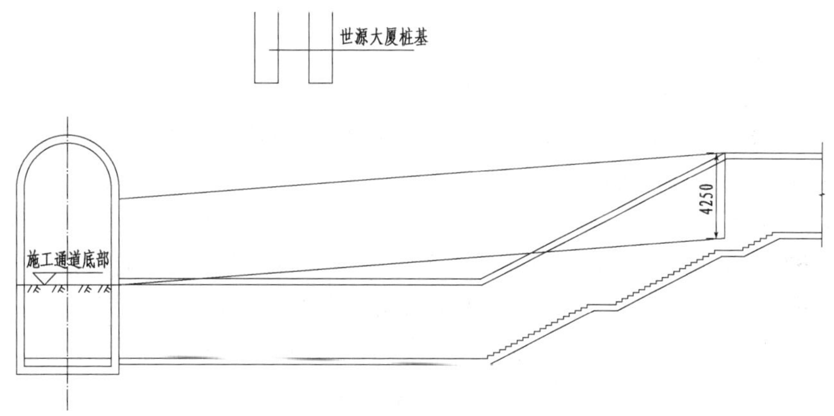

图 3-45　疏散通道提高进洞

由于此段下穿世源大厦,为安全通过,开挖采用台阶法非爆破施工,并采用 $\phi42$ 超前小导管超前支护,$L=4.5\text{m}$,环向间距 0.3m × 纵向 2m/环,浇注纯水泥浆加固,对于抬高段,支护参数如下:锚杆,拱墙部位设 $\phi25$ 中空锚杆,梅花形布置,环、纵向间距 1.0m × 0.75m,$L=3.5\text{m}$。喷混凝土,C25 喷射混凝土,厚 250mm,全断面支护。钢筋网,全断面布设 $\phi6.5$ 钢筋网,间距为 200mm × 200mm,单层钢筋网。喷混凝土保护层厚度不小于 20mm。

由于此段为抬高段,为了施工安全增设型钢拱架,钢拱架 1 榀/0.5m,每榀钢架之间采用 $\phi22$ 钢筋连接一起,连接钢筋间距 1 根/m。

初期支护施工时,应在拱部 150°范围预埋 $\phi42$ 注浆管,壁厚 3.5mm,长 500mm,环、纵向间距为 1000mm × 4000mm。当初期支护闭合成环一定长度后,应及时对初衬背后回填注浆加固,以减少地面沉降量。二次衬砌在模筑时预埋 $\phi42$ 钢管,长 500mm,每环 5 根,对二次衬砌背后回填注浆,预埋方式同初期支护,注浆压力要控制适当。

抬高段及剩余通道段开挖完成后,对下部按设计开挖成型。

对拱部与结构之间的空洞采用 C25 片石混凝土回填,并预埋注浆管注浆。

四、总体施工组织

沙坪坝车站附属结构较多,有 5 个竖井,3 个通道,3 个出入口,工程量多,且多分布在商业广场和楼房通道之间,周边商铺多,人流量大,施工要求高,组织难度大,施工过程中大部分采用非爆破施工,见缝插针的方式组织施工。

按设计思路,先进行主体,后附属施工,以车站两端的通风竖井作为施工竖井,以两竖井进入车站两端,分两个工作面,分别向车站和区间施工。附属结构按出图顺序平行组织施工。

施工过程中,由于征地拆迁进度不一,先提供了东端施工竖井场地,进行东端竖井和风道施工。西端竖井场地处在重庆师范大学女生宿舍旁边,迟迟征不下来,满足不了业主的生产调度令要求,而 3 号出入口处在三峡广场上,地面有一定的施工场地。后经方案调整,利用 3 号出入口增设一条施工通道,施工通道分岔,一条直通车站中部站厅层,分两个工作面施工车站。施工通道继续延伸进入沙终区间起点,然后分两个工作面,一个工作面进入沙终区间,另一个工作面进入车站施工。

竖井施工通道进入风道和车站东端头,由于竖井提升太慢,施工安全风险大,在施工通道进入车站后,就停止使用竖井提升设备。

2 号出入口和消防通道在车站上部开挖时一同开挖。

3 号出入上半部分作为施工通道,在车站主体完成后,被业主安排为安装装修的通道,2 号出入口施工完成后,安装装修通道转移到 2 号出入口,3 号出入口才从下向上进行改造。在作为安装装修施工通道期间,与 3 号出入口相接的疏散通道开始施工,疏散通道以施工通道作为出渣通道,由下向上开挖。疏散通道竖井在东端竖井完成后即开始由上向下施工。

残疾人电梯、消防竖井和疏散通道竖井在场地征下来后,架设提升井架,由上向下开挖。其中残疾人电梯、消防竖井场地狭小,没条件向车站作漏渣孔漏渣,提升上来的渣石直接弃在农用车上,满车后就转运到东端竖井场地,最后集中出渣。

1 号出入口由于出地面在三峡广场内,规划一直未得到审批,车站装修时才确定,错过了由下向上开挖的最佳时期,最后只得独立组织施工。由于此出入口存在郡都地下商场的发电机房与出入口结构冲突,需下沉改造。为此调整施工组织,在出入口中部增设一施工竖井,暗挖经竖井由上向下施工,同时进行明挖段和发电机房下沉改造,其施工组织如图 3-46 所示。

五、施工进度管理

1. 进度计划和完成情况对比

本工程合同开工日期是 2007 年 7 月 1 日,合同竣工日期是 2009 年 6 月 30 日,为 24 个月。实际开工日期是 2007 年 9 月 1 日,实际完工时间是 2011 年 5 月 25 日,共 43.8 个月,比合同晚了 19.8 个月。主要工程项目开、竣工日期见表 3-20。

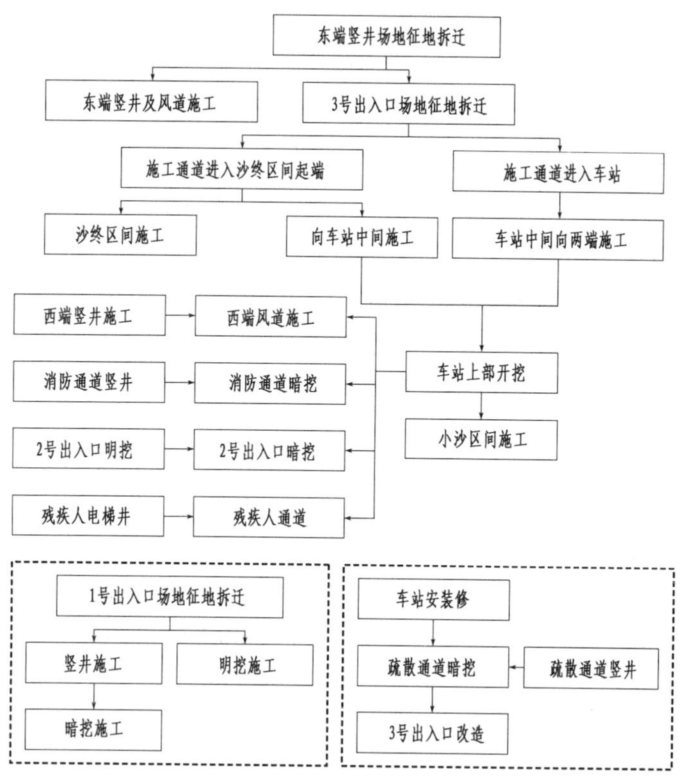

图 3-46 沙坪坝车站附属结构施工组织

主要工程项目开、竣工日期 表 3-20

工 程 项 目	开 工 日 期	结 束 日 期	工 期
3 号出入口斜井(开挖、初期支护)	2007 年 10 月 5 日	2008 年 2 月 5 日	4 个月
车站施工(开挖、初期支护、防水、衬砌)	2007 年 12 月 29 日	2009 年 12 月 26 日	24 个月
小沙区间隧道施工(开挖、初期支护、防水、衬砌)	2009 年 2 月 8 日	2009 年 12 月 30 日	21 个月
沙终区间隧道(含折返线工程)施工(开挖、初期支护、防水、衬砌)	2008 年 9 月 24 日	2010 年 3 月 10 日	16 个月
1 号出入口施工(开挖、初期支护、防水、衬砌)	2010 年 8 月 15 日	2012 年 3 月 15 日	18 个月
2 号出入口施工(开挖、初期支护、防水、衬砌)	2009 年 9 月 1 日	2010 年 10 月 1 日	13 个月
3 号出入口施工(开挖、初期支护、防水、衬砌)	2007 年 10 月 10 日	2011 年 4 月 15 日	42 个月
东端风道施工(开挖、初期支护、防水、衬砌)	2007 年 9 月 1 日	2008 年 12 月 30 日	15 个月
西端风道施工(开挖、初期支护、防水、衬砌)	2008 年 12 月 3 日	2009 年 3 月 17 日	3 个月
东端竖井施工(开挖、初期支护、防水、衬砌)	2007 年 9 月 1 日	2009 年 4 月 3 日	19 个月
西端竖井施工(开挖、初期支护、防水、衬砌)	2008 年 12 月 3 日	2009 年 6 月 30 日	7 个月
疏散通道(开挖、初期支护、防水、衬砌)	2009 年 9 月 10 日	2010 年 12 月 8 日	15 个月
车站内部结构	2009 年 8 月 24 日	2010 年 1 月 18 日	6 个月
西端高风亭	2010 年 7 月 10 日	2010 年 8 月 15 日	1 个月

3 号出入口开始时间为施工通道开始时间，开挖完成后作为通道使用，后期才改造施工。改造施工时间为 2010 年 9 月 1 日 ~2011 年 4 月 15 日。东端风道及竖井在开挖完成后中间有段时间也作为施工通道使用。

2. 影响施工进度的因素

(1)受重庆市“蓝天”行动影响，渣场整顿出渣非常困难，同时受地震、中高考停爆及节假日等原因影响，工程经常停工。整个标段附属均处在繁华商业区，白天不能出渣，下雨天不能出渣，离渣场远，往往是开挖停下来等出渣，导致开挖进度慢。

(2)除东端竖井和 1 号出入口外，其他施工场地非常小，无临时堆渣场地，均采用农用车进行倒转，效率低。无加工场，均需在东端竖井施工场地加工，转运。

(3)整个标段处在商业区，除东端竖井采用控制爆破外，其他均采用非爆破施工，施工进度慢。

(4)出入口二次衬砌因车站站内结构正在施工或已进行安装装修施工，只能自地面接管至浇注点，自地面向下浇注，由于管长、弯多，加上商品混凝土质量不稳定，容易堵管，单段结构浇注时间长，影响工期。

(5)2 号出入口受融汇地下生化池改造的影响，中间停工 3 个月。

(6)3 号出入口由于施工通道被安装装修占用，中间停工 3 个月。

(7)1 号出入口处在步行街上，规划一直得不到审批，致车站安装装修阶段才定下来，比其他出入口晚开了近一年，拉长了整个标段施工工期。

六、质量管理得失及体会

1. 质量控制有效措施

(1)出入口严格按照“短进尺、强支护、早封闭、勤量测”的原则进行施工，对浅埋段的开挖支护质量应重点关注，确保初期支护密实，拱架安装牢固可靠，设专项技术负责人进行技术指导和过程控制监督。

(2)安排防水施工专业工程师对区间防水施工进行技术指导，严格过程检查，确保防水施工质量。

(3)加强混凝土振捣工作，安排有经验的工人负责该项工作，在每段结构施工完成后及时验证效果，并进行总结，发现问题及时改进，确保了出入口结构的密实。

2. 存在的问题

暗挖段隧道斜坡段爆破开挖效果差，超挖大，分析其原因为：

(1)斜坡段周边采用水磨钻取芯，水磨钻不能斜向取芯，导致超挖。

(2)出入口施工属项目收尾阶段，管理人员减少，造成现场过程控制不力。

七、安全管理得失及体会

1. 安全管理有效措施

(1)加强浅埋段的监测工作，尤其是在商业楼群之中施工，不仅在施工前进行风险分析，预测可能发生的险情，并制订相应风险处理措施，必要时加强初期支护参数，尤其是超前支护方面，加大设计大管棚管壁厚度，确保工程施工及道路的安全。

(2)加强人员密集区爆破施工的安全防护工作,设专人进行交通疏导,在竖井施工过程中,未发生一起爆破飞石伤人、伤车现象。

(3)对广场周边商铺及居民区进行宣传,使他们了解地铁施工过程,并宣讲地铁施工的意义,争取其对地铁工程扰民方面的谅解。

2.存在的问题

由于项目两个开挖队伍在后期要求项目部调整单价和补偿,导致不及时执行项目管理要求,返工较多。

八、文明施工及环境保护

(1)做好项目部周边形象宣传,树立隧道施工专业队伍形象。

(2)做好场内标牌标志,做到场地内材料堆码整齐。

(3)设立综合班,负责工程的文明施工。保持施工区的环境卫生,及时清理垃圾,生产污水经处理后,才能排入市政污水管道。

(4)施工过程中,采用低噪声施工设备,减小噪声音量,尽量错时施工,减少对周边居民的影响。

(5)不明管线应先探明,后施工,妥善保护各类地下管线,确保城市公共设施的安全,提前做好相应的抢险措施。

(6)喷射混凝土时,应采取有效措施,防止粉尘污染周围环境。

第四节 重庆轨道交通六号线红土地附属结构施工

一、工程概况

1.工程位置及周边环境情况

红土地站地处五黄路和洋河东路十字路口,位于五黄路北侧地下,大致呈东西向布置。车站北侧多为高层商住建筑。车站为地下双层岛式车站,断面内轮廓采用曲墙+仰拱的五心圆形,外轮廓采用拱部变截面扩大拱脚,边墙为直墙的结构面。车站主体最大开挖面宽23.16m,高18.340m,属于特大断面暗挖隧道。本站设4个出入口(2、4号出入口为预埋出入口),4个竖井(分别为1、2号风井,无障碍电梯竖井,活塞风井)等。1号出入口(主)全长约179.73m,暗挖长度为98.603m。3号出入口(主)全长约200.73m,暗挖长度为125.179m,衬砌形式为复合衬砌。风井深度约为55m。

2.工程地质和水文地质

红土地车站隧道地质构造上属龙王洞背斜轴部,岩层倾向110°~130°,一般为120°,倾角9°~18°。主要发育两组构造裂缝:J1,320°∠60°~80°,裂隙面比较平直、光滑,部分黏性土填充。裂隙间距约1m,硬性结构面,结合一般。J2,220°~230°∠70°~80°,裂隙面波状起伏,间距1~1.5m,无充填,硬性结构面,结合一般。J3,100°~120°∠75°~85°,张性,裂隙面呈卤状,无填充或局部有部分方解石填充,间距1m左右,主要出现于砂岩层中,结合差。J4,10°~30°∠70°~80°,压扭性,裂隙面平直,裂隙宽0.3~0.8mm,无填充,间距0.5~1.0m,结合一般。隧道围岩顶板中等风化岩石厚度为34.1~38.2m,大于2.5倍压力拱高度(24.41m),为深埋隧道。围岩为中等风化的砂质泥岩夹薄层砂岩，岩体完整性指数 $K_v=0.62$，岩体较完整。砂质泥岩单轴饱和抗压强度15.7MPa，为较软岩。围岩基本分级为Ⅳ级。地下水类型为以呈脉状分布的基岩裂隙水为主，水量较小，呈滴状或珠串状。围岩开挖后，拱部无支护时，可产生较大坍塌，侧壁有时会失去稳定。由于隧道沿线岩层倾角平缓，岩层倾向1°左右，隧道开挖过程中易塌顶。

3.设计概况

红土地车站1、3号出入口(暗挖段)结构采用直墙拱形断面，断面净宽7.2m，净高4.4~4.8m。根据净空、功能要求及地质情况，出入口断面形式分为A、B、C、D1、D2、E、F、人防段8种，均为复合衬砌。

红土地车站1、3号出入口明挖段及过街通道暗挖段结构采用直墙拱形断面，断面净宽6.5m，净高6.0~7.7m；无障碍电梯井断面尺寸为8.5m×4.45m。根据净空、功能要求及地质情况，分为A、B、C、D、E共5种断面，均为复合衬砌。出入口明挖段主体采用矩形，围护结构岩质边坡采用喷锚支护，土质边坡放坡开挖。

出入口断面支护参数见表3-21。

出入口断面支护参数 表3-21

项目		支护		备注
初期支护	锚杆	φ22砂浆锚杆	L=3m，环、纵向间距1m×1m	
	钢筋网	φ8，200mm×200mm	单层钢筋网	
	喷射混凝	C25喷混凝土	0.25m	
	钢架	格栅拱架	纵向间距1.0m	
二次衬砌		C40、P12钢筋混凝土	0.40m	

红土地车站有竖井4个，分别为：3号出入口无障碍电梯竖井，井深57.6m，竖井净宽3.4m，净长13.2m；1号风道竖井，井深49.8m，竖井净宽3.7m，净长9.0m；2号风道竖井，井深54.3m，竖井净宽5.2m，净长10.4m；活塞风道竖井，井深50m，竖井净宽4.2m，净长6.0m。

4.工程特点及重难点

(1)出入口位于主干道两侧人行道上，渣土外运和材料进场困难。

(2)施工场地狭小，场内道路条件差，无法设置正常的材料堆放场、加工场、临时渣土堆放场等。

(3)周边建筑众多，距离近，其中有一座加油站，隧道上方污水、给水、煤气、通信、电力等地下管线众多。

(4)出入口距车站主体结构较近。

(5)出入口(暗挖段)距离车站主体(人防洞室)10m范围，出入口明挖段及过街通道距离车站主体(人防洞室)10m范围内，采用非爆破方式开挖，其余地段采用控制爆破。

(6)1号出入口与人防洞室在底板标高约301.1m处斜交相撞。

(7)1号出入口北侧有一绿色家园建筑，建筑物与通道的水平距离为7.2m，桩基顶距离通道顶板的岩层厚度为12m左右;3号出入口南侧有一渝北红地苑建筑,建筑物与通道的水平距离为11.5m,桩基顶距离通道顶板的岩层厚度为16m左右。

二、施工总体组织

红土地车站附属工程,出入口及竖井分地面和地下同步组织施工。

1. 施工组织机构

施工组织机构详见第二篇第四章第六节。

2. 资源配置

(1)班组设置。设置的班组主要有开挖班、支护班、钢筋班、防排水班、衬砌班及综合班。各个工班的主要工作内容见表3-22。

班组设置　　表3-22

序号	班组名称	任务内容	备注
1	开挖班	隧道开挖,支护过程中锚杆孔施工	
2	支护班	拱架、锚杆、钢筋网安装,喷射混凝土、注浆	
3	钢筋班	拱架、锚杆、钢筋网的制作,二次衬砌钢筋制作安装	
4	防排水班	防水板铺设,排水管安装,施工缝、变形缝处理	
5	衬砌班	台车就位关模,混凝土浇注和养护	
6	综合班	现场文明施工,零星工程,材料转运,管路,配合其他班组施工	

(2)劳动力配置。劳动力配置见表3-23。

劳动力配置　　表3-23

班组名称	班组数	每班组人数	备注
开挖班	2	18	
支护班	2	12	
钢筋班	1	24	
防水班	1	6	
衬砌班	1	16	
综合班	1	12	

(3)主要机械设备配置。主要机械设备配置见表3-24。

主要机械设备配置　　表3-24

序号	设备名称	型号	数量	序号	设备名称	型号	数量
1	变压器	630kVA	1	7	自卸汽车	18t	8
2	空压机	26m^3/min	4	8	钢筋加工设备		4
3	通风机	55kW	2	9	风动凿岩钻机	YT-28	36
4	挖掘机	1.2m^3/斗	2	10	电焊机		14
5	装载机	ZLC-40	2	11	发电机	250kW	1
6	混凝土搅拌机	JS-500L	2	12	注浆泵	2TGZ-120	2

3. 分包管理

分包管理详见第二篇第四章第六节。

三、总体方案及施工方法

1. 总体施工方案

红土地车站隧道埋深大，出入口斜坡陡且长，周边建筑物多，明挖段基岩部分采用静态破碎法施工，其余均采用台阶法，或全断面控制爆破，或弱爆破及人工配合机械施工。采用静态破碎法施工时，首先，由人工持水磨钻将开挖轮廓线周边的围岩去掉，再根据静态破碎要求进行布眼装药，然后，用汽吊多次装运到出入口敞开段，渣石在施工场集中存放，最后用自卸汽车运至指定渣场。

红土地车站竖井较深，根据现场情况和类似工程施工经验，风井采用从井底下部出渣的方式。采用机械钻孔至井底、然后扩挖至设计断面的方法。人工挖孔桩施工完成后，由风道进入开挖风井底部，与人工挖孔贯通，然后进行井身扩挖。井身扩挖采用非爆破方式，风井扩挖采用周边水磨钻全环钻孔取芯、核心采用静态破碎剂预裂、小型机具辅助人工开挖方法施工。每循环取芯长度为1.0m。渣石通过已施工好的人工挖孔溜至井底，通过车站外运至渣场。车站附属小型竖井采用传统施工方法，龙门吊井口出渣。根据地质情况及环境要求，采用控制爆破和非爆破方式开挖，并及时支护。

2. 车站附属的施工总体顺序

出入口明挖段和暗挖段同时进行施工，竖井从井口往井底循环递进施工，出入口施工如图3-47所示。

常规竖井的施工顺序为：

竖井施工场地围挡→竖井施工场地管线迁改→锁口圈梁施工→龙门吊安装→竖井开挖→渣土吊运→竖井初期支护→竖井井身衬砌→竖井路面恢复

大断面竖井的施工顺序为：

竖井施工场地围挡→竖井施工场地管线迁改→锁口圈梁施工→钻漏渣孔→竖井开挖→渣土漏底→竖井初期支护→竖井井身衬砌→竖井路面恢复

3. 维护结构施工

红土地车站1、3号出入口明挖段围护桩采用挖孔桩和钢管桩两种类型。

人工挖孔桩开挖采用水磨钻，开挖后渣土由井底垂直提升至地面后，再由机械装车外运。挖孔桩护壁采用C25混凝土，壁厚12cm，每段护臂长1.0m。桩身采用C40钢筋混凝土。

挖孔桩施工程序为：

场地整平→放线、定桩位→挖第一节桩孔土方→支模浇注第一节混凝土护壁→在护壁上二次投测标高及桩位十字轴线→安装活动井盖、垂直运输架、起重卷扬机、活底吊土桶、排水、通风、照明设施等→第二节桩身开挖→清理桩孔四壁、校核桩孔垂直度和直径→拆上节模板，支第二节模板，浇注第二节混凝土护壁→重复第二节挖土、支模、浇注混凝土护壁工序，循环作业，直至设计深度→清理虚渣、排除积水测量放线确定钻孔位置，钢管桩成孔施工主要采用 XY-2 BA 型地质岩芯钻机进行钻孔施工。钢管桩工艺流程如图 3-48 所示。

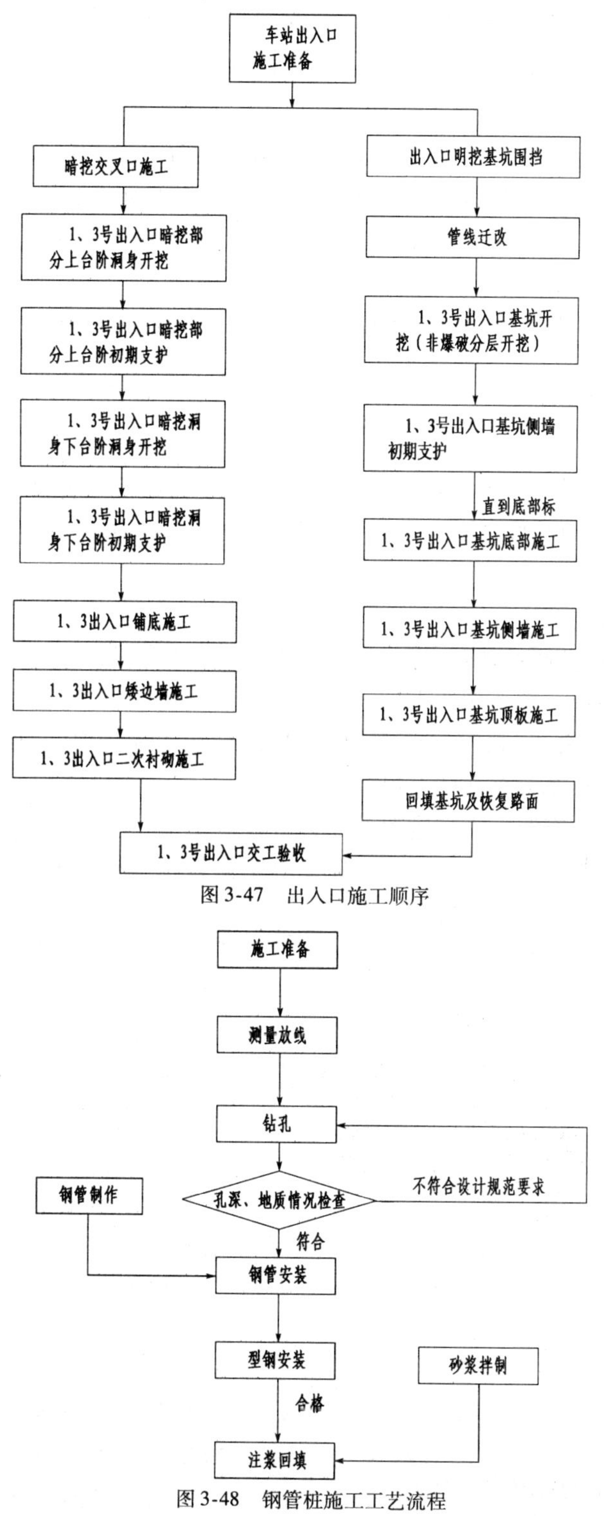

图 3-47　出入口施工顺序

图 3-48　钢管桩施工工艺流程

4. 开挖施工

1）出入口明挖段施工

红土地车站1A号出入口设在五红路创新绿色家园小区门外人行道上，1B号出入口设在五红路金科花园小区门外人行道上，3A出入口设在五红路长安丽都小区门外人行道上，3B出入口设在五红路长安华都小区门外人行道上。施工时不能影响周边居民生活和正常的商业活动，同时必须控制施工连续性。综上所述，1号出入口明挖段围护桩回填土采用人工挖孔桩，岩石采用水磨钻开挖；1、3号出入口明挖拉槽采用分台阶静态破碎法施工，渣石在施工现场集中存放，最后用自卸汽车运至指定渣场。出入口地表部分施工前，先安排施工人员进行施工区域内管线的探挖，经探挖无管线或等施工区域内管线迁改完成后方可进行主体结构施工，主体结构施工前，应加强对施工人员的培训教育及管线情况的交底，防止在后续施工过程中造成管线的破坏。

2）出入口暗挖段施工

出入口暗挖洞身采用台阶法光面爆破施工，由于出入口离地表近，地表建筑物林立，爆破施工必须在确保高质量的隧道开挖断面和进尺的同时，将爆破震动控制在1.0cm/s以内，以保证地表及建筑物的安全并少扰民。在出入口距离车站主体（人防洞室）10m范围内，采用静态破碎和人工机械开挖配合。

3）竖井龙门吊开挖施工

待井圈混凝土达到设计强度时，将其井口的安全维护工作做好，起吊龙门吊制作安装完成后，即可进行电梯井井身开挖及初期支护。

在施工井口冠梁混凝土时，将$\phi42$的钢管埋入冠梁中，沿着井口四周，每隔1.5m埋置1根立杆，高出地面1.2m，然后在立杆上焊接水平栏杆，并挂设安全防护网，真正起到安全防护的作用，井口维护设置一道施工人员进出的通道口。

由于电梯井较深，井内施工人员采用在井壁上制作斜行楼梯上下。楼梯梯步踏板采用防滑钢板制作，踏步高0.3m，宽0.2m，中间休息平台长宽均为1m。梯步两侧的纵梁采用[80槽钢制作，栏杆立柱及扶手采用$\phi42$钢管焊接，楼梯栏杆上挂设安全网全封闭，楼梯施工是在每循环进行初期支护立拱时，在岩壁上打设锚杆，梯步横梁与锚杆或拱架间连接点焊接牢固，梯步的设计大样如图3-49所示。

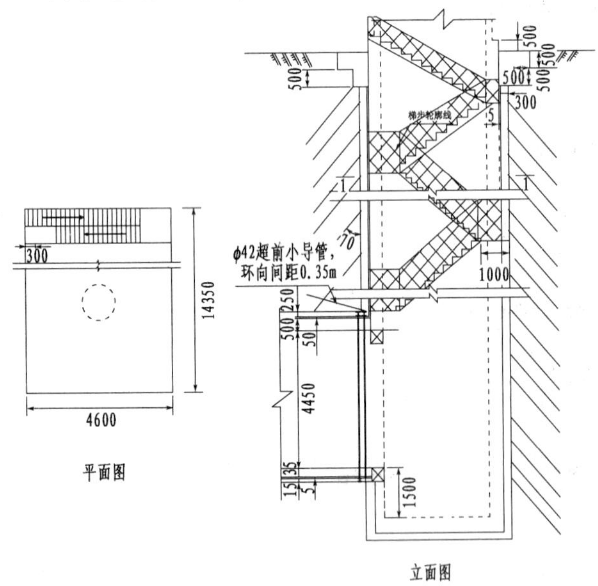

图3-49 施工梯步大样（尺寸单位：mm）

电梯井施工材料及机具的上下运输采用在井口设置3t固定式龙门架，龙门架大样如图3-50所示，龙门架采用电动葫芦提升运输，小型工具运输采用吊桶集中装运，以防脱落。

电梯井开挖采用全断面静态爆破

方法施工，渣土由钻取的漏渣孔直接漏至井底，再采用出渣车运至渣场。静态爆破每次开挖深度为0.5m。开挖过程中应加强电梯井的监控量测工作，若出现异常情况，立即停止开挖，电梯井底部喷混凝土封闭。

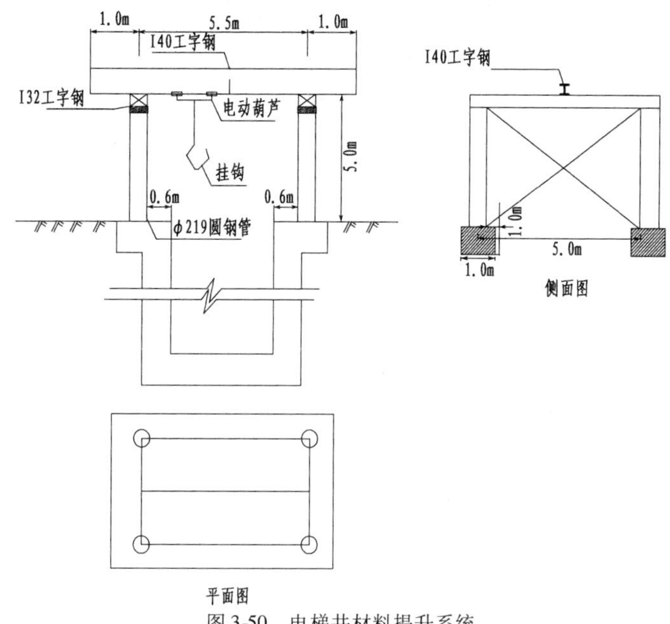

图3-50 电梯井材料提升系统

电梯井每循环开挖完成后，根据测量十字线检查净空，打设 ϕ25 中空锚杆，挂钢筋网，架立I20a 型钢拱脚，喷射混凝土封闭岩面。

(1)静态爆破炮眼布眼

布眼前首先要确定临空面(自由面)，根据本工程地质情况，先采用 ϕ150 水磨钻沿无障碍电梯井的四周钻取4个临空面，再进行静态破碎炮眼布置，炮眼钻孔方向应尽可能做到与一个临空面(自由面)平行；同一排钻孔应尽可能保持在一个平面上。临空面(自由面)越多，单位破石量就越大，经济效益也越高。

孔距与排距布置：孔距与排距的大小与岩石硬度有直接关系，硬度越大，孔距与排距越小，反之则大，孔距与排距布置如表3-25、表3-26所示。

孔距与排距简易布置 表3-25

岩石硬度	Ⅲ	Ⅳ	Ⅴ	素混凝土	钢筋混凝土
孔距(cm)	20	35	40	25	20
排距(cm)	25	30	35	35	30

超力牌静态破碎剂布孔设计参数 表3-26

破碎目标	孔深 L	相邻孔距(cm)	排距 b	孔径 d(mm)	使用量(kg/m^3)
低硬度岩石	$1.0H$	30～60	$(0.6～0.9)a$	30～50	10～12
中硬度岩石	$1.05H$	30～40	$(0.6～0.9)a$	45～50	12～22

根据本工程实际地质情况，孔距与排距均确定为30cm，眼孔采用直径50mm头钻孔。炮

眼布置如图 3-51 所示。

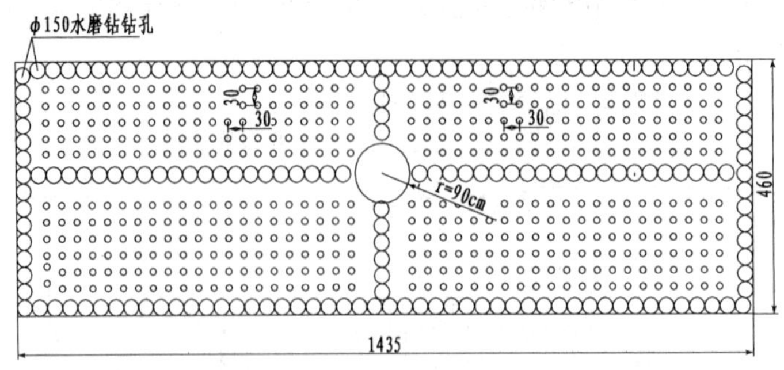

图 3-51　炮眼布置(尺寸单位:mm)

(2)钻孔

①钻孔直径与破碎效果有直接关系,钻孔过小,不利于药剂充分发挥效力;钻孔太大,易冲孔。本方案中采用直径为 50mm 的钻头。

②钻孔内余水和余渣用高压风吹洗干净,孔口旁应干净无土石渣。

③每循环钻孔深度 50cm。

(3)装药

①装药方法

在药剂中加入 22% ~32%(质量比)左右的水(具体加水量由颗粒大小决定)拌成流质状态(糊状)后,迅速倒入孔内,并确保药剂在孔内处于密实状态。用药卷装填钻孔时,应逐条捅实。粗颗粒药剂水灰比调节到 0.22 ~0.25 时,静态破碎剂的流动性较好,细粉末药剂水灰比在 32% 左右。

②装药量:根据钻孔深度,按一个操作循环所需要的药卷数量,放在盆中,倒入洁净水完全浸泡,30 ~50s 药卷充分湿润、完全不冒气泡时,取出药卷,从孔底开始逐条装入并捅紧,密实地装填到孔口。即"集中浸泡,充分浸透,逐条装入,分别捣实"。也可将药剂拌和后用灰浆泵压入,孔口留 5cm 用黄泥封堵,保证水分药剂不流出。

③岩石刚开裂后,可向裂缝中加水,支持药剂持续反应,可获得更好效果。

④每次装药剂,要观察确定岩石、药剂、拌和水的温度是否符合要求。灌装过程中,已开始发生化学反应的药剂(表现开始冒气和温度快速上升)不允许装入孔内。从药剂加入拌和水到灌装结束,这个过程的持续时间不能超过 5min。

(4)药剂反应时间的控制

药剂反应的快慢与温度有直接的关系,温度越高,反应时间越快,反之则慢。实际操作中,控制药剂反应时间太快的方法有两种:一种方法是在拌和水中加入抑制剂;另一种方法是严格控制拌和水、干粉药剂和岩石(或混凝土)的温度。夏季气温较高,破碎前应对被破碎物遮挡,药剂存放于低温处,避免曝晒。将拌和水温度控制在 15℃以下。

药剂(卷)反应时间过快易发生冲孔伤人事故。抑制剂放入浸泡药剂(卷)的拌和水中,加入量为拌和水的 0.5% ~6%。冬季加入促发剂提高拌和水温度,拌和水温最高不可超过 50℃。反应时间一般控制在 30 ~60min 较好,条件较好的施工现场和熟练用户,可根据实际情况缩短反应时间，以利于施工。

(5)静态爆破安全措施和注意事项

①无关人员不得进入施工现场。

②使用破碎剂必须配戴防护眼镜(防尘防冲击型 PVC 护目镜)。施工人员未戴防护眼镜操作属安全违章。

发生冲孔是正常现象。也是不可预见和不可完全控制的现象。冲孔产生的原因较多，大致有以下几种：

a. 操作人员操作不当，操作时间太长，包括药剂已经发热冒气仍在灌装等，装填不密实有空气隔层等。

b. 温度控制不当。气温高时，拌和水、药剂、钻孔孔壁温度控制不当、抑制剂药量不够，致使药剂反应过快等。

c. 布孔设计不当，孔距及抵抗线过大。

d. 钻头选用不当。钻孔直径过大。

e. 孔壁光滑。冲孔时药剂温度较高且有腐蚀性，冲入眼内可能会对角膜造成严重损害。为防止伤人事故，操作人员必须戴符合国家安全生产标准的防冲击防尘目镜进行操作。

③在药剂灌入钻孔到岩石开裂前，不可将面部直接近距离面对已装药的钻孔。药剂灌装完成后，盖上麻袋或棕垫，远离装药点。观察裂隙发展情况时应更加小心。此外，施工现场应专门备好清水和毛巾，冲孔时如药剂溅入眼内和皮肤上，应立即用清水冲洗。情况严重者立即送医院清洗治疗。

④在破碎工程施工中需要改变和控制反应时间，必须依照规定加入适合的抑制剂和促发剂，并按要求配制使用，严禁擅自在破碎剂中加入其他任何化学物品。

⑤严禁将破碎剂加水后装入小孔容器内(如直口玻璃杯、啤酒瓶等)，否则非常危险。

⑥冲孔后应确定孔内符合要求才能装药。

⑦破碎剂运输和存放中应防潮，开封后请立即使用。如一次未使用完，应立即扎紧袋口，做防潮处理，随用随开。

4)竖井漏渣孔开挖施工

待井口圈混凝土达到设计强度时，将其井口的安全维护工作做好，起吊龙门吊制作安装完成后，即可进行风井井身开挖及初期支护。

风井开挖施工采用 CQ20 型地质钻机钻取孔桩作为竖井的漏渣孔，孔径为 1.8m。风井及风道明挖段土方采用机械配合人工开挖，岩石部分均采用水磨钻钻孔静态破碎法开挖，机具材料采用在井口安装 3t 龙门吊作为垂直运输工具，因通风井紧邻高层住宅楼与城市主干道，所以，在施工时必须做到不影响附近居民生产生活，经过综合考虑，最终确定通风井施工采用静态破碎法开挖，在静态爆破前先采用直径 15cm 的水磨钻将通风井四周的岩石钻取掉，在纵横向各钻一排直径为 15cm 的孔，增加爆破临空面，确保静态爆破的爆破效果。开挖渣土由漏渣孔漏至孔底，装载机通过车站进入风道横通道在孔底装渣，再用渣车运至渣场。

风井施工材料及机具的上下运输采用在井口设置 3t 固定式龙门架，龙门架采用电动葫芦提升运输，小型工具运输采用吊桶集中装运，以防脱落。

通风竖井开挖采用全断面静态破碎法施工，渣土由钻取的漏渣孔直接漏至井底，再采用出渣车运至渣场。静态爆破每次开挖深度为0.5m。开挖过程中应加强风井的监控量测工作，若出现异常情况，立即停止开挖，进行风井底部喷混凝土封闭。

风井每循环开挖完成后，根据测量十字线检查净空，打设ϕ25中空锚杆，挂钢筋网，架立格栅拱架，喷射混凝土封闭岩面。2号风井因断面较大，按照设计要求，需在风井的长边方向加设I20a临时型钢拱架支撑。

5. 出入口竖井支护

出入口隧道采用支护参数：ϕ22砂浆锚杆，挂ϕ8@200cm×200mm钢筋网，C25喷混凝土，立格栅拱架或钢拱架。出入口锚喷支护施工程序为：

清理掌子面危石、清洗岩面初喷3~5cm厚混凝土并补平超挖→挂网架→立格栅拱架或型钢拱架→施工锚杆→喷射混凝土到设计厚度

竖井采用锚网喷支护参数如下：喷混凝土，C25喷射混凝土25mm厚；中空注浆锚杆，ϕ25@1000mm×1000mm，L=4m；钢筋网，ϕ8@150mm×150mm；20a型钢钢架，沿竖向设1m/榀钢架，钢架的外保护层不小于50mm。竖井锚喷支护施工程序为：

清洗岩面，初喷3~5cm厚混凝土，并补平超挖→挂网架→立格栅拱架或型钢拱架→施工锚杆→喷射混凝土到设计厚度

6. 施工通风及出渣

1)施工通风

出入口暗挖段隧道采用压入式通风，在车站的施工通道洞口位置设置一组110kW通风机，风机距离隧道洞口位置保证20m以上，分支接入出入口暗挖段通风。竖井利用烟囱效应，自然通风。出入口明挖段深度小，不采用通风措施。

2)施工出渣

出入口明挖段，利用汽吊和挖掘机配合，挖掘机多次转运到出入口敞开段，汽吊吊运到地面；出入口暗挖段，利用挖掘机翻转到车站内，采用侧倾式装载机装渣、自卸汽车出渣，挖掘机配合，运送到指定地方。竖井采用龙门吊的，吊到竖井井口地面，集中运走；竖井采用漏渣孔施工的，渣土漏到车站后，集中采用侧倾式装载机装渣，自卸汽车出渣，挖掘机配合，运送到指定地方。

7. 防排水工程

出入口及竖井为自粘高分子卷材防水层，分仰拱(底板)、拱墙两部分进行。防水层施工时，先施作排水系统，控制好纵向排水管坡度。防水卷材铺设采用无钉铺设工艺，采用吊带固定。防水卷材长度方向接缝采用双缝爬合焊，铺设后经充气检测合格。幅宽方向利用卷材自粘性粘接，搭接长度均不小于10cm，最后在接缝上施作配套双面粘丁基橡胶密封带，接缝牢固，无渗漏水现象。仰拱(底板)防水层施工完毕，及时浇筑细石混凝土保护层。

8. 出入口竖井衬砌

1)出入口衬砌

(1)出入口暗挖段衬砌。出入口暗挖段衬砌分底板、拱墙两部分施工，先施工底板，后施工拱墙。支架采用组合钢模+钢拱架+ϕ48mm×3.5mm钢管脚手架支撑体系。出入口暗挖段拱墙衬砌支撑体系如图3-52所示。

(2)出入口明挖段衬砌。出入口明挖段结构衬砌分底板、侧墙及顶板两部分施工。施作底板及侧墙防水层后,先施工底板,然后搭设满堂红脚手架,侧墙及顶板整体一次浇注。

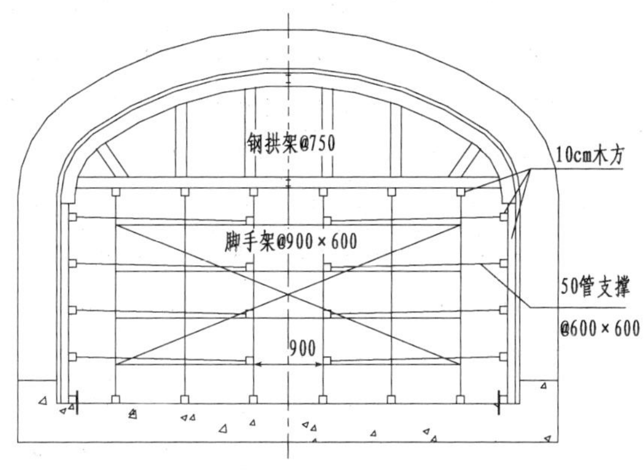

图 3-52 出入口暗挖段拱墙衬砌支撑(尺寸单位:mm)

2)竖井衬砌

竖井结构衬砌按"水平分段、逐层由下往上平行顺筑"的方法施工,环向整体一次浇注成型,只留水平施工缝,不设竖向施工缝,循环长度为 4 ~ 6m。模板均采用竹胶板,支撑采用扣件式支架对撑体系。竖井结构衬砌支撑体系如图 3-53 所示。

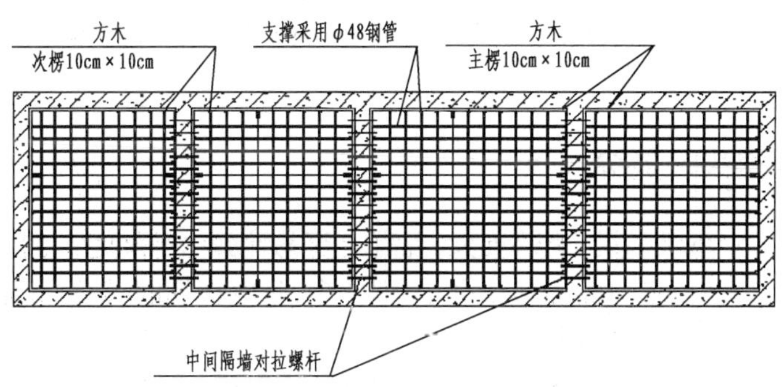

图 3-53 竖井衬砌模板及支架

9. 出入口楼道板

暗挖隧道结构内楼梯施工采用自下而上分段施工的方法,分段长度为 20 ~ 30m。模板采用 18mm 厚光面胶合模,支架体系采用钢管 + 顶托 + 方木,混凝土采用商品混凝土,采用地泵接管浇注,人工振捣器振捣密实,3d 后拆模养护。

四、施工进度管理

红十地车站附属工程,竖井和出入口的施工稍有滞后。

1. 进度计划和完成情况对比

进度计划和完成情况见表 3-27。

进度计划和完成情况对比　　表 3-27

序号	工　序	计划工期	实际工期	备注
1	1 号出入口开挖及支护	2010 年 2 月 25 日 ~ 2010 年 10 月 17 日	2010 年 8 月 27 日 ~ 2011 年 10 月 30 日	
2	3 号出入口开挖及支护	2010 年 2 月 28 日 ~ 2010 年 9 月 12 日	2010 年 7 月 13 日 ~ 2011 年 5 月 16 日	
3	1 号风道竖井开挖及支护	2010 年 5 月 28 日 ~ 2011 年 1 月 16 日	2010 年 12 月 24 日 ~ 2012 年 3 月 5 日	
4	2 号风道竖井开挖及支护	2010 年 4 月 25 日 ~ 2010 年 12 月 20 日	2010 年 9 月 28 日 ~ 2011 年 10 月 28 日	
5	活塞风井开挖及支护	2010 年 6 月 25 日 ~ 2011 年 1 月 6 日	2010 年 12 月 20 日 ~ 2011 年 10 月 25 日	
6	无障碍电梯竖井开挖及支护	2010 年 6 月 25 日 ~ 2010 年 12 月 30 日	2010 年 8 月 3 日 ~ 2011 年 7 月 18 日	
7	1 号出入口衬砌	2010 年 10 月 18 日 ~ 2011 年 1 月 25 日	2010 年 10 月 28 日 ~ 2011 年 12 月 19 日	
8	3 号出入口衬砌	2010 年 9 月 13 日 ~ 2010 年 12 月 21 日	2010 年 6 月 22 日 ~ 2012 年 3 月 19 日	
9	1 号风道竖井衬砌	2011 年 1 月 17 日 ~ 2011 年 4 月 6 日	2011 年 4 月 3 日 ~ 2012 年 4 月 10 日	
10	2 号风道竖井衬砌	2012 年 12 月 21 日 ~ 2011 年 3 月 6 日	2011 年 3 月 9 日 ~ 2011 年 11 月 26 日	
11	活塞风井衬砌	2011 年 1 月 10 日 ~ 2011 年 4 月 15 日	2011 年 5 月 3 日 ~ 2011 年 12 月 15 日	
12	无障碍电梯衬砌	2011 年 1 月 16 日 ~ 2011 年 4 月 28 日	2011 年 1 月 8 日 ~ 2012 年 4 月 6 日	

2. 实际进度指标

红土地车站附属工程开始施工时间 2010 年 7 月 13 日，结束时间 2012 年 4 月 6 日。

3. 影响施工进度的因素

红土地车站附属工程，管线迁改麻烦，出入口主要斜井太深，坡度陡，出渣困难，施工人员作业困难，衬砌施工材料运输困难；竖井与地面风亭没有同时开挖，造成工序衔接不好，采用非爆破施工，每循环进尺少。

五、质量管理得失及体会

红土地车站出入口斜坡较陡，坍落度大，混凝土容易流淌，坍落度小，混凝土泵送困难，造成底板浇筑成型质量差；出入口断面形式多，预埋件多，且电扶梯的支墩标高及位置要求高，由于施工作业不重视，造成多处返工。

红土地竖井施工中，主要是竖井深，竖井开挖到一半以后，由于没有设支撑管，竖井初期支护面出现开裂现场，竖井监测有收敛，立即施工衬砌，待竖井上部井身衬砌施工完，才进行竖井下部井身开挖及衬砌，造成竖井漏水现象，施工工序不衔接，施工进度滞后。竖井井身开挖时候，应在井身与地面风亭相交部分，井身开挖宽度为 1.5m，可以让地面风亭和井身同时作业，加快施工进度，井身衬砌与地面风亭衬砌的结构结合好，少施工缝，无渗漏水现象。

六、安全管理得失及体会

竖井施工拆除脚手架，交叉作业，容易造成人员危险。

第五章　施　工　总　结

经过重庆地铁一、六号线的实践，总结出的思路如下。

1. 车站和区间采用施工通道的形式先行进入车站和区间施工

施工通道作为车站的辅助通道在设置上最为重要，关系到整个标段的施工组织，施工通道必须先进入车站中部的站厅层，作为车站双侧壁导坑的1步的开挖出渣和进料通道，也作为中板和出入口的施工通道。同时施工通道必须继续向下延伸至站台层，最好至车站端头与区间交接处，以便开挖车站下部导坑和区间隧道，在后期作为区间和车站的施工通道，提高施工效率。

施工通道尽量单独设置，最好不要利用通道出入口。这样可以避免在后期业主赶工期时被作为安装装修单位的进出场通道，如一号线沙坪坝车站施工通道被作为安装装修单位的进出场通道，导致中间中断3个月施工。也可避免施工通道作为永久通道。施工通道如果利用出入口位置，则其二次衬砌施工易延误出入口改造工程进度，如沙坪坝车站3号出入口改造工程必须等到与车站平行段的施工通道二次衬砌施工完成后才能进行。

2. 附属结构与主体同步组织施工

由于一号线设计采用常规的先主体后附属的设计思路，车站两端风井大部分设计为施工竖井，从施工竖井分别进入车站和区间施工，出图顺序也是先主体后附属，大部分附属结构施工图在主体结构图设计完成后才进行细部设计，导致主体车站开挖完成后，车站出入口悬在半空中，后期只能垫渣施工。后业主在六号线建设过程中就汲取了这一教训，附属结构和主体工程同步出图，附属和主体工程同时组织施工，缩短了建设工期，减少了施工单位的投入。

重庆地铁车站埋深都比较大，出入口长，开挖方量也比较大，如六号线红土地车站的出入口通道和竖井的开挖量与车站主体开挖方量相差不大，而出入口地面征地拆迁非常困难，拆迁进度慢。如按常规思路组织施工，则附属施工工期比主体还长。出入口、通道暗挖段尽可能在车站内由下向上组织施工，竖井和明挖段由上向下组织施工。除非特殊情况，暗挖通道尽量不要采用由上向下开挖。

3. 采用辅助措施，加快开挖进度

竖井施工场工一般比较狭窄，临时堆渣量小，而竖井提升较慢，制约了开挖进度。在此种情况下，可在竖井中部增设一泄渣孔，开挖渣土经过漏渣孔泄入车站，由车站内出渣。在一号线后期和六号线，施工竖井均采用这种方法，减少了施工架井投入，加快了施工进度。

由于暗挖出入口设计坡度达到30°，由上向下施工难度大，出渣非常困难，可采用在中间增设施工竖井，缩短暗挖施工长度，或对底部适当超挖以减少坡度，坡度不得陡于13°。

4. 附属结构在分包形式上宜以班组或混岗为主，以专业分包为辅

由于出入口施工进度慢，施工产值低，安全风险高，如采用大包的形式，则在产值低而投入高的情况下，分包单价较高。其安全施工能力与分包队伍本身素质有关，项目部不易控制其生产安全。如采用班组或分包，则便于项目管理，其单价也不高。开挖和初期支护为项目盈利点，宜采用混岗形式组织生产，二次衬砌及防水可采用班组承包。由于切割和水磨钻施工需自带专业施工机具，则可采用专业分包。

第六章　施 工 照 片

施工照片如图 3-54 ~ 图 3-59 所示。

a)

b)

图 3-54　竖井提升井架

a)

b)

图 3-55　竖井开挖

a)

b)

图 3-56　竖井支护及支撑

a)

b)

图 3-57　风道支护

a)

b)

图 3-58　风道防水及钢筋

a)

b)

图 3-59　风道二次衬砌

参考文献

[1] 洪开荣.山区高速公路隧道施工关键技术[M].北京:人民交通出版社,2011.

[2] 王梦恕.大瑶山隧道——20世纪隧道修建新技术[M].广州:广东科技出版社,1994.

[3] 王梦恕.中国隧道及地下工程修建技术[M].北京:人民交通出版社,2010.

[4] 西南交通大学.双层重叠隧道科学研究报告[R].成都:西南交通大学,2000.

[5] 李庭平,周俊峰,刘平旺.新建隧道下穿既有隧道的施工影响分析[J].低温建筑技术,2008(5).

[6] 王国际.注浆技术理论与实践[M].徐州:中国矿业大学出版社,2000.

[7] 王建宇.地下工程喷锚支护原理和设计[M].北京:中国铁道出版社,1980.

[8] 齐景岳.隧道爆破现代技术[M].北京:中国铁道出版社,1995.

[9] 中华人民共和国国家标准.GB 6722—2003 爆破安全规程[S].北京:中国标准出版社,2004.